中国工程院重大咨询项目

制造强国

战略研究·智能制造专题卷

制造强国战略研究项目组 著

电子工业出版社

Publishing House of Electronics Industry

北京·BEIJING

内 容 简 介

本书是中国工程院会同工业和信息化部、国家质检总局，从 2013 年至 2014 年联合组织开展的"制造强国战略研究"重大咨询研究项目的研究成果。

本书分析了我国发展智能制造的基础条件和需求，提出发展智能制造的战略思路、战略目标和优先行动计划；分析了工业机器人领域的产业现状、发展趋势和存在的问题，借鉴强国经验，进而提出发展战略和目标、重点任务和保障措施；同时，深入研究了航空装备、船舶、轨道交通装备、汽车、航天装备、输变电装备、工程机械、钢铁工业、石化工业、家用电器和纺织工业的数字化、网络化、智能化制造技术路线图；此外，还选取了深圳雷柏、宁夏小巨人、成都西门子、西开电气、潍柴、天水长城、伊利集团七家企业实施数字化、智能化制造的实践为例，阐述企业发展智能制造的实践经验。本书为国家研究制定"中国制造 2025"提供了科学支撑。

本书可为政府部门、制造业企业和研究机构中从事制造业政策制定、管理决策、咨询研究及智能制造研究和实施的人员提供参考，也可以供高等院校相关专业师生及其他对制造业感兴趣的社会读者阅读。

图书在版编目（CIP）数据

制造强国战略研究. 智能制造专题卷 / 制造强国战略研究项目组著. —北京：电子工业出版社，2015.5
ISBN 978-7-121-26027-8

Ⅰ. ①制…　Ⅱ. ①制…　Ⅲ. ①智能制造系统—制造工业—产业发展—研究—中国　Ⅳ. ①F426.4

中国版本图书馆 CIP 数据核字（2015）第 089011 号

策划编辑：陈韦凯
责任编辑：郭穗娟　陈韦凯　　特约编辑：刘丽丽
印　　刷：北京顺诚彩色印刷有限公司
装　　订：北京顺诚彩色印刷有限公司
出版发行：电子工业出版社
　　　　　北京市海淀区万寿路 173 信箱　邮编　100036
开　　本：787×1 092　1/16　印张：32　字数：819 千字
版　　次：2015 年 5 月第 1 版
印　　次：2017 年 1 月第 2 次印刷
定　　价：598.00 元

凡所购买电子工业出版社图书有缺损问题，请向购买书店调换。若书店售缺，请与本社发行部联系，联系及邮购电话：（010）88254888，88258888。

质量投诉请发邮件至 zlts@phei.com.cn，盗版侵权举报请发邮件至 dbqq@phei.com.cn。

本书咨询联系方式：（010）88254441。

编委会

《制造强国战略研究》出版工作委员会

主　任：刘九如

出版人：徐　静

编辑部成员：

郭穗娟　陈韦凯　许存权　王玲玲　魏志强

管晓伟　齐　岳　李　洁　万子芬　武　鹏

出版监制：周　彤

装帧设计：王彦飞

序 言

制造业是实体经济的主体，是国民经济的支柱，也是国家安全和人民幸福安康的物质基础，无疑是我国经济实现创新驱动、转型升级的主战场。

经过新中国 60 多年特别是改革开放 30 多年的艰苦发展历程，中国制造业总体规模已经很大，综合实力不断增强，不仅对国内经济社会发展做出了重要贡献，而且成为支撑世界经济发展的重要力量。世界银行数据显示，2010 年以来，我国制造业产值连续三年超过美国，在全球制造业占比达到 20%，成为名副其实的全球制造大国。同时，我国已拥有世界上最为完整的制造业产业体系和丰富的制造业人力资源优势，取得了"上天"、"入地"、"下海"、超级计算、高铁、百万千瓦级发电、超高压输电、国防"杀手锏"等一系列辉煌成就。

然而，我国制造业仍然是"大而不强"，产业产能过剩和重复建设问题突出，资源、能源、环境、市场的约束不断加剧，长期依赖的低成本的优势逐步削弱，制造业正面临综合成本上扬、需求放缓的持续压力。与发达国家相比，我国制造业的整体素质和竞争力仍有明显差距，突出表现如下：自主创新能力还不强，核心技术和关键元器件受制于人；产品质量问题突出；资源利用效率偏低；产业结构不尽合理，大多数产业尚处于价值链的中低端五个方面。因此，实现我国从"制造大国"到"制造强国"的发展，是新时期我国制造业发展面临的重大课题，是推进产业结构升级、加快经济发展方式转变的重大举措，是实施创新驱动发展战略、提高我国国际竞争力的迫切要求，是实现国家现代化、中华民族伟大复兴的重要途径。

面对错综复杂、快速变化的形势，我们必须未雨绸缪、早做谋划、深入研判、密切跟踪、凝聚力量、攻坚克难，牢牢把握历史机遇实现新的跨越，实现由"制造大国"到"制造强国"转变，推进我国经济和产业格局的根本性变化。

作为我国工程科技界最高荣誉性、咨询性学术机构，中国工程院肩负着为中国工程科技及产业发展服务，为中国现代化事业做贡献的神圣使命。中国工程院成立二十年来，充分发挥国家工程科技思想库的重要作用，紧紧围绕我国制造业的振兴和发展，持续组织开展了一系列重大咨询研究项目，在我国制造业发展的每一个关键时刻，都及时向国家提出了政策建议，为国家坚定发展实体经济提供科学依据，为我国制造业抓住机遇加快发展作出了重要贡献。

2013 年以来，中国工程院会同工业和信息化部、国家质检总局共同组织开展了《制造强国战略研究》重大咨询研究项目。这里的"制造强国"有两重含义，其一是通过制造业的发展使中国更加繁荣更加强大；其二是中国由制造大国成为制造强国。

项目研究提出，我国制造业迈向强国的进程是：到 2025 年中国制造业迈入制造强国行列；到 2035 年，中国制造业整体达到世界制造强国的中等水平；到 2045 年中国制造业可望进入第一方阵，成为具有全球引领影响力的制造强国。

为确保制造强国战略目标的实现，研究提出发展战略如下：要坚持发展社会主义市场经济，坚持全面深化改革，坚持积极主动的对外开放，以体现信息技术与制造技术深度融合的数字化、网络化、智能化制造为主线，以"创新驱动、质量为先、绿色发展、结构优化、人才为本"为发展方针，实施八大战略对策，包括：推行数字化、网络化、智能化制造，提高创新设计能力，完善技术创新体系，强化制造基础，提升产品质量，推行绿色制造，培养具有全球竞争力的优势产业和企业群体并发展现代制造服务业。

在此基础上，项目组建议，抓紧组织制定和实施"中国制造 2025"，以此作为动员全社会力量建设制造强国的总体战略，打造中国制造升级版，实现中国制造由要素驱动向创新驱动的转变，由廉价产品竞争向质量效益竞争优势转变，由资源消耗大、污染物排放多的粗放制造向绿色制造转变，由生产型制造向服务型制造转变，力争到 2025 年迈入制造强国行列。

中国要迈向制造强国，需要充分发挥市场和政府的作用、统筹利用好各方面优良资源，坚定发展制造业的信心毫不动摇，从而形成全国、全社会关注制造业、重视制造业、发展制造业的良好氛围。为此，将研究成果编集成册，共分四卷出版，包括一个综合卷、两个领域卷（含十三个领域）和一个专题卷（智能制造）。期望本书的出版能够为专家学者研究制造业提供帮助，为有关部门科学决策提供参考，为加快推进中国迈向制造强国发挥积极作用。

感谢项目组全体成员两年来的不懈努力，感谢各位院士不辞辛劳在项目研究中发挥核心引领作用，感谢项目办公室研究人员和工作人员的辛勤付出，感谢各级政府及企业界、学术界的同志们在项目研究过程中给予的鼎力支持，让我们共同携手努力，为中国早日迈向世界制造强国行列而继续奋斗！

徐匡迪

二〇一五年七月

前　言

　　"制造强国战略研究"是中国工程院会同工业和信息化部、国家质检总局，从 2013 年至 2014 年，联合组织开展的重大咨询研究项目。项目特邀中国工程院主席团名誉主席徐匡迪院士、工业与信息化部苗圩部长、中国工程院常务副院长潘云鹤院士、原机械工业部副部长陆燕荪担任顾问，由中国工程院院长周济院士和朱高峰院士担任组长，组织 50 多位院士和 100 多位专家共同参与研究工作。

　　项目研究紧紧抓住我国实现从制造大国到制造强国发展中亟待解决的重大问题，包括制造强国评价指标体系、制造业创新驱动发展、制造业质量提升、制造业绿色发展、制造业体制机制改革以及制造业服务化等，设置一个项目总体组和六个综合课题组，同时考虑到制造业涵盖范围广泛，项目研究按照制造业主要行业，拓展到机械、航空、航天、轨道交通、船舶、汽车、电力装备、信息电子、冶金、化工、纺织、家电、仪器十三个领域，进一步研究各行业领域实现制造强国的发展战略。

　　项目研究按照"总—分—总"三个阶段来推进。第一阶段从 2013 年 1 月至 2013 年 6 月，主要是各个综合课题组率先开展研究，总体组在汇集各综合组前期成果的基础上形成阶段性研究成果，并向各领域课题组提出统一研究大纲和研究要求；第二阶段从 2013 年 6 月至 2014 年 6 月，各领域组按照总体组提出的研究大纲，结合本领域实际情况，深入开展本领域的研究工作并形成领域研究报告；第三阶段从 2014 年 7 月至 2014 年 12 月，各综合课题组根据各领域组反馈的阶段性研究成果，进一步修改完善综合课题报告，同时，总体组在与各综合课题组及各领域组的沟通的基础上，形成项目综合报告，上报党中央国务院。

　　项目组从 2013 年 1 月启动以来，先后奔赴广东、贵州、天津、浙江、江苏、山东、辽宁、黑龙江、陕西、安徽、福建、湖北、重庆、河南等省市，与当地政府领导、行业协会及企业代表就制造业转型升级展开了深入交流和座谈，同时还组织专家赴德国等国家开展考察调研。在此基础上，项目组多次召开研讨会，分阶段召开 4 次大型成果交流会，在全国各地开展学术报告 8 次，数千名专家学者、企业人员、政府官员参与项目研究活动。

　　在项目研究过程中，高度重视加强咨询团队建设，积极构建"强核心、大协作、开放式"的咨询队伍体系：一方面，充分吸纳院士研究团队及来自政府、企业、高校、研究院所、行业协会、学会等各方面专家，形成涵盖工程科技、经济、社会、人文等不同学科领域的专家队伍；另一方面，项目组专门成立制造业研究室，聘请专职研究人员，负责推进项目组织及研究工作，保障项目研究顺利进行。

　　此外，在项目研究中十分注重科学研究方法和先进手段的运用和推广，鼓励各个课题组和专题组采用路线图、问卷调查、建模计算、案例调查分析等科学方法，将需求、市场、技术、产业政策结合起来，科学分析，量化评估，更科学、更有效地反映制造业发展趋势。同时，项目研究突出工程科技特色和优势，围绕核心技术、关键装备、重点产业集中力量开展研究，实事求是地提出明确、具体、可操作性的工程化解决方案，为决策提供科学依据。

经过系统深入的调查研究，项目明确提出了我国跨入制造业强国行列的"三步走"战略目标，提出实现制造强国必须遵循的"创新驱动、质量为先、绿色发展、结构优化、人才为本"的发展方针，以及实现实施制造强国战略的 8 项战略对策，并提出要牢牢坚持发展制造业不动摇，要加紧研究制定"中国制造2025"，作为动员全社会力量建设制造强国的总体战略，加快打造中国制造升级版，为我国在 2025 年迈入世界制造业强国行列提供科学指引。

在研究过程中，项目组按照"服务决策、适度超前"的原则，高度重视与国务院相关部委的沟通，推动项目研究成果及时为政府决策提供科学支持。2014 年 1 月 7 日，马凯副总理专门听取了项目组研究阶段性成果汇报。马凯副总理对于制造强国战略项目研究工作给予了充分肯定，并要求工信部牵头，在中国工程院战略咨询研究成果的基础上，加快制定"中国制造2025"。项目组一方面积极配合参与工信部研究制定"中国制造2025"，为国家战略决策提供有力的科技支撑；另一方面，继续深入开展调查研究和宣传推广，主动加强与地方行业和企业的联系，选择广东东莞、福建泉州、武汉"光谷"、西安电气集团作为地方、行业和企业代表制订面向 2025 年的制造业发展战略，推动"中国制造2025"在地方、行业和企业的落地生根。

本丛书集结了"制造强国战略研究"两年来取得的一系列研究成果，包括一份综合报告、六份综合课题报告、十三份领域专题报告和智能制造专题报告，分为综合卷、领域卷（一）、领域卷（二）和专题卷共四卷出版。其中，综合卷收录了综合报告"制造强国战略研究总报告"和六份综合课题报告，分别是"制造强国的主要指标研究"、"制造质量强国战略研究"、"制造服务战略研究报告"、"工业绿色发展工程科技战略及对策项目综合报告"、"制造业创新驱动发展战略研究报告"、"中国制造业体制机制改革与政策调整研究"；领域卷（一）收录了机械、航空、航天、轨道交通、船舶、汽车、电力装备七个领域的制造强国战略研究成果；领域卷（二）收录了信息电子、冶金、化工、家用电器、纺织、仪器仪表六个领域的制造强国战略研究成果；专题卷收录了智能制造发展战略研究成果。

本丛书是"制造强国战略咨询研究"的研究成果，是来自项目组各位院士、专家集体智慧的结晶。期望本丛书的出版能够为政府部门的科学决策及相关研究学者的进一步深入研究提供借鉴参考，为推动中国制造业转型升级、创新发展提供有力的支撑。敬请广大读者批评指正。

编委会
2015 年 4 月

目录

第一篇

智能制造发展战略
研究报告

工业发展经历了以蒸汽机为代表的替代手工生产的机械化时代、以发电机为代表的电气化时代，逐渐演变为以计算机为代表的数字化时代，进而迎来人机高度融合智能化时代。至此工业革命实现了从机械化、电气化、数字化走向智能化，这是世界工业文明发展的轨迹和必然趋势。

以智能制造为核心的制造业的变革，引起了许多国家的广泛关注。美国学者瓦德瓦撰文指出：当我们将人工智能、机器人和数字制造技术相结合，将会产生一场制造业革命。2012 年出台的"美国先进制造业国家战略计划"，提出要通过科技创新和智能制造，保持美国在先进制造领域中的国际领先和主导地位。2013 年德国提出了"工业 4.0"宏伟计划，其核心是以智能制造为主导的第四次产业变革。2015 年日本政府提出"机器人新战略"，决定未来 5 年将重点发展机器人产业。2015 年 3 月我国国务院发布"中国制造2025"，将发展智能制造作为建设制造强国的主要战略对策。各国政府之所以积极推进智能制造，是因为智能制造将给世界范围内的制造业带来颠覆性变革，必须高度重视。

正处在转型升级关键时期的中国制造业，必须紧紧抓住新一轮产业变革与我国加快制造业转型升级形成历史性交汇的难得机遇，以发展智能制造为主攻方向和突破口，促进我国由制造大国向制造强国的转变。本报告分析了我国发展智能制造的基础条件和需求，提出发展智能制造的战略思路、战略目标和优先行动计划，以期为政府决策和企业的行动提供支撑。

课题组成员名单

组　长：周　济

副组长：李培根　柳百成　卢秉恒　张相木

专　家：（按姓氏笔画排序）

丁荣军　马伟明　王天然　左世全　田利芳　田　辉

白　华　刘永才　关　桥　杜洪敏　李玉和　李　东

杨海成　宋天虎　张荣瀚　张彦敏　邵新宇　范文慧

周艳红　屈贤明　钟　掘　段正澄　柴旭东　徐光华

徐滨士　郭东明　韩志强　谭建荣

执笔组：屈贤明　范文慧　周艳红　周安亮　董景辰　柴旭东

叶　猛　杜洪敏　田利芳　丁　宁　江平宇　左世全

吕　彤　王建民

评审专家：李伯虎　柳百成　朱森第　张相木

第一章　国外智能制造发展总体现状与趋势

1.1　智能制造的起源与历史沿革

制造业是国民经济的支柱，是国家安全的保障。从制造业发展的历程来看，经历了手工制作、泰勒制造、自动化、柔性自动化和集成化制造等阶段。就柔性自动化而言，经历了单机数控机床、计算机数字控制机床（CNC）及由它们组成的自动化岛、柔性自动化生产线等阶段。20世纪80年代以来，制造技术得到了不同程度的发展，出现了并行工程、敏捷制造、虚拟制造等模式[①]。2000年后，制造技术与新兴信息技术、智能技术等的融合，产生了网络化制造、云制造、智能制造等新型的制造模式。

从制造业信息化发展的历程来看，发达国家走在前列，形成了一批有代表性和影响力的制造模式及相关技术体系，如精益生产、计算机集成制造、并行工程、敏捷制造、网络化制造等，并进行了成功的应用推广[②]。图1.1.1给出了不同需求、制造模式及相关支撑技术的变化，并反映了信息集成、过程集成、企业集成、知识集成的演变过程。

---

① 魏源迁，徐金相，章宗城.智能制造技术及系统.中国机械工程，1995，6(6):14-16.
② 张霖，罗永亮，范文慧，陶飞，任磊.云制造及相关先进制造模式分析.计算机集成制造系统，2011，17(3):458-468.

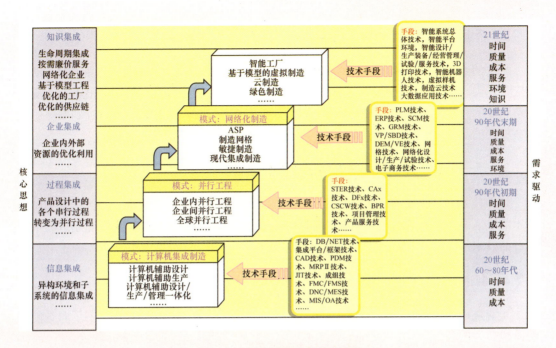

图 1.1.1　先进制造模式发展过程

1.2　智能制造是制造业发展的重要方向

以信息技术为代表的新技术得到迅猛发展，为传统制造业提供了新的发展机遇。信息技术、现代管理技术与传统制造技术相结合，形成了先进制造技术。近年来由发达国家倡导的面向 21 世纪的"智能制造系统"、"信息高速公路"等国际研究计划，是国际间进行高科技研究开发的重点和占领 21 世纪高科技制高点的象征。

目前，世界各国竞相大力发展智能制造，其原因如下。

1. 实体经济的战略意义再次凸显是直接原因

国际金融危机以来，世界经济竞争格局发生了深刻变化。一方面，实体经济的战略意义再次凸显，美国、德国、英国、日本等世界主要发达国家纷纷实施以重振制造业为核心的"再工业化"战略。另一方面，发达国家以信息网络技术、数字化制造技术应用为重点，力图依靠科技创新，抢占国际产业竞争的制高点、谋求未来发展的主动权。

2．企业提高核心竞争能力的要求是内在动力

激烈的全球化竞争和多样化的市场需求，迫切需要企业迅速、高效制造新产品、动态响应市场需求以及实时优化供应链网络。通过信息技术与智能技术的发展从根本上改变了制造企业的生产运营模式，实现从产品设计、生产规划、生产工程、生产执行到服务的全生命周期的高效运行，以最小的资源消耗获取最高的生产效率。

3．新一代信息技术的高速发展是技术基础

传感技术、智能技术、机器人技术、数字制造技术的发展，特别是新一代信息和网络技术的快速发展，同时加上新能源、新材料、生物技术等方面的突破，为智能制造提供了良好的技术基础和发展环境。

4．制造智能化是历史发展的必然趋势

工业发达国家已走过了机械化、电气化、数字化三个发展历史阶段，具备了向智能制造阶段转型的条件。

未来必然是以高度的集成化和智能化为特征的智能化制造系统，并以部分取代制造中人的脑力劳动为目标，即在整个制造过程中通过计算机将人的智能活动与智能机器有机融合，以便有效地推广专家的经验知识，从而实现制造过程的最优化、自动化、智能化。发展智能制造不仅是为了提高产品质量和生产效率及降低成本，而且也是为了提高快速响应市场变化的能力，以期在未来国际竞争中求得生存和发展。

1.3   发达国家推进智能制造的主要对策

国际金融危机以来，美、德、日等经济发达国家纷纷推出一系列重振制造业的重大举措，大力发展智能制造就是重大对策之一。

1．美国推动智能制造发展的情况[③]

美国是智能制造思想的发源地之一，美国政府高度重视发展智能制造，将其视为 21

[③] The Smart Manufacturing Leadership Coalition (SMLC).Implementing 21st Century Smart Manufacturing. Workshop Summary Report，June 24，2011.

世纪占领世界制造技术领先地位的制高点。

2011年6月24日美国智能制造领导联盟（Smart Manufacturing Leadership Coalition，SMLC）发表了《实施21世纪智能制造》报告。该报告是基于2010年9月14日至15日在美国华盛顿举行的由美国工业界、政界、学术界，以及国家实验室等众多行业中的75位专家参加的旨在实施21世纪智能制造的研讨会。激烈的全球竞争、能源消耗和供应的不确定性，以及指数增长的信息技术，都在将工业推向敏捷、及时处理、高效制造和加快引进新产品的方向。该报告认为智能制造是先进智能系统强化应用、新产品制造快速、产品需求动态响应，以及工业生产和供应链网络实时优化的制造。智能制造的核心技术是网络化传感器、数据互操作性、多尺度动态建模与仿真、智能自动化，以及可扩展的多层次的网络安全，图1.1.2所示为智能制造企业框架。该报告制定了智能制造推广至三种制造业（批量、连续与离散）中的4大类10项优先行动项目，即工业界智慧工厂的建模与仿真平台、经济实惠的工业数据收集与管理系统、制造平台与供应商集成的企业范围内物流系统、智能制造的教育与培训。

2012年2月美国又出台《先进制造业国家战略计划》，提出要通过技术创新和智能制造实现高生产率，保持在先进制造业领域中的国际领先和主导地位。2013年美国政府宣布成立"数字化制造与设计创新研究院"；2014年又宣布要成立"智能制造创新研究院"。

2012年11月26日美国通用电气公司（GE）发布了《工业互联网——打破智慧与机器的边界》，提出了工业互联网理念，将人、数据和机器进行连接，提升机器的运转效率，减少停机时间和计划外故障，帮助客户提高效率并节省成本。白皮书指出，通过部署工业互联网，各行业将实现1%效率的提升，并带来显著的经济效益。例如，在航空领域中，如果工业互联网能够节省1%的航空燃料，15年内将节约300亿美元的成本；在能源领域中，如果工业互联网能够节省1%的发电耗能，15年内将节约660亿美元的成本；在铁路领域中，如果工业互联网能将铁路系统效率提升1%，那么15年内又能节约270亿美元的成本。2014年10月24日GE公司（上海）发布了《未来智造》，指出由工业互联网、先进制造和全球智慧所催生的新一轮工业变革前景，以及推动这一转变需要进行新技术投资、组织调整、知识产权保护、教育体系和再培训完善等。截至2014年底，GE公司已推出24种工业互联网产品，涵盖石油天然气平台监测管理、铁路机车效率分析、医院管理系统、提升风电机组电力输出、电力公司配电系统优化、医疗云影像技术等九大平台。《华尔街日报》的评论指出，在美国，GE公司的"工业互联网"革命已成为美国"制造业回归"的一项重要内容。

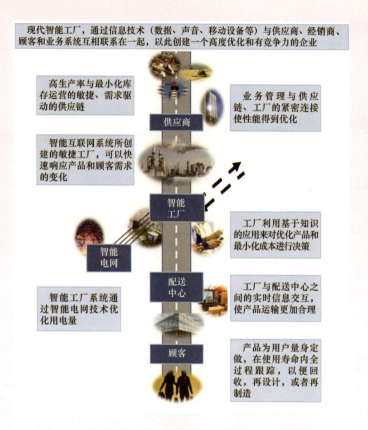

现代智能工厂，通过信息技术（数据、声音、移动设备等）与供应商、经销商、顾客和业务系统互相联系在一起，以此创建一个高度优化和有竞争力的企业

高生产率与最小化库存运营的敏捷、需求驱动的供应链

业务管理与供应链、工厂的紧密连接使性能得到优化

供应商

智能互联网系统所创建的敏捷工厂，可以快速响应产品和顾客需求的变化

智能工厂

工厂利用基于知识的应用来对优化产品和最小化成本进行决策

智能电网

配送中心

工厂与配送中心之间的实时信息交互，使产品运输更加合理

智能工厂系统通过智能电网技术优化用电量

顾客

产品为用户量身定做，在使用寿命内全过程跟踪，以便回收、再设计，或者再制造

图 1.1.2　美国智能制造领导联盟的智能制造企业框架

2. 德国工业 4.0[④]

德国为了应对越来越激烈的全球竞争，稳固其制造业领先地位，正在开始实施一个称为"工业 4.0"（Industrie 4.0）的宏伟计划，是德国《高技术战略 2020》确定的十大未来项目之一，由德国联邦教研部与联邦经济技术部联手资助，联邦政府投入达 2 亿欧元，旨在支持工业领域新一代革命性技术的研发与创新，这一计划被看作提振德国制造业的有力催化剂。"工业 4.0"是以智能制造为主导的第四次产业变革（图 1.1.3），该战略旨在通过充分利用虚拟网络——实体物理融合系统（Cyber-Physical System，CPS），将制造业向智能化转型。"工业 4.0"战略将建立一个高度灵活的个性化和数字化的产品与服务的生产模式，并会产生各种新的活动领域和合作形式，改变创造新价值的过程，重组产业链分工。通过实施这一战略，将实现小批量定制化生产，提高生产率、降低资源量、提高设计和决

---

④ National Academy of Science and Engineering and Federal Ministry of Education and Research.Securing the future of German manufacturing industry-Recommendations forimplementing the strategicinitiative INDUSTRIE 4.0.Final report of the Industrie 4.0 Working Group，April ，2013

策能力、弥补劳动力高成本劣势。德国将实现双重战略目标：一是成为智能制造技术的主要供应商，维持其在全球市场的领导地位；二是建立和培育 CPS 技术和产品的主导市场。

"工业 4.0"确定了 8 个优先行动领域：标准化和参考架构、复杂系统的管理、一套综合的工业基础宽带设施、安全和安保、工作的组织和设计、培训和持续性的职业发展、法规制度、资源效率。德国三大工业协会——德国信息技术、通信、新媒体协会（BITKOM）、德国机械设备制造业联合会（VDMA）以及德国电气和电子工业联合会（ZVEI），牵头建立了"工业 4.0 平台"，并由协会的企业成员组成指导委员会，各大联合会以及组织组成主题工作小组，共同推动"工业 4.0"战略的发展。

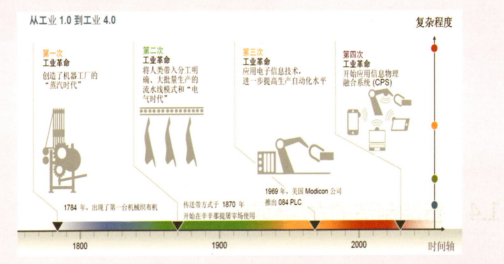

图 1.1.3　德国工业 4.0 的发展历程

西门子公司认为，通过虚拟生产结合现实的生产方式，未来制造业将实现更高的工程效率、更短的上市时间，以及更高的生产灵活性。在"工业 4.0"的愿景下，制造业将通过充分利用 CPS 等手段，将制造业向"数字制造"转型，通过计算、自主控制和联网，人、机器和信息能够互相连接，融为一体。例如，西门子在德国之外的首家数字化企业——西门子工业自动化产品成都生产和研发基地（SEWC）已经在成都建成。这家工厂以突出的数字化、自动化、绿色化、虚拟化等特征定义了现代工业生产的可持续发展，是"数字化企业"中的典范。据预测，工业信息技术与软件市场在未来几年将以年均 8% 的速度增长，增长速度将是西门子工业业务领域相关总体市场的两倍。西门子面向未来制造着力发展：全生命周期数字化企业平台、工业信息技术与软件、全集成自动化系统和全集成驱动系统、集成能源管理系统等。

3. 日本智能制造国际合作计划⑤

日本东京大学教授 Furkawa 等人正式提出智能制造系统国际合作计划，并于 1990 年被日本通产省立案为国际共同研究项目。欧洲共同体委员会、日本通产省、美国商务部于 1990 年 5 月经协商成立智能制造国际委员会，以 10 年为期限，投资 1500 亿日元，研究智能制造系统。

日本积极应对用工短缺，大力推动智能制造，全自动生产线和机器人得到了广泛使用。

日本采用无人加工，降低生产成本，遏制了制造业向海外转移。日本著名机床厂商山崎马扎克公司 2002 年开发的"无人机械加工系统"，与 20 世纪 90 年代开发的无人加工系统相比，加工成本降低了 43%。这套系统的使用，与传统机械加工相比，完成同样的产量，需要 13 台机床外加 36 名操作员，即使外国的人工费只有日本的 1/20，机器人的作业成本依然比人工费用要低。生产成本的下降，有效地遏制了日本本土制造业受外国低成本人工吸引而外流。

1.4　智能制造的发展趋势

21 世纪将是智能化在制造业获得大发展和广泛应用的时代，可能引发制造业的变革。正如《经济学人》杂志刊发的《第三次工业革命》一文所言，"制造业的数字化变革将引发第三次工业革命"。

当今世界制造业智能化发展呈现五大趋势。

1. 制造全系统、全过程应用建模与仿真技术

建模与仿真已是制造业不可或缺的工具与手段。构建基于模型的企业（Model-Based Enterprise，MBE）是企业迈向数字化智能化的战略路径，已成为当代先进制造体系的具体体现，代表了数字化制造的未来。基于模型的工程（MBe）、基于模型的制造（MBm）和基于模型的维护（MBs）作为单一数据源的数字化企业系统模型中的三个主要组成部分，涵盖从产品设计、制造到服务完整的产品全生命周期业务，从虚拟的工程设计到现实的制造工厂直至产品的上市流通，建模与仿真技术始终服务于产品生命周期的每个阶段，为制

---

⑤ 范剑. "取经"日本智能制造. 浙江经济，2013，6，pp48-49.

造系统的智能化及高效研制与运行提供了使能技术。

2. 重视使用机器人和柔性生产线

柔性与自动生产线和机器人的使用可以积极应对劳动力短缺和用工成本上涨。同时，利用机器人高精度操作，提高产品品质和作业安全，是市场竞争的取胜之道。以工业机器人为代表的自动化制造装备在生产过程中应用日趋广泛，在汽车、电子设备、奶制品和饮料等行业已大量使用基于工业机器人的自动化生产线。

3. 物联网和务联网在制造业中作用日益突出

基于物联网和务联网构成的制造服务互联网（云），实现了制造全过程中制造工厂内外人、机、物的共享、集成、协同与优化。通过虚拟网络——实体物理系统（Cyber-Physical System，CPS），整合智能机器、储存系统和生产设施。通过物联网、服务计算、云计算等信息技术与制造技术融合，构成制造务联网（Internet of Serves），实现软硬制造资源和能力的全系统、全生命周期、全方位的透彻的感知、互联、决策、控制、执行和服务化，使得从入厂物流配送到生产、销售、出厂物流和服务，实现泛在的人、机、物、信息的集成、共享、协同与优化的云制造。同时支持了制造企业从制造产品向制造产品加制造服务综合模式的发展。

4. 普遍关注供应链动态管理、整合与优化

供应链管理是一个复杂、动态、多变的过程，供应链管理更多地应用物联网、互联网、人工智能、大数据等新一代信息技术，更倾向于使用可视化的手段来显现数据，采用移动化的手段来访问数据；供应链管理更加重视人机系统的协调性，实现人性化的技术和管理系统。企业通过供应链的全过程管理、信息集中化管理、系统动态化管理实现整个供应链的可持续发展，进而缩短了满足客户订单的时间，提高了价值链协同效率，提升了生产效率，使得全球范围的供应链管理更具效率。

5. 增材制造技术与作用发展迅速

增材制造技术（3D 打印技术）是综合材料、制造、信息技术的多学科技术。它以数字模型文件为基础，运用粉末状可沉积、黏合材料，采用分层加工或叠加成形的方式逐层增加材料来生成各类三维实体。其最突出的优点是无须机械加工或模具，就能直接从计算机图形数据中生成任何形状的物体，从而极大地缩短产品的研制周期，提高生产率和降低生产成本。三维打印与云制造技术的融合将是实现个性化、社会化制造的有效制造模式与手段。

美国、欧洲、日本都将智能制造视为 21 世纪最重要的先进制造技术，认为是国际制造业科技竞争的制高点。

第二章　智能制造的内涵特征及影响

2.1　国内外学者关于智能制造认识的共同点

从 20 世纪 90 年代提出智能制造至今，国内外学者开展了一系列有关研究，提出了许多观点，智能制造理论和技术研究取得了长足的进展。国内学者对智能制造的内涵已形成了多种不同的看法，归结起来有以下几点共识。

（1）智能制造是传感技术、智能技术、机器人技术及数字制造技术相融合的产物。

（2）智能制造的核心特征是信息感知、优化决策、控制执行功能。

（3）智能制造涵盖产品全生命周期，包括设计、制造、服务等过程。

（4）智能制造是以实现高效、优质、柔性、清洁、安全生产，提高企业对市场快速响应能力和国际竞争力为目标。

（5）智能制造是一种智能机器与人一体化的智能系统，它扩大、延伸和部分取代人类专家在制造过程中的脑力劳动。

（6）以互联网、大数据、云计算为代表的新一代信息技术为发展智能制造创造了新的环境和更宽广的发展空间。

2.2 智能制造内涵与特征

1. 内涵

智能制造是制造技术与数字技术、智能技术及新一代信息技术的融合，是面向产品全生命周期的具有信息感知、优化决策、执行控制功能的制造系统，旨在高效、优质、柔性、清洁、安全、敏捷的制造产品、服务用户。

智能制造包括以下几个方面的内容：①制造装备的智能化；②设计过程的智能化；③加工工艺的优化；④管理的信息化；⑤服务的敏捷化、远程化。

2. 特征

智能制造的特征在于具有信息感知、优化决策、执行控制功能。

1）信息感知

智能制造需要大量的数据支持，通过利用高效、标准的方法实时进行信息采集、自动识别，并将信息传输到分析决策系统。

2）优化决策

通过面向产品全生命周期的信息挖掘提炼、计算分析、推理预测，形成优化制造过程的决策指令。

3）执行控制

根据决策指令，通过执行系统控制制造过程的状态，实现稳定、安全的运行。

3. 当前所处阶段说明

国内已有部分企业开始了具有部分智能功能的数字化生产线、数字化车间的探索和试点示范，但考虑到当前我国制造企业总体仍处于电气化、数字化并存的阶段，发展智能制造的基础和条件有待大幅度提升，因此，推行智能制造不可能一步到位，现阶段应强调数字化网络化智能化并行。中国工程院在《制造强国战略研究报告》中指出要大力推行数字化网络化智能化制造就是基于这样的考虑，最终目标是推行智能制造。这是务实、理性的导向，有助于避免现阶段"一窝蜂"地热炒智能制造概念。

2.3 智能制造将引发制造业的革命

信息化与工业化、信息技术与制造技术的深度融合，智能制造将给制造业带来四个方面的变化。

1. 产品创新：生产装备和产品的数字化智能化

将数字技术和智能技术融入制造所必需的装备及产品中，使装备和产品的功能极大提高。

1）智能制造装备和系统的创新

数字化智能化技术一方面使数字化制造装备（如数控机床、工业机器人）得到快速发展，大幅度提升生产系统的功能、性能与自动化程度；另一方面，这些技术的集成进一步形成柔性制造单元、数字化车间乃至数字化工厂，使生产系统的柔性自动化程度不断提高，并向具有信息感知、优化决策、执行控制等功能特征的智能化生产系统方向发展。

2）具有智能的产品不断诞生

例如，作为典型的颠覆性变化的产品之一是数码相机，采用电荷耦合器件（Charge-coupled Device，CCD）代替了原始胶片感光，实现了照片的数字化获取，同时采用人工智能技术实现人脸的识别，并自动选择感光与调焦参数，保证普通摄影者获得逼真而清晰的照片。这一创新产品的出现，完全颠覆了传统的摄影器材产业，造成了传统的摄影设备帝国——柯达公司的倒闭。

3）改变了为用户服务的方式

例如，在传统的飞机发动机、高速压缩机等旋转机械中植入小型传感器，可将设备运行状态的信息，通过互联网远程传送到制造商的客户服务中心，实现对设备进行破坏性损伤的预警、寿命的预测、最佳工作状态的监控。这不仅使设备智能化，而且改变了产业的形态；使制造商不仅为用户提供智能化的设备，而且可以为用户提供全生命周期的服务；而且服务的收入常常超过了卖设备的收入，从而推动制造商向服务商转型。

2．制造过程创新：制造过程的智能化

1）设计过程创新

采用面向产品全生命周期、具有丰富设计知识库和模拟仿真技术支持的数字化智能化设计系统，在虚拟现实、计算机网络、数据库等技术支持下，可在虚拟的数字环境里并行、协同实现产品的全数字化设计，结构、性能、功能的模拟仿真与优化，极大地提高了产品设计质量和一次研发成功率。中国航空工业集团正是采用了数字化设计技术，实现了产品的无图纸化设计、制造和虚拟装配，仅用五年时间就创造了大型军用运输机上天试飞一次成功的佳绩。

2）制造工艺创新

数字化、智能化技术不仅将催生加工原理的重大创新，同时，工艺数据的积累、加工过程的仿真与优化、数字化控制、状态信息实时检测与自适应控制等数字化、智能化技术的全面应用，将使制造工艺得到优化，极大地提高制造的精度和效率，大幅度提升制造工艺水平。

3．管理创新：管理信息化

管理的信息化将使企业组织结构、运行方式发生明显变化。

1）扁平化

一个由人、计算机和网络组成的信息系统，可使得传统的金字塔式多层组织结构变成扁平化的组织结构，大大提高了管理效率。

2）开放性

制造商-生产型服务商-客户在一个平台上，生成一个无边界、开放式协同创新平台，代替传统的内生、封闭、单打独斗式创新。

3）柔性

企业可按照用户的需求，通过互联网无缝集成社会资源，重组成一个无围墙的高效运作的、柔性的企业，以便快速响应市场。

4．制造模式和产业形态发生颠覆性变革

以数字技术、智能技术为基础，在互联网、物联网、云计算、大数据的支持下，制造模式、商业模式、产业形态将发生重大变化。

1）个性化的批量定制生产将成为一种趋势

通过互联网，制造企业与客户、市场的联系更为密切，用户可以通过创新设计平台将

自己的个性化的需求及时传送给制造商，或直接参与产品的设计，而柔性的制造系统可以高效、经济地满足用户的诉求，一种新的个性化批量定制生产模式将成为一种趋势。

2）进入全球化制造阶段

制造资源的优化配置已经突破了企业-社会-国家的界限，正在全球范围内寻求优化配置，物流、资金流、信息流在全球经济一体化及信息网络的支持下突破国界流动，世界已进入了全球制造时代。

3）制造业的产业链优化重构，企业专注于核心竞争力的提高

无处不在的信息网络和便捷的物流系统，使得研发、设计、生产、销售和服务活动没有必要在一个企业、甚至在一个国家内独立完成，而被分解、外包、众包到社会和全球，一个企业只要专注于自己核心业务的提高。当今一个企业竞争力的强弱已不在于拥有多少资源和多少核心技术，而是整合社会化、国际化资源的能力。

4）服务型制造将渐成主流业态

当前，制造业发展的主动权已由生产者向消费者转移，"客户是上帝"的经营理念已成为制造商的普适信念。经济活动已由制造为中心日渐转变为创新与服务为中心，产品经济正在向服务经济过渡，制造业也正在由生产型制造向服务型制造转变。传统工业化社会的制造服务业是以商业和运输形态为主，而在泛在信息环境下的制造服务业是以技术、知识和公共服务为主，是以信息服务为主。融入了信息技术、智能技术的创新设计和服务是服务型制造的核心。

5）电子商务的应用日益广泛

通过信息技术，特别是网络技术，把处于盟主地位的制造企业与相关的配套企业及用户的采购、生产、销售、财务等业务在电子商务平台上进行整合，不仅有助于增加商务活动的直接化和透明化，而且提高了效率、减少了交易成本。可以预期，电子商务将会无所不在、越来越多地代替传统的、店铺式的销售方式和商务方式。

通过以上分析，智能制造将使制造业的产品形态、设计和制造过程、管理方法和组织结构、制造模式、商务模式发生重大甚至革命性变革，并带动人类生活方式的大变革。

第三章　我国智能制造发展的基础及需求分析

3.1　我国智能制造发展的基础

1. 我国制造业信息化水平不断提高

1）计算机辅助设计（Computer Aided Design，CAD）应用得到普及

20 世纪 80 年代，我国制造业企业开始逐步应用 CAD 软件。90 年代初，科技部启动的"甩图板"工程，推动了我国制造业 CAD 的普及和应用。目前，我国工业行业大中型企业数字化设计工具普及率超过 60%。2011 年工业企业信息化和工业化融合评估报告[①]表明：被评估的装备制造业（机床、商用车、船舶）近 85%的企业在二维 CAD 基础上，采用二维、三维混合或全三维 CAD 设计；钢铁、电解铝、水泥行业在产品设计环节采用信息技术支撑手段和工具的企业达 50%；家电、服装消费品制造业近 100%的大中型企业进行了产品数字化设计，约 82%的家电企业和 63%的服装企业采用二维、三维混合或全三维 CAD 设计。

2）计算机辅助制造（Computer Aided Manufacturing，CAM）应用水平逐步提高

随着信息技术与制造技术的融合，车间级的以精益制造、柔性制造、敏捷制造、制造执行系统（MES）为代表的数字化生产模式，在制造企业开始得到应用，重点行业关键工序数（自）控化率超过 50%。2011 年工业企业信息化和工业化融合评估报告表明：被评

[①]《工业企业信息化和工业化融合评估研究与实践（2011）》，工业和信息化部信息化推进司、电子科学技术情报研究所。

估的原材料行业（钢铁、电解铝、纯碱）应用制造执行系统的企业占77.1%；钢铁行业应用车间级制造执行系统（MES）的企业比例为32.4%；装备制造业（机床、船舶）大中型企业应用制造执行系统（MES）平均约为61.2%；家电制造行业中56%的企业能根据企业生产计划逐级分解为指导现场作业的工序计划；棉纺织行业和服装制造行业实现自动排产的企业分别占45%和14.5%。

3）信息技术在企业管理中发挥作用

我国大中型工业企业财务及办公自动化系统的应用普及率较高，并逐步实现了对采购、生产制造、销售等各环节的覆盖。2011年工业企业信息化和工业化融合评估报告表明：被评估的重点行业，如钢铁、水泥、机床、商用车行业的财务管理系统的普及率达到95%以上，采购、销售和库存管理的应用普及率达到70%以上。

4）综合集成能力不断提高

2011年工业企业信息化和工业化融合评估报告表明：被评估的装备制造业（机床、船舶、商用车）企业实现产品设计与工艺设计集成的企业约占69.2%，其中机床行业和商用车行业达到75%；造船行业在计算机辅助设计、计算机辅助工艺过程设计、产品数据管理、计算机辅助制造系统间实现数据转换的企业约占4.8%；家电行业中38%的企业实现设计物料清单（EBOM）自动向工艺设计系统转换，20%的企业实现设计形成的物料清单自动向生产系统转换；装备制造业（机床、船舶）实现企业生产管理与车间级生产管理集成的企业为39.6%；家电、服装、乳制品行业实现车间级生产管理与控制系统集成的企业为30%。

总体而言，我国制造企业数字化、智能化、网络化发展是不平衡的，航空、航天、钢铁、石化、机床、汽车、集成电路领域的大中型企业，在数字化设计、数字化及智能化装备（生产线）、生产制造的数字控制、企业信息管理方面都具有较好的基础和水平，而大部分中小型企业在设计环节CAD技术应用具有一定基础，而在数字化及智能化装备（生产线）、生产状态监控和设备监控、企业信息管理方面基础较为薄弱。

2．智能制造装备所需关键部件产业已具雏形

传感器与测量仪表，控制系统，机器人，伺服传动装置，高性能变频器，液压、液力和气动执行装置是智能制造的核心，也是我国发展智能制造的基础。经过多年的研发和产业化推进，已取得重要进展，自主化水平得到一定提升，产业已初具雏形。

表 1.3.1　2012 年我国智能制造所需关键部件产业规模

序号	类别	销售收入（亿元）	自主品牌占比（%）
1	传感器与测量仪表	213	36.6
2	伺服传动装置	11	19
3	高性能交流变频器	220	25
4	液压、液力和气动执行装置	763	75.5
5	控制系统	200	32
6	工业机器人	200	15
	总计	1607	/

资料来源：工信部"智能制造装备工程实施方案"。

3. 智能制造装备研发取得重大进展

进入 21 世纪，随着信息技术向其他领域加速渗透并向深度应用发展，我国政府通过实施重大科技专项"高档数控机床与基础制造装备"和战略性新兴产业"智能制造装备发展专项"，加快推进智能制造装备的研发和应用示范。

1）高档数控机床与基础制造装备研发及产业化成果显著

2008 年 12 月，国务院常务会议审议并原则通过《高档数控机床与基础制造装备科技重大专项实施方案》，将"高档数控机床与基础制造装备"的研制列为我国 16 项重大科技专项之一。2009—2012 年该专项共部署了课题 407 项，其中高档数控机床与基础制造装备主机 180 项，数控系统 31 项，功能部件与关键部件 82 项，共性技术 80 项，应用示范工程 13 项，创新能力平台建设 17 项，用户工艺应用试验研究 4 项[②]。在专项的引导下，"十一五"以来，我国国产机床的数控化率和国内市场占有率均大幅提高，其中，国产机床数控化率由"十五"末的 35.5%提高到"十一五"末的 51.9%，国内市场占有率由"十五"末的 26.4%提高到"十一五"末的 56.7%[③]。济南二机床在专项研究成果基础上，与福特汽车公司签订了 6 条用于美国本土新建工厂和 2 条用于福特在中国工厂的全自动快速冲压生产线订货合同，开创了我国高档数控机床首次出口至欧美汽车主机制造厂的成功案例。

2）智能制造装备研发及应用快速推进

2010 年《国务院关于加快培育和发展战略性新兴产业的决定》，将智能制造装备作为重点发展方向之一及率先启动的五个发展专项之一。2011—2014 年连续四年国家发展改革委、财政部、工业和信息化部组织了《智能制造装备发展专项》的实施。该专项旨在推进制造业领域智能制造成套装备的创新发展和应用；加强智能测控装置的研发、应用与产

---

② 盛伯浩，《中国战略性新兴产业研究与发展：数控机床》。

② 盛伯浩，《中国战略性新兴产业研究与发展：数控机床》。
③ 盛伯浩，《中国战略性新兴产业研究与发展：数控机床》。

业化；促进智能技术和智能制造系统在国民经济重点领域的应用。该专项四年来已安排项目 123 项，合同总金额近 200 亿元，中央预算资金补助近 40 亿元。其中，专项支持的项目涵盖智能成套装备、关键部件和装置、自动化生产线、数字化车间、智能装备的示范应用等内容，涉及机械制造、印刷、棉纺印染、食品包装、大化肥成套装备、大型煤化工成套装备、废弃物智能处理系统、煤炭综采成套智能装备等 35 个领域，智能制造成套设备 31 项、关键测控系统应用 10 项、关键部件和装置 11 项、数字化车间 57 项、非制造业成套设备 14 项，见表 1.3.2。

表 1.3.2　2011—2014 年《智能制造装备发展专项》项目分类

序号	类别	立项数量	所属领域
1	智能制造成套设备	31	汽车、化工、煤炭机械、纺织、工程机械、家电
2	关键测控系统应用	10	核电站、煤化工、交通、煤炭、冶炼
3	关键部件和装置	11	机器人、控制阀、AGV
4	数字化车间	57	医药、食品、航天、石化、发电设备、工程机械、煤矿机械、汽车
5	非制造业成套设备	14	煤炭、石化、露天矿、港口、民航

3.2　我国发展智能制造存在的问题[④]

近年来，我国数字化智能化制造发展迅速，取得了较为显著的成效。然而，与工业发达国家及制造业快速发展的需求相比，矛盾和问题依然存在。

（1）智能装备核心部件如传感器、控制系统、工业机器人、高压液压部件及系统等，主要还依赖进口，其价格、交期、服务、软件的适用性等严重制约和限制了智能制造的发展与推广。

（2）企业管理观念转变滞后，信息化人才缺乏，很难针对本企业的实施情况和特点制订整体的规划。

（3）大部分生产现场设备没有数字化的接口，无法采集数据及进行信息传递，难以用数字化智能化的手段管理起来，即使一些设备具备一定的通信能力，但是不同生产厂商通信接口与信息接口不统一，很难进行系统的集成。

---

④ 王勇，《智能制造的实践与思考》，机械工程导报，2013 年 7—9 月刊。

（4）软件大部分是国外开发，对于国内现状了解不够，软件商执行、咨询、开发能力不强，软件开发成本过高，软件系统水土不服，影响了企业进行数字化智能化的积极性。

（5）系统匹配性差，业务流程重组实施难度大，软件本身内置的管理思想不能很好地结合企业实际情况，信息共享存在困难。

3.3　典型企业和典型地区对智能制造的需求

1. 35 家企业对智能制造的需求

2013 年年初开始，中国工程院"制造强国战略研究"项目组，赴广州、深圳、东莞、顺德、大连、贵阳、哈尔滨、西安、合肥、宁夏、北京等地，对我国机床、发电设备、航空设备、集成电路、家电等领域 35 家制造企业进行了"数字化智能化技术应用情况"的实地调研。调查结果表明，近年来，随着信息技术的迅猛发展，信息技术向制造领域的渗透不断加强，我国部分先进制造企业应用信息技术、网络技术、智能技术的广度和深度显著提高。被调查企业在产品全生命周期的产品设计、制造（工艺、加工、检测、装配）、管理、服务各环节，已具有较好的数字化、网络化、智能化的基础。例如，西电集团在数字化、智能化的产品创新、制造技术创新和商业模式创性三个层次具有较高水平。西电集团综合运用感知、网络、软件、检测、控制技术等，推进产品的智能化创新升级；建成了一个能适应多种复杂制造过程、满足高端高压开关制造要求的数字化制造车间；搭建了支撑输配电设备产品线，贯穿设计、采购、生产、销售、售后服务全过程的企业运营信息化平台。深圳雷柏科技股份有限公司，面对日益增长的劳动力成本，已投入 70 余台机器人，对原来的生产线进行改造，员工数量由 3000 多人降至 800 多人，员工收入大幅度提升。未来该公司将继续扩大自动化生产线的应用，大量采用自动化生产代替人工，将工人流失率控制在 10%以内。

35 家企业对数字化、网络化、智能化制造的需求汇总见表 1.3.3。

表 1.3.3　35 家企业对数字化、网络化、智能化制造的需求

序号	需求	企业数
1	智能制造装备（生产线）	17
2	数字化产品	16
3	数字化车间（工厂）	13
4	数字化设计	11
5	加工过程的数字化、智能化	11
6	企业管理信息化	7

2. 浙江省"机器换人"工程的需求

浙江省提出"腾笼换鸟、机器换人、空间换地、电商换市""四换"工程，并开展"555"推进计划，即在五年内实施"机器换人"项目 5000 项、完成技术改造投入 5000 亿元。浙江省提出的"机器换人"工程就是要用自动化、数字化、智能化的机器部分替代人的体力劳动及部分脑力劳动，提高效率和质量，解决"用工荒"，为浙江省产业优化升级和经济持续增长提供动力。为了给"机器换人"工程提供切实可行的顶层设计，2014 年 8 月，机械科学研究总院与浙江省签订"机器换人"战略合作协议，双方共同开展浙江省"机器换人"需求调研。机械总院于 8 月中旬至 9 月末在浙江省分三个区域派出 3 个调研小组共 35 位专家，对浙江省 10 个市 20 个行业 116 家企业实施"机器换人"的需求调研，收集了大量一手资料。调研结果表明如下几点。

1）企业实施"机器换人"需求明确

浙江省"机器换人"主要分为部分环节机器换人、自动化生产线、自动化生产线加工业机器人、机联网、厂联网五种形式。企业"机器换人"的目标明确，主要目的集中在解决劳动力紧张的需要（占 85%）、提高产品质量的需要（占 72%）、提高劳动生产率的需要（占 72%）、改善劳动环境的需要（占 46.1%），如图 1.3.1 所示。"机器换人"的用工重点生产环节在装配、个性化加工、检测试验、包装四个环节，集中在"八大行业、六大需求"，即在汽车及零部件、化工化纤及纺织、家电、电子电气设备、传统机械、食品医药、服装鞋帽、木工家具八大行业，前六大需求是：物流仓储、检测装配、智能装备、信息化管理、工程总承包、产业规划。

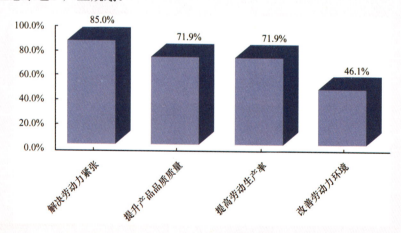

图 1.3.1 企业实施"机器换人"的需求明确

2）企业"机器换人"愿望强烈

局部环节机器换人需求最为迫切，即企业在综合考虑投入产出比、生产线灵活性等因素后，选择局部机器换人试验，视效果再扩大换人规模，或者进行整线改造。在"机器换人的愿望"选项中，64.2%的企业具有强烈愿望，19.5%的企业愿望一般，14.5%的企业在做机器换人准备。浙江省"机器换人"的口号已经深入人心，企业通过"机器换人"转型升级愿望迫切；政府支持政策效果明显，市场需求很明确。

3）提供交钥匙工程是企业需求的新趋势

"机器换人"不是简单的机器代替人，是建立在工艺优化的基础上，由系统集成商以工程总承包方式为企业提供工程设计、设备安装、试车至正常运转等全方位的服务，尤其是能为客户提供交钥匙工程的方式逐渐兴起，具备丰富的工艺知识、有丰富样板工程和案例的系统集成商成为企业的新宠。例如，浙江黎明发动机零部件有限公司新建厂区自动化立体仓库、车间管理信息系统均采用交钥匙工程交付；宁波圣龙（集团）有限公司新建湖州工厂的热处理车间、机加工车间也计划采用交钥匙工程交付方式；浙江陀曼精密机械有限公司耕耘在轴承加工细分领域，为用户提供的轴承加工数字化生产线和数字化车间交钥匙工程已成为其主要业务。

目前，企业对智能制造的需求日趋高涨，我国部分先进制造企业已不同程度地应用数字化制造，并着手探索智能制造。信息技术的迅猛发展及与制造业的深度融合，使以数字技术为特征的智能制造在我国制造业的推广应用已不可阻挡。智能制造正向我们走来，它将成为我国制造业发展的新趋势。

第四章 发展智能制造的重要性和紧迫性

从上述分析可见，我国有发展智能制造的巨大需求，并具有一定的基础和条件，大力发展智能制造，对于我国制造业应对环境压力、实施创新驱动战略、加快工业化进程、提高企业竞争力具有重要而深远的意义。

4.1 智能制造是应对国际巨大挑战的必然选择

国际金融危机后，发达国家纷纷实施"再工业化"战略，巩固发达国家制造业在技术、产业方面的领先优势，重塑制造业竞争新优势，加速推进新一轮全球贸易投资新格局。同时，受劳动力成本上升等因素的影响，国内低附加值产品出口的价格优势弱化，一些发展中国家加快谋划和布局，积极参与全球产业再分工，承接产业及资本转移，拓展国际市场空间。我国制造业正面临发达国家和发展中国家"双向挤压"的巨大挑战，应对新一轮国际分工争夺，必须改变以前的发展思路和方式，寻找新的发展空间。作为新一代信息技术与制造技术深度融合集中体现的智能制造，正在引发影响深远的产业变革，形成新的生产方式、产业形态、商业模式和经济增长点，大力发展智能制造是应对挑战的战略对策。

4.2　智能制造是提升优势和破解瓶颈的关键举措

我国制造业在中低档产品制造领域优势明显，部分企业已经走向了国际化，具备全球竞争优势。实施智能制造，可以丰富产品功能提升产品附加值，优化产品设计和制造环节，不仅可以推进中低档产品向中高档转变，而且可降低制造成本、提升产品质量，进一步巩固和扩大中低档产品的全球竞争优势。

我国制造业所需的高端装备及核心零部件目前仍依赖进口，推进智能制造为涉及国民经济命脉和国防安全的重大装备和产品的自主创新提供了有力的手段，是摆脱高端装备及核心零部件进口依赖、摆脱"外国机器人上岗、中国工人下岗"尴尬局面的客观需要。

同时，我国制造业发展必须满足"既要金山银山，又要绿水青山"的基本要求，走资源、能源节约型和环境友好型发展的新道路，迫切需要应用数字化智能化技术和装备，推行智能制造将降低能源资源消耗、实现生产过程的绿色化，有助于从根本上解决资源、能源和环境约束问题。

4.3　智能制造是经济发展新常态下撬动经济增长的新模式

我国已经进入经济发展的新常态，发展方式正从规模速度型转向质量效益型，发展动力正从要素驱动转向创新驱动。强大的制造能力是我国经济发展的根基所在，以提高经济发展质量和效益为中心，发展智能制造将大大增强对战略性新兴产业和现代服务业的支持，推动传统产业向中高端迈进，这是主动适应新常态、撬动经济增长的新举措。

大力发展智能制造，一方面实现对现有制造企业的数字化智能化改造，在充分利用优质存量的同时，大大提升质量效率，有助于从根本上转变经济发展方式；另一方面通过发展智能制造可以培育新的经济增长点，形成潜力巨大的智能制造装备产业和智能制造服务产业；再者，发展智能制造形成的智能化装备、高端产品及优良的服务品质，将提升国民经济的发展质量和人民的生活质量。

4.4 智能制造是两化深度融合的集中体现、主攻方向和突破口

经过改革开放 30 多年的积累和发展，我国构建的移动网、固网等信息基础设施与国外水平接近，处于同一起跑线，我国制造业和信息产业已经具备了支撑推进两化深度融合的基础和条件。当前，新一代信息技术与制造业的融合发展呈现出新的趋势，移动互联、大数据、云计算、新型传感器、大规模集成电路、人工智能、3D 打印等新技术的持续演进，推动着制造业的数字化、网络化、智能化。这集中表现在产品和制造装备智能化、设计和制造过程的智能化及工艺流程的合理化、服务的敏捷化远程化智能化，并进而催生新的业态和新的生产模式——服务型制造。智能制造是当前和今后一个时期推进两化深度融合的集中体现、主攻方向和突破口。

4.5 智能制造是提高产业和企业竞争力建设制造强国的关键

经济全球化使制造业实现了制造资源的全球化配置和产品的全球化制造与销售，与此同时，它也将制造企业置身于更加激烈的市场竞争之中。大力发展智能制造，一是将微小型传感器、嵌入式软件和通信装置植入产品和装备，可使之功能、性能发生质的变化；二是实现设计和制造过程的智能化及制造工艺流程的优化，达到快速响应市场、提高质量和效率、降低消耗的目标；三是推动服务的敏捷化、远程化、智能化，可大幅度增加服务在价值链中的比重，实现从低附加值的生产型制造向高附加值的服务型制造转变；四是发展智能制造为推动航空航天装备、高铁装备、新能源等战略性新兴产业的发展提供必要保障，也是工程机械、冶金、石化等传统产业转型升级和高端化发展的需要，将加速推进各领域优化产业结构、提升创新能力、增强质量效益，形成结构优化的制造体系；五是在当前形势下，制造企业要保持和提高国际竞争力，就必须具备快速响应客户需求的能力，通过在产品的全生命周期中广泛应用数字化智能化技术、发展智能制造，有助于企业缩短产品研发周期，稳定制造工艺，实现产品质量的精细化管控，快速响应市场。总之，推动智能制造的发展和应用，是应对国际挑战，提高产业和企业竞争力，建设制造强国的关键。

第五章 我国智能制造发展战略和目标

5.1 指导思想

以重塑我国制造业新优势为出发点，以市场需求为动力，以促进制造装备和产品、制造过程、管理和服务的智能化为重点，以共性关键技术突破、关键元器件和装置研发、核心工业软件自主化为基础，积极推进智能制造的试点示范和应用及智能制造装备产业的规模化发展，加快制造业转型升级步伐，使中国早日迈入制造强国行列。

5.2 基本原则

1. 需求导向、效益为本

要把市场需求作为推动智能制造发展的根本动力，从企业现实的紧迫的需求出发，引导企业根据自身信息化、数字化水平，以及技术力量和资金投入的能力，进行认真的顶层设计和充分的经济性论证，分析实施智能制造在提高效率、提高质量、降低成本、减少材料和能源消耗、快速响应市场等方面可能取得的效果，以确定实施智能制造的方案计划。

2. 夯实基础、重点突破

发展智能制造必须打好三大基础：研究建模与仿真技术、工业数据采集与管理技术等共性关键技术，打好发展智能制造的技术基础；攻克传感器、测量仪表和装置、控制系统、机器人、伺服传动装置等发展智能制造所必需的关键部件及核心工业软件，打好产业基础；开发制造过程所需数字化智能制造装备，打好实施基础。根据市场需求和我国优势，选择一些核心技术、关键部件和制造装备及典型应用示范项目加以重点突破，并在独创和原创上有所作为。

3. 示范引领、分步实施

根据行业和企业发展的需要，在汽车制造业、航空装备制造业、电子与通信设备制造业、石油化工制造业、食品饮料制造业，选择信息化基础条件好、对发展智能制造需求迫切的企业，在点上进行智能化成套装备集成应用示范和数字化车间/工厂应用示范，通过应用示范促进智能制造和智能制造装备产业的崛起成长。总结示范应用取得的经验，在重点行业全面推广智能制造，实现智能制造和智能制造装备产业的壮大与规模化发展。

充分考虑我国制造业发展基础，在我国推行智能制造不可一蹴而就，可将智能制造分为三个阶段有序地推进。

第一阶段：到 2020 年，主要是打好基础，即制定智能制造标准、突破核心基础部件并实现产业化、实现关键制造装备和生产线的数字化智能化，做好数字化车间/工厂的试点示范，培育专业的从事提供智能制造集成的公司，培养人才队伍。

第二阶段：到 2025 年，在重点行业、重点企业推广建设具有一定智能功能的数字化车间/工厂，并争取建成几家试点智能工厂。

第三阶段：到 2030 年，在重点大型企业及专精特企业推广智能制造，建设一批智能工厂。

应该指出的是，在强调发展智能制造应分步实施时，并不意味着要采取"串行"的发展路径，即按照"机械化—电气化—数字化—智能化"四个阶段，完成了一个阶段再走向下一阶段。由于信息技术，特别是以互联网、移动通信、大数据、云计算为代表的新一代信息技术的快速发展，企业在进行电气化和自动化、推进数字化时，可以利用新一代信息技术和日趋成熟的智能技术来解决实现自动化和数字化中的关键问题，可以取得超预期的效果，大大缩短电气化向数字化、数字化向智能化推进的时间；同时，在发展数字化装备和数字化工厂的过程中，可以引入已经成熟智能技术与装置，赋予一定的智能功能，即可以采用"并行"的发展路径。

5.3　发展目标

1．2020 年目标

（1）重点产业 50%以上大型企业或专精特企业实施数字化、智能化制造，70%以上的装备实现数字化、智能化。

（2）攻克一批智能制造的关键共性技术，若干技术取得原始创新的突破。

（3）智能制造装备产业成为具有国际竞争力的先导产业，智能制造所需关键部件和制造装备 50%实现自主化。

（4）在 100 家以上汽车、机床、工程机械、航空装备、电子与通信设备、石油化工、食品饮料制造等企业进行智能制造应用示范，取得明显经济效益和社会效益。

2．2025 年发展展望

（1）智能制造在重点行业、重点企业得到推广应用；建立较为完善的智能制造技术创新体系。

（2）关键部件和智能制造装备 70%实现自主化。

（3）应用智能制造的企业劳动生产率大幅度提高，材料和能源消耗显著减少，产品质量和一致性达到国际先进水平。

第六章 发展智能制造的优先行动

根据发展智能制造的战略思路、基本原则和发展目标，提出以下九大优先行动计划。

6.1 优先行动一：建立智能制造标准体系

标准是实现现代化大生产的必要条件，是制造业实行科学管理的基础，是衡量制造业技术水平的主要标志。这对正在培育壮大的智能制造及智能制造装备尤为重要，它是加快智能制造技术传播及创新成果产业化的桥梁和媒介，是有效参与国际贸易、合作交流和竞争的重要工具和手段，是保证产品质量和消费安全、规范市场秩序、保护环境和节约资源的技术依据。因此，智能制造在我国已推行四年后，应将建立智能制造标准体系作为发展智能制造的优先行动。智能制造标准体系建设的原则如下。

1. 继承更新，整体推进

尽管智能制造是近几年才受到全球重视而发展起来的，但正如智能制造是在传统制造的基础上融入了信息技术而产生的，智能制造的标准体系建设也不必从零开始，要以已形成的相关标准为基础，补充最新智能制造的技术和产业发展情况，考虑新的发展需求，进行标准体系的顶层设计，努力构建先进、开放、协调的智能制造标准体系。

2．跨界合作，协同创新

智能制造是传统制造技术与新一代信息技术的深度融合，因此，在智能制造领域，一项标准的内容往往涉及制造、信息、管理、安全等不同领域、不同行业的技术。由于我国标准化体制基本是按照行业分设标准化委员会（以下简称标委会），标委会的专家也大多是本行业的专家，难以适应智能制造标准跨界、跨领域、跨行业的要求。把不同领域、不同行业的专家组织起来，按照综合标准化的要求制定标准，对标准化工作来说，也是一项创新。因此，智能制造标准的制定必须由多个领域和行业各方面的专家协同努力，共同创新。

2020 年前，智能制造标准体系建设的重点如下。

（1）智能制造关键术语和词汇表标准制定。

（2）与企业间联网和集成相关标准或参考体系制定，包括合作伙伴的基本结构原理、关键部件和智能制造装备信息接口标准、数据协议、接口与通信标准、用户接口标准。

（3）智能制造所需关键部件标准中与智能制造相关部分的标准制修订，包括传感器和无线传感网络标准、智能化仪器仪表标准、自动测量和控制装置标准、工业机器人标准、传动和执行装置标准、数字伺服装置标准。

（4）关键智能制造装备标准中与智能制造相关部分的标准制修订，包括数控机床与基础制造装备标准、智能石油化工制造装备标准、智能冶金制造装备标准、智能食品制造装备标准、智能纺织制造装备标准。

（5）智能生产线和数字化车间标准的制定。

（6）智能制造服务架构标准制定。

6.2 优先行动二：突破关键部件和装置并实现产业化

智能制造感知、决策、控制和执行功能的实现，需要传感器、测量仪器仪表、控制系统、工业机器人、伺服系统、精密传动装置等关键部件作为支撑。然而目前我国生产的这些关键部件与国外的差距很大，基本被国外产品垄断。这一关键问题必须下大功夫予以解决，因为这些关键部件的突破和产业化是发展智能制造装备的产业基础。

1．传感器及测量仪表和装置

传感器是指在离散制造中用以测量距离、位置、力、速度、加速度等参量的功能部件。

测量仪表是指在流程制造中用以测量温度、压力、差压、流量、物位参数的功能部件。重点是如下。

（1）高精度硅压力变送器。其关键技术是压力传感器芯片设计与制造技术、传感器芯片封装技术、信号处理技术、可靠性设计与验证技术。

（2）科里奥利力质量流量计。其关键技术是传感器的设计制造技术传感器流量模型软件、低信噪比信号处理技术、流量标定技术、环境影响补偿技术。

（3）多声道超声波流量计。其关键技术是超声波发射/接收器设计制造技术、流量模型软件。

（4）新型感应式传感器及其系统。其关键技术是双传感器测量技术、无线射频识别（RFID）与传感器集成技术、抗外界电磁干扰技术、信号处理电路设计和芯片化技术、工业无线数字通信技术。

（5）视觉传感器及其系统。其关键技术是高分辨率互补金属氧化物半导体（Complementary Metal-Oxide-Semiconductor，CMOS）图像传感器芯片设计制造技术、多芯片协同工作技术、用于信号高速处理的芯片（CPU）内核软件设计技术、视觉传感器应用软件。

（6）几何量检测传感器。其关键技术是光学、超声波、涡流、磁粉探头等传感器与装置设计技术，三维或多源信号处理与数字建模技术，抗干扰与精度增强技术。

2．控制系统

控制系统包括流程制造中广泛应用的分散型控制系统（DCS）、紧急停车安全系统（EDS）和火灾与有毒有害气体检测系统（F&GS），以及离散制造中广泛应用的可编程控制系统（PLC）、机床数控系统（CNC）、装备专用控制系统和工业计算机控制系统（PAC）。

（1）分散型控制系统（DCS）。指具有通过各种通信协议实现数据采集并监视（Supervisory Control and Data Acquisition，SCADA）、设备管理和智能维修、能源管理、批处理和配方管理、支持开放的数据库接口和多种流行标准网络接口等功能控制系统。

（2）可编程控制系统（PLC）。指具有大容量 I/O 和网络通信功能的大型 PLC、用于运动控制和具有强信号处理能力的快速 PLC，以及获得功能安全等级认证的安全 PLC 等。

（3）紧急停车安全控制系统（EDS）和火灾与有毒有害气体检测系统（F&GS）。指系统整体安全等级达到 SIL3 以上，采用三重冗余方式运行的紧急停车安全控制系统，以及具有完整消防系统功能，并能与生产过程控制的控制系统实现系统信息互通的火灾与有毒有害气体检测系统（F&GS）。

（4）机床数控系统、纺织机械专用控制系统、包装机械专用控制系统、物流装备专用控制系统、危险品制造用防爆控制系统等嵌入式专用控制系统。

3. 工业机器人

工业机器人包括主机和工业机器人系统。工业机器人主机是指能自动控制、可重复编程、具有多用途的操作机,它可对三个或三个以上轴进行编程。工业机器人系统是指由(多)机器人主机、(多)末端执行器和为使机器人完成其任务所需的周边装备构成的系统。

(1)机器人主机及系统。包括焊接、喷涂、锻压、铸造、装配、搬运、检测机器人主机及机器人系统。

(2)核心关键技术。包括机器人模块化、标准化、平台化技术,机器人控制与驱动技术,可靠性及试验检测技术,视觉、触觉、力觉传感技术,专用软件,关键应用技术。

(3)关键部件。包括高性能控制器、高精度伺服驱动器和伺服电机,摆线针轮(RV)减速器。

4. 传动装置

传动装置主要包括变频调速装置、全数字交流伺服系统、液压及气动系统、高速精密轴承和精密齿轮传动。

(1)高性能变频调速装置。包括实现数字式矢量控制(VC)技术及脉宽调制变压变频(PWM-VVVF)调速技术,采用现场总线的数字化控制接口技术,具有高响应速度、稳定的力矩输出、高转矩特性、高过载能力、高可靠性、高电磁兼容性、高电网适应能力、高性价比等特性的变频调速装置。

(2)伺服电机。重点突破伺服电机可靠性技术、产品结构和系列化设计技术、大批量生产工艺、测试技术、伺服驱动与外围设备数字接口技术。

(3)高压轴向柱塞泵/马达、整体式多路阀。包括重点突破球墨铸铁材料及铸造工艺、精密加工技术、热处理技术和摩擦副抗疲劳耐腐蚀等关键技术。

(4)高转速大功率液力耦合器传动装置。包括具有可控软启动和精确快速调速控制功能,需要突破高转速大功率下的叶轮材料及制造工艺、传动装置的检测技术及试验技术。

(5)高速、精密、重载轴承。需要重点解决轴承材料、控形控性制造技术、综合实验和可靠性试验技术等关键技术。

(6)高精度、高功率密度、高可靠性齿轮传动。需要重点解决齿轮加工、热处理、润滑、冷却、密封技术。

6.3　优先行动三：大力推广数字化制造

数字化制造是实现智能化制造的基础，是发展智能制造不可或缺的一步。因此，应在制造企业大力推广数字化制造。

1. 开发数字化智能化装备

由关键部件和装置及数字化智能化单机组成的数字化智能化制造装备，是实现智能制造的物质基础和核心组成部分。

智能制造装备指制造业实现智能制造所必需的各种智能装置、部件和装备的总成，它是先进制造技术、数字控制技术、现代传感技术以及智能技术深度融合，将传感器及智能诊断和决策软件植入到装备中，具备一定智能、逻辑判断、通信功能，使制造工艺能适应制造环境和制造过程的变化实现自我调整以达到优化的制造装备，是实现高效、高品质、节能环保和安全可靠生产的新一代制造装备。

智能制造装备的技术特征主要表现在以下几点：

（1）对装备运行状态和环境的实时感知、处理和分析能力，实现对装备运行、环境以及制造质量进行在线和实时检测。

（2）根据装备运行状态变化的自主规划、控制和决策能力，装备本身具备工艺设计和规划的智能化、知识化功能。

（3）对自身性能劣化的主动分析，对故障的自诊断自修复能力。

（4）参与网络集成和网络协同的能力。

智能制造装备可分为三类：①装备制造业用的数控机床与基础制造装备，以及配套的物流、检测设备；②钢铁、冶金、化工、建筑材料等流程工业用的智能制造装备；③食品、药品等大批量生产用智能制造装备。

以“'数控一代' 机械产品创新工程行动计划”、“'数控一代' 装备创新工程行动计划”为载体，以数控装置制造企业和装备制造企业为依托，建立数控技术开发与推广服务平台，在各类制造装备上推广应用数控技术，集成创新一批数控装备，为实现数字化制造提供装备保障，并进而由“数控一代”装备创新向“智能一代”装备创新进化。

开发的重点是石油、化工、冶金、建筑材料、汽车、成形和加工、电力装备、食品、纺织等制造装备和自动化物流设备。

2．在企业全面推广数字化设计、制造和管理

在企业产品设计环节，推广应用具有计算机辅助设计（CAD）、计算机辅助工程（CAE）、计算机辅助工艺设计（CAPP）、产品数据管理（PDM）、三维数字建模和模拟仿真技术支持的数字化系统，实现产品的全数字化设计，结构、性能、功能的模拟与仿真优化。在产品加工和流程制造工艺环节，推广应用计算机辅助工艺过程设计、计算机辅助制造（CAM）、制造执行系统（MES）、生产过程的仿真优化、生产工艺数字化控制、数字化检测等信息技术与数字技术。在企业管理环节，以企业业务流程的优化和重构为基础，应用基于计算机网络的企业资源计划（ERP）、供应链管理（SCM），集成企业信息流、物流、资金流、知识流、服务流，实现企业内外部信息的共享和有效利用。

3．用数字化技术对传统企业进行改造提升

在制造企业推广数字化制造，并非一定要重新花费巨资购买新设备，可在企业现有设备的基础上，用信息技术对企业现有设备进行数字化改造，通过加装传感器、数控装置（系统）和通信接口，使不具有数字化功能的设备也能够接入生产线和信息网络。对企业实施数字化技术改造，不是在传统的工艺流程和经营管理模式上进行计算机化和数字化，而是需要通过优化工艺、流程再造，或开发新的先进工艺，通过创新企业管理模式，实行扁平化管理，使之能适应数字化技术改造的需要。

6.4　优先行动四：开发核心工业软件

工业软件是工业领域专用的软件产品和系统，工业软件较之通用软件具有更强的行业性、专业性，它依托于具体的制造业领域。

智能制造的广泛应用，需要以应用为导向，以解决智能制造业务需求为目的，在设计、分析、仿真、工艺、生产制造、管理、服务，以及信息采集、控制、通信等业务领域推进工业软件与所依托产业紧密结合，形成一批自主、安全、可控的工业软件，使国产工业软件大规模、成体系、高可靠地应用于智能制造。

1. 研发高端核心工业软件

1）高端工业基础软件

高安全级嵌入式操作系统和大规模工业数据处理系统，是具有工业领域特征的基础软件、构建智能制造信息物理系统的重要组件。与通用操作系统和数据库的不同之处在于，它不仅运行于计算、存储和通信资源受限的硬件平台，而且需要快速甚至实时地响应外部事件，同时具有高可靠性。

2）高端工业平台软件

面向离散工业，研发集成化三维设计/分析/加工的产品开发平台、精益协同资源管理决策平台、支持数据采集与监控系统（SCADA）的制造执行平台、支持制造服务的生命周期与服务管理平台、敏捷供应链平台、社交化客户关系平台等工业平台软件；

面向流程工业，研制动态可视化软件、过程监控报警软件、数据采集和管理软件、统计过程质量控制软件（SPC）、报表功能软件、简单的回路调节软件、能源管理与优化等生产过程管理与控制平台组态软件。

3）高端工业专用软件

（1）面向专业领域工业软件。专业领域产品或装备的数字化智能化离不开高端核心工业软件，如数控与伺服、3D打印驱动与控制、柴油电喷控制、轨道交通制动、功能安全、质量检测、研发设计等专业领域的系列工业软件。

（2）面向元器件及装置的嵌入式软件。元器件及装置的数字化智能化离不开大量的嵌入式应用软件，嵌入式软件系统实现其与外界的通信，以及用于控制或者辅助其完成装置或设备所需的任务，以获得预期的智能功能。

2. 搭建重点领域工业应用软件系统服务平台

服务化是工业软件发展的显著特征，为用户提供定制解决方案，简化工业软件使用过程的繁杂操作，降低操作维护成本，为企业提供更大价值。工业软件应用模式正在向以用户为中心转变，通过充分应用互联网、物联网、云计算、大数据等信息技术，基于自主研发的高端核心工业软件，在重点行业、龙头企业搭建开放智能的工业应用软件系统平台，通过应用商店（App Store）模式的资源模块迅速调度和部署各自业务领域，实现与业务有效集成和在整个制造企业范围内按需服务。

重点建设以下服务平台。

1）产品设计优化平台

在产品设计方面，采用面向产品和工艺设计、具有丰富设计知识库和模拟仿真技术支持的数字化智能化设计系统，在几何造型、数据库、系统建模和优化计算等技术支持下，可在虚拟的数字环境里并行地、协同地实现产品和工艺的全数字化设计，结构、性能、功能的计算优化与仿真，极大提高产品设计质量和一次研发成功率。

2）数字化工厂仿真平台

为虚拟工厂建立建模仿真平台，使仿真平台拥有即插即用功能的、标准化的开源计算（可定制的开源软件与数据网络），这些平台利用可以由公司个体内部定制的通用应用模块来模拟特定的工厂配置，加盟企业可以通过平台实现接近现实生产环境的生产流程、能源消耗、选择决策的仿真模拟。

3）制造执行管理平台

建立生产执行过程下一代制造决策软件与计算架构工具箱平台，平台拥有数据采集、资源分配、状态管理、工序调度、过程管理、物流调度等制造执行过程所需的工业控制软件和各种接口，快速实现整个制造工厂实时地选择决策，高效地指导工厂的生产运作。

4）产品智能服务维护平台

建立产品服务维护平台，平台充分应用互联网、物联网、云计算、大数据等信息技术，能让企业方便地实现设备运行状态、故障时间等采集、分析，有效提高产品服务质量的同时进一步降低服务成本。

5）跨企业集成协同平台工业互（物）联网平台

高效的多层次互联与协同应用是未来应用需求的主要特征，包括企业内部和产业链上企业之间。横向上解决全产业链上的价值集成，包括信息流、知识流、服务流、资金流和物流的集成优化；纵向上解决数字化企业各层次的端到端集成，包括从企业到工厂、车间、生产线、设备单元的垂直集成与优化调度。

6.5　优先行动五：建立数字化/智能工厂

智能工厂是智能制造的集中体现和实现载体，智能工厂是以客户所需产品的数据、优化的制造工艺流程、协调的智能成套设备为核心，采用数字技术、网络技术和智能技术，实时获取工厂相关信息，集成制造工艺流程、智能制造装备和生产线、物流配送系统，实现面向产品设计、制造、服务等产品全生命周期各个环节动态优化与整合的一种先进综合制造模式，目标是提高工厂的运行效率、快速响应市场、优质、柔性、清洁、安全、敏捷的制造产品、服务用户。智能工厂的核心是客户所需产品的数据、智能成套设备、优化的工艺流程。

智能工厂的技术特征主要表现在以下几点：

（1）具有产品性能与工艺的三维模拟与仿真优化能力，实现产品设计手段与设计过程的数字化智能化。

（2）具有能参与网络集成和网络协同能力的智能生产线。

（3）具有即插即用的软件集成平台，可对生产线或整个工厂的运行进行模拟仿真。

（4）具有工艺数据库和知识库，能逐步积累专家经验和知识，实现工艺参数和作业任务的多目标优化。

（5）制造信息全过程跟踪以及产品质量可追溯。

（6）实现产品生命周期管理（PLM）、制造执行（MES）、企业管理（ERP）的系统制造和综合管控。

建立智能工厂应逐步推进，未来 10 年在我国应该重点推进建设一批示范性的、具有一定智能功能的数字化车间/工厂。

1. 建立企业智能管理平台

利用新一代信息技术，建立信息集成平台，促进企业间的互联互通，支持制造资源的优化配置、供需双方的快速匹配和网络化协同设计制造，提高产品设计和制造效率。

2. 构建数字工厂的基础设施

着力发展数字化技术，支持全球协同设计和制造；发展各种集成专业知识的企业数字化系统；发展面向服务的信息系统集成技术；发展基于物联网技术的智能工厂。

3. 在重点产业建立示范数字化车间/工厂

数字化工厂的重点在制造高度复杂产品、超大型尺寸产品、超微小产品的行业，以及对人有害的作业环境下优先发展。先期在汽车制造业、工程机械制造业、金属切削机床与基础制造装备制造业、航空装备制造业、轨道交通装备制造业、电力装备制造业、电子与通信设备制造业、石油化工制造业、食品饮料制造业、纺织制造业等产业进行数字化工厂/车间试点示范。

6.6　优先行动六：发展服务型制造

随着新一代信息技术的不断发展，制造业逐渐从价值传递环节向价值创造环节渗透，向微笑曲线的两端延伸。信息技术与制造业的深入融合，为制造业发展创造了新的手段及发展空间，加速了制造业向服务型制造转型升级。通过移动互联网、物联网、大数据、云计算等新一代信息技术与制造业的深度融合与应用，构建面向行业的制造服务互联网（云），为制造业的生产模式与商业模式创新带来新的动力，实现由大批量规模生产向定制化规模生产模式、由按计划供货向按市场需求快速补货的商业模式、由传统的门店销售向电子商务营销模式的转变与革新。

发展服务型制造的途径有以下几点。

1．推行定制化生产模式

以消费品制造业为切入点，改造企业业务流程和管理流程，建立柔性和快速响应机制，推进产品多样化和定制化的生产模式，满足市场的个性化需求和快速反应、迅速交货的要求。企业通过互联网与零售门店引入客户个性化设计理念与定制需求，推行按需设计、按需采购、按需生产、按需交货，建立"个性化、小批量、短交货"的 C2B+O2O 定制生产模式及典型行业的产品定制服务平台。

2．加快商业模式转型

开展纺织、服装、制鞋、食品饮料等消费品制造业从传统预测型推式供应链管理向面向市场的拉式供应链管理优化转型，实现产供销的同步，减少库存、加快周转。促进企业向终端市场驱动的以快速反应、高可得性、低库存管理为核心的商业模式转变。

3．推动装备全生命周期管理和维修服务

高端产品，特别是高端装备价值昂贵、技术密集，必须由制造商或第三方设备健康管理及监控平台提供全生命周期的远程监控、运行诊断、健康维护服务。为此，在装备设计制造阶段必须在装备上安装小型传感器、嵌入式软件和通信装置，建立服务中心。一些高端装备的制造商也正在推行商业模式由卖产品向卖产品的服务转变。

4．培育提供智能制造解决方案的公司

智能制造不仅仅是单台装备的智能化，更重要的是提供智能制造的解决方案。制订一个智能制造解决方案，需要三方面的知识、即制造过程的知识、智能制造装备和智能功能部件的知识、以及制造过程服务与管理的知识。因此，必须培养专门的企业来收集、整理和应用这三种知识，形成全面综合的智能制造解决方案知识体系，能够更加专业地为企业提供智能制造项目的策划，这样的专门公司可称为智能制造系统集成公司。根据我国的具体情况，工程设计院、自动化成套公司、大型控制系统供应商、大型数控装备供应商都可以成为这样的系统集成方案供应商。

5．加快发展电子商务

推进电子商务差异化、专业化、品牌化、诚信化、移动化发展。整合生产制造商、批发零售商、网络运营商、金融服务机构、现代物流平台、中介服务机构、技术支撑机构等参与的电子商务生态圈，建设特色鲜明的虚拟经济与实体经济融合发展示范区。

6．发展现代物流服务

推进制造业与物流业联动发展，发挥第三方、第四方现代物流企业对制造业的支撑作用，扩大影响力和辐射力。应用互联网、大数据等信息技术，提升物流企业全程、及时服务能力，加快物流服务体系标准化建设。

7．提升创新设计水平

应用智能设计技术和网络技术，以创新设计提升产品附加值和市场竞争力。通过自建与引进研发设计中心、工业设计服务平台等，推动创新设计成果转化。积极吸引用户参与创新设计，通过互联网，大力推进"创客运动"。

6.7 优先行动七：攻克八大共性关键技术

共性关键技术是发展智能制造的技术基础，必须优先安排解决。

1. 工业数据采集与管理技术

企业范围的智能制造需要大量的数据支持。数据需要利用高效、标准的方法进行采集、存储、分析和传输。高效、经济地获取、管理和使用数据是智能制造面临的主要挑战之一。为此，需要发展基于传感器网络的工业数据采集与管理技术。

1）发展感知与测控网络技术

包括：发展基于微机电系统（Micro Electromechanical System，MEMS）、新材料技术和信息技术的多功能集成智能传感与传输技术、无线射频识别（radio frequency identification devices，RFID）和物联网智能终端技术，更好地实现工厂运营的综合分析与优化；攻克支持智能传感、监控、决策和执行的开放式智能终端操作技术，开发基于工业现场总线的即插即用技术和实时网络操作系统技术以及面向工业现场总线、无线网络、互联网的实时网络操作系统技术。

2）建立一致、高效的数据采集架构与数据处理方法

包括：建立数据协议、接口、通信标准；发展数据融合技术对不同来源的传感器数据进行分析，取得更高的测量精度；建立信息技术平台，实现知识获取、用户接口等。

2. 建模与仿真技术

智能制造的广泛应用，需要建模与仿真平台的支持，仿真工具也同样需要先进的功能来支持平台环境内的复杂分析与决策，并实现在整个制造企业范围内与业务系统有效集成。其功能应整合涵盖原材料、设备、公共设施、产品和物流在内的各种企业数据；其决策工具和自动化系统还必须整合智能机械与人类行为。

1）发展面向制造的数据挖掘与知识发现技术

包括：发展面向制造活动的有效知识表示技术及异构知识交互技术；研究高效、分布、异构数据挖掘与知识发现技术；发展基于不确定、非精确、非完整制造信息的分布/混合

智能推理技术。

2）发展面向数字化工厂的建模仿真技术

包括：计算机辅助工程（CAE）核心技术；数字化工厂复杂大系统建模与仿真、并行分布式建模与仿真、大数据驱动的建模与仿真等核心技术；企业全局建模与仿真技术。

3）建立高效能建模与仿真平台

包括：建立具备即插即用功能的、标准化的开源计算平台（可定制的开源软件与数据网络），该平台可以利用由用户定制的应用模块来模拟特定的企业配置，以促进智能制造成功应用于范围广大的工业用户；发展下一代制造决策软件与计算架构工具箱，可用于处理复杂问题，进行高效的数据挖掘与决策制定。

3. 企业级管理决策技术

制造企业远比它的制造工艺与产品规模大得多，涉及横跨制造企业内部及与外界相关业务的管理。整个供应链中生产经营及业务功能的集成，是未来智能制造企业的核心技术。例如，业务规划与制造决策的成功集成可以大大增加各类资源（从材料到能源、水以及劳动力）的使用效率。

1）供应链管理优化

实现对供应商绩效的实时评估需要主动的感知和响应方法。建立基于公共知识库的自主计算系统可以连续地感知与响应，从多样的资源中获取并分析数据，然后做出结论或决策。

2）智能企业管控

建立集成产品和制造工艺模型可减少市场投放时间、改善产品质量、增强工厂适应或转向新型产品的能力。集成的产品和工艺模型可以促进企业和厂级规划的成功整合，从而实现关键绩效指标的多重优化。为此，需要发展可供各行业应用和定制的标准化方法。

4. 智能化产品设计技术

产品创新是实施智能制造的重要组成部分。市场需求的变化和技术的发展，对产品设计和工程设计不断提出创新、快速响应、高性能高品质、低碳环保的要求，需要发展基于知识的智能设计技术与系统，开发具有自主知识产权的智能设计工具系统。

1）基于知识的智能设计技术

包括：大批量定制与模块化设计技术；数字样机与仿真设计技术；工业设计技术；产品人文与情感化创意设计技术。

2）基于互联网的分布式协同设计技术

包括：智能设计软件系统；分包、众包模式的协同设计技术。

3）发展广义优化设计技术

包括：基于决策的设计技术；基于仿真的设计技术；基于知识的设计技术。

5. 面向工业的云制造技术

支持企业开发工业领域海量异构数据存储和处理的私有云解决方案，发展在线的集成设计软件应用（SaaS）云服务，为企业提供虚拟设计、制造仿真等设计资源和工具服务，培育基于云平台的设计众包等新型业态，实现多方开发协作和制造资源高效整合。

1）基础设施服务云（IaaS）

包括：分布式并行计算；分布式文件系统；稳定快速的数据库和数据仓库产品；数据备份；主机、存储、网络硬件。

2）高效实时的数据平台（PaaS）

包括：支持工厂生产全流程的数字化、数据化，连接工业应用和企业软件服务；开发一批面向行业的大数据模型、分析工具和应用。

3）应用云（SaaS）

包括：有限元分析软件 ANSYS、ABAQUS 等工业应用云；即时通讯、邮件管理云；企业门户、办公 OA、企业管理 CRM 服务云；焊接、切削等行业应用云。

6. 面向工业的大数据技术

推动工业大数据在零件、装备、生产系统中应用。重点开展工业领域的面向产品设计、加工、装配、服务全生命周期各环节的大数据收集、分析、挖掘，实现基于大数据的 CAM 及数控仿真、装配过程设计仿真、工厂 3D 设计应用，实现基于大数据的物流设计与仿真、公差分析、工艺设计和资源管理。

1）工艺过程数据

包括：原材料工艺数据；产品设计工艺数据；加工制造过程工艺数据；制造装备使用过程工艺数据流。

2）产品后生命周期数据

包括：产品销售数据；产品运行数据；产品维修诊断数据；产品回收再利用数据。

3）面向行业的大数据

包括：行业整体情况数据；企业发展状况数据。

7．工业互联网技术

推动现有无线短距离技术和 4G 网络 LTE 等移动通信技术的应用，加强新型低时延、高可靠工业无线宽带研发，加强工业物联网标志和下一代互联网（IPv6）地址的研究，实现工业系统与高级计算、分析、传感技术及互联网的高度融合。

1）工业通信技术

包括：满足工业高实时性、可靠性及安全性的无线短距离通信技术和 LTE 等移动通信技术；面向工业的新型低时延、高可靠工业无线宽带；工业物联网标志和下一代互联网 IPv6 地址。

2）工业互联网单元系统

包括：数据采集单元；数据处理单元；数据传输单元；数据调度单元；数据管理单元；数据分析单元。

3）工业互联网应用技术

包括：售前售后一体化技术；工艺无缝协同技术。

8．人工智能技术

突破以深度学习、大规模知识图谱为代表的新一代人工智能关键共性技术，机器视觉、声音识别、温度湿度识别等各领域的感知识别技术，基于深度学习和知识图谱等技术的新型智能专家系统。

1）新一代人工智能关键技术

包括：计算机神经网络；机器翻译；工业过程建模与智能控制；智能计算与机器博弈；计算机感知。

2）识别智能技术

包括：语音识别与合成；图像处理与计算机视觉；温度湿度识别与合成；振动与噪声识别与合成。

3）智能专家系统

包括：新型智能专家系统；模式识别与智能系统；知识发现与机器学习。

6.8　优先行动八：保障信息和网络安全

信息和网络安全技术是指用以保障信息、信息系统和网络的完整性、保密性及可用性的技术，主要包括网络安全防护、自主可信计算技术、网电安全对抗等核心内容，以及保障云计算、物联网、移动互联网等新应用的安全技术。随着"两化"融合的逐步深入，智能制造的广泛应用，由于技术体系沿袭国外，标准体系不能自主，核心技术受制于人，信息安全防护体系尚未完善，信息和网络安全有关的问题将越来越突出。工业信息安全软件本土化需求非常明显，国内外工业信息安全软件的发展都处于刚起步不久的阶段，遵循自主、可控、安全的发展思路，立足于国家关键领域和重点行业的信息安全防护需要，结合云计算、物联网等新技术的应用发展趋势，优先开展自主可控类、新技术类、共性支撑类这3类关键信息安全产品的研制。

1. 自主可控类产品

（1）研制可信安全芯片、自主可信基础输入输出系统（Basic Input Output System，BIOS）、可信主板、可信操作系统、可信数据库、可信中间件，研制自主可信终端、服务器、瘦客户端、移动智能终端等各类计算设施。

（2）研制自主可信交换机、自主可信路由器、一体化可信接入网关、自主可控入侵检测设备、自主可控漏洞扫描设备等自主可控网络安全设备。

（3）研制安全固态存储设备、安全磁盘阵列、安全网络附属存储设备（Network Attached Storage，NAS）、容灾备份设备、存储安全管理设备等安全信息存储产品。

2. 新技术类产品

（1）研制云安全防火墙、云安全操作系统、云平台身份管理与统一授权系统、数据安全隔离系统、云平台统一安全监控系统等产品。

（2）研制自主可控的物联网安全芯片、感知设备、汇聚节点设备以及安全监控系统等。

（3）研制虚拟防火墙、虚拟入侵检测系统、虚拟化安全网关、虚拟化安全管理与审计系统等产品。

（4）研制适用于下一代互联网（IPv6）协议高速网络的高性能防火墙、入侵防御系统、公钥基础设施（Public Key Infrastructure，PKI）与密钥管理系统、安全隔离与信息交换系统、下一代互联网网络病毒监控系统等产品。

3. 共性支撑类产品

（1）研制基于国产密码系统的金融 IC 卡电子交易系统、基于国产密码系统的银行发卡系统、密钥管理系统等产品。

（2）研制网电空间指挥控制半实物仿真系统、网络应用与流量模拟仿真系统、漏洞分析与挖掘系统、自动化攻击对抗工具、攻防对抗演练系统、安全能效分析评估系统等产品。

（3）研制信息系统风险评估工具、脆弱性测试工具、安全配置核查工具、安全标准符合性评估工具，以及面向云计算、物联网、基于 IPv6 协议的下一代互联网、移动互联网等新应用的安全测试评估工具。

（4）研制基于大数据技术的网络安全管理产品、云计算安全管理产品等。

（5）研制电磁泄漏主动防护计算机、计算机电磁泄漏截获检测平台等。

此外，应注重共性支撑产品的国产化与信息安全同步建设，技术体系、产品体系、标准体系和服务体系并举，构建全新的自主可控信息安全体系，保障我国智能制造系统的信息和网络安全。

6.9　优先行动九：强化人才队伍建设

加强智能制造人才队伍建设是推进智能制造的基础和关键。发展智能制造必须要有一支熟悉制造、精通信息，具备很强的实战能力、能做系统集成的复合型人才队伍，需要建立全新的人才培训体系。

1. 企业一把手的培训至关重要

智能制造带给企业的不仅仅是产品和生产方式的变化，而更多地体现在企业内部流程再造、企业管理的改革中，企业一把手对智能制造的认识在某种程度上可以直接决定企业智能制造的推行方向、推行速度和推进效果。因此，在企业推行智能制造可以说是"一把手工程"，企业领导人的培训至关重要，应该先行。

2. 促进高校教育理念与目标的转变

为了迎接和推动制造业的创新发展，高等院校应根据技术和社会发展的需求，明确满足智能制造产业发展的人才培养目标，针对信息、网络技术与制造业深度融合的特点，制订全新的教学计划和课程，并设置配套的实践教学设施，训练新型产业发展所需的工作技能，培养大批满足智能制造需求的技术人才。

3．推动网络公开课程建设

信息化和网络化是智能制造的突出特征，高频度的知识更新必然要求从业人员进行终生学习以满足智能制造业的发展。建立面向智能制造的大规模开放在线课程体系（MOOC），具有满足个性需求、灵活学习特点，支持智能制造人员知识更新、继续学习等多方面需求，建立动态知识学习与更新平台。

4．构建大学、培训机构和企业结合的产业技能培训体系

智能制造知识交叉融合、产业技能涉及面宽，为满足从业人员的技能培训要求，传统职业机构或企业培训难以满足要求，需要构建大学、培训机构和企业结合的产业技能培训体系，分层次满足产业的技能培训要求，保证从业人员在知识更新条件下技能的同步提升。

第七章 促进智能制造发展的措施和政策

7.1 建立统筹协调机制

建立长期推进智能制造的部际协调机制，由工业和信息化部牵头，会同国家发改委、财政部、科技部、中国工程院、知识产权局等部门，协调创新资源统筹与共享，进行有组织的创新和产业培育，共同推进智能制造的发展及国民经济和国防建设的信息化、数字化和智能化。

组织并成立由技术专家、管理专家和企业家构成的"国家智能制造专家委员会"，进行国家发展智能制造顶层设计，制订重点行业发展智能制造的技术路线，对重点试点示范企业发展智能制造的方案进行咨询指导。

7.2 设立"智能制造重大工程"

鉴于发展智能制造的高度重要性、复杂性和长期性，建议国家设立"智能制造重大工程"，以应用示范和产业化为重点，统筹国家各方面的优势资源，形成支持智能制造关键技术研究、重大产品开发、应用示范、产业化创新平台建设、人才培训为一体的专项计划。该计划也是"中国制造2025"中的一项专项计划。

7.3　建立国家智能制造创新网络

通过竞争性投标和评估，选择国内在智能制造领域具有优势的高校、研究机构及国家重点实验室、国家工程研究中心、国家工程技术研究中心、国家工程实验室，通过充实、提高，形成各具特色与专长的智能制造研究平台，进而形成在公私合作关系的概念上建立起来的合作研究机构，它将政府财政资金、合同研究资金、成果转让和有偿服务收入共同用于支持智能制造共性技术和前沿技术的创新，填补基础研究和产业化中间的"死亡之谷"。

7.4　加大金融支持力度

整合现有财政专项资金，设立由中央财政支持的制造业转型升级基金，重点投向智能制造、"四基"发展、高端装备等领域。创新财政资金支持方式，逐步从"补建设"向"补运营"转变，从前补助向后补助转变。

7.5　建立智能制造技术和产业发展联盟

先期以国家发布的《智能制造装备创新专项》前四批中标的制造商和用户及工业与信息化部发布的《智能制造试点示范行动计划》确定的 30 多家企业为骨干，组成智能制造技术和产业发展联盟，开展协同创新、应用示范和产业培育，上、下联动，共同推动智能制造技术的发展和产业的壮大。

充分发展相关行业协会在组织协调、咨询服务、公共平台建设、产需对接等方面的重要作用。

参考文献

[1] 魏源迁，徐金相，章宗城. 智能制造技术及系统[J].中国机械工程,1995,(6):14-16.

[2] 张霖，罗永亮，范文慧，陶飞，任磊. 云制造及相关先进制造模式分析[J].计算机集成制造系统，2011,17(3):458-468.

[3] 范剑. "取经"日本智能制造. 浙江经济，2013,(6):48-49.

[4] 工业和信息化部信息化推进司，电子科学技术情报研究所.工业企业信息化和工业化融合评估研究与实践（2011）[M].电子工业出版社，2012.

[5] 盛伯浩. 中国战略性新兴产业研究与发展: 数控机床[M].北京: 机械工业出版社,2013.

[6] 王勇. 智能制造的实践与思考. 机械工程导报，2013 年 7—9 月刊.

[7] The Smart Manufacturing Leadership Coalition (SMLC).Implementing 21st Century Smart Manufacturing.Workshop Summary Report,2011.

[8] National Academy of Science and Engineering and Federal Ministry of Education and Research.Securing the future of German manufacturing industry-Recommendations forimplementing the strategicinitiative INDUSTRIE 4.0.Final report of the Industrie 4.0 Working Group,2013.

[9] 中国机械工程学会. 中国机械工程技术路线图[M]. 北京: 中国科学技术出版社,2011.

[10] 孙大勇，屈贤明，张松滨. 先进制造技术[M]. 北京: 机械工业出版社，2002.

[11] 克里斯·安德森. 创新: 新工业革命[M]. 北京: 中信出版社，2012.

[12] 埃里克·布莱恩约弗森，安德森·麦咖啡. 第二次工业革命[M]. 北京: 中信出版社，2014.

[13] 赵大伟. 互联网思维·孤独九剑[M]. 北京: 机械工业出版社，2014.

[14] 路甬祥.走向绿色和智能制造——中国制造发展之路[J]. 中国机械工程出版社，2010.

[15] 中国科学院先进制造领域战略研究组. 中国至 2050 年先进制造科技发展路线图[M]. 北京: 科学出版社，2009.

第二篇

工业机器人发展战略研究报告

机器人是现代产业革命的产物，从 20 世纪其诞生之日起，一直充当产业变革的急先锋和承担者。目前，在全世界范围内，以汽车、通信电子设备、交通装备、航空、轨道交通、电力装备等为代表的产业快速发展，带动生产方式的革命，形成以工业机器人为代表的自动化改革热潮；当前，工业机器人已经成为产业转型升级过程中重要的应用平台和手段，其自身也形成传感器、元器件、部件、材料、加工、设计、应用集成一整套产业链。

目前，相比于美国、日本、欧洲等发达国家和地区工业机器人的发展，中国工业机器人产业发展还处于产业形成期。我们的核心技术掌握程度仍然较低，缺乏自主知识产权的原型设计、核心部件、控制技术、应用技术等。为此，要实现产业发展，我们需要在基础理论、知识产权、核心技术、核心部件、应用技术、市场推广、产业扶持、需求导向等多个方面明确发展目标，并制订发展计划。

课题组成员名单

组　　长：宋晓刚

副组长：宋天虎　　王天然

专　　家：（按姓氏笔画排序）

万奕妙　　王田苗　　王杰高　　左　晶　　许礼进

孙立宁　　李宪政　　何敏佳　　邹凤山　　周　伟

赵忆文　　赵　杰　　郝玉成　　徐　方　　陶　永

黄　兴　　曹　利　　韩建达　　游　玮

执　笔　组：姚之驹　　陈　丹　　赵军平

评审专家：王天然　　蔡鹤皋　　曲道奎　　屈贤明

第一章 现状与差距

工业机器人是一种在自动控制下，能够重复编程完成某些操作或移动作业的多功能、多自由度的机械装置，是现代制造业中重要的工厂自动化设备。工业机器人是一个复杂的作业系统，包括控制系统、驱动系统、机械系统和感知系统等几个部分。

1.1 现状

1.1.1 市场需求分析

近些年来中国机器人市场快速发展，已经成为全球工业机器人重要市场。2013 年，中国工业机器人销量达到 36860 台，同比增长 41%，超越日本成为全球第一大机器人市场，如图 2.1.1 所示。中国工业机器人保有量如图 2.1.2 所示。

相对德、日、韩等国而言，国内机器人密度还是很低，2013 年中国制造业中每万人工业机器人拥有量仅为 30 台，远低于世界平均的每万人 62 台。即使剔除不可比因素，国内机器人密度还存在较大的提升空间，中国工业机器人市场潜力巨大。预计到 2015 年，中国工业机器人市场需求量将达到 7.5 万台，保有量达到 26 万台。若按照 15% 的年均增速计算，到 2020 年，中国工业机器人市场需求量将达到 15 万台，保有量约 80 万台。

图 2.1.1　2009—2013 年中国工业机器人销量情况

（资料来源：中国机器人产业联盟、国际机器人联合会）

图 2.1.2　2009—2013 年中国工业机器人保有量

（资料来源：中国机器人产业联盟、国际机器人联合会）

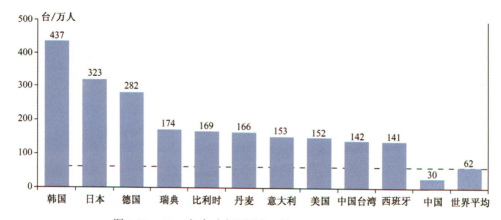

图 2.1.3　2013 年全球主要国家及地区工业机器人的密度

（资料来源：国际机器人联合会、中国机器人产业联盟）

（1）从应用领域来看，近年来，搬运机器人中的码垛机器人需求增长突出，过去 5 年的复合增长率超过 40%。2013 年，搬运机器人超过焊接机器人成为国内销量最多的工业机器人，其销量达到 14475 台；排在第二位的是焊接机器人，2013 年销量为 13028 台。搬运机器人和焊接机器人大约占据了 75%左右的国内工业机器人市场份额。此外，主要应用于电子电气行业的装配机器人和洁净机器人过去几年的增长也很快，如图 2.1.4 所示。未来，工业机器人在我国其他行业的应用也将逐步展开。

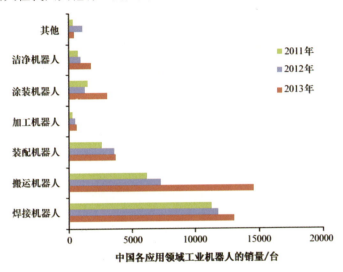

图 2.1.4　2011—2013 年中国各应用领域工业机器人销量情况

（资料来源：中国机器人产业联盟、国际机器人联合会）

（2）从应用行业来看，汽车、电子工业是国内工业机器人主要的应用行业，如图 2.1.5 所示。汽车是国内工业机器人最大的应用行业，占比达到 38%。汽车工业也是机器人使用密度最高的行业。根据国际机器人联合会估算，2012 年我国汽车工业每万名工人拥有机器人台数约为 213 台，接近我国制造业平均水平的 10 倍。除汽车行业外的其他工业每万名工人拥有机器人台数仅为 11 台。不过随着我国工厂自动化的发展，工业机器人在其他工业行业中也得到快速推广，例如电子、橡胶塑料、军工、航空制造、食品工业、医药设备、金属制品等行业。随着技术的进步，工业机器人在军事、精细外科和危险作业等方面的应用也将逐步展开，而在这些领域，工业机器人具有不可替代的作用。

（3）从区域市场来看，沿海经济发达地区是国内工业机器人的主要市场，我国工业机器人的使用主要集中在广东、江苏、上海、北京等地，其工业机器人拥有量占全国的一半以上，如图 2.1.6 所示。大量高端制造业集中在长三角、珠三角地区，企业技术积累、资金都较为雄厚，产业定位相对西部较高，对产品质量、劳动效率的要求较高，有条件、有能力较多使用工业机器人。

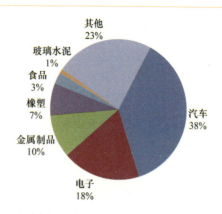

图 2.1.5　2013 年中国工业机器人市场应用行业细分情况（按销量）

（资料来源：中国机器人产业联盟）

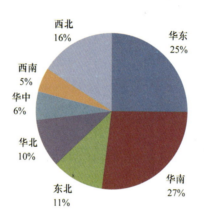

图 2.1.6　中国工业机器人应用地区分布情况

（资料来源：中国机器人产业联盟）

（4）从应用企业来看，外商独资企业、中外合资企业是国内机器人主要用户。不少企业产品用来出口，对产品质量要求高，企业在市场具备较强品牌影响力，这和机器人在日本普遍推广应用对其产业带来积极效用有异曲同工之处。国内现代化水平较高的企业也越来越多采用机器人，提升企业竞争力，例如，军工行业、汽车行业、特种船舶（LNG 船）业等，机器人身影出现得越来越多。

1.1.2　市场竞争分析

随着中国工业机器人市场的迅猛增长，国际机器人巨头纷纷进入中国市场。2012 年，以 ABB、库卡、安川电机、发那科四大家族为代表的国外机器人企业占据中国工业机器人市场 90%以上的市场份额[①]，其中，发那科、库卡、ABB 和安川四家国际工业机器人行业巨头共占中国工业机器人市场份额的 57.5%；而国内机器人生产企业市场份额相对较小，2012 年国产品牌机器人市场占有率仅为 8%，如图 2.1.7 所示。

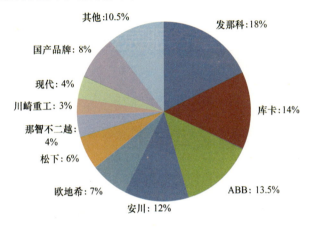

图 2.1.7　2012 年中国工业机器人市场竞争格局

（资料来源：中国机器人产业联盟）

2013 年，国产工业机器人的市场份额上升到 15%左右，国产工业机器人生产企业中，销量较大的主要有安徽埃夫特、沈阳新松、广州数控、广州启帆、常州铭赛、宁波海天、深圳福士、南京埃斯顿等。

从产品结构来看，国产工业机器人以三轴、四轴的工业机器人产品为主，而外资品牌以六轴工业机器人为主。根据中国机器人产业联盟统计，2013 年国产工业机器人销量达到 9597 台，占全国工业机器人销量的 26%。但是，其中多关节型机器人（六轴）销量仅为 2121 台，占国产工业机器人销量的比重仅为 22.1%，占全国工业机器人销量的比重不足 6%。而外资品牌销售的工业机器人中多关节型机器人的占比达到 84.1%，占全国工业机器人销量的比重达到 62%。由此可见，国产品牌厂商与外资品牌厂商相比，在产品技术水平上仍存在较大差距，高端市场竞争能力有待提高。

在关键零部件生产、机器人本体制造、系统集成及应用行业四大工业机器人产业链环节中（图 2.1.8），我国工业机器人企业真正能赚钱的业务是系统集成。关键零部件没有真正国产化，造成国产机器人本体成本远高于国外同行，很难达到一定的规模。

---

① 姚之驹. 机器人行业国际巨头竞争力解析[J]. 工业经济论坛，2014，(3): 42-50.

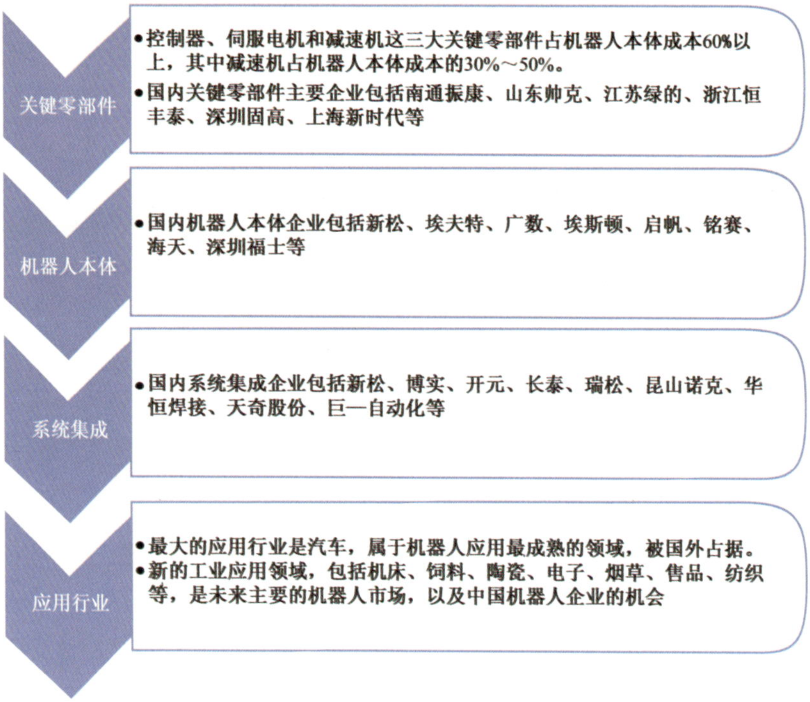

- **关键零部件**
  - 控制器、伺服电机和减速机这三大关键零部件占机器人本体成本60%以上，其中减速机占机器人本体成本的30%～50%。
  - 国内关键零部件主要企业包括南通振康、山东帅克、江苏绿的、浙江恒丰泰、深圳固高、上海新时代等

- **机器人本体**
  - 国内机器人本体企业包括新松、埃夫特、广数、埃斯顿、启帆、铭赛、海天、深圳福士等

- **系统集成**
  - 国内系统集成企业包括新松、博实、开元、长泰、瑞松、昆山诺克、华恒焊接、天奇股份、巨一自动化等

- **应用行业**
  - 最大的应用行业是汽车，属于机器人应用最成熟的领域，被国外占据。
  - 新的工业应用领域，包括机床、饲料、陶瓷、电子、烟草、售品、纺织等，是未来主要的机器人市场，以及中国机器人企业的机会

图 2.1.8   国内机器人产业链四大环节

（资料来源：中国机器人产业联盟）

1.1.3   技术水平分析

1. 机器人本体

我国机器人技术的研发起步并不算晚，但由于当时我国工业化进程和市场需求等因素，研发与应用进展缓慢。近些年来，在"十五"、"十一五"攻关计划和"863"计划等科技计划的支持下，尤其是在制造业转型升级市场需求的拉动下，我国工业机器人产业发展迅速，在技术攻关和设计水平上有了长足的进步。

国内很多大学和研究机构，例如哈尔滨工业大学、中国科学院沈阳自动化研究所、中国科学院自动化研究所、清华大学、北京航空航天大学、上海交通大学、天津大学、南开大学、华南理工大学、湖南大学、上海大学等，开展了大量工作，在机构、驱动和控制等方面取得了丰富成果，为国内工业机器人产业的发展奠定了技术基础[②]。

---

② 谭民，王硕. 机器人技术研究[J]. 自动化学报，2013，39(7): 963-972.

随着国内市场对工业机器人的需求越来越迫切，沈阳新松机器人自动化公司、广州数控设备有限公司、安徽埃夫特智能装备有限公司、哈尔滨博实自动化股份有限公司、广州启帆工业机器人有限公司等企业在工业机器人生产制造方面也不断发展壮大，开发出弧焊、点焊、码垛、装配、搬运、注塑、冲压、喷漆等工业机器人。例如，新松机器人公司的新一代工业机器人进入批量化生产，实现在焊接、码垛、搬运、铸造、锻造、智能上下料、打磨、喷涂等多方面应用，满足多行业的高水平自动化的生产需求。由安徽埃夫特智能装备有限公司、奇瑞汽车股份有限公司、哈尔滨工业大学、中国科学院自动化研究所、北京航空航天大学等单位联合研制的"基于工业机器人的汽车焊接自动化生产线"项目在奇瑞汽车焊接生产线上示范应用，是我国首条具有完全自主知识产权的智能化工业机器人焊接自动化生产线，打破了国外机器人品牌在此领域长达 30 年的垄断局面，标志着我国自主品牌工业机器人具备在汽车焊接自动化生产线运行的能力。

2. 关键零部件

目前，我国虽然已有部分企业在减速器、伺服电机和控制器等工业机器人关键零部件研制方面取得进展，但是技术方面与国外仍然存在差距，还需要突破。我国机器人产业关键零部件的现状如表 2.1.1 所示。

精密减速器是目前我国工业机器人关键零部件中最薄弱的环节。由于其制造技术难度大，致使其产品质量稳定性较差、精度较低和使用寿命较短，造成该类产品没有真正实现国产化的批量生产。伺服驱动器在动态性能、单位体积扭矩和运动精度上和国外知名品牌的产品虽尚存在一定的差距，但是已经具有一定的研发和生产能力。在运动控制器方面，国内产品和国外产品差距相对较小，但是国内企业力量分散，缺乏拳头企业，产品的品牌效应欠佳。

表 2.1.1　我国机器人产业关键零部件现状

关键零部件	伺服电机和驱动	控制器	精密减速器
国外供应商	力士乐、安川、贝加莱、KEBA、倍福、三菱、西门子、发那科、三洋等	发那科、松下、三菱、那智不二越、安川、贝加莱、KEBA、倍福、KUKA、ABB等	纳博、Harmonic、SPINEA、住友等
国内供应商	埃斯顿、广数、汇川技术、英威腾等	固高、众为兴、新时达、广数、埃斯顿、新松等	南通振康、苏州绿的、山东帅克、浙江恒丰泰和上海机电等
技术差距	体积大，输出功率偏小	差距相对小	精度差、寿命短，质量不稳定
其他	伺服电机国外供应商的可选项比较多	大部分机器人企业有自己的数控系统	全球减速机大都由纳博和Harmonic制造并销售

资料来源：中国机器人产业联盟

3．系统集成

国外专门的系统集成商大多专注于机器人普及率高、目前系统集成需求最大的汽车行业，通常与汽车厂商有长期合作关系。这些企业通常在对该行业工艺的研究方面具有很强的竞争优势，例如，杜尔在汽车涂装生产线集成方面具有非常强的竞争优势，柯马在汽车焊装生产线集成方面长期占据全球领先地位。

国内系统集成企业在主要的应用领域（例如上下料、焊接、打磨等）上有其不同的特点，但还尚未在相关工艺研究和行业应用上形成绝对优势。与国外同行相比，国内集成商虽然发展时间较短，企业规模相对较小，在汽车等机器人高端应用领域无法与国外集成商抗衡，但是国内集成商也拥有许多本土的比较优势，包括渠道优势、价格优势、工程师红利等。同时，国内集成商更熟悉下游应用行业，特别是汽车以外的制造业，能够更多针对用户的工艺和生产设施，提出更加简化、简易的自动化方案，采用简捷的自动化设备，实现用户自动化需求。因此，在汽车以外的应用行业，国内系统集成商已具备较强的竞争优势。

1.2 存在问题

虽然近年来我国工业机器人产业发展较快，但同国外发达国家相比仍有很大差距。总体来看，中国本土工业机器人产品与外资产品技术差距在十年以上。国内 85% 以上的机器人市场份额被 ABB、发那科、安川机电、KUKA 等外资企业所垄断。国内机器人生产企业市场份额相对较小，个体企业普遍存在规模较小、创新能力薄弱等问题。

我国工业机器人产业存在的主要问题有以下几个方面。

1．关键零部件依赖进口，产业面临空心化风险

我国工业机器人尽管在某些关键技术上有所突破，但运动控制器、伺服驱动器、伺服电机及精密减速器等关键零部件长期依赖进口。国内企业与国外先进企业相比在核心部件及相关技术方面差距显著，尤其是高精密减速器方面的差距尤为突出，制约了我国国产工业机器人产业的成熟及国际竞争力的形成。在工业机器人的诸多技术方面，我国大陆地区仍停留在仿制层面，创新能力不足，制约了国内工业机器人产业的快速发展，如表 2.1.2 所示。

2．企业规模偏小，成本压力大

目前我国工业机器人生产企业规模普遍较小，即便是龙头企业销售收入也仅在 10 亿元左右，难以形成规模效应，令企业人力、研发和营销成本居高不下，加之关键零部件大

量依赖进口，导致国产企业的生产成本比国外企业的生产成本高出很多。例如，国内企业购买减速机、运动控制器的价格是国外企业价格的将近 4 倍，伺服驱动器的价格将近 2 倍。这种情况就导致同等质量的工业机器人，国内企业可获得的利润空间较小。以 165kg 六轴关节机器人为例，国产品牌的生产成本比国外品牌要高出 44%，导致我国机器人生产企业与外资品牌在价格竞争中处于不利地位。

表 2.1.2　国内工业机器人核心部件与国内外差距

部件名称	国内外差距
高精度机器人减速机	市场份额：75%由日本企业垄断 技术差距：RV 减速器无成熟产品；谐波减速器输入转速、扭转高度、传动精度和效率方面差距很大
伺服电机和驱动	市场份额：2012 年，日本占 45%、欧美占 30%、中国台湾和韩国占 10% 技术差距：动态性能，开放性和可靠性差
机器人控制器	Delta Tau 的 PMAC 卡和 Beckhoff 的 TwinCAT 系统等国外控制器平台应用较多 国内自主研发的机器人控制卡应用少

资料来源：中国机器人产业联盟。

3. 品牌说服力差距过大，内资尚缺乏长期验证期

过去十年，外资机器人公司通过在中国市场的飞速发展已经建立起了遍布全国的庞大营销网络，以及本土化的生产基地。以 ABB、安川为代表的全球工业机器人巨头企业在汽车行业等高端应用领域的优势地位非常显著，且均在中国市场积极扩产。而当前国内机器人需求中近一半来自对设备品质要求最高的汽车及汽车零部件制造业，这些下游企业已习惯使用外国品牌，缺乏项目经验的本土品牌需要更长时间的验证期，最终导致已经形成技术突破的零部件和本体不能尽快投入市场，即便有成功应用经验的产品也难以实现规模化应用。

第二章 趋势与借鉴

2.1 发展趋势

2.1.1 市场需求呈现快速增长态势

在工业发达国家，工业机器人经历近半个世纪的迅速发展，其技术日趋成熟，在汽车、机械加工、电子电气、橡胶及塑料、食品、物流等诸多工业领域得到广泛应用。根据国际机器人协会（IFR）统计，2001—2013 年，全球工业机器人销量的年均增速为 7.2%。2013年全球机器人销量创下历史新高，达到 17.9 万台，同比增长 12%，如图 2.2.1 所示。增长的主要动力来源于汽车行业需求的稳定增长。

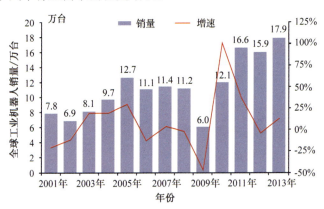

图 2.2.1 2000—2013 年全球工业机器人销量情况

（资料来源：国际机器人联合会、中国机器人产业联盟）

受技术快速发展、劳动力资源短缺、生产效率要求进一步提高等因素影响，全球工业机器人将迎来更为广阔的发展空间和更高的发展速度。在区域分布上，随着亚洲地区制造业的发展，各项产业对于工业机器人的需求量增加，使得工业机器人市场需求逐渐由欧美地区转移到亚洲地区[①]。

2.1.2　工业机器人技术日益智能化、模块化和系统化

从近几年发达国家推出的工业机器人产品来看，新一代工业机器人正在向智能化、模块化和系统化方向发展[②]。

工业机器人性能不断提高（高负载、高速度、高精度、高可靠性），而单机价格不断下降。工业机器人在精度和质量方面的优势日益明显，成本却在以每年大约 4%下降。例如，165kg 的工业机器人在 2010 年成本是 29 万元，到 2013 年已经下降到了 24 万元。

（1）机械结构的模块化、可重构化。例如，关节模块中的伺服电机、减速机、检测系统三位一体化；由关节模块、连杆模块用重组方式构造机器人，通过快速重构生成适应新环境、新任务的机器人系统，体现良好的作业柔性。

（2）控制系统的开放化、网络化。控制系统向开放型控制器方向发展，便于标准化、网络化；器件集成度提高，控制系统日渐小巧，采用模块化结构，大大提高了系统的可靠性、可扩展性、易操作性和可维修性。

（3）驱动系统的数字化、分散化。通过分布式控制、远程联网和现场控制，实现机器人驱动系统的数字化和网络化的运动控制。

（4）多传感器融合的实用化。机器人中的传感器作用日益重要，除采用传统的位置、速度、加速度等传感器外，视觉、力觉、声觉、触觉等多传感器的融合技术已在焊接、装配机器人系统中得到应用。

（5）机器人作业的人性化、集成化。研究以人为中心的机器人系统，实现作业过程中机器人群体协调、群体智能和人机和谐共存。

（6）人机交互的图形化、三维全息化。全沉浸式图形化环境、三维全息环境建模、真三维虚拟现实装置以及力、温度、振动等多物理作用效应人机交互装置。

总之，工业机器人技术的内涵已变为灵活应用机器人技术的、具有实际动作功能的智能化系统。机器人结构越来越灵巧，控制系统越来越小，智能化程度越来越高，并正朝着一体化方向发展。

---

① 左世全. 我国工业机器人产业发展战略与对策研究[R]. 北京:工业和信息化部赛迪研究院装备工业研究所，2014.

② 赵杰. 我国工业机器人发展现状与面临的挑战[J]. 航空制造技术，2012, (12): 26-29.

2.1.3 工业发达国家纷纷进行战略部署

为进一步抢占国际市场，提升制造业在全球的竞争性地位，各个国家纷纷出台多种措施，对工业机器人产业进行战略部署。美国推行"再工业化"战略，大力发展工业机器人，希望重振制造业；日本发布的"新产业发展战略"明确了机器人产业等7个产业领域为重点发展产业；韩国于2009年公布"智能机器人基本计划"，2012年10月发布了"机器人未来战略展望2022"，将政策焦点放在了扩大韩国机器人产业和争夺海外市场方面；欧盟于2011年8月通过了一份发展制造业计划，提出了新工业革命概念，旨在以机器人和信息技术为支撑，实现制造模式的变革；德国发布工业4.0，力图以智能制造继续掌握制造业制高点。

全球的工业机器人市场大多被来自日本、欧洲、美国的品牌所占领。在机器人本体市场，ABB、库卡、发那科、安川四大机器人龙头企业2012年市场占有率超过50%，是这一领域的绝对强者，如图2.2.2所示。在机器人系统集成方面，除了机器人本体企业的集成业务，知名独立系统集成商还包括杜尔、徕斯和柯马等[③]。

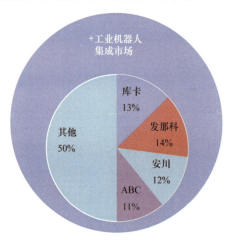

图 2.2.2　2012 年全球机器人市场格局

（资料来源：中国机器人产业联盟）

这些机器人企业大都在20世纪70年代进入机器人领域，经过40年的发展，有些成为纯粹的机器人企业，有些是集团公司的业务之一。从业务角度看，四大机器人企业不但有机器人本体业务，同时也涉及集成，也有关键零部件业务，更关键的是都有底层软件设计能力，如表2.2.1所示。

---

③ 刘国清. 机器人大趋势[R]. 北京：华创证券，2014.

表 2.21　全球工业机器人主要厂商及其所涉及的业务

	机器人本体	机器人系统集成	核心零部件	软件
ABB	√	√	√	√
KUKA	√	√	√	√
FANUC	√	√	√	√
YASKAWA	√	√	√	√
ADEPT	√	√	√	√
DURR		√		√
COMAU	√	√		
Nabtesco			√	
Harmonic			√	

资料来源：中国机器人产业联盟、公司公告、公司网站。

2.2　发达国家经验借鉴

根据发达国家机器人行业发展经验，机器人行业发展可以划分为技术准备期、产业孕育期、产业形成期、产业发展期和智能化时期五个阶段。美日欧工业机器人产业发展已经完成了前四个阶段并形成了各自的产业模式，美国优势在系统集成，日本强调产业链分工，欧洲强调本体加集成的整体方案，如图 2.2.2 所示。而中国机器人产业还处于产业形成期。

表 2.2.2　美国、日本、欧洲工业机器人不同的产业模式

国家/地区	产业模式
美国	集成应用，采购与成套设计相结合。美国国内基本上不生产普通的工业机器人，企业需要机器人通常由工程公司进口，再自行设计、制造配套的外围设备，完成交钥匙工程
日本	各司其职，分层面完成交钥匙工程。即机器人制造厂商以开发新型机器人和批量生产优质产品为主要目标，并由其子公司或社会上的系统集成企业来设计制造各行业所需要的机器人成套系统，并完成交钥匙工程
欧洲	一揽子交钥匙工程。即机器人的生产和用户所需要的系统设计制造，全部由机器人制造厂商自己完成

资料来源：中国机器人产业联盟。

2.2.1 日本机器人产业发展经验值得借鉴

日本堪称"机器人王国",自 20 世纪 80 年代以来,其机器人的生产和出口都位居世界榜首,同时也是全球最大的机器人消费市场。据 IFR 的数据,目前全球工业机器人总量的约三分之一装置来自于日本,同时日本工业机器人每年的出货量始终排在世界第一位[④]。

1. 日本机器人产业的快速发展,离不开政府的大力扶持

日本政府在其机器人产业发展中可谓功勋卓著,在政府的各种政策促进下,日本厂商投资机器人的意愿强烈且持续。对于创新导向的竞争优势,日本政府在工业机器人产业发展中扮演了重要且恰当的角色,日本政府的政策集中在改善国内市场需求状况和刺激生产条件等方面,如表 2.2.3 和表 2.2.4 所示。

表 2.2.3　日本政府支持机器人发展的具体措施

项目	具体内容
出资	政府有计划、有目的地对机器人项目进行投资
补贴	企业进行研究与开发活动,政府给予 50% 的补贴
税收	免征 10% 的税金
财政投资贷款的租赁制度	一般为租赁费用 60% 中的 10% 可享受税额扣除
折旧	第一年折旧率可达 50%

资料来源:JARA、中国机器人产业联盟。

表 2.2.4　日本政府历年机器人鼓励政策法规

年份	政策名称	核心内容
1971	《机电法》	规定了工业机器人制造业的应用对象行业和种类,初步奠定了产业基础,为日本机器人的振兴创造了基础条件
1978	《特定机械情报产业振兴临时措施法》	指出了工业机器人是促进实验研究和工业化的机种,从而制订了工业机器人高速发展的基本计划
1980	普及促进政策	创建财政投融资租赁制度、对工业安全卫生设施等贷款制度(中小企业金融公库、国民金融公库)追加劳动安全工业机器人的新规定、中小企业设备现代化贷款制度及设备租赁制度、中小企业新技术体化投资促进税制
1983	研究开发促进政策	极限作业机器人研究开发、《基础技术研究开发促进税制(高技术税制)(1983)》、设立国际机器人 FA 技术中心、微机器技术研究开发
1984	《技术政策税制中的工业机器人设备等的特别折旧制度》	在技术政策区内供应用于机器人制造的机械、装置、建筑物及其他附属设备(包含研究用的设备)的厂商,除获得政策区内的折旧减免外,其销售额超过 10 亿日元以上者还可获得特别折旧(机械及装置 30%,建筑物及附属装置 15%)。适用时间为自开发计划批准起 5 年,租税特别措施的期限为 3 年

资料来源:日本经济产业省、中国机器人产业联盟。

---

④ 许光兵. 全球标杆,日本机器人产业崛起分析[R]. 浙江:浙商证券. 2014.

2. 日本机器人产业的快速发展，离不开上下游产业的重要支撑

在日本机器人产业链中，机器人制造商与上游零部件供货商、下游客户间紧密联系，彼此的密切配合也加速了产业的创新。机器人制造商、零部件企业聚集成产业集群，信息、技术和创新理念共享。同时，汽车产业作为日本工业机器人的重要下游之一，其主要生产商的地理分布也呈现明显的产业集群模式，而且其地理位置也是日本工业机器人及零部件生产商的集中之地，日本工业机器人产业上下游相扶相依趋势显著。

2.2.2　美国机器人产业的兴衰带来的启示

美国是工业机器人的诞生国，但是随着制造业产能转移到亚洲，其工业机器人本体产业发展缓慢，并在 20 世纪 80 年代被日本反超。

早在 1959 年，美国的 UNIMATION 公司就生产出了世界上第一台工业机器人 UNIMATE。因为产业前景被普遍看好，有 200 多家公司开始做机器人。然而，到 20 世纪 70~80 年代，进入机器人行业的很多公司机器人业务开始出现亏损。在 1979—1982 年这四年间，美国机器人公司的总损失超过税前总利润。每一年有净损失的生产者数量都要超过有净利润的生产者数量。

究其原因，一方面是受制于当时的技术发展成熟度、经济发展阶段，另一方面，同美国当时的产业政策密切相关。第二次世界大战结束以来，美国的经济形态发生了重大转变，典型特征就是传统制造业在整个经济中日益相对萎缩。美国的制造业从 20 世纪 70~80 年代开始转移至日本、东南亚和亚洲四小龙。美国制造业丧失领导力的领域，不仅局限于低技术产业中的低工资岗位，也开始向高端领域延伸。表现为不仅仅一般制造业产品贸易逆差大，先进制造业产品也有贸易逆差[⑤]（见图 2.2.3）。此后，由于机器人本体净利润较低，且价格下降较快，成为促使美国不重视工业机器人本体制造，而将更多精力投入到系统集成领域的主要原因。

20 世纪 80 年代之后，面对日本在工业机器人的蓬勃发展势头，美国政府感到形势紧迫，制定并执行了相关政策，一方面鼓励工业界发展和应用机器人，另一方面制订计划增加机器人的研究经费，将机器人视为美国再次工业化的特征。到 20 世纪 80 年代后期，美国通过生产带有视觉、力觉的第二代机器人，在市场占有率上有了较快增长。尽管美国从最初开始重理论研究而轻应用开发，但不可否认，这确保了美国机器人技术在国际上的领先地位（技术全面性、先进性和适应性）。

---

⑤ 刘国清. 机器人大趋势[R]. 北京：华创证券，2014.

图 2.2.3　美国制造业产品贸易变化趋势（单位：亿美元）

（资料来源：CEIC、中国机器人产业联盟）

第三章　强国标志

从全球产业发展来看，德、日、美被普遍认为是工业机器人强国，他们在生产及应用技术方面具有领先性，技术创新能力强，拥有若干知名企业在全球市场上具备竞争优势，占据全球价值链高端。在全球工业机器人四大巨头中，安川和发那科均是日本企业，KUKA（库卡）是德国企业。

德国、日本、美国的优势领域各不相同。日本在工业机器人、家用机器人方面优势明显，德国在工业机器人和医疗机器人领域居于领先地位，美国主要优势在系统集成领域、医疗机器人和国防航空机器人，如表 2.3.1 所示。

表 2.3.1　主要国家/地区机器人技术优势领域

	日本	德国	美国
工业机器人本体	★★★★★	★★★★	★★★
工业机器人系统集成	★★★★	★★★	★★★★
个人/家用机器人	★★★★★	★★★	★★★★
医疗机器人	★★★	★★★★	★★★★
国防/航空机器人	★★★	★★★	★★★★★

资料来源：中国机器人产业联盟。

3.1　对标企业情况分析

3.1.1　安川电机企业情况分析

安川电机是以伺服、变频器起家，其运动控制技术在业内领先。安川电机的技术和产品，在电子元件安装装置、机床设备及一般产业机械、医疗器械等广阔领域得到应用。其代表是创造高附加值机械及支持其信息化的机械控制器、实现节能和机械自动化的变频器，以及伺服电机。自 1915 年创立以来，一如既往地推进电动力的应用、工业自动化事业的发展，并不断创造各类机电产品。并且以机器人、工业自动化等技术和产品为工业用户，尤其是装备制造用户提供解决方案。1958 年，安川电机开发出的 Minertia 电机改写了电机的历史，这种 Minertia 电机技术，开拓了超高速、超精密的运动控制领域。1977年，安川运用独自的运动控制技术开发出日本首台个电气式产业用机器人"MOTOMAN"。之后，相继开发了焊接、装配、喷涂、搬运等各种各样的自动化作业机器人。

安川电机的业务优势是各个业务部门之间可以相互配合。安川电机的 MOTOMAN 工业机器人是世界上使用最广泛的工业机器人之一；运动控制部提供各式运动控制、驱动装置等，以实现高效率与高生产力的生产系统；系统工程部为不同类型的工厂提供合适的机器人外围设备构建，使得安川电机各个业务相互配合紧密。2012 年安川电机机器人本体部门收入占总收入的 36%，仅次于运动控制部的 47%。与库卡类似，安川各业务变化趋势显示公司在不断整合资源投入主要的运动控制和机器人部，其他业务比例不断缩小。

3. KUKA（库卡）企业情况分析

1905 年，早期的 KUKA 从照明领域扩展到焊接设备领域，1956 年 KUKA 为冰箱及洗衣机生产开发制造了第一台自动化焊接机，同时向大众汽车股份公司供应了第一台多点焊接线，1971 年首次交付用于奔驰汽车生产的机器人焊接传输系统；1973 年，第一台库卡机器人"Famulus"问世使库卡成功进入机器人生产领域，这是世界首个电机驱动的六轴机器人。

库卡在 2007 年进行了业务重组，重组后库卡的业务部分为机器人部和系统集成部，是"最纯粹"的机器人企业。库卡的经营理念是"专注于高增长与高利润的业务，以达到世界领先水平"。因此，在 2007 年完成其业务重组，专注于其优势领域——机器人业务。库卡的机器人本体业务和集成业务水平均为全球领先。近年来库卡本体业务增速高于集成业务，本体业务营业利润近年来也高于集成业务，主要原因是中国等新兴市场集成业务外包比较多。这点也反映了库卡机器人本体利润好于系统集成利润。库卡的工业机器人产品主要类别如表 2.3.2 所示。

表2.3.2　德国KUKA（库卡）的工业机器人产品主要类别

产品的负载等级与类别	应用领域
低负荷（5~16kg）	适用于负荷较轻的作业，如部件检测、小部件装配或打磨等作业
中等负荷（30~60kg）	搬运作业及较困难的精密作业，如气流测量或皮座套缝制等领域
高负荷（90~300kg）	适用于点焊、搬运和装卸领域
重负载（300~1300kg）	可用于汽车车身侧面的加工作业或饮料行业和货盘堆垛等作业

资料来源：德国 KUKA 公司

2013 库卡集团总销售收入为 17.7 亿欧元，其中机器人本体业务销售收入为 7.5 亿欧元，机器人系统集成销售收入为 10.5 亿欧元，如图 2.3.1 所示。

图 2.3.1　KUKA 公司近 5 年销售额增长情况

（资料来源：KUKA 公司年报）

3.1.2　ABB 企业情况分析

ABB 的前身是瑞典的 ASEA 公司，ASEA 是瑞典电气设备领域的设备供应商，1961 年，ASEA 建立了电子事业部，标志着公司从一家强电设备制造商转型为一家电气和电子公司，强电、弱电得到了平衡发展。1974 年，阿西亚发明并推出工业机器人，1980 年巴内维克出任 ASEA 执行董事兼 CEO，在他的带领下，公司注重向高技术拓展，在机器人和电子工业领域加大投入，尽管机器人开发成本高昂，以至于影响了公司整体利润，但巴内维克坚定看好机器人的发展空间，1988 年 ASEA 与瑞士 BBC 合并成立 ABB，机器人业务仍得到重点发展，造就了今天公司在机器人领域的强大地位。

如今，ABB 机器人业务的年销售额超过 10 亿欧元，已在全球范围内安装了 20 多万台工业机器人，拥有近 30 种型号的机器人，可广泛满足各行各业的生产需求，并由强大的系统集成能力及遍布 53 个国家的全球销售服务网络提供全方位支持，帮助客户提高生产效率、改善产品质量、提升安全水平。

3.1.3　FANUC 企业情况分析

发那科（FANUC）公司于 1956 年从富士通数控部门独立出来，起初它专注于机床加工控制系统的研发和生产。20 世纪 70 年代 FANUC 成为全球最大专业数控系统生产厂家，占据了全球 70%的市场份额。此外，公司在驱动方面也很有建树，1959 年研制成功电液步进电机，1973 年在世界石油危机背景下，电液步进电机的液压阀效率低，加上随动性能较差，FANUC 果断引进美国 Gette 公司直流伺服电机制造技术，提升驱动开发能力。基于伺服、数控基础，1974 年 FANUC 首台工业机器人问世，1976 年投放市场。此后，FANUC 公司一直致力于机器人技术上的领先与创新，是世界上唯一的一家由机器人来做机器人的公司，是世界上唯一提供集成视觉系统的机器人企业，是世界上唯一的一家既提供智能机器人又提供智能机器的公司。

FANUC 的机器人产品有 240 多个大类，负载从 0.5～1350kg。2011 年，发那科机器人的产量近 3 万台。2008 年 6 月，发那科全球机器人累计销量达 20 万台，成为全球第一个突破 20 万台的机器人生产商，截至 2013 年，累计出厂的台数已突破 28 万台，位居全球首位。

总的来看，国际机器人四大巨头都是从与机器人相关的业务领域向机器人制造领域延伸而发展起来的。例如安川、发那科都是利用其在伺服驱动、系统控制等部件领域的优势转而投入工业机器人产品生产；库卡凭借其在焊接设备生产和应用领域的丰富经验，以焊接机器人为突破口进入工业机器人制造领域；ABB 作为电气化时代的开创者，涉足机器人领域具备电气技术优势，从而成就了其在工业机器人领域的领先地位。

此外，从企业规模来看，国外机器人公司无论是本体还是系统集成，规模都可以做到100 亿元人民币左右，也就是说，本体和系统集成规模合计可以做到 200 亿元人民币，而我国龙头企业规模都较小，例如新松机器人 2012 年的销售规模仅 10 亿元人民币，未来有数十倍的成长空间，如图 2.3.2 所示。

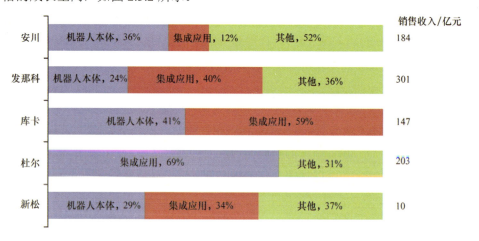

图 2.3.2 2012 年全球工业机器人主要厂商营收及业务结构

（资料来源：中国机器人产业联盟、公司公告）

3.2　强国特征

预计我国 2030 年可进入工业机器人强国行列。与美国、日本、德国等工业机器人强国对比，我们认为工业机器人强国应具备以下特征。

（1）产业规模：工业机器人强国的产业规模应该达到世界领先，全球市场占有率达到 20% 以上。

（2）技术水平：工业机器人的生产技术水平和创新能力位于世界先进行列，具备产品核心技术研发能力，技术具有先进性。

（3）产业结构：产业结构呈现高级化特征，即表现为产业处于全球价值链条中高端、产业组织合理等产业内结构高级化。

（4）企业竞争：①拥有 1~2 家具有国际竞争力、世界性著名品牌的大型跨国公司，进入世界前五名行列；②拥有一批面向细分行业的系统集成商。

第四章 战略与目标

4.1 发展战略

　　未来 20 年，我国工业机器人产业的发展要从国家战略性高度出发，全面贯彻党的十八届三中全会精神，抓住国家大力发展战略性新兴产业的契机，着眼于国内推动工业智能化和制造业转型升级对工业机器人的潜在巨大需求，以企业为主体，以规模化应用和产业化为目标，聚焦机器人本体及关键部件、机器人系统集成、应用软件包等重点方向，突破新型材料、新型感知、智能控制等前沿技术和关键技术，全面提升我国工业机器人产业核心竞争力。

1. 市场主导

　　我国工业机器人的发展，应坚持以市场为导向，充分发挥市场对研发方向、路线选择、要素价格、各类要素配置的导向作用，释放出市场在资源配置中的决定性力量。在市场选择方面，避免将全部精力放在对高端汽车、电子、生物等技术密集型产业的竞争中去，积极拓展工业机器人在非传统领域的应用，面向国内中小企业、新兴制造业及劳动密集型企业的实际需求，发挥国内机器人厂商及科研机构在国内机器人需求、商业模式及服务保障等方面的优势，力争在新一代工业机器人的国际竞争中获得优势地位。

2. 强化基础

　　我国工业机器人的发展，应首先将技术研发的重点放在强化基础上来，加强产业链前端的技术投入，提高关键零部件的精度、可靠性，缩短国内外差距，实现关键零部件的国产化，降低机器人生产成本，从可靠性及价格水平两方面提升与国外品牌的竞争力。

3. 创新驱动

　　我国工业机器人的发展，应加强创新体系建设，从战略规划、研发平台、人才培养、标准制定、国际合作、财税金融政策扶持等多个环节着眼，以增强自主创新能力为重点，坚持原始创新、集成创新、引进消化吸收再创新紧密结合，在新一代工业机器人的前沿技术、关键技术研发方面有所突破，在设计制造技术方面缩小与国外先进水平的差距。

4. 质量为先

我国工业机器人的发展，应始终坚持质量优于数量的原则，以提升机器人本体及关键零部件的质量、可靠性为目标，提高企业质量意识，加强产品质量建设，推广先进的质量管理方法，建立和完善产品质量标准体系，打造质量过硬的国内工业机器人品牌。

4.2 战略目标

4.2.1 2020 年目标

到 2020 年，基本建成以市场为导向、以企业为主体、产学研用紧密结合的工业机器人产业体系。一批核心技术取得突破性进展，关键零部件的质量、精度、可靠性显著提升，关键零部件国产化率达到 50% 以上；新一代工业机器人的核心关键技术研发取得明显进展，人机共融的新一代工业机器人样机研制取得突破；拥有一批具有自主知识产权的核心产品和知名品牌，部分产品在国际竞争中处于优势地位；系统集成能力明显提高，满足汽车及零部件、机械加工、电子、家电、食品医药等行业的需求，国产六轴及以上工业机器人国内市场占有率达到30%；培育出 2～3 家年产万台以上、具有国际竞争力的龙头企业，打造出 5～8 个工业机器人配套产业集群。

4.2.2 2030 年目标

到 2030 年，打造完善的工业机器人产业体系，成为世界领先的工业机器人技术研发中心、机器人本体及关键零部件高端制造中心及系统集成中心，关键零部件的国产化率达到 80% 以上，人机共融的新一代工业机器人实现小批量生产及应用，有 1～2 家企业进入世界前五名行列，主要技术指标达到国际一流水平。

4.3 发展途径

当前，我国工业机器人产业刚进入产业形成阶段，产业基础差、市场大，未来的产业化进程可借鉴国外的已有经验，并结合我国市场的特点，从市场、企业、政府等几方面探索工业机器人产业的发展路径。

4.3.1 准确定位，扬长避短谋求发展

虽然现阶段，汽车工业是国内工业机器人最大的应用市场。但随着市场对机器人产品认可度的不断提高，机器人应用正从汽车工业向一般工业领域延伸。我国工业机器人制造商应在国际品牌占有率相对较低、且长期来看对工业机器人有较大需求空间的产业，如食品加工工业、金属加工工业、医药制造业等领域寻找突破口，把握这些领域进行产业结构调整、升级的时机，针对这些产业的需求特点，推动相关企业进行"自动化改造"，扬长避短谋求长期发展。

4.3.2 创新驱动，重点突破核心技术

扎实推进创新驱动发展战略，针对主要应用及产业急需，开展工业机器人生命周期可靠性和制造工艺技术研究，集中力量加大投入和研发力度，重点攻克核心技术并实现产业化；充分利用和整合现有创新资源，形成一批工业机器人技术研发实验室、工程中心、企业技术中心，促进制造企业和应用单位的合作，加强协同攻关，促进产业发展；建设新一代机器人共性关键技术研发平台，在关节/驱动、灵巧作业、视觉感知及认知、人机友好交互、意图/需求理解、安全行为决策与控制、自主学习与智能发育等核心技术方面取得国际先进的研究成果，为国内工业机器人行业提供创新技术储备。

4.3.3 协同发展，完善产业链体系

我国工业机器人产业近期需要在关键零部件、机器人本体和系统集成等几个方面有所突破。在关键零部件方面，如果我国工业机器人关键部件全部实现国产化，总成本将比从国外进口关键部件降低30%以上。因此，实现关键部件国产化是完善我国工业机器人产业链体系的重点，可通过本体企业的自主研发及本体企业与核心零部件企业间的深度合作两方面进行

突破，其中机器人控制系统软件与减速器的国产化是重中之重；在机器人本体方面，短期内重点着眼于低端产能的自动化替代，长期来看发展高端是必由之路；在系统集成方面，面对国外品牌商咄咄逼人的势头，国内企业应利用本土服务优势，充分把握下游用户的需求特点，增强整体解决方案提供能力，提高市场占有率。最终，形成以工业机器人主机企业、系统集成企业为牵引，零部件及产业服务企业协同发展的较为完善的产业链体系。

4.3.4　推广应用，提升产业化程度

工业机器人的应用程度是一个国家工业自动化水平的重要标志。我国工业机器人的发展，应围绕加快我国智能制造的发展需求，协同机器人供需双方，开展自主品牌机器人的应用试点，抓好一批效果突出、带动性强、关联度高的典型应用示范工程，以点带面推动运用工业机器人来改造提升传统制造业。

4.3.5　提高集中度，打造知名品牌

规范市场竞争秩序，营造良好市场环境，充分发挥市场在资源配置中的决定性作用，通过市场竞争的优胜劣汰规律，使分散的生产能力向优势企业集中，改善企业的规模结构，提高产业集中度。引导具有技术与产业优势的地区，合理安排产业布局，科学谋划有序推进各地机器人产业的集群化发展。通过兼并重组和市场竞争，大力培育具有国际竞争力的工业机器人龙头骨干企业，努力打造国际知名品牌，实施品牌战略，开展品牌营销，将培育与发展知名自主品牌工业机器人作为打造中国经济升级版的一项重要任务。

4.3.6　培养人才，实现行业可持续发展

建立从研发、生产到集成应用、操作维护的多层次多类型的工业机器人人才培养和服务体系，增强企业核心竞争力。支持相关高校和科研院所加强多学科交叉整合，加快培养工业机器人及相关专业人才。加强国际交流与学习，加快引进工业机器人高端人才，鼓励海外专业人才回国或来华创业。

4.4　产业技术路线图

2010—2030 年产业技术路线如图 2.4.1 所示。

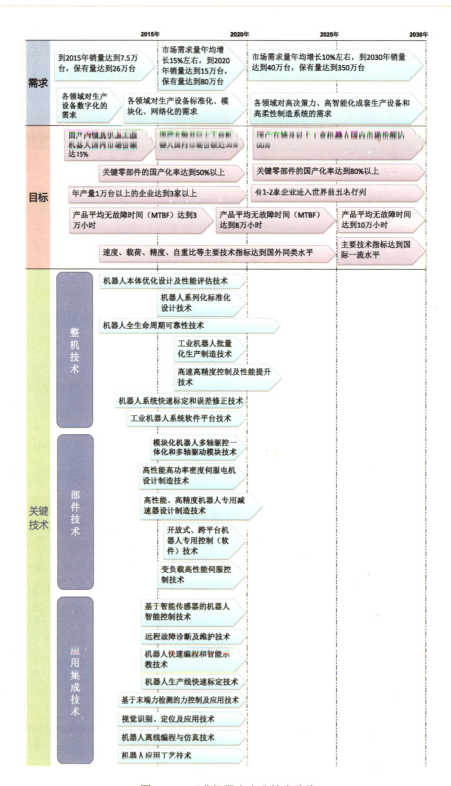

图 2.4.1　工业机器人产业技术路线

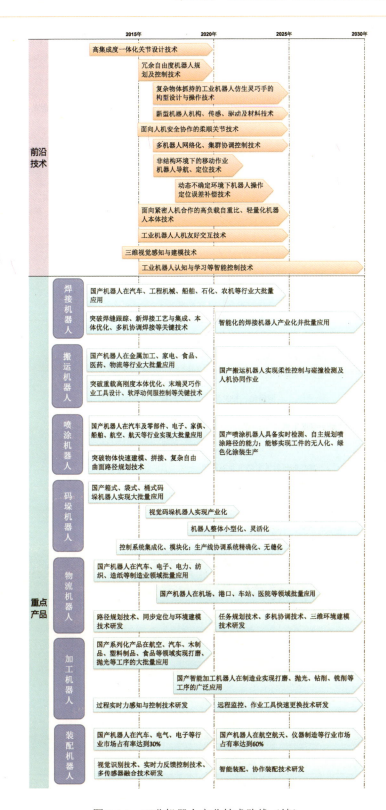

图 2.4.1 工业机器人产业技术路线（续）

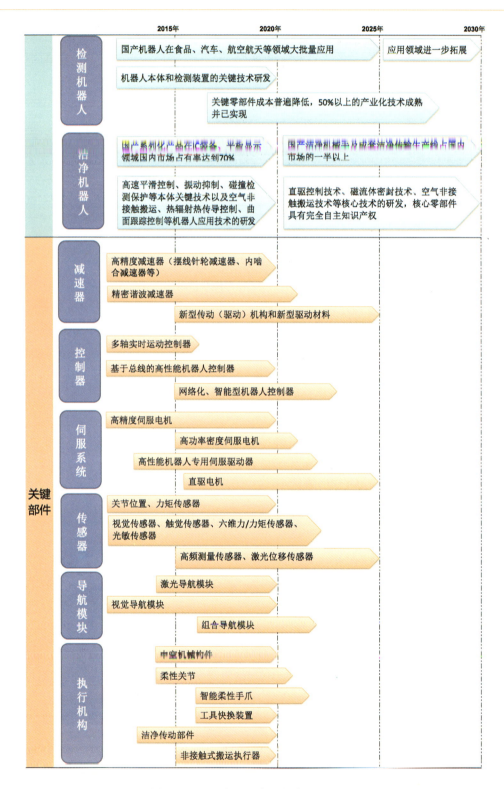

图 2.4.1　工业机器人产业技术路线（续）

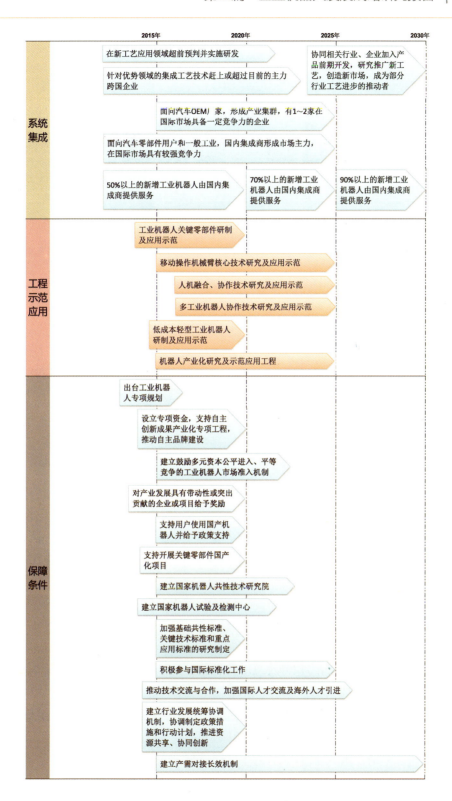

图 2.4.1 工业机器人产业技术路线（续）

第五章　重点任务

5.1　关键技术研究

目前，国内基本掌握了机器人整机的设计与制造技术，已经能够设计和生产包括直角坐标式、平面多关节型、空间多关节型等各类型工业机器人，不少机器人拥有自主知识产权。但是，在机器人精密传动技术、机器人高性能控制和驱动技术；机器人智能工艺软件包与集成应用技术这几个方面与国外仍存在较大差距。当前，中国工业机器人产业需要重点攻破的关键技术包括以下几项。

（1）机器人本体优化设计及性能评估技术。

（2）机器人系列化标准化设计技术。

（3）工业机器人系统软件平台技术。

（4）模块化机器人多轴驱控一体化和多轴驱动模块技术。

（5）高性能高功率密度伺服电机设计制造技术。

（6）高性能、高精度机器人专用减速器设计制造技术。

（7）开放式、跨平台机器人专用控制（软件）技术。

（8）基于智能传感器的机器人智能控制技术。

（9）远程故障诊断及维护技术。

（10）基于末端力检测的力控制及应用技术。

（11）视觉识别、定位及应用技术。

（12）机器人离线编程与仿真技术。

（13）机器人应用工艺技术。

在重点攻破关键技术的同时，还要着眼长远，积极开展前沿技术研究，重点包括以下几项：

（1）新型机器人机构、传感、驱动及材料技术。

（2）多机器人网络化、集群协调控制技术。

（3）动态不确定环境下机器人操作定位误差补偿技术。

（4）面向紧密人机合作的高负载自重比、轻量化机器人本体技术。

（5）工业机器人人机友好交互技术。

（6）三维视觉感知与建模技术。

（7）工业机器人认知与学习等智能控制技术。

5.2　重大产品开发和产业化

我国工业机器人产业已进入产业形成阶段，工业机器人产品的研制开发已取得一定的进展，为实现我国工业机器人强国目标，未来一段时期的重点任务是推进工业机器人的批量生产及产业化应用，实现新一代工业机器人的小批量生产。

5.2.1　实现机器人本体的批量生产

1．多关节工业机器人

多关节工业机器人包括 4～6 轴工业机器人，额定负载 1～500kg，工作半径 400～3200mm，重复定位精度为±0.02～±0.05mm（负载≤50kg）、±0.2mm（50kg<负载≤300kg）、±0.5mm（负载>300kg），各关节模块化，可单独进行交错负载组合，灵活增加工作半径。

2．并联机器人

并联机器人是指具有四个自由度以上、视觉定位、最快循环节拍能够达到 0.7s，负载能力为 0.5kg～3kg 的机器人。

3．移动机器人（AGV）

移动机器人由无人驾驶自动导引车辆、AGV 管理、监控系统和智能充电系统等部分组成，包括全方位运输型 AGV、全方位双举升装配型 AGV、叉车式 AGV 和激光导引 LGV。

5.2.2 实现工业机器人集成应用的批量化

1. 弧焊机器人

使用国产自主机器人和国产焊接设备，如焊接控制器、送丝机、焊枪和两自由度以上变位机；机器人与焊接控制器采用总线通信；自主开发焊接应用工艺软件包，方便设置焊接电流、起弧和收弧等焊接参数；具有焊缝自动检测和跟踪、黏丝和断弧自动报警等功能；能够成功进行负载零件，如曲面的相关线焊接。

2. 点焊机器人

使用国产自主机器人和国产焊接设备，如焊接控制器、点焊枪、修磨器等，采用总线通讯；自主开发点焊软件工艺软件包，方便设置各种焊接参数和具有故障自动报警功能。

3. 码垛机器人

采用国产自主四轴及以上码垛机器人和国产外围设备，如抓手和输送系统；码垛效率达到每小时 1000 包以上；自主开发码垛应用软件工艺包，实现 3 种以上垛型的设置和码垛；能够实现双抓手、3 滚道以上、3 垛位的码垛。

4. 机床上下料机器人

采用国产自主机器人，实现 1 台机器人与 3 台以上机床加工上下料；自主开发应用工艺软件包，实现力矩过载、断电、碰撞保护和报警功能。

5. 冲压机器人

采用国产自主机器人，实现 4 台以上机器人冲压连线，辅助设备如直角坐标机械手、堆垛机、翻转机等全部国产化；自主开发冲压工艺软件包，实现 3 种以上工件自动切换，具有设备之间各种连锁保护和故障自动报警功能。

6. 折弯机器人

采用国产自主六轴及以上机器人，实现各种钣金材料的成型加工；自主开发应用工艺软件包，实现自动定位、自动托料和自动跟随功能。

7. 打磨抛光机器人

采用国产自主机器人，实现复杂工件，如卫浴水龙头的打磨；自主开发应用工艺软件包，实现 1 台机器人与 4 个打磨机的协调控制和工件打磨抛光。

8．锻压机器人

采用国产自主高防护等级机器人，实现 1000 度以上工件的抓起和定位；自主开发应用工艺软件包，实现各种安全防护和警报。

9．喷涂机器人

采用国产自主喷涂专用机器人及喷涂设备，实现对汽车、工程机械及各种家具的喷涂；自主开发喷涂应用工艺软件包，实现机器人运动跟随和各种安全保护功能。

10．装配机器人

采用国产自主机器人，实现在汽车、电气、电子、航空、仪器制造等行业的推广应用，掌握视觉、力等多传感器的信息融合、高精度定位导航等核心技术；自主开发应用工艺软件包。

11．喷釉机器人

采用国产自主机器人，实现在陶瓷行业的广泛应用，具有离线编程或无动力关节臂示教、清洁生产、釉料回收、数据统计等功能，能够精确控制喷釉量，产品优等率达到95%以上。

12．洁净机器人

采用国产自主机器人，洁净机器人负载为 20～200kg，重复定位精度 0.1～0.15mm，洁净等级为 Class 100～Class 1000；真空机器人负载为 1～10kg，重复定位精度 0.05～0.2mm，洁净等级为 Class 1。

5.2.3 实现新一代工业机器人小批量生产

新一代工业机器人是指在正常生产环境中能够作为产业工人助手和合作伙伴的机器人，它可以和产业工人近距离互助协作、联合完成生产任务。机器人和人的关系不再是使用和被使用、替代和被替代的关系，而是机器人和人成为合作伙伴。具体要求如下。

（1）工作空间：同一自然空间。

（2）工作方式：紧密协调合作。

（3）作业工具：共同使用工具。

（4）自主能力：自主提高技能。

（5）交互方式：与人自然交互。

（6）安全保障：确保本质安全。

5.3　关键部件开发和产业化

重点推进减速器、驱动器、控制器等关键核心零部件国产化，满足国内工业机器人产业需求。

1. 高精度减速器

传动精度和回差小于 1 角分，传动效率大于 80%，噪声小于 75dB，温升小于 45℃，寿命大于 6000h，额定输出转矩 100～6000N·m，加速度转矩 200～12000N·m，瞬时加速转矩 500～30000N·m。

2. 谐波减速器

传动精度和回差小于 1 角分，传动效率大于 80%，允许最高输入转速 6000r/min，寿命大于 10000h，额定输出转矩 4～500N·m，加速度转矩 8～1100N·m，瞬时加速转矩 16～2200N·m。

3. 高速高性能机器人控制器

基于双核工业 PC 具有非实时和实时多任务双操作系统，几何参数和动力学参数自动辨识，具有前瞻控制功能，内置 PLC，具有离线编程接口，具有视觉、力等智能传感器接口，具有动力学算法和自定义伺服算法接口，具有远程故障诊断功能，具有基于 IEC61131-3 标准的开放式二次开发环境，具有弧焊、点焊、搬运、码垛、切割、抛光等工艺软件包，并具有二次开发接口。通信方式为 EtherCAT、PowerLink 等高速总线接口，控制轴数为 8 轴，插补周期小于 1ms。

4. 伺服驱动器

供电电压为 220～380V，连续输出电流为 1～50A，过载能力为 2 倍过载持续 1s、3 倍过载持续 0.5s、5 倍过载持续 0.3s，空载速度环带宽为 600Hz 以上，通信方式为 CAN、EtherCAT、PowerLink 总线接口。

5. 高精度机器人专用伺服电机

供电电压为 220～380V，功率为 0.1～15kW，过载能力为 2 倍过载持续 1.5s、3 倍过载持续 0.8s、5 倍过载持续 0.5s，转速为 1500～6000r/min，额定输出扭矩为 0.32～32N·m，峰值扭矩 1.6～160N·m。

5.4 应用示范与技术创新平台建设

5.4.1 工业机器人产业化与应用示范

针对汽车及汽车零部件、机械加工、电力电子、家电、食品医药等行业自动化的需求，支持多关节工业机器人的研发、示范应用和产业化，实现标准工艺过程的机器人化（包括弧焊、点焊、装配、喷涂、搬运、打磨、分拣、包装等各种工艺环节），推动国产工业机器人的规模化生产和批量化应用。

针对重点行业快速应用机器人进行生产线改造的需求，支持经济型坐标机器人的产业化、升级与示范应用，包括线性单元、直角坐标机械手专机产品等，实现规模化生产和批量化应用，其中主控制器、运动控制器、伺服控制器、电机等关键部件实现国产化。

针对特定行业的特定工艺环节，支持机器人专机的产业化和示范应用，实现规模化生产和批量化应用。

针对半导体、FPD 平板显示、LED、电子元器件、生物、医药等洁净行业自动化成套装备的需求，支持洁净机器人的研发、示范应用和产业化，研制洁净（真空）机器人系列产品，实现规模化生产和批量化应用。

针对汽车及零部件、国防、电子等行业技术升级和车间智能物流发展的需求，支持移动机器人的研发、示范应用和产业化，研制装配型移动机器人、运输型移动机器人、重载搬运移动机器人及特种装备移动机器人产品，实现规模化生产和批量化应用，其中主控制器、运动控制器、伺服控制器、电机、导航传感器、自动站点识别模块等关键部件实现国产化。

5.4.2   核心部件及产品技术创新平台建设

研制工业机器人系列产品，建立机器人全生命周期产品研发平台和机器人产品开发、工艺和应用验证平台，实现机器人规模化生产，提升伺服电机、驱动器、精密减速器和控制器等核心部件国产化率，实现技术创新与产品升级。

5.4.3   前沿共性技术研发平台建设

以"十三五"至"十四五"期间实现产业化应用为目标，针对新一代机器人的共性技术需求，建立前沿共性技术研发平台，攻克高性能本体、高效感知、新型驱动与控制、智能决策等共性关键技术，研制新一代机器人系列产品，抓住工业机器人更新换代的发展机遇，建立新一代机器人核心部件自主研发及制造体系，形成产业化能力，培育出国际一流的中国企业。

5.4.4   工业机器人整机及关键功能部件检测试验平台建设

建设工业机器人整机及关键功能部件检测中心，形成机器人及其关键功能部件性能检测能力，实现对工业机器人整机及关键功能部件性能、可靠性和安全性能进行评价。

整机性能评价涵盖的项目有功能检查、精度测试、工作范围、工作速度、位姿特性检验、轨迹特性检验、静态柔顺性、环境适应性、振动检测、噪音水平、电磁兼容性、可靠性、安全性能评价等。

功能零部件涵盖的项目有零件几何精度、表面质量、隐蔽缺陷、润滑、噪声、环境气候适应性、运转平稳性、安全要求（如绝缘电阻、耐电压强度、接地等）、电气要求、材质和接插口等。

第六章 保障措施

6.1 以创新能力建设增强产业竞争力

"创新"是我国工业机器人产业发展的重要发展战略，我国工业机器人的发展，应始终坚持把科技进步和创新作为加快产业发展的重要支撑，具体可以从以下几个方面入手，保证产业创新能力建设的顺利进行。

（1）以企业为主体，建设机器人产业公共创新支撑平台。鼓励和支持相关企业和大学、研究机构共同建设工业机器人产业技术创新平台，集聚产学研、产业链上下游、制造商与用户等多方资源，加强共性技术攻关。建立和完善运行机制灵活、能为产业提供强有力技术支撑的工业机器人检测、试验验证、认证认可等公共服务平台，推进第三方检测认证体系的建立和完善。

（2）设立专项，发展我国自己的工业机器人产业。通过专项，突破机器人控制器、伺服电机、精密减速器、伺服驱动器、末端执行器、传感器等关键零部件技术，使我国工业机器人产业得以持续、健康发展。

（3）加强人才队伍建设，建立多层次多类型的人才培养和服务体系。在高校及科研院所，加强工业机器人产业相关专业学科建设，加快培养工业机器人行业所需各类人才；在企业，依托国家专项计划、科技计划和示范工程等，培养工业机器人高层次专业技术人才和领军人才；加强国际人才交流，完善配套服务，吸引全球优秀人才来华创新创业。

6.2　以产业孵化平台促进科技成果转化

　　机器人涉及计算机、人工智能、自动控制、传感和无线通信、精密机械、光机电一体化、仿生等众多技术领域，新产品的开发仅靠一家企业、高校或研究所是不够的，需要打造工业机器人产业相关领域的各项前沿技术的融合平台，促使政府、企业和科研院所的联合发力，尽快实现新技术、新产品的研究开发及产业化。

　　因此，我国发展工业机器人产业，可以在发展较快的几个地区创建产业孵化平台，使工业机器人领域的企业、高校、科研院所形成合力，建成若干个开展工业机器人科学研究、技术转移和工业化的重要基地，以最快的速度将科研成果产业化。产业孵化基地的建成完善，将成为促进我国工业机器人产业快速发展的重要动力。

6.3　以应用示范工程提升市场认知度

　　加强政府引导，以企业为主体，产学研用紧密结合，实施一批效果突出、带动性强、关联度高的典型应用示范工程，在工业机器人用量最大的汽车及其零部件行业，在劳动强度大的纺织、物流行业，在危险程度高的国防军工、民爆行业和对产品生产环境洁净度要求高的制药、半导体、食品等行业开展自主品牌工业机器人的应用示范，大力推进科研成果产业化。通过示范工程，鼓励用户采用自主品牌机器人，提升自主品牌的市场认知度，同时增强工业机器人生产企业实践经验。

6.4　以质量保障工程和标准化建设提高产品可靠性

当前工业机器人产业发展的重中之重，是提高产品的可靠性、提高产品全寿命周期中的使用价值。一方面，全面推进质量保障工程，强化产品合格认证，提高企业质量意识，制定质量工作规划，推广先进质量管理方法，大力提升工业机器人本体及关键零部件的质量。另一方面，强化统筹协作，依托跨部门、跨行业的标准化研究机制，协调推进工业机器人标准体系建设。按照急用先立、共性先立原则，加快基础共性标准、关键技术标准和重点应用标准的研究制定。鼓励和支持国内机构积极参与国际标准化工作，提升自主技术标准的国际话语权，通过标准化建设引导行业有序发展、平衡发展，形成具有国际竞争力的工业机器人产业体系。

6.5　以财税政策扶持企业发展

机器人产业属于国家战略性新兴产业，国家支持是加速机器人产业化的重要保证。未来一段时间内，积极的财税政策仍将对我国工业机器人产业起到极大地推动作用。我国政府可借鉴发达国家经验，并结合我国实际情况，制定一系列财政补贴政策，例如推出首台（套）扶持政策以促进企业自主研发；对购买国产首台（套）产品的用户，按购买价给予一定比例的补贴；引导企业建立国产首台（套）产品投保机制，政府可给予保费补贴等。与此同时，完善投融资政策，鼓励金融资本、风险投资及民间资本投向工业机器人应用和产业发展。对技术先进、优势明显、带动和支撑作用强的工业机器人项目，优先给予信贷支持。积极支持符合条件的工业机器人企业在海内外资本市场直接融资。鼓励工业机器人租赁公司的发展，以促进资金不太雄厚的小企业对于工业机器人的使用。

6.6 充分发挥行业组织的作用

充分利用行业协会、产业联盟在行业协调、行业自律、信息交流、政策研究、咨询评估、国际交流与合作等方面的优势，及时掌握行业动态和发展趋势，解决行业发展中出现的新问题。对内，引导国内工业机器人产业健康有序发展，避免"遍地开花"、一哄而上的局面出现；对外，维护自主品牌工业机器人企业在国际竞争中的合法权益，完善公平竞争规则，联合政府相关管理部门和重点企业，设立风险防御机制，建立健全机器人产业预警机制，对外国机器人倾销提前做出反垄断、反倾销预案，有效运用反倾销法律保护我国工业机器人产业健康发展。

参考文献

[1]　姚之驹. 机器人行业国际巨头竞争力解析[J]. 工业经济论坛，2014, (3): 42-50.

[2]　谭民，王硕. 机器人技术研究[J]. 自动化学报，2013, 39(7): 963-972.

[3]　左世全. 我国工业机器人产业发展战略与对策研究[R]. 北京:工业和信息化部赛迪研究院装备工业研究所，2014.

[4]　赵杰. 我国工业机器人发展现状与面临的挑战[J]. 航空制造技术，2012, (12): 26-29.

[5]　刘国清. 机器人大趋势[R]. 北京：华创证券，2014.

[6]　许光兵. 全球标杆,日本机器人产业崛起分析[R]. 浙江：浙商证券,2014.

第三篇

若干产业数字化、网络化、智能化制造技术路线图

我们正处在一个科学技术日新月异，科技创新精彩纷呈的时代。以数字化、网络化、智能化为标志的新的产业变革，将我国制造业带入一个新的发展阶段，智能制造正在向我们走来。我国制造业门类众多、制造工艺（流程）各具特点、各产业智能制造技术应用水平存有差异，因此，推进智能制造不能一概而论、一哄而上，应根据各产业自身特点，通过编制技术路线图，准确把握智能制造技术发展趋势及在各产业中的应用前景，不断促进数字化、网络化、智能化技术在产业中的应用，指导我国制造企业有计划、有步骤、有目标地发展智能制造。

技术路线图是通过时间序列，系统描述技术发展和技术创新过程中，技术、产品和市场之间互动关系的一种规划方法。它通过研究技术发展的方向和态势，按照时间序列给出不同时间节点的发展重点、技术发展路径、实现时间等要素，确定影响未来主导产品（产业）的关键技术及其发展路径。产业技术路线图，直接反映了该产业技术的

发展路线和该技术对产业发展的影响,对本产业或相关产业的企业有直接的指导作用。

编制"若干产业数字化、网络化、智能化制造技术路线图",是"制造强国战略研究"项目的重要内容。本次路线图的编制包括 11 个产业(领域),对应本篇的 11 个章节:第一章航空装备数字化、网络化、智能化制造技术路线图,第二章船舶制造业数字化、网络化、智能化制造技术路线图,第三章轨道交通装备数字化、网络化、智能化制造技术路线图,第四章汽车制造业数字化、网络化、智能化制造技术路线图,第五章航天装备数字化、网络化、智能化制造技术路线图,第六章输变电装备数字化、网络化、智能化制造技术路线图,第七章工程机械数字化、网络化、智能化制造技术路线图,第八章钢铁工业数字化、网络化、智能化制造技术路线图,第九章石化工业数字化、网络化、智能化制造技术路线图,第十章家用电器数字化、网络化、智能化制造技术路线图,第十一章纺织工业数字化、网络化、智能化制造技术路线图。

在 11 个产业数字化、网络化、智能化制造技术路线图中,以"需求"、"目标"、"重大智能制造装备"、"数字化车间/工厂"、"关键技术"、"保障条件"六大要素为重点,分析了未来 10 年(2015—2025年),数字化、网络化、智能化制造技术在各产业应用中的需求、关键技术(智能制造装备)发展趋势、产业应用前景及应用目标。

当今,信息技术发展十分迅猛,人们对它为我国制造业带来巨大影响的认识有待不断加深,因此,本次编制的技术路线图中也还存在许多的不足。我们相信,随着信息技术与制造技术的深度融合,数字化网络化智能化技术将在我国制造业得到越来越广泛的应用。

第一章 航空装备数字化、网络化、智能化制造技术路线图

课题组成员名单

组　长：李志强

成　员：关　桥　王湘念　王　焱　韩　野

　　航空产品研制过程是一个复杂的系统工程，这一过程将设计与制造、机械与结构、计算机控制与辅助技术、网络技术、自动化技术、微电子技术、材料技术、管理技术等集成为一体。随着航空产品设计制造技术和计算机技术的发展，传统的以设计图样为载体的设计数据表达方式已经逐渐被产品数字化模型所取代，计算机三维模型成为航空产品信息的基本载体，其制造过程也伴随着计算机技术、信息技术、网络技术的发展和不断完善，从早期以数控加工为主体的计算辅助制造扩展到零件加工、生产运行、部件装配及总体装配等全过程的数字化制造。伴随着数字化技术的发展变化，航空产品研制在经历了二维图纸、三维模型、数字样机等典型阶段后，发展到并行协同工作模式，数字量信息贯穿从设计到装配的整个过程，大大提高了研制质量并缩短了研制周期。

　　随着现代制造技术、计算机及网络技术、工程控制技术的不断发展和融合，航空制造业未来将向以高度的集成化和智能化为特征的先进制造模式方向发展，广泛采用先进工艺装备进一步扩展人的体能，同时也将更广泛地应用数字化、智能化工艺系统以部分取代制造中人的脑力劳动，进而发展到在整个制造过程中通过计算机将人的智能活动与智能机器有机融合，推广和应用制造专家的经验知识，实现制造过程的智能化和自动化运行。

　　对于航空制造业数字化、智能化技术的研究和应用，不仅是为了提高航空产品质量、生产效率和降低成本，也是为了提高航空制造业响应市场变化的能力和速度，以期在未来竞争中求得生存和发展。航空制造业数字化、智能化制造的发展路线图规划，面向未来发展，以现有技术状态为基础，从信息技术与制造技术深度融合的角度，规划和确定未来一段时期内航空制造业数字化、智能化的发展路径、执行步骤、应用目标，为航空制造领域的可持续发展提供支持。

　　本项发展路线图的制定，重点面向航空零部件的制造过程，主要涉及工厂、车间层次相关的数字化、智能化技术发展的主要内容、实施步骤。

1.1　概述

　　航空制造业是国家的重要产业之一，在国民经济中占有重要地位。经过 60 多年的发展，我国的航空工业已经从飞机的维修、仿制生产发展到了完全自主研制的阶段，逐步形成了歼击机、运输机、直升机、教练机等较为完善的产品系列谱系。近年来，又不断在民用飞机、通用航空领域不断拓展，航空产业规模不断成长壮大，不仅满足了国防领域对航空产品的需求，也有一些产品进入了国外市场，同时，在民用领域也开始追赶国外航空制造巨头的发展步伐。

航空产品制造技术涉及众多的技术领域，主流制造技术包括铸造、锻造、机械加工、钣金成形、非金属材料构件制造、热处理与表面改性、焊接、喷涂、装配等。随着航空制造技术不断向纵深发展，数字化模型已经成为航空产品的定义和表达手段，数字化制造技术目前已广泛应用到航空产品研制中的结构件机械加工、热表处理、钣金零件成形、非金属构件制造、工艺装备制造等全部生产环节，从而使航空制造技术手段发生了本质性的变化。

现代航空产品主要特点是良好的飞行性能、长寿命与高可靠性、合理的制造与使用成本等。这些特点使得航空产品的零件结构、材料体系不断发展变化，整体结构、高强度材料、抗疲劳要求等都要求产品制造阶段提升零件加工精度、提高表面质量，实现零件制造精度稳定控制。

国内围绕满足航空产品加工精度控制、提高工件加工质量、生产运行控制等方面开展了许多很有针对性的研究，形成了一批单项技术成果。"八五"期间，航空工业成功研制了我国第一个准生产型的柔性制造系统，在网络数据库和通信技术、信息集成技术、运行调度控制技术、生产计划与管理技术、CAD/CAPP/CAM 集成技术等信息技术方面取得了重大的进步，当时使柔性制造技术在总体上接近国际先进水平，"九五"期间将柔性制造技术在国防工业相关企业进行了推广应用。

数字化、智能化制造技术在航空制造业具有广泛的应用需求，其中，零件机械加工、钣金成形、复合材料构件制造、零部件装配是数字化、智能化技术应用的重点领域。到目前为止，航空工业已经在产品设计过程中全面采用了数字化手段，特别是在新型号产品研制过程中，数字化模型发放已经替代传统的设计图发放模式，制造过程以数字化模型为唯一数据源，进行机械加工、钣金成形、复合材料构件生产、零部件装配等工艺活动，数字化的装备成为各个工艺环节不可或缺的基础资源，复杂形状零部件制造的工艺活动已经由传统的手工操作变成程序控制执行，这种数字化执行手段也为制造过程的智能化运行提供了基础条件。

航空产品制造通常分为飞机机体结构制造、发动机制造两大领域，尽管各类零部件有不同的材料、结构形式和加工精度要求，总体上都涉及复杂型面、空间复杂结构，配合面尺寸协调、加工精度一致性控制等核心问题，工件几何形状、表面质量的严格控制成为制造过程追求的最终目标，以满足产品加工基准协调、表面光顺匹配、产品寿命控制的基本要求。在机械加工、钣金成形、复合材料构件制造、零部件装配等各主要工艺环节中，工艺设计、加工余量分配、工件定位、现场加工操作、质量状态监控等常常受人工因素影响较大，能够采用智能化手段消除机体结构、发动机产品制造过程中各个主要工艺环节人为因素的干扰，将会从根本上提升航空工业的核心研制能力。

航空产品包括飞机（固定翼）、直升机、发动机、机载设备等类别，目前以中国航空工业集团公司、中国商用飞机公司为主体，形成了歼击机、运输机、教练机、直升机、无人机、支线/干线客机、水上飞机、航空发动机等产品的综合研制能力，发展出飞豹、枭龙、猎鹰、太行、秦岭、新舟、ARJ21 等成熟产品。2009 年起，中国航空工业集团公司跨入世界 500 强企业之列，2014 年在世界 500 强企业中排名上升至第 178 位，2013 年营业总额接近 3500 亿元人民币。航空产品研制已经进入全数字化时代，伴随着计算机技术和工业控制技术不断发展、制造工艺与装备技术不断完善，航空产品制造过程的数字化、网络化、智能化是航空制造技术发展的一种必然趋势，数字化表达、网络化连通、协同化研制、智能化处理、数字化执行已经成为航空领域新产品研制的基本需求。

1.2　现状分析

　　航空制造技术一直是先进制造技术发展和应用的重点领域之一，数控机床、CAD/CAM 技术首先是为了满足航空产品复杂结构制造需求而出现、不断发展，并大量应用于航空产品的研制过程。目前，数控机床、CAD/CAM 技术已经从早期的航空零件机械加工应用，拓展到了钣金、复合材料、装配等关键制造工艺过程，铸造、锻造、热处理及表面处理工艺也开始进入自动控制、数字量数据传递时代，航空产品全数字化设计制造模式已经形成，数控车间已经成为各航空企业的核心能力建设重点，数控设备已经成为航空企业近年来技术改造配备的主流装备。总体上，航空零件制造技术发展大致经历了三个阶段：①高精度数控机床应用，实现机加零件的计算机辅助制造、分布式控制；②数字化柔性生产线应用，实现产品设计制造集成化；③建立集成产品协同研发环境，实现计算机集成制造和协同研制。

　　产品制造工艺技术的成熟发展是制造领域数字化智能化技术应用的前提，长期以来，航空制造企业已经较好地掌握了先进工艺技术并广泛应用于产品制造，如整体薄壁结构精确加工、复杂结构加工变形控制、高速铣削、工艺及参数优化、柔性工装、理论外形数据处理及加工仿真技术等，并逐步建立完善了设计制造数据库。

　　集成制造技术在航空领域也不断进行探索和实践，以机械加工零件为主体的 FMS 技术、无纸设计制造、航空 CIMS 工程、异地协同等经过"八五"至"十五"期间的不断探索和深化研究，为飞机数字化工程的实施奠定了重要技术基础。"十一五"期间启动的"飞机数字化工程"已经在机械加工、钣金成形、复合材料构件制造等专业推动了设计制造异地协同、工艺数据的集成设计、规范化工艺设计及输出、典型生产线数字化运行的发展应用，示范性的企业/车间网络已经初步形成，ERP、CAM/CAM、CAPP、MES 等基本数字化系统已经成为航空产品制造过程中提升数据处理能力的基本工具。

近十年来，航空工业在基础条件建设方面投入了大量资金，各企业在数控设备、检验测试、零部件调试、信息化等方面的基础条件快速发展完善，"十三五"期间仍将继续补充各种类型的数控设备，在主机厂基本上实现机加工设备的全部数控化，复合材料构件制造、钣金成形、零部件装配等也开始在制造过程中应用数字控制装备，如自动铺带机、铺丝机、自动制孔设备、数控喷丸成形设备等。然而，由于产品材料体系变化，使得一些关键零件加工工艺处于边探索、边完善的状态，加工效率低、周期长，常常制约产品的交付周期；伴随零件的整体化、大型化、复杂化的结构变化，使得加工变形控制、高精度稳定加工成为数控加工工艺优化、工艺参数优化过程的新问题；同时，多品种、小批量生产的状态，使得数控设备数量和工作量急剧增加，加工精度的一致性、稳定性控制成为生产现场的当务之急。在这一过程中，制造数据采集传递、产品质量及设备状态监控、工艺过程优化、运行状态跟踪等过程亟需先进技术手段支持。

此外，飞机产品完全采用三维设计手段，构建了全数字样机，并行协同研制已经成为新机研制的基本模式，在型号研制过程中，一些关系紧密的参研单位已经通过专用网络、统一软件平台实现了局部性的产品数据协同管理和控制，但在制造层面上，则仍然处于分散的、多层次多方式协调的运行状态。全数字化设计手段的广泛应用，使得数控设备运行环境需要进一步优化和提升，生产车间的综合集成和协同能力亟需强化。

目前，数字化模型已经成为航空产品数据表达的基本方式，新产品研制中已经逐渐取消了传统的设计图纸，代之而来的是通过数字模型实现从设计过程到制造过程的全数字量传递，主要的零件制造过程广泛使用数控设备，部件及整机装配也在近年来积极推进柔性装配技术的应用，航空产品研制已经进入全数字化时代，数字化表达、网络化连通、协同化研制、数字化执行已经成为新产品研制的基本模式。但从总体上看，航空产品研制过程尚处于数字化孤岛状态，特别是由于相关基础环境和平台条件还不能准确、及时、有效支持产品研制、数据协同、运行监控、全生命周期管理等关键过程，导致产品研制过程中，存在数据传递及时性差、数控设备运行效率低下、产品质量跟踪控制难等一系列制约产品及时交付的问题。

1.3 需求分析

航空产品具有材料多样、零件结构复杂、制造工艺综合性强等特点，产品的制造具有与其他机械产品完全不同的特点，主要表现在以下几个方面。

（1）零件结构：具有气动外形要求，几何形状复杂，几何形状精度及位置精度要求高；相互关系复杂，相关零件之间有协调性要求；材料多样化，铝合金、钛合金、高温合金、高强度钢、复合材料广泛应用，加工性能各异，增加了零件制造难度。

（2）制造工艺路线：结构件机械加工典型工序包括铸/锻/轧毛坯、车/镗/铣/钻/磨/化、测量/检验、表面处理、装配、清洗等；钣金成形典型工序包括下料、成形（拉、压、滚、胀）、热处理、切割等；复合材料构件典型工序包括下料、铺放、固化、轮廓切边等过程。在零件制造过程中，生产线是基础、装备是关键。

（3）制造过程：工件加工过程复杂，设备多样，力、热、化学多因素耦合作用于表面，变形、摩擦、腐蚀等因素影响工件几何精度和物理特性；多次定位装夹及多工序组合过程中工件基准协调复杂，制造过程以人工检测控制为主，偶发因素多、误差累积大；部分零件加工时易产生变形，影响工件的几何尺寸、位置精度，加工精度稳定性控制难度大。

（4）装配过程：表面接差控制严、零部件协调环节多，以人工操作为主，装配质量受人的技能影响大。

目前，航空产品制造过程中存在的主要问题如下。

（1）工件加工精度、表面质量、物理性能的离散度大。

（2）生产现场状态及信息反馈滞后，运行过程难以及时监控。

（3）工件制造过程受干扰因素多（人员技能、管理方式、信息传递、资源流动等都影响工件加工状态）。

（4）支持工具缺乏、制造过程受人为影响大。

总体来讲，航空产品制造必须关注工艺优化及生产系统完善、信息采集监控、智能化的数据分析处理、具有精准控制的制造执行等环节，才能满足现代航空产品高精度、高质量的加工要求。在这些环节中，针对机械加工、钣金成形、复合材料构件制造、部件及主机装配过程的数字化智能化加工设备、车间网络、信息采集与处理系统是主要基础条件，工艺数据准备系统、生产线制造执行系统、在线检测监控系统、物流传输系统是生产运行的基本手段，而其中的智能处理与决策则是保证制造精度和质量的核心。

航空制造业已经在数字量传递、生产车间集成、设计制造协同方面进行了不同程度的探索和实践，生产现场已经从手工操作、程序控制走向数字化、系统集成的发展之路。针对航空产品制造的关键工艺和过程，数控设备智能化、生产系统集成化、制造运行智能化是实现产品快速研制、设计制造集成、精益生产的关键技术基础。在分布式网络、智能化运行管控、测控集成技术基础上，才能使得工艺准备、制造执行、生产管理、质量控制等过程有效运行，实现产品质量的稳定和整体生产效率提升，对于提升航空产品制造的核心能力具有重要意义。

航空制造业数字化、智能化技术发展的主要领域是产品及工艺设计、机械加工、钣金成形、复合材料构件制造、部件及主机装配。随着航空产品全数字化模型的日益完善，这些领域对于数字化、智能化装备、生产线、数字化车间的需求更为迫切。

1.3.1　机械加工过程对数字化、智能化技术的需求

在航空产品制造过程中，机械加工是其主体构件制造的主要手段，目前已经从完成主承力构件、整体零件的制造发展到支持钣金零件、复合材料构件的轮廓、结构形状、装配搭接面的精确加工。该领域也是数字控制技术在航空产品制造中最早发展、应用的领域，在现阶段，数控机床已经成为支撑机械加工领域的基本装备，同时，也是数字化手段及环境发展最为领先的领域，有效地支撑了复杂结构件的制造。

在绝大多数企业中，以数控机床为基础，按照产品类型或工艺方法建立了数控车间，也通过信息化建设、数字化工程实施，形成了一些局部性的数字化生产线、数字化车间，建立了数字量传递的基本手段和环境。然而，一方面，机械加工领域仍然存在一些非数字化装备、人工作业环节，使得整个机械加工过程的数字化变得孤立而分散，难以让数字化制造的优势充分发挥。另一方面，对于制造现场状态，尚不能实现及时的反馈控制，对关键工艺装备、状态监控、及时控制等环节尚缺乏智能化处理能力，导致制造过程的信息处理能力滞后阻碍数字化生产过程的有效运行，机械加工领域的数字化执行能力、制造信息的智能处理能力仍然需要进一步提升。

1.3.2　钣金成形过程对数字化、智能化技术的需求

现代飞机对于飞行性能要求日益提高，航空产品的气动外形也变得复杂多样，同时，整体化结构设计已成为现代航空产品零件的主流，要求钣金成形工艺具有完善的大型结构、复杂曲面的高精度高效率成形技术和手段。近年来，柔性模具、数控成形、空间轮廓切割、镜像加工已经逐步成为钣金成形及其后续处理的基本手段。在数据处理方面，成形过程仿真分析已经逐步替代人工经验，初步建立了以产品数字模型为基础，以数值仿真分析为手段，实现成形工艺优化设计和成形过程优化控制。

从总体上看，钣金成形过程的数字化、智能化处理能力尚处于快速发展阶段，数字化智能化工艺装备、生产线，以及数字化车间发展极为不均衡，到目前为止尚未能形成典型的有效的应用实例。主要原因是针对钣金成形过程的工艺装备数字化能力尚需进一步提升，生产过程的数字控制能力需要进一步加强，成形过程数据的智能处理技术急需突破。

1.3.3　复合材料构件制造对数字化、智能化技术的需求

复合材料具有轻质量、高强度、抗疲劳、耐腐蚀、可设计性强、成形工艺性良好等特

点，在航空产品中所占的应用比例越来越高，同时，大规格的复合材料构件也广泛采用，如 B787 机身 46 段构件规格达 $\Phi 5.8$ m×10m，A400M 复合材料机翼规格达 23 m×4m，传统的人工铺放操作已经无法实现这类零件的制造，复合材料构件的自动化铺放成为完成现代航空产品复合材料构件制造不可缺少的关键环节，这涉及自动化铺放装备、数字化控制能力，以及制造过程信息的智能化处理等。在传统的人工铺放过程中，铺放纤维束浪费率更高达 30%~50%，铺放精度一般在 3mm 左右，一般情况下人工铺放生产率平均为 0.5~1.2kg/h；使用自动铺放的材料浪费率仅为 3%~10%，自动铺放精度一般可达 1.2~1.5mm，最佳精度可达 0.76mm，自动铺放生产率平均可达 10~20kg/h，制造工艺过程都是由程序自动控制，重复性与一致性好，质量稳定。据报道，GKN 宇航 A400M 军用运输机 23m 长复材机翼梁人工层铺 180h×40 美元/ h，而使用自动铺放 1.5 h ×150 美元/ h，劳动力费用减少 95% 以上。

针对复合材料构件制造全过程，建立复合材料构件数字化、智能化生产车间，将推动复合材料构件制造过程的数字化、自动化、智能化技术的工程化发展及应用，提高复合材料构件制造质量的稳定性及成品率，满足现代飞机复合材料构件生产需要。

1.3.4　部件及主机装配对数字化、智能化技术的需求

装配过程的数字化、智能化是随着新一代飞机研制而逐步体现出迫切需求的，主要是为了满足装配质量、装配效率、减少人工作业强度、降低制造成本而使得数字化智能化装配技术快速发展。传统方式下，装配过程大多通过人工作业方式完成零部件运送、定位调整、对接调整、制孔、铆接等过程，这些过程中采用自动化数字化装备将极大地提升装配精度、工作效率并有效降低人工操作强度，其中，数字化智能化定位、数字化装备与智能化执行部件、移动式装配生产线智能管控、智能物流配送是目前飞机装配现场急需的技术。

1.3.5　航空制造业数字化、智能化制造的共性化需求

航空产品制造过程除必须具备工艺装备、生产线、车间等主要硬件基础外，还涉及工艺设计与数据准备、现场运行管理与状态控制 2 个主要环节，工艺设计和现场运行的数字化智能化技术是整个航空产品制造的共性技术，该方面技术主要涉及数字化智能化工艺设计、现场运行的数字化智能化调度与监控、产品数据管理及设计制造协同，其中，制造数据库和制造知识库是支持工艺设计与数据准备、现场运行管理与状态控制的重要基础。

结合航空产业信息化、飞机数字化工程的实施和推进，航空领域已经初步形成了快速工艺设计、计算机辅助车间作业计划排产、现场状态信息采集、生产运行动态调度的基本解决方案和典型应用实例，但工程实现的主体上集中于数控车间层面，尚未成熟应用到整

个航空产品制造过程。当航空产品全数字化模型成为基本制造依据时代来临时，主要制造工艺过程的工艺设计与数据准备、现场运行管理与状态控制 2 个关键环节数字化智能化技术则成为提升航空产品制造能力的核心，急需在近期内取得重要突破。

1.4 总体目标

针对航空产品的研制和发展需求，建立关键智能工艺装备研制和应用能力、形成典型产品智能化生产线、开发一批支持产品稳定加工的智能化系统或装置，形成全数字化驱动、网络化协同、全生命周期管理的研制与批生产模式。

针对典型零部件制造过程，研究状态监控与信息采集、基于工况的决策处理、制造过程建模仿真等智能制造关键技术，建立航空产品智能化设计与执行的支持工具，满足机械加工、钣金成形、复合材料构件制造、零部件装配等需求，为航空产品制造提供高精度、高效率、智能化的工艺手段；建立包括智能化测控一体加工、复材自动铺放、钣金数字化成形、数字化光整加工、智能物流传输、数字化柔性装配线等智能化装备及系统，形成航空产品数字化、智能化支持产品；研制以数字化、智能化控制为特征的关键工艺设备及系统，通过设备联网、物流集成、数据协调、生产线运行控制等技术方法集成应用，建立关键零件的集成化生产线，采用智能化的管理、调整与控制技术方法，实现生产线物流、信息流的协调运行，满足航空关键零件加工精度稳定性、表面质量一致性控制的迫切需求。

从现在开始到 2018 年前，重点攻克测量-调控一体化技术、加工过程加工状态感知技术、智能化功能部件设计技术，形成智能化数据处理工具及系统。

到 2020 年前，以智能化技术研究能力建设、关键工艺的智能化装备/单元研制为重点，建立并完善航空行业数字化制造技术、钣金成形技术、柔性装配技术等重点实验室，拓展并完善数字化、智能化技术研究及相关智能装备研制能力，重点开发或完善龙门结构智能铣削中心、回转工作台结构智能加工中心、铣车复合结构智能加工中心、大型复合材料构件自动铺带机、自动丝束铺放机、翼面部件自动化制孔设备、机身自动对接单元，建立整体叶盘/叶片零件切削加工智能化生产线、复合材料构件成形数字化车间等智能制造系统。

2020—2025 年，继续深入开展智能化技术研究、优化关键工艺的智能化装备/单元，完善机械加工、复合材料构件制造领域进行数字化车间应用，扩展钣金成形、装配及其他制造工艺的数字化车间应用，全面提升航空产品数字化智能化制造能力。

到 2025 年以后，在航空制造领域将形成较为完善的智能制造产业模型，推进企业层面的智能化协同研制，形成一系列的智能工艺装备和系统、智能化车间、智能企业，建立以智能制造为特征的航空产业模式。

航空制造业智能化制造的主要内容包括以下几个方面。

1）智能制造关键技术

主要涉及工况感知技术、数字化建模仿真与智能化设计技术、关键工艺智能化装备及功能部件设计技术、知识系统与智能控制技术、智能决策技术、智能制造系统运行与协同技术等。这些技术是实现设备智能、工艺智能、系统智能的关键。

2）重大智能制造装备

主要是支持机械加工、钣金成形、复合材料构件制造、部件及整机装配等的加工设备和装置，包括测量-调控一体化系统、智能化切削加工机床、可重构柔性工装、自动钻铆系统、部件自动化对接系统、机器人钻铆/焊接/装配/检测/修磨/系统、复合材料自动铺放装备、钣金数字化成形设备及其配套软件等，以及相关的智能控制装置或系统、自动化物流（运输与仓储）系统、物料标志与识别系统等。这些工艺装备是实施智能制造的基础手段。

3）数字化车间/工厂

主要包括零件机械加工车间、复合材料构件成型车间、钣金成形车间、部件/整机装配系统等，以及车间之间、工厂之间的设计制造全过程协同，是支持产品制造全过程智能制造的基础环境和设施。

1.5 智能制造关键技术

1.5.1 航空产品及生产线智能化设计技术

航空产品及生产线智能化设计技术是以产品设计、制造工艺知识库为基础，建立与知识相关联的推理决策机制，形成产品设计、生产线规划、制造过程仿真、生产线物流规划与管理的处理方法及其工具集，支持产品及制造工艺的优化设计、生产线优化布局及动态重组、生产现场资源及物流系统规划等。航空产品及生产线智能化设计技术研究内容包括优化设计技术（知识表达与决策、工艺优化与过程建模、智能化设计方法及工具）、仿真分析与处理（制造过程仿真、设备与生产系统自治性处理）、物流规划（资源配送、物流系统布局及规划），及相关的专家系统和仿真工具，利用知识推理、联想学习、虚拟现实技术，使产品设计制造过程趋于"先知先觉"状态。

研究产品与制造过程数字化定义、制造资源建模、生产系统建模、工艺过程仿真、工艺过程智能化设计、生产线智能化设计、生产运行仿真等技术，建立并行智能设计支撑环境、产品描述统一模型、设计智能交互和并行智能设计方法及系统工具。

（1）关键零件工艺优化与生产线建模技术。

（2）知识表达与智能决策处理技术。

（3）制造过程仿真技术与自治性处理方法。

（4）资源配送过程及生产线物流系统的智能化规划技术。

1.5.2　知识系统与智能化控制技术

针对航空产品设计制造过程，研究航空产品设计制造过程的知识定义与表达方法、基于知识的智能推理与决策技术、智能控制技术及系统、制造信息安全控制与网络通信技术、传感器网络互联技术、制造资源物联网技术、工业控制网络技术等，建立支持智能知识库管理工具、智能控制系统、工业网络互联规范等，实现航空产品智能制造装备及智能制造系统的安全性控制。

智能化控制技术涉及加工设备控制、加工过程控制、生产运行控制等不同层次，是工艺装备、生产车间执行工艺活动的基础技术。为满足智能化制造要求，必须在传统自动化控制的基础上，形成以智能处理为核心的控制方法及装置，如开放式智能控制、生产运行智能管控、加工/装配过程定位—测量—调整—加工的智能化处理等，由于工件加工工艺的多样性和零件的复杂性，使工艺装备的规格、品种多样，性能差异极大，控制参数复杂，调试操作烦琐，因而要强调使其具有"开放式"与"智能化"的特点，能及时感知加工系统的内部状态及外部环境，快速做出实现最佳目标的智能决策，对工艺参数进行精确控制。智能控制系统研究内容主要包括高性能（高速、高精度、高可靠性）控制技术、智能处理技术（加工运动规划、推理、决策能力，以及加工环境的感知能力、交互通信能力、智能编程、智能数据库、智能监控等），以及相关的主轴和伺服驱动装置，充分利用自然语言、视窗界面和简单化的人工运作，使机床的调整、使用与维修趋于"傻瓜化"。

（1）开放式智能控制系统技术。

（2）生产运行智能管控与关键装置（设备）智能控制技术。

（3）工件加工/装配过程定位-测量-调整-加工的智能化处理技术。

（4）制造知识积累与重用技术。

1.5.3　制造运行智能管控技术

制造运行智能管控技术是根据产品工艺规划,在人工智能技术支持下以智能化方法协调、指挥、管理生产线上各类设备、资源、人员、信息规范化运转的关键技术。制造系统运行是一个复杂过程,需要根据产品制造需求,调配加工设备、工装、刀具或工具、操作人员等实物资源,更重要的是制造数据的及时发送、现场加工状态的实时跟踪、故障的及时处理,在人工智能技术支持下,形成智能规划、智能调度、智能诊断与维护、智能质量管理的方法与系统,依靠传感器网络、物联网络,对生产过程进行实时监控和运行管理。制造运行智能管控研究内容包括信息采集监控(加工状态检测监控、设备状态监控与诊断、质量信息采集)、物流跟踪识别(智能感知与识别、信息表达与交换)、智能化分析与处理(智能推理决策、多信息融合),以及传感器及物联网络结构,充分利用人工智能手段,快速准确处理制造过程信息。

以典型产品专业化制造分工为基础,以车间/生产线运行为重点,研究生产过程智能规划与调度、仿真与优化(多信息源、多因素、多对象的及时处理,制造系统的自组织与自维护),产品质量信息智能处理系统(质量决策与控制),制造过程与系统的智能监测诊断、补偿控制(动态辨识与自适应、联想记忆与智能控制)等技术,开发制造系统运行支持工具,建立典型产品的机械加工、钣金成形、复合材料构件制造、部件及主机装配的智能化制造系统。

(1)关键零件加工/装配生产系统集成与物流智能管控技术。

(2)智能化检测监控与数据智能处理技术及系统。

(3)生产过程智能化管理与分析技术及系统。

(4)复杂型面加工适应性控制技术及装置。

1.5.4　智能装备技术

智能化装备是针对典型加工需求,以智能化控制为手段,能独立完成产品部分加工过程的机械设备或装置,一方面是具有物理量、几何量反馈控制能力;另一方面是具有现场信息处理能力。研究内容包括功能部件(集成传感功能、信息采集功能、识别功能的部件/数控装置)、整机装备(自动加工、自适应加工、测量控制一体化等)、工业机器人(加工、装配、运输)等及相关的设计开发技术,如数控系统开发、机床模块新结构设计、可靠性设计、机械结构特性设计优化、加工精度综合补偿技术、柔性自动化理论及方法等。重点开发复合材料加工、机械加工、钣金成形、部件及主机装配的智能化设备,满足航空产品关键零件高精度高效率加工需求。

研究机器人智能技术、机器自学习与自维护技术、智能制造单元机的设计与制造技术，针对航空产品机械加工、钣金成形、复合材料构件制造、部件及主机连接装配工艺，在实现工艺装备数字控制的基础上，研究具备状态感知、实时数据采集传递、智能决策处理、反馈执行能力的工艺装备、智能机器人或功能部件，开发以加工信息实时处理为核心的关键工艺装备、智能机器人或功能部件。

（1）复合材料铺放头及自动铺放技术。

（2）钣金成形过程智能化控制技术及装备。

（3）复杂型面零件光整加工自适应控制装置及加工系统。

（4）部件装配与大部件自动对接技术与系统。

（5）面向工序操作的智能机器人技术与系统。

1.5.5　智能制造服务技术

针对航空产品研制中的生产服务、交付维护、经营管理过程，以制造数据和产品服役数据的存储、传递、共享、获取的智能化处理为核心，研究远程可视化智能服务、产品服役状态感知、企业协同运行、资源及物流供应管理技术，建立产品智能化服务平台、生产服务智能运控平台、协同配套物流平台，形成产品全生命周期支撑环境。

（1）全生命周期数据管理与服务技术。

（2）企业资源计划与物流管理技术。

（3）设计制造服务协同平台。

1.5.6　智能制造关键技术路线

智能制造关键技术的研究与突破是航空制造业实施智能制造的基础和前提。2020 年以前，以航空产品数字模型、功能模型为核心，继续完善和提升设计制造全过程的数字化定义、数字化驱动能力，针对主要研制过程和典型工艺装备，建立和完善领域知识库及智能化设计工具，突破高性能控制、工况及过程状态实时感知、设备交互通信等基础技术，初步形成面向航空制造业的智能制造技术基本技术体系；2020—2025 年间，形成与知识相关的推理决策方法，建立具有自主决策能力的系统工具，突破智能监控、智能处理、数据分析及系统集成等关键技术，为重大智能制造装备、数字化工厂的研制、建设和应用提供支持；2025 年以后，将形成较成熟的智能制造关键技术体系，全面支持航空产品智能化制造过程。

1.6　重大智能制造装备

航空产品目前的主承力构件和主功能结构采用整体化设计，同时具有形状复杂、精度要求高、协调关系复杂等特点，工件制造过程中由于误差累积和加工变形的存在，使得复杂整体结构零件的曲面主体、曲面边界、曲面过渡处等存在偏移、接差、突变等随机状态，导致零件制造精度不稳定、关键结构部位表面无法达到预期的理论形状和实际的光顺状态，使得零件在工作中对气动流场产生扰动，影响航空产品的工作性能、使用寿命等，首先对航空产品机械加工、钣金成形、复合材料构件制造、部件及主机装配等涉及大型构件制造的专业装备提出了新的需求，要求其具有工况感知、自适应控制、协同调整、数据实时处理等智能化能力。测量控制一体化智能加工机床、柔性化钣金成形设备、复合材料自动铺放设备、柔性装配系统是航空领域需要重点攻克的重大智能制造装备，这些装备是构成航空产品研制生产线的关键设备。

以大型整体结构件、发动机整体叶盘、宽弦空心叶片、机匣壳体，以及部件/整机装配为主要应用对象，建立机械加工智能化生产系统、复合材料数字化生产系统、钣金成形数字化生产系统、数字化柔性装配生产系统，在飞机机体构件制造、发动机产品制造领域进行推广应用，提升航空产品研制的核心能力。

1.6.1　机械加工智能化工艺装备

建立以"工件装夹→实物测量→实物模型重建→实物模型与理论模型适应性对正→加工数据再处理→实物加工"为主线的智能化适应性加工系统，其核心是几何量及物理量（形状及精度、切削力及切削温度、刀具状态）感知、加工误差实时补偿处理、运动轨迹精准控制（误差实时补偿、物理量实时控制）。研制满足飞机机体结构件、整体叶盘、叶片类零件加工龙门结构智能铣削中心、回转工作台类智能加工中心、铣车复合智能加工中心，实现航空产品加工精度一致性、稳定性控制。

1.6.2　钣金成形智能化装备

建立以"柔性模具→成形仿真→加工实物测量→工装及过程模型再设计→工装及加工

数据再调整→实物加工"为主线的智能化成形单元,其核心是柔性模具(结构、调整控制)、工件几何及成形状态感知(形状及精度、材料状态)、仿真处理与实时决策(过程分析、状态评定、工艺参数决策)、装备状态实时调整控制(工装及设备调整、工艺参数控制),研制拉伸成形、滚弯成形、热胀成形的智能化装备。

1.6.3　复合材料构件数字化制造装备

传统的复合材料制造技术自动化程度低,复合材料制件的质量不稳定,分散性大,可靠性差,生产成本居高不下,无法生产大型和复杂的复合材料制件,复合材料构件自动铺放设备是支持大尺寸复合材料构件制造的关键设备。其核心是自动铺放头(铺带、铺丝)、控制系统(多轴控制、力控制、位置与速度控制)。研制自动铺放头、自动铺丝头、智能控制系统等功能部件及具备压力和温度智能控制功能的自动铺带机、自动铺丝机、丝束缠绕设备,满足大型翼面、进气道等复合材料制件的制造需求。

1.6.4　柔性装配自动制孔及柔性对接单元

建立以"柔性工装→装配仿真→实时测量→位姿调整→装配操作"为主线的柔性化装配与对接系统,其核心是柔性工装(可重构、可调整)、过程仿真(系统布局、过程分析)、位姿调整(实时测量、实时处理、实时控制),研制翼面装配单元、机身对接单元、翼身对接单元,满足高精度装配需求。

1.6.5　重大智能制造装备发展路线

重大智能制造装备的发展将针对航空产品制造工艺的不同特点,持续完善和推进数字化工艺装备的研制和应用,拓展工艺装备的智能化处理能力。2020 年前,重点以满足加工过程状态监控、自动化执行为目标,完善和发展智能化功能部件、智能控制系统,增强或提升典型工艺装备的智能处理能力,重点推进机加、复材构件制造领域的智能工艺装备的工程化应用;2020—2025 年,重点以完善和推广状态采集监控功能部件、智能化管控系统、工业机器人应用为目标,在机加、钣金、复材构件、装配等领域全面推进智能化工艺装备的工程应用;2025 年后,重担智能制造装备将形成系列化产品和自主配套能力。

1.7　数字化车间/工厂

1.7.1　零部件机械加工智能化车间

以铝合金整体框梁、钛合金整体叶盘和宽弦叶片、发动机传动系统机匣壳体零件为对象，以数控设备、刀具与工装、物料输送、运行管控为核心构建集成化生产线、分布式网络控制系统及生产运行管理控制系统，覆盖工件、工艺文件、数控程序、刀具及其装调数据、工装及其属性数据、设备运行状态的传输、存储、管理、控制过程，实现生产线的分布式智能化控制运行，实现典型零件的集成化、高效率、智能化制造。

机械加工智能化生产线是以成组工艺为基础，按照柔性制造生产线设计理念建立的典型零件生产系统（主要包括数字化智能化设备、智能化物流装置、标志与识别系统、数字化检测及数据处理设备等），并将现代生产运行管理、物流控制、智能技术综合集成于生产线的构建及运行过程中。

建立集成化的生产线及其智能化的管控系统（主要包括作业计划分配、动态调度、制造过程跟踪、物流配送管理、运行状态分析、质量状态控制等），可以使生产流程规范化、标准化、自动化，提高在制工件的质量稳定性，自动化的物流系统、集成化的生产数据管理系统可以减少加工设备及工作站点的准备时间，提高整个生产线的加工效率，从而缩短工件交付周期。

建立基于数字化模型的工艺设计系统（包括基于知识的工艺设计与优化、数控程序设计与优化、加工过程虚拟仿真、工艺工装协同设计等），形成支持从模型数据到设备/系统驱动数字量转化的系统工具，实现车间制造数据的生成和管理。

1.7.2　复合材料成形数字化车间

针对树脂基复合材料翼面类构件制造全过程，在复合材料构件数字化设计产生的全三维模型的基础之上，采用数字量传递的手段，打通制造数据准备、制造执行和产品检测三个环节，突破数字化工艺与工装设计、自动化物流传输、数字化生产运行控制等技术，形成支持复合材料构件数字化制造的工具集，建立复合材料构件数字化生产车间与智能管控系统。形成的数字化制造工具集可以支持飞机复合材料构件的工程化生产，提高复合材料构件的成品质量。

智能管控系统是复合材料数字化成形车间运行控制中枢，基于工业控制网络和多线程技术，实现下料准备、复材铺放、固化成形、机械加工、表面喷涂等生产运行过程的智能化控制，主要包括作业智能化调度、物料配送、故障实时诊断、实时数据采集传输与处理等。

建立树脂基复合材料构件成形数字化车间，使树脂基复合材料构件生产过程中实现自动化下料、铺叠、编织与缝合、铆接、检测和涂装，通过关键过程的自动化或智能化控制避免或消除因人工操作导致的制造缺陷，大幅度提高生产效率和生产质量，降低制造成本，提升复合材料制造技术水平，解决复合材料大规模、低成本应用的技术瓶颈问题。

1.7.3　钣金成形数字化车间

针对蒙皮壁板、口盖舱门、宽弦空心叶片等零件，以数字模型为核心，突破以成形过程仿真分析为基础的智能化工艺决策、工艺参数优化及智能调整、成形过程在线监测及实时控制等关键技术，建立钣金成形数值分析、成形工艺自主决策处理、工件成形过程智能控制、产品质量实时监测系统。形成的生产系统可以支持钣金构件的工程化生产，提供工件成形精度和生产效率。

钣金成形数字化生产系统围绕典型件成形过程，以数字模型应用为基础，建立以下料、成形、切边为主体的数字化生产线，可以实现钣金件下料、成形、切边等过程的数字化控制，使钣金成形过程由传统手工分散操作转变为数字化集成控制。

1.7.4　数字化柔性装配生产系统

针对飞机机体的分段装配、整体对接过程，以实时测量系统、自动化设备、柔性化工装为基础，建立以自动物流输送为基础流水式装配生产系统，并在智能化节拍控制系统的支持下，实现机体装配过程的脉动式生产。

数字化柔性装配生产系统围绕机体结构装配过程，建立物流传输系统、物料供应系统、连接加工系统、定位协调系统、执行控制系统，采用数字化控制、智能化决策手段，协调装配过程的准确执行，满足航空产品高精度高效率装配要求。

1.7.5　数字化车间/工厂发展路线

数字化车间（工厂）的建设和发展将依据航空产品制造各不同专业特点和技术基础不同而分层次考虑。2020 年前，针对航空产品零件机械加工领域，形成完整的数字化运行平台，并在局部环节建立和完善智能化处理能力；针对钣金成形、复合材料构件制造、部件装配领域，则以完善数字化运行环境、工艺设计智能化决策为核心，实现关键设备或制造单元的数字化智能化控制；2020—2025 年，将实现典型产品的机械加工智能化生产车间（工厂）、钣金和复合材料构件生产系统的常态运行，建立移动式智能化装配生产线，实现航空产品设计制造过程的远程协同运行；2025 年以后，航空制造业重点企业的数字化车间（工厂）全面进入稳定运行状态。

1.8　保障条件

1. 建立基于网络的仿真与计算资源共享平台

多专业仿真设计平台是航空产品研制中的重要基础条件，由于目前缺乏统一的仿真设计工具，使得产品数据、仿真数据、试验数据的一致性和协同应用存在困难，必须首先建立仿真设计和计算资源共享平台，最大限度地应用现有数据，提高设计质量。

2. 建立网络化基础环境及标准体系

基于计算机网络的信息技术与工业技术深度融合是催生新工业革命产生和发展的直接要素，网络环境是航空制造业数字化智能化发展和应用中不可缺少的基础条件。对于航空制造业的工业化应用，网络环境应满足 4 个基本约束条件：信息安全、数据保密、实时交互、海量应用，重点要支持满足工业安全需求的车间工业控制总线、工业互联网、服务网络、云计算中心建设。针对智能化技术发展，在现有工艺技术、数字化技术基础上，建设智能制造技术标准体系。

3. 建设核心技术研发环境和平台

航空制造业数字化智能化制造技术的发展首先依赖于工业领域传感器、测量装置/系统、高性能工业控制器、仿真与交互系统、机械装备功能部件的成熟技术和产品，在此基础上，增加面向航空制造业的智能制造技术基础研究、航空科技重点实验室建设、工程技术中心建设等基础条件投入，补充先进的仪器、设备和厂房条件，增加智能制造领域研究资金的资助力度。建立完善的智能制造工艺装备、智能技术、系统集成方向的技术研发环境，以航空科技重点实验室、工程技术中心为主要平台，建立智能制造技术研究开发中心、示范应用中心，形成航空智能制造技术研发、工程化应用、完善提升的良性循环机制。

1.9　技术路线图

航空装备数字化、网络化、智能化创造技术路线如图 3.1.1 所示。

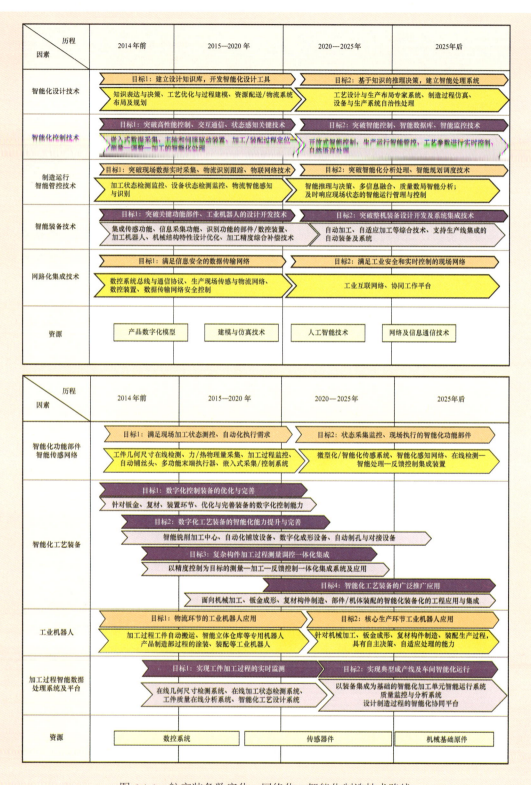

图 3.1.1　航空装备数字化、网络化、智能化制造技术路线

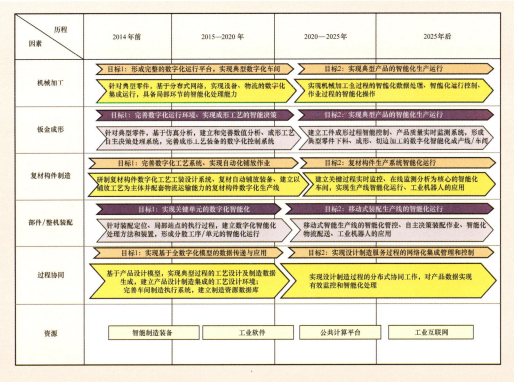

图 3.1.1 航空装备数字化、网络化、智能化制造技术路线（续）

第二章 船舶制造业数字化、网络化、智能化制造技术路线图

课题组成员名单

顾　问：张广钦　　黄平涛

组　长：吴有生

副组长：金东寒　　由淑敏　　李彦庆

成　员：闻雪友　　王衡元　　李　东　　陈映秋　　张信学　　赵　峰

　　　　谢　新　　安斌峰　　王锦琏　　聂丽娟　　罗季燕　　林宪东

　　　　杨焕志　　徐　淼　　曹友生　　胡安康　　严　俊　　汤　敏

　　　　马延德　　李百齐　　王洪琪　　吴登林　　张南林　　张恩国

　　　　李玩幽　　李升江　　王传荣　　赵俊杰　　曾晓光　　邢宏岩

　　　　曹　林　　郑礼建　　刘健奕

执笔组：李彦庆　　张信学　　谢　新　　王传荣　　赵俊杰

　　　　曾晓光　　邢宏岩

本章分析了我国船舶工业发展现状，剖析船舶行业数字化智能化制造的发展的总体实力。在全球信息化与制造业深度融合的发展背景下，结合我国船舶工业发展思路，围绕总装造船领域，提出了今后一段时期发展模块化造船、数字化造船、智能化造船、绿色造船的总装造船领域数字化智能化制造发展思路，围绕今后的发展需求，梳理提出了发展智能焊接机器人、智能涂装机器人等重大数字化智能化制造装备，加快建设分段建造数字化车间、绿色制造评价综合体系、基于厂域网的智能管理系统等数字化智能化制造关键系统，着力突破数字化智能化制造关键设计、建造技术、信息管理技术、运营管理技术和基础共性技术等重点工作。并提出了加快发展智能船厂、数字化车间、数字化智能化创新发展平台等工作建议，为相关部门立项支持提出方向。

在路线图编制过程中，充分采纳了各方面专家、学者的意见，对实现总装造船领域的数字化智能化发展途径和路线进行了充分地研究论证，以期研究成果能为政府部门、科研院所、企事业单位决策规划提供重要参考依据。

2.1 我国船舶工业发展概述

2.1.1 产业规模与实力

我国船舶制造工业自进入新世纪以来发展迅猛，产业规模已经达到世界第一。

1. 国际市场份额稳居前列

进入 21 世纪以来，我国船舶工业呈现了加速发展之势。2008 年中国造船完工量超越日本成为世界第二，2009 年新接与手持订单量均为世界第一，当年的全国造船完工量为 4243 万载重吨，同比增长 47%；2010 年造船三大指标全面超越韩国，成为世界第一造船大国，全年的造船完工量为 6560 万载重吨，2011 年，全国新船完工交付再创新纪录，达到 7696.1 万载重吨。受经济危机影响，2012 年，全国新船完工量出现下滑，但仍然达到 6021 万载重吨。

图 3.2.1　21 世纪以来我国历年新造船舶的完工量

（数据来源：中国船舶工业年鉴（2002—2012 年））

2013 年，新船成交量是连续两年下滑之后的首次上升，全球新船共成交 1.45 亿载重吨，同比上升 165%，为 2012 年全年订单总量的 2.65 倍。其中，中国承接了 6884 万载重吨，同比上升 232%，占全球新船成交量的 47.5%，稳居世界造船产量第一。

2. 工业总产值大幅上升

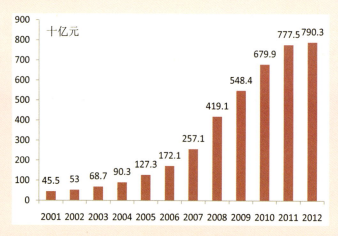

图 3.2.2　21 世纪以来船舶工业总产值

（数据来源：中国船舶工业年鉴（2002—2012））

自 21 世纪以来，船舶工业总产值持续上升。2009 年，全国规模以上船舶工业企业完成工业总产值 5484 亿元，同比增长 28.7%。2010 年增长到 6799 亿元，2011 年达到 7706.7 亿元。2012 年全国船舶工业企业完成工业总产值 7903 亿元，同比增长 3.4%。2013 年，我国规模以上船舶工业企业实现营业收入 6820.4 亿元，同比下降 5.5%。其中，船舶制造企业 4676.5 亿元，船舶配套企业 1036.5 亿元，船舶修理企业 255.7 亿元。

3. 船舶出口规模迅速扩大

近年来，我国在符合国际新公约新规范新标准的新船型研发上取得重大进展。在大型散货船、超大型矿砂船、超大型油船等领域形成了一批技术经济指标先进的节能环保船型，日均油耗普遍下降 20% 左右，受到国际市场青睐。2009 年，全国船舶出口 3438 万载重吨，占全国总完工吨位的 73.9%。2010 年，船舶出口为 5300 万载重吨，占总完工量的 80.8%。2011 年，船舶出口为 6255 万载重吨，占全国总完工量的 80.3%。2012 年，船舶出口为 4949 万载重吨，占全国总完工量的 82.2%，出口规模不断增大。2013 年我国散货船、油船和集装箱船三大主流船型手持订单市场份额为 56.7%、38.8% 和 36.4%，均位居世界前列。17 万方级大型 LNG 船、万箱级以上集装箱船等高技术船型研制取得突破，并实现批量承接出口订单。2013 年我国承接 8000 箱级集装箱船 64 艘，占世界市场 40% 以上的份额。

2.1.2 产业在国际国内所处的地位

船舶工业是为水上交通、海洋开发和国防建设等行业提供技术装备的现代综合性产业，也是劳动、资金、技术密集型产业，对机电、钢铁、化工、航运、海洋资源勘采等上、下游产业发展具有较强带动作用，对促进劳动力就业、发展出口贸易和保障海防安全意义重大。我国劳动力资源丰富，工业和科研体系健全，产业发展基础稳固，拥有适宜造船的漫长海岸线，发展船舶工业具有较强的比较优势。同时，我国对外贸易的迅速增长，也为船舶制造业提供了较好的发展机遇。我国船舶制造业从起步之初就走了一条国际化的道路，产品面向国际市场，直接参与国际竞争，是我国最早走向世界的装备制造业之一。经过几十年的发展，我国船舶工业成就巨大，经济规模迅速扩大，技术实力不断增强。

两大造船集团为中国船舶重工集团公司、中国船舶工业集团公司下属的造船企业，如大连船舶重工、上海外高桥等，以及一些主要的大型民营造船企业已经建立起以中间产品组织生产为基本特征的总装造船模式。造船集成系统和精益制造技术广泛应用，主流船型造船周期接近或达到国际先进水平，生产效率由目前的 20～40 修正总吨/人·年提高到 100 修正总吨/人·年以上，与日本、韩国的差距明显缩小。建造周期持续缩短，如三大主流船型平均周期基本在 10 个月以内。大连船舶重工 VLCC 水下周期达到 38 天。4250TEU 集装箱船水下周期缩短到 34 天。

当前，世界船舶制造业发展形成了"欧美"、"日韩"和"中国"新三极。欧美处于船舶制造产业链的高端，以高端产品研发设计和技术创新为制胜点，投入产出比不断提高。欧洲掌握着船舶制造装备的关键核心技术和标准制定的话语权，拥有高端的品牌优势和完备的服务体系，特别是主导着世界船舶配套核心技术的发展。成套装备方面，以豪华游船、客滚船、特种工程船等高附加值船舶为主要产品。日韩在设计、制造、营销、配套装备等方面表现了超强的综合能力,特别是在总装制造方面已经具有了强大的实力,随着相关技术和管理经验不断成熟,建造效率大大提高,产品结构不断优化。目前韩国主要船厂已完成产品结构向高端的转移,并开始逐步涉足高端装备的研发设计。

中国在产业规模上已经成为世界大国,正在向强国迈进的过程当中。近 10 年内,中国的船舶研发能力显著增强,具有设计制造大多数船型的能力,生产效率也大幅提高。然而,中国目前面临着总装造船产能严重过剩、船舶产业资源过于分散,集中度低等问题,且仍处于中低端产品总装建造阶段,设计研发能力薄弱,高端设备建造力量不足。中国海洋运输装备产业实现由大到强的转变,急需产业升级。

2.1.3　数字化、智能化制造的重点领域

数字化智能化是信息技术与制造业的深度融合,是实现产品全面创新升级的关键因素。其主要体现在智能制造装备和智能产品两个方面。数字化智能化制造装备是加快发展高端制造业的有力工具,是实现传统产业工业能力升级的重要手段,能帮助企业逐步构筑技术壁垒,保持核心竞争力。智能产品则是技术价值的外在表现,能够帮助企业抢占未来市场。

在船舶领域,通过信息化技术的应用,实现船舶的智能操作、监控成为重要趋势。近年来,基础共性技术研究向极端、非线性,以及复杂环境领域发展,其中在非线性水动力学、结构物非线性动力响应机理及数值方法研究、高速水下航行体复杂流动机理研究、基于 CFD 的数值模拟理论与方法研究、船舶与海洋结构物安全性与风险研究、船舶与海洋结构物数字化虚拟设计与制造理论及方法研究等关键领域都取得了重要进展,同时船舶与海洋结构物先进动力装置系统研究也不断向大型化、高参数密度、集成化、模块化、数字化和智能化、远程控制,以及可靠性高、维修(护)方便、环保和安全方向发展。为实现韩国造船产业革命式的飞跃,2010 年 3 月,韩国在"造船产业中长期发展战略规划"中明确提出,2015 年之前推出与信息化技术相结合的新一代"智能型船舶",将信息技术融入船舶建造、航行和运营管理过程中,实现造船产业向智能型转轨。目前,集导航、控制、监视和通信于一体的新一代智能综合船桥系统已成为远洋船舶典型的必备装备之一,并进一步朝着船舶全自动化无人驾驶和智能化方向发展。在海工领域,大型海洋平台能够在大风大浪中岿然不动,靠的是平台底部的 8 个电推进器,即智能化动力定位系统,可自动在 8 个方向上进行角度和推力调整,保证平台稳定而顺利作业。

在智能制造方面,应用"机器人"进行船舶建造将给船企带来革命性变化。为适应恶劣的条件和苛刻的生产环境,提高产品的精度和质量,国外发达国家把机器人技术放在船舶建造科技发展战略中最优先的位置。日本一些先进造船企业应用焊接机器人取得了明显成效,焊接机器人化率达到了 16%,其中小合拢达到 24.6%,平行舯体合拢达到了 14.5%。

韩国现代重工利用"3D 智能质量控制系统"进行 FPSO 建造，提高建造精度。该系统利用 3D 扫描仪建立海工装备结构的立体图像，与现有光波测距功能与先进的信息化技术结合起来，自动与 3D 设计图校对并分析错误。通过使用该系统每个海工装备结构的误差测量由原来的 10 小时降低到目前的 2 小时，大大提升了盈利空间。

2.2　数字化、网络化、智能化制造基础

2.2.1　发展中取得的进步

目前，数字化、信息化技术呈现快速发展，对经济社会发展产生了巨大的、深远的影响。随着我国船舶制造业的不断发展，在船舶设计、建造、营销、企业管理及基础设施建设等方面，数字化信息化技术都得到了不同程度的发展和应用。

1.　船舶设计数字化水平不断提高

目前国内大中型企业计算机辅助设计工具普及率较高，TRIBON、CADS5 已成为中船重工集团公司船舶设计的两大主力软件；设备制造企业和设备研制科研院所的 CAD、CAE 应用十分广泛，实现了无图板设计。部分企业通过二次开发，实现了产品三维设计和数字化模拟仿真。开发了一系列船舶 CAD 集成设计系统、船型数据库系统、数字化集成设计环境及系统、设计/试验/制造一体化集成系统等具有自主知识产权的软件系统，初步建成了并行、协同、集成的船舶数字化设计工作环境，自主研发了 SHIDS、PRDS、CabinNoise 等自研软件，已在造船企业、设计研究院所、高校等船舶设计中得到应用。

2.　船舶建造数字化智能化应用不断深入

船舶制造工艺设计平台取得较快发展，CAM、CAPP 得到了广泛应用，一些企业通过 PCS、MES、DNC 实现了数控机床联网，以及关键零部件生产线数控设备的机床监控系统，实现了网络的高效传输和机床状态信息的采集、监控，初步开展了部门管理与车间作业控制间的数据交换和信息沟通。关键工艺流程数控化率达 20%～30%，部分企业还购置了数控加工中心，各船厂普遍建立了自动化平面分段生产线，工业机器人、3D 打印技术逐步走进企业，并发挥越来越重要的作用，一些企业还通过自主研发自动化设备并取得了重要成果，自主研制了数控弯管机和数控管子加工流水线，突破了激光划线标志、射频标

志等工程应用的关键技术，并在造船过程中得到了应用。借鉴韩国等国家的经验，开发了全自动套料系统和船体外板水火加工自动化系统，并已形成了比较完整的船体自动设计系统和舾装自动设计系统，在实船设计中发挥了显著的作用。

在先进工艺和工装技术研发方面，成功研制了国内首套船舶三位数控弯板机，首次将"自动化"引入整个船体外板加工环节，造船效率显著提高；FCB焊接技术获得美国船级社认可，该技术利用单丝自动埋弧焊机单面焊达到双面成型的效果，克服了大型分段进行双面焊接引发的翻身、起重等突出难题。中国船舶重工集团公司开发了具备我国自主知识产权的船体、舾装、电气三个专业的设计软件包，目前已在新港、北海、黄埔、山海关、川东等国内七家船厂得到应用推广；自动化生产线设计制造上在国内有较大的影响力，并形成了一定规模的科技产业。

3．企业综合信息化管理水平大幅提升

随着信息化技术的快速发展，我国船舶工业企业生产信息化综合管理手段逐步建立，信息化水平有较大的提高。以企业资源计划（ERP）系统为代表的综合管理信息系统得到普及应用。生产设计管理、工程计划管理、工时物量管理、生产设备管理、生产场地管理、人力资源管理、质量管理、成本管理、企业生产物流管理、物资管理、财务管理、外协管理、能源管理、技术文档管理、客户关系管理、企业决策支持管理等方面的信息化管理水平有很大程度的提高。尤其是以CIMS软件为代表的生产计划管理软件在各大船厂实现普及应用。

CIMS软件以生产计划为主线，带动设计、物流部分的实现，并将设计、生产、物流高度集成在一起。以自动化技术、信息技术和造船技术为基础，通过计算机及其软件，将造船订货、船型试验、船舶设计、船舶建造交船后服务等管理过程进行自动化管理，形成总体高效率、高柔性的智能系统。利用CIMS系统可以制订船体建造的日常计划，同时实现日反馈，通过现代化管理软件，已经实现对生产流程的全程管控。

以中国船舶重工集团公司为例，在管理平台上，下属大中型企业ERP普及率达到了90%，财务管理计算机普及率达100%，重点企业通过引进使用CIMS系统，实现了计算机信息化集成管理。一些企业自主开发了具备自主知识产权的企业资源管理EISE系统，并进行了区域工程验证，初步具备了大型复杂系统的规划、设计、开发与实施能力。

4．生产制造基础设施能力布局完善

金融危机爆发后，我国造船业在新船需求大幅下跌的严峻形势下保持了持续稳定发展。2010年造船完工量、新接订单量、手持订单量三大造船指标全面超过韩国，成为世界第一造船大国。2013年我国船舶完工4534万载重吨，新接订单6984万载重吨，手持订单1.31亿载重吨，占世界市场份额分别为41.4%、47.9%和45.9%，连续四年保持世界

第一。2013 年我国散货船、油船和集装箱船三大主流船型手持订单市场份额为 56.7%、38.8%和36.4%，均位居世界前列。船舶建造基础设施实力雄厚，截至 2013 年底，我国已投产的 1 万吨以上的船坞（台）共计 553 座，其中，造船用船坞（台）498 座，修船用船坞 55 座。大型船坞（台）中，50 万吨级造船坞 7 座，30 万吨级造船坞 30 座，10～25 万吨级造船坞（台）30 座；万吨级以上修船干船坞 22 座，其中 30 万吨级 7 座，10～20 万吨级 10 座；万吨级以上修船浮船坞 33 座，其中 3 万吨以上举力 17 座，最大举力达到 8.5 万吨。船舶制造基础设施的完善布局，强力支撑了我国船舶制造业的发展。

信息技术与造船技术进一步融合发展，先进制造技术得到推广应用，造船设计、制造、管理一体化的数字平台项目进展顺利，建立了船舶在船台建造定位的全船坐标系，确立了使用全站仪测量定位基准点；国产精度造船软件系统通过验收，该系统涵盖了统一数据管理和交换、全三维的分段精度处理、总段精度处理、模拟搭载、统计分析、搭载变形预测方法等六大功能，为实现精度造船、数字化造船提供了技术保障。

2.2.2　存在的主要问题

1. 船舶数字化设计支撑能力有待提升

目前，在船舶设计阶段一体化技术方面，国内船厂设计阶段间信息集成少，实施三维到二维再到三维的设计方式，重复工作多。详细设计与生产设计间协调性差，新船型详细设计完整性不高，后期修改面和修改量较大，为后期工作带来困难。在三维快速建模技术方面，目前全三维数字化设计、基于原理图的手工三维建模，仅在部分零部件设计中得到初步应用，工艺、管理等信息还无法实现自动化添加，只能通过手工添加，另外，零部件数据库建立还不完整，仅初步建立了部分零部件数据库。

在自动设计出图技术方面，骨干企业基本实现装配图自动出图、自动套料，但需进一步深化；骨干企业基本实现舾装制作图自动出图，未实现安装图自动出图。在设计与施工的无缝衔接方面，仅部分切割指令实现网络直接传递，未实现现场作业三维可视化指导，设计差错较多、施工废返率高。

2. 船舶数字化、智能化建造水平亟待提高

我国船体的高效建造工艺与技术方面还需要进一步发展，在装备自动化、智能化程度等方面与国外先进水平还存在差距。部件装配在平台上手工作业、部分采用高效焊，机械化、自动化方面差距很大。平面分段装配、焊接流水线、局部留余量，人工干预较多，自动化程度及效率偏低。曲面分段可调胎架装焊、留有余量，自动化装备、集成化管理等方面差距较大。外板作业自动化程度高，特殊作业区域/对象程度低，辅助工装少，在装备自动化、智能化，工装高效化等方面存在差距。

（1）在舾装单元，标准化、模块舾装技术应用较少，虽然已实现了由计算机处理管件加工数据，采用管件生产线和使用法兰焊接机器人等数字化建造技术与设备，但在自动化装备、集成制造能力方面还与国外有较大的差距，目前多是现场手工作业，工时、材料消耗大。

（2）在涂装方面，已采用遥控喷砂机、环保涂装房、高压、无气喷涂工艺、特涂设备、漆膜厚度精密检测仪器等高效工艺与装备技术，但是在自动化、精益化、无人化涂装方面还存在许多发展空间。

（3）在造船模式方面，我国造船行业的整体水平大致处于国外 20 世纪 90 年代中期水平，由传统的"分段制造"向"分道建造"过渡阶段，对于曲面分段的建造，仍普遍采用模块化的固定工位生产模式，以手工作业为主。而日本等造船先进国家船企目前已在部分建造环节实现了自动化装备的应用。

（4）在自动焊接方面，船舶分段焊接对于造船业来说具有非常重要的意义和商业价值，但国内对此的相关研发和生产上起步较晚。从最早的国外引进到自主开发，目前我国几乎所有大中型船厂都设有平面分段流水线，能够满足平板拼接、构件角接等焊接自动化的要求。近年来，国内某些智能装备制造企业，正着手研发曲面拼板工位的机器人焊接装备，但由于核心部件缺乏、技术水平落后等技术原因，该装备仅能实现单工位单功能，对于多分段焊接，如对于平面分段的板架装焊工位、由肋板和纵桁构架分割成的多个"井"字形结构的水平和垂直角焊缝、曲面外板的拼接和骨架装焊、曲面板架的装焊仍难以实现焊接自动化。在人机交互、智能焊缝检测传感器研发、焊接任务自动化识别、分配和规划等方面的技术研究还有待深入。

3. 船舶精益化建造管理实力有待加强

随着我国船舶工业的快速发展，建立并完善了总装建造体系，制造技术水平不断提升，与日韩船厂的差距逐步缩小，信息技术逐步应用于船舶和海洋工程装备的建造过程中，大量的新工艺、新技术不断开发和应用，使产品建造周期不断缩短，建造成本逐步降低。集成智能制造技术逐渐被重视。

目前，船舶平面分段流水线自动化集成制造技术已在我国得到应用，但船舶曲面分段建造仍是以手工作业方式为主，操作者按照依据经验制定的阶段计划组织生产，调度混乱且随意性大，生产周期长，因手工焊接无法实现无缝焊接，导致船舶建造生产效率和质量水平极低，且生产环境恶劣，尤其是手工焊接施工阶段的烟尘给环境造成很大污染。与日韩等国相比，我国船舶工业大而不强，主要是自主创新能力不强，生产效率和管理水平较低，船舶配套装备制造业发展滞后。

（1）在虚拟建造方面，我国骨干船舶建造企业基本解决设计模型虚拟仿真评估，但应用不广、深度不足，制造过程虚拟仿真处于起步阶段，中间产品物流虚拟仿真优化处于起步阶段，设计制造虚拟仿真技术还存在较大差距。在设计、制造、管理一体化管理技术方面，骨干企业基本实现设计、生产、物资等主要业务集成管理，在使用范围（模块数量）、应用深度、各系统间的数据交换与复用等方面存在一定差距，尚未实现产品全生命周期管理。

（2）在智能化船厂设计方面，车间制造信息集成技术还未实现重大突破，总体处于起步阶段，车间综合管理能力不足，主要依靠人员经验。智能船厂的顶层架构设计能力还有待提升，尚未构建基于物联网技术的厂域高速通信网络，资源实时管控仅在局部领域应用，关键系统管理软件还存在确实，智能决策支持手段匮乏，生产管理决策还是依靠人员经验，未实现智能化突破。

2.3　数字化、网络化、智能化制造需求

船舶制造是一项庞大的系统工程，需要大量的人力、物力。当前，我们国家已经进入了新的发展时期。在这个阶段，要实现船舶制造产业的快速发展，提升船舶制造业的科技发展水平，增强船舶工业的可持续发展潜力，加快促进我国经济发展方式的转变，最根本的就是要依靠科技力量，以数字化、智能化为主线，提升产品、制造等环节的科技水平，实现设计、制造、产品、运行、管理等全流程的数字化智能化。

船舶制造业对数字化智能化制造装备、生产线、数字化车间的需求是系统的、巨大的，需要通过一系列的关键技术攻关，建设建成一系列的数字化车间或生产线，通过开发、设计、生产和应用数字化智能化重大智能制造装备，并在船舶制造业中得到广泛应用，才能够实现我国从船舶制造大国向船舶制造强国的升级转变。

通过调查问卷和专家座谈等方式，对我国船舶制造业数字化智能化制造发展需求方面的问题进行了统计，结果表明：实现船舶制造业的数字化智能化制造发展，对模块化造船、绿色造船、数字化造船和智能化造船存在大量的需求，在模块化、精益化造船装备、船舶绿色设计与建造、船舶设计建造的数字化与智能化方面存在巨大的需求。

2.3.1　模块化造船

在总段建造的基础上，同时扩大预舾装和涂装的范围，使总段内的舾装完整性达到前所未有的程度，即除接口位置外，内部的壳、舾、涂工作接近全部完成状态，形成了模块。当整条船舶是由这些模块合拢而成时，就实现了模块化造船，使船厂真正成为总装企业。

模块化造船将是引领船舶制造模式发展的大趋势。主要发达国家船舶制造普遍采用壳舾涂一体化集成制造模式，并向模块化建造过渡。美国、俄罗斯、英国、德国、日本、法国等国家在模块化造船应用方面取得了令人瞩目的成绩。英国最新的 45 型驱逐舰由 BAE 系统公司总包，分为 6 个总段在不同船厂建造。桅杆和烟囱，以及其他船身以上部分，也都相应在不同船厂建造，最后选择一个总装厂组装。美国"弗吉尼亚"号潜艇制造也采用模块化造船技术。德国 MEKO 技术（多用途标准组合设计）和美国的 SEAMOD 技术（模块化实施海上系统的现代化改装）则是模块化造船技术的典型代表。

2.3.2 数字化造船

狭义的数字化制造是指将数字化技术用于产品的制造过程，通过信息建模和信息处理来改进制造过程，提高制造效率和产品质量，降低制造成本所涉及的一系列活动的总称。广义的数字化制造是指将信息技术用于产品设计、制造，以及管理等产品生命周期中，已达到提高制造效率和质量、降低制造成本、实现敏捷响应市场的目的所涉及一系列活动的总称。数字化制造就是指制造领域的数字化，它是制造技术、计算机技术、网络技术与管理科学的交叉、融合、发展与应用的结果，也是制造企业、制造系统与生产过程、生产系统不断实现数字化的必然趋势，其内涵包括三个层面：以设计为中心的数字化制造技术、以控制为中心的数字化制造技术、以管理为中心的数字化控制技术。

造船业从 20 世纪中叶引入计算机技术以来，计算机技术与造船过程的融合达到了密不可分的程度。尽管各造船企业普遍达到了计算机应用"两甩"的水平，但随着新一代信息技术的问世，数字信息技术将会更快、更全面地融入造船业。数字化造船将有更新、更广泛的内涵。尽快掌控和应用新一代信息技术，是缩小我国与日本、韩国等造船技术水平差距的最有效手段。以新一代信息技术为基础的，以全面构建数字船厂为目标的具有全新内涵的数字化造船技术是当今船舶工业制造技术发展的大趋势。

2.3.3 智能化造船

进入 21 世纪以来，发达国家致力于将高新技术的重点和科技发展的热点转向智能化制造技术领域。当物与物之间的交流无需人来干预时，就是智能化的体现。智能化制造技术将促进传统意义上的机械加工技术转变为集机械、电子、材料、信息和管理等诸多技术于一体的先进制造技术。船舶工业也在加速用智能化制造技术改造和提升船舶制造业，实现船舶制造业的高技术化。一方面体现在制造装备的高精度、高效与智能化，应用信息技术大幅提高制造装备的精度与效率，并实现自动化与智能化，另一方面制造的网络化与柔性化，高性能计算机和高速通信网络组建公共计算平台，平台间建立数据接口，建立统的数据标准，采用标准化和开放式体系结构，将分散的出不同地区人员开展模块化设计数据统一传送至中央处理中心，开展系统集成和数据分析及反馈，高效地开展虚拟设计、虚拟建造。围绕个性化的建造方案，由数据平台开展智能化分析，提出最佳设计方案及建造方案，选择最优建造设施及配套设备，缩短建造周期，节约建造费用，最大限度地提高建造效率和质量。

日本、韩国等发达国家在自动化、智能化方面开展了深入的研究和应用，加工、焊接高度自动化、智能化。在焊接方面已从最初的船体对接焊自动化、角焊自动化向复杂区域内机器人焊接方面发展，有效提高作业质量和效率，降低人力成本。韩国开始应用智能焊接系统（SWIS），这是一个结合智能传感器进行测量焊接质量、时间、材料消耗的系统，使得可以在办公室利用信息管理系统监控建造现场，而无须到达现场。工作方式为当一个焊接工人接触焊接机，现场相关的安装工作数量将通过无线电进行实时传输，通过智能系统，一个管理者便能监督现场工作和生产过程、质量状况、设备故障等。此外，个人所使用的电压和电流绘成一个图，有助于清楚地分析出质量问题，大大地降低成本和检查所需时间。结果显示，与其他生产基地相比，工作误差降低了 55%。

2.3.4 绿色化造船

在倡导低碳经济和航运市场低迷的今天，绿色船舶已成为船舶工业迫切转变经济发展方式的推动力，船舶工业正在经历由传统船舶技术向绿色船舶技术和环保节能技术的悄然升级。

"绿色"概念是从船舶的设计建造开始，贯穿其营运乃至船舶被拆解的整个生命周期，而国际海事法规、公约和规则的制定和升级构成了"绿色"概念标准体系的底线，也引导着绿色船舶的演变轨迹。从目前情况来看，国际海事对船舶对海洋环境污染的控制不仅仅局限在传统的油类、操作废弃物，而且扩展到压载水的排放、气体排放物（SO_x、NO_x）的控制、石棉制品的使用限制，以及船舶退役后船体和组件都能拆解利用等。在欧洲和美洲还设定了针对 SO_x 排放限制区域（ECA），对船舶的减排提出了更高的要求，这些要求进一步催生了船舶"绿色化"升级换代。

当前，船舶绿色理念进入到一个更高的层次，目标型新造船标准、船舶涂层性能标准、压载水管理公约、香港公约（即《2009 年船舶安全与环境无害化回收再利用香港国际公约》）也已陆续出台和实施。IMO 在不断完善控制船舶防污染公约和标准的同时，近年来将工作重心转移到了节能减排、提高船舶能效方面，如新船能效设计指数（EEDI）、船舶能效管理计划（SEEMP）、能效营运指数（EEOI）等。

2.4　发展思路与目标

　　立足当前，着眼长远，以保障支撑国家经济社会发展为宗旨，以提高发展质量和效益为中心，以加快促进船舶工业结构调整转型升级为主线，以强化自主创新驱动发展为主题，不断推进信息通信技术与制造业深度融合，适应国际船舶与海洋装备技术发展新趋势新要求，不断夯实装备发展的基础能力，以发展绿色化、智能化、高端化重大装备为突破口，不断推断模块化造船、数字化造船、智能化造船和绿色化造船，逐步提高我国船舶工业可持续发展能力，不断提升产业发展国际竞争力，推动我国向世界造船强国目标迈进。

　　到 2020 年，三大主力船舶研发设计技术达到国际先进水平，总装建造技术达到国际先进水平，船舶制造质量达到或接近国际先进水平，形成一批具有国际竞争力的品牌产品、标准产品和系列产品。初步建立数字化、智能化、绿色化研发设计制造体系。

　　到 2025 年，主力船舶研发设计技术实现国际领先，总装建造技术达到国际前列，船舶制造跻身国际质量顶级阵营，形成若干自主知识产权的国际知名品牌。新材料、新技术实现大范围推广应用，建成完备的数字化、智能化、绿色化技术标准体系，全面建成数字化、智能化、绿色化设计制造体系。

2.5　重大智能制造装备

2.5.1　智能焊接机器人

　　船体结构焊接要求焊工有熟练的操作技能、丰富的实践经验和稳定的焊接水平，而且造船焊接具有劳动环境差、烟尘多、热辐射大、危险性高等特点。因此，焊接机器人是高效绿色焊接的重点发展方向。船舶焊接占总建造工作量的 45% 以上，手工焊、埋弧自动焊及气体保护焊等焊接工艺已延续近 50 年，已难以满足船舶建造中对高质量的需求，随着激光技术的发展，激光与电弧复合焊以其高效率、低成本、高精密、低变形等技术优势，已逐步成为船舶建造领域的关键焊接技术。开发研制智能激光焊接机器人，解决机器臂、激光源等关键技术难题，并在耐压体厚板结构及非耐压薄板结构焊接中进行推广应用，可以较好地解决船体焊接过程中出现的变形问题，提高焊接精度及焊接效率。

（1）在装备设计技术上，重点发展高精密度大承载移动结构的设计与加工，复杂机械结构的调制与组装等相关技术，实现针对大型船舶焊接的装备总体结构设计和实现，解决大型船舶分段焊接机器人装备的设计问题。

（2）在人工智能技术上，逐步发展工作状态的 3D 展示，图样认知，现实工作场景与目标的识别，工作任务的最优规划等相关智能化技术，提升整个大型船舶分段焊接机器人的环境和信息感知能力，实现自动化离线示教，提高整个装备的可用性和易用性。

（3）在运动控制技术上，逐步发展多于十五轴的机器人同步控制器的实现技术，多冗余状态下的机器人空间姿态解算，多机器人协同工作的控制，运动控制的精度保证等相关自动化技术，提升大型船舶分段焊接机器人作业的执行能力，实现阵列化机器人的最优控制，提高整个装备的自动化水平。

（4）在智能焊接技术上，发展船舶焊接工艺专家数据库、焊缝识别与跟踪装置、焊接质量的实时控制等相关焊接技术，提升大型船舶分段焊接机器人作业的质量，实现机器人焊接的质量监控与实时修正，解决工艺稳定性问题，提高整个装备工作的质量水平。

到 2020 年前，针对船舶分段焊接的自动化需要，开展高精密度大承载移动结构的设计与加工、复杂机械结构的调制与组装、工作状态的 3D 展示、图样认知、多于十五轴的机器人同步控制器的实现技术、多冗余状态下的机器人空间姿态解算、船舶焊接工艺专家数据库、焊缝识别与跟踪装置等方面的研究，突破机器人位置传感技术、机器人控制技术、电弧跟踪技术、不同焊缝位置、坡口自适应技术、双壳分段机器人柔性焊接工作站、船舶设计数据库与焊接机器人之间的接口等关键技术，形成船舶分段制造的数字化能力，初步实现智能焊接机器人发展基础。

到 2025 年前，针对船舶分段焊接的智能化需要，开展现实工作场景与目标的识别、工作任务的最优规划、多机器人协同工作的控制、运动控制的精度保证、焊接质量的实时控制等方面的研究，全面掌握智能焊接机器人的设计、制造等关键技术，拥有智能焊接机器人产业化发展能力，已实现实船建造应用，形成船舶分段制造的智能化与敏捷能力，支撑分段焊接数字化车间的建立。

2.5.2 智能涂装机器人

喷涂机器人具有柔性大、工作范围大和涂料利用率高，以及可离线编程、易于操作和维护等优点。针对船舶全生命周期的防腐和涂装需求，系统全面地整合决策、设计、供应、建造、使用、管理等部门的要求和条件，基本解决贯穿船舶建造全过程的涂装作业专用机器人，实现涂装过程的全机械化和自动化。

针对船舶涂装的自动化需求，在喷涂工业机器人和移动机器人的结构设计与实现工作、多轴运动控制工作的基础上，在 2025 年前，突破先进的离线示教技术、智能涂装技术、多机器人协调控制技术、涂装质量在线检测技术，建设高效的以机器人自动化涂装装备为核心的大型船舶涂装数字化车间，解决当前船舶涂装操作烦琐困难，涂装质量不高，生产效率低的问题，不断提高船舶制造中的涂装自动化能力。

（1）在离线示教技术上，发展工作状态的 3D 展示、图样认知、现实工作场景与目标的识别、工作路径的最优规划等相关智能化技术，提升整个大型船舶涂装机器人的环境和信息感知能力，实现自动化离线示教，提高整个装备的可用性和易用性。

（2）在智能涂装技术上，发展船舶涂装工艺专家数据库、船体钢表面智能处理装置、涂装质量实时控制等相关船舶涂装技术，提升大型船舶涂装机器人作业的质量，解决工艺稳定性问题，提高整个装备工作的质量水平。

在多机器人协调控制技术上，发展多于十五轴的机器人同步控制器的实现技术，多机器人协同工作的控制等相关自动化技术，提升大型船舶涂装机器人作业的执行能力，实现阵列化机器人的最优控制，提高整个装备的效率水平。

在涂装质量在线检测技术上，发展用于船舶除锈除污自动检测传感技术和喷漆干膜厚度自动检测传感技术，并将相关检测数据自动上传到上层的信息系统，实现机器人除锈除污和涂装的质量监控与实时修正，提高整个装备的智能化水平。

到 2020 年前，针对船舶制造过程中分段、船台合拢等大型非标结构件制造中外表面涂装问题，开展以机器人为核心的船舶外表面全自主涂装自动化装备、涂装质量在线检测系统、涂装工艺包、涂装数字化设计和管理系统等方面的研究，形成船舶外表面结构件涂装的无人化或少人化能力，支撑船舶涂装智能制造领域的核心装备的研制。

到 2025 年前，针对船舶制造过程中曲面分段、平面分段等大型非标结构件制造中的舱内钢结构表面涂装问题，研制以机器人为核心的船舶分段全自主涂装自动化装备、分段涂装工艺包，结合已研制的涂装质量检测系统与涂装数字化设计和管理系统，集成应用先进的制造技术和制造模式，建设船舶分段涂装数字化车间，实现对船舶分段结构件涂装的无人化或少人化要求，提高整个船舶分段涂装的工作效率和质量，提升我国造船企业的综合竞争能力。

2.6 关键系统

2.6.1 分段建造数字化车间

现代船舶及海洋工程制造模式主要是分段制造，建设分段制造数字化车间是智能化的最有效途径，可以使分段精度合格率达到 95% 以上；分段建造效率提高 30% 以上；生产过程能源消耗降低 5% 以上；车间能耗降低 10% 以上；工时物量统计精度提高 32% 以上；关键设备数控化率达到 90%；设备有效利用率提高 30% 以上；满足高技术船舶及海洋工程建造需求。

分段制造数字化车间包括研发设计数字化、物流集配与实时跟踪智能化与信息化、生产过程实时监控数字化与信息化、分段制造及焊接柔性化与智能化、高精度切割数字化、制造焊接装备自动化与智能化、产品质量信息全过程跟踪与追溯信息化、设备故障自动预警、生产车间管控管理信息化等。

到 2020 年前，主要研究数据融合技术和各系统集成接口技术；重点解决涂装自动化装备、涂装质量在线检测系统、涂装工艺包、涂装数字化设计和管理系统如何有效集成的技术问题。分段建造数字化车间建设关键技术实现突破，建成一批示范性车间。

到 2025 年前，主要研究集成应用先进的制造技术和制造模式，建设船舶涂装数字化车间，实现对船舶结构件涂装的无人化或少人化要求，提高整个船舶涂装的工作效率和质量，提升我国造船企业的综合竞争能力。完善建立分段建造数字化车间建造标准体系，建成一批具有国际先进技术水平的数字化车间，形成几家典型的分段建造数字化船厂，数字化建造水平达到国际领先水平。

2.6.2　绿色制造综合评价系统

绿色造船生产需要解决的主要问题在于提高切割、焊接、涂装过程中的资源利用效率和控制生产过程中产生的烟尘与有毒有害气体。建立绿色造船评价体系，可以为客观准确地评价企业应用绿色造船技术程度，促进企业不断改进产品设计、制造工艺，提高产品及其制造过程的绿色程度提供依据。绿色造船评价指标的制定应遵循有利于资源、能源的综合利用，有利于生态环境的有效保护，有利于生产效率的提高，有利于安全生产。

绿色造船评价指标系统应包含环境性、资源性、能源性、安全性、适用性和经济性等具体评价指标，如船舶全寿命周期节能减排技术应用经济效益分析评价体系，船舶产品绿色性能及建造节能减排效果评价体系，绿色船舶产品经济性比较分析、评价体系，船舶制造工艺绿色化程度评价体系等。

到 2020 年前，建立绿色造船关键共性技术体系，将节能减排技术覆盖船舶建造的关键过程。通过船体结构优化设计、进一步消除冗余功能、扩大高强度钢及轻质工程材料的应用比率，使空船重量在现有的基础上下降 3～5 个百分点。

到 2025 年前，通过精度管理、混合套料、变余料调用为零件调用、不定尺订货、余料管理等技术创新活动，不断优化后续船的钢材订货清单，企业的钢材利用率达到 95%。通过综合业务流程再造、精益化生产管理，企业的成本、库存进一步下降，场地和设备的利用率进一步上升，造船周期进一步缩短，产量进一步扩大，充分体现管理对节能减排的贡献率。

2.6.3 基于厂域网的智能管理系统

初步实施将以分段物流、安全生产等重点领域开展系统研发，实现局部技术打通。以船体分段生产为例，融合 RFID 无线射频技术及其采集技术、GPS 信息获取技术、车辆运行状况监控传感器技术、PDA 信息采集技术（GPS、拍照、填写信息、工卡扫描、RFID 信息获取）、信息回传服务器技术（特别是广域网与局域网安全信息交换）、基于地图的 GIS 信息可视化呈现技术（主题切换，自动刷新等）等关键技术。实现分段在厂区内的存储位置管理、分段物流过程的跟踪控制、分段运输设备（平板车）的使用过程管理与利用率情况分析、运输设备驾驶数据记录与问题分析、分段储运中场地安全检查管理，以及可视化远程查询与管理。

到 2020 年前，应用物联网技术在企业内构建全网络覆盖的厂域网，建立各类设备、中间产品（如分段、托盘等）信息识别与编码体系，结合数字化、智能化数据分析处理技术，对企业生产过程中各类信息进行实时采集、分析与处理，提高企业生产管理水平和效率，逐步构建造船企业虚拟网络-实体物理系统，为实现智能船厂提供必要手段。

到 2025 年前，完善建立基于大数据、物联网的企业内部生产建造全流程的智能管理系统，支撑建立一批实现物流、人流、资金流等协调控制的智能化工厂。

2.7 关键技术

2.7.1 关键设计技术

1. 船型数字化优化设计仿真技术

发展 CFD 船型优化及快速性预报技术和 CFD 全参数型线设计技术，优化船型线设计方案，提高船舶运行节能效果，积累数字化设计数据库，并为进一步优化工作指明方向，支撑全船数字化设计发展。

2020 年前，具有自主开发设计优化型线的能力，且优化船型处于行业领先地位，同时积累大量的 CFD 船型数据库。引进 CFD 全参数型线优化软件，多渠道开展与软件供应商、各大船级社，以及国内外水池的合作和咨询，充分掌握型线优化软件的使用方法，积累 CFD 全参数型线优化设计经验。

到 2025 年前，利用现有数据库及 CFD 技术，能准确预报船舶的快速性，最大限度地取代船模试验。形成一套独立自主的 CFD 全参数型线优化设计方法，在重点船型上设计出国际领先水平的优秀船型。

2. 船舶总体轻量化数字设计技术

关于船舶结构安全和轻量化环保技术，采用数字化设计手段，通过优化装载、革新结构设计方法、仔细评估高强度钢的应用范围等方式，可以有效控制结构重量和船舶建造成本。

到 2020 年前，掌握 HCSR 等最新结构规范要求，掌握和完善相关计算软件，完成典型船舶满足最新结构规范的基本设计。同时，调研船舶营运中的装载情况，为下一步统筹优化装载设计打下基础。

到 2025 年前，从装载、结构设计方法、高强度钢的应用范围等方面进行结构的优化设计，力求将新规范造成的结构重量增加降低 20%以上。

3. 三维数字化工艺设计及仿真技术

三维数字化工艺设计及仿真技术是基于单一数据源的三维模型，实现"三维到工艺"、"三维到现场"、"三维到设备"，重点解决了基于三维模型的设计工艺协同工作模式和三维设计文件的信息传递、生产现场无纸化，并实现与车间数字化生产管理系统无缝对接，实现缩短技术准备时间，提高工艺设计质量。

到 2020 年前，主要研究三维数字化工艺设计系统，重点解决基于三维模型的设计工艺协同工作模式和三维设计文件的信息传递、生产现场无纸化，达到国内先进水平。

到 2025 年前，形成系统的三维数字化设计仿真系统，仿真系统运行效果与协同工作能力有较大提升，达到国际先进水平。

4. 船体数字化虚拟仿真装配技术

装配仿真是基于计算机和信息技术的一种新的制造技术，通过数字化设计平台来构建产品模型，对仿真环境中显示的产品进行操作和分析，实现装配过程和测试过程的仿真处理。通过三维仿真能够直观、全面地反映产品的实际装配过程，一方面可以为提高产品的可装配性而进行再设计提供依据；另一方面可以为后续的装配工艺、维修、回收等提供依据。

到 2020 年前，对基于数字化描述和虚拟设计相结合为特征的船舶数字建模进行研究，结合船体结构产品模型的特点和现代造船模式，研究基于面向对象、模块化的船舶数字化模型的建立方法。建立构件的基本模型和图形系统，并进一步建立装配模型。

到 2025 年前，使用仿真与仿真动画这一新的设计技术，以产品的数字模型为核心，实现装配过程和测试过程的仿真处理。

5. 数字化船坞搭载技术

通过数字化船坞建设与技术研究，将传统的船坞搭载定位作业通过计算机预先进行模拟，取消船坞格子线，总段快速定位无余量搭载，实现一次定位，以达到节省工时，提高龙门吊使用效率，缩短船坞周期，达到国际先进水平。

到 2020 年前，对标日本、韩国先进坞内搭载技术，主要对数字化船坞技术可行性进行详细论证，形成坞壁站桩布置方案和安装精度监控统计方法，建立完整的数字化船坞网络，开展电子扫描仪应用技术研究和数字化船坞搭载软件系统开发。

到 2025 年前，全面掌握数值化船坞搭载技术，突破虚拟船厂的智能决策技术，构建虚拟船厂，对企业各类生产资源建立数字化三维模型，应用智能分析技术，对船厂布局与流程优化、多方案下生产资源能力与负荷仿真验证等提供技术手段支撑，并在实船项目的推广应用。

2.7.2 关键建造技术

1. 船舶分段建造数字化设计技术

开展对超大分段制造工艺、精度控制方法及装备研制技术研究，优化工艺流程，提高超大分段建造效率和质量。

到 2020 年前，主要研究大型双斜切船体分段快速制造工艺、超大分段精度补偿系统计算建模与优化技术、超大分段装配精度控制技术，掌握全建造周期定位基准图形的规划方法、曲面外板连续可变坡口连续数控切割方法、船体超大分段精度控制补偿技术和船体零件装配工艺流程再造技术。

到 2025 年前，开发出数控划线和喷字自动输出功能软件和焊接补偿量预测软件，建立船体超大分段补偿量数据库管理系统，形成船体曲面外板连续可变坡口的自动加工程序。

2. 船舶分段建造轻量化控制技术

对船体分段轻量化建造中的重量控制技术进行研究，通过在生产的各个阶段对重量和重心位置的进行测量分析和统计计算，同时与设计阶段的数据进行比较，对船体建造中各分段的重量和重心位置实时监控，从而实现船体分段建造的轻量化和空船重量指标达到国际先进水平。

到 2020 年前，主要研究不同船型超大型船体分段建造轻量化控制过程优化方法和研究符合船厂实际生产应用的超大型船体分段重量、重心公差分配算法与和重量、重心动态调整算法。

到 2025 年前，基于项目管理和系统工程的基本理论和思想，开发出分布式实时的超大型船体分段建造轻量化控制管理系统并在实际工程中应用。

3. 高精度数字化切割加工技术

重点研究型材加工的工艺流程、生产管理、编码系统，开发型材生产设计、生产管理软件和加工控制应用软件。建立型材储存提取系统、机械手和物料自动输送系统、自动切割机器人、数控肋骨冷弯加工系统、型材分类和输出装置形成型材柔性自动化加工生产线。开展型材激光切割数字化控制技术研究，突破激光与材料的匹配性、激光参数与切割工艺、优化，激光切割变形控制等关键技术。突破搭载型激光切割工艺，以及激光器与切割装置的集成技术，研制搭载型激光切割工艺装备，推动高精度数字化切割加工的快速发展。

到 2020 年前，突破激光切割自动化识别与控制技术，初步建立型材自动管理、提取及输送系统，型材加工智能化生产线方案初步建立。

到 2025 年前，掌握高精度型材加工技术，型材加工生产线关键系统及方案初步建立，进一步完善建立智能化型材加工生产线。

4. 高效数字化焊接加工控制技术

发展高效激光焊接技术，掌握焊缝自动跟踪及焊接质量监控技术，研制全位置焊接机器人，突破机器人位置传感技术、机器人控制技术、电弧跟踪技术、不同焊缝位置、坡口自适应技术、双壳分段机器人柔性焊接工作站、船舶设计数据库与焊接机器人之间的接口等内容，掌握实时高效多机械臂任务规划与协同技术，通过研制高度智能化焊接机器人，实现耐劳动环境差、烟尘多、热辐射大、危险性高等特点，突破在困难环境、关键节点部位的高效智能焊接。

到 2020 年前，掌握电弧跟踪技术，提高电弧跟踪技术对较复杂焊缝截面的适应性，重点解决多层多道焊的焊接质量。掌握焊缝识别与自动寻址技术，提高焊接实时控制、实时纠偏的技术水平。建立弧焊机器人工作站，完成通用零部件的焊接任务，形成部件的智能化焊接，提升部件的焊接质量。

到 2025 年前，掌握焊接操作的三维操作空间模型实时重构技术，重点解决对复杂场景进行有效信息的重构，实现对目标焊接工艺进行编排，达到自主化焊接水平。实现焊接质量的实时监测控制与修正，提升焊接机器人对复杂工件进行焊接的柔性和适应性，达到高效焊接协同运动控制技术水平。建立部件的装配-焊接柔性生产线，实现焊接的智能化制造。

5. 船舶分段自动化集成制造技术

船舶曲面分段流水线自动化集成制造技术是通过将船舶曲面分段构件自动化加工、装焊装备通过工位集成与信息融合技术，形成船舶曲面分段制造流水线，提升曲面分段建造精度，降低材料损耗的一项前沿技术。推进该技术的研究将显著提升船舶建造的质量、精度、效率，大大减少人工作业模式，从而真正实现船舶建造的自动化、集成化、机械化和无人化。同时，推进实施曲面分段流水线作业模式，采用柔性生产技术和全自动焊接技术，统筹各分段建造流程，将大大减少大型工件流动带来的物流成本和吊装设施的投入成本，降低物料消耗，减少手工作业模式带来的环境污染和精度损耗，切实提高船舶曲面分段建造阶段的数字化、有序化，从而真正实现船舶建造的现代化、绿色化。

到 2020 年前，主要研究曲面分段自动化制造技术，重点解决曲面分段部件自动化成型加工、曲面分段全构件/位置的自动装焊等技术问题，达到曲面分段部件自动加工、装焊技术状态。

到 2025 年前，主要研究曲面分段自动化建造集成与信息融合技术，重点解决曲面分段建造过程中在各工位流转的生产、工艺数据融合，生产资源调配等技术问题，开发曲面分段流水线建造支撑软件平台与信息系统平台，达到设计数据、工艺数据、生产数据的有序融合技术状态。

6. 高效智能化涂装建造关键技术

开发船舶涂装数字化设计和管理系统，通过对船舶涂装工艺的分析，建立船舶结构件的统一涂装编码和基础信息，在此基础上进行船舶涂装数字化设计和管理系统的开发，生成涂装生产信息图表、涂装操作动态调度计划、涂装物资动态管理等。开发智能化全位置喷涂机器人，针对船舶分段的密闭舱室环境和船舶外表面，使用轨道、自由移动、串、并联等技术，研制基于机器人的船舶分段和船台合拢全自主涂装自动化装备，实现船舶分段和船台合拢全方位的内、外表面涂装作业，涂装效果满足船级社认证要求。突破喷涂机器人喷枪轨迹优化技术、喷涂机器人编程技术，分析喷涂过程中喷枪与喷涂表面距离和角度的关系，实现喷枪异地速度路径与喷涂工艺参数优化，掌握多机器人实时高效协同控制技术，提高喷涂机器人智能化水平。

到 2020 年前，主要研究基于 CAD/CAE/CAPP/PDM 的数字化生产技术对船舶涂装所采用的工法、工艺及外部条件的假设等进行评估和推定的技术，实现涂装各阶段的精度控制和标准，重点解决船舶涂装工艺的数字化表示技术问题。突破涂装机器人定位控制及涂装质量控制关键技术，实现涂装机器人的实施定位于质量监测。掌握多机器人协同喷涂运动控制器技术；重点解决控制器架构和多轴实时运动结算技术问题，达到国外同类产品的技术水平。建立初步的全位置涂装机器人装备体系，初步实现全船的自动化涂装作业。

到 2025 年前，建立涂装作业的三维仿真作业模拟，实现涂装作业的仿真数字化作业。实现机器人涂装环境的自动感知和机器人涂装任务的自动规划，涂装作业智能化水平不断提高。建立涂装动态调度模型及快速求解策略，完善多机器人同时喷涂作业的体系结构、机器人间的通信、机器人的合作决策和协同控制，完善建立全环境涂装机器人装备谱系。

2.7.3 信息集成技术

1. 船舶数字化集成设计技术

面对船舶功能、构造的日益复杂化、用户需求的不断变化、市场竞争的不断加剧，传统的船舶 CAD 技术已很难适应现代造船需求。现阶段市场需求下的新要求是尽可能地缩短设计周期，提高设计效率，保证设计质量，减少设计缺陷，使船舶的设计过程得到最大限度的提高，这是本项技术的出发点。通过此项技术研究可快速建立起船舶数字化模型，减少因制作物理原型所耗费的人力、物力和时间，降低船舶建造费用。从而提高船舶研发和管理水平，减少差错，缩短产品开发周期。

到 2020 年前，以参数化设计和特征造型为主要技术手段，对基于数字化描述和虚拟设计相结合为特征的船舶数字建模进行研究，结合船体结构产品模型的特点和现代造船模式，建立起包括设计参数、特征几何约束和拓扑关系等信息的完整的船体三维结构模型。

到 2025 年前，在行业内建立数字化集成设计示范工程，建立基于云计算、大数据的造船企业数据中心技术，船舶数字化集成设计水平进一步提升，数字化设计水平达到国际先进水平。以云计算为技术支撑，与云制造物联网和视频识别等技术相结合，构建数字化、智能化船厂。

2. 车间数字化生产管理技术

车间数字化生产管理技术是利用数字化制造技术，将车间制造过程的数字化涵盖了生产领域中车间、生产线、单元等不同层次上设备、过程的自动化、数字化和智能化。通过数字化手段实现现场制造数据采集与控制并实现车间生产计划与管理，通过数据积累，从中找出改善未来制造业务的依据，特别是从质量趋势、物流瓶颈、计划执行情况、设备运行历史等数据中发现可能影响未来生产过程的规律。

到 2020 年前，主要研究车间数字化生产管理系统，在重点建立车间数据采集系统、车间数据传输系统、车间智能化仓储与物流系统、车间设备管理与监控系统、刀辅具智能管控系统、生产执行系统、在制品跟踪系统、公共资源智能管控系统、质量管控系统、供应链智能管控系统、生产数据的统计分析系统实现质量趋势、物流瓶颈、计划执行情况、设备运行历史等数据中发现可能影响未来生产过程的规律，达到国内先进水平，重点突破基于二维码标志/识别及质量追溯的物流集配系统技术。

到 2025 年前，主要研究车间数字化生产管理系统数据分析技术，重点研究生产数据挖掘和分析，利用实时和历史生产数据，通过制造绩效可视化提高对异常状况的预知、响应和判断能力，达到国际先进水平。

3. 无人驾驶船舶系统集成技术

无人驾驶船舶系统集成技术属于高智能船舶新兴技术，目前市场上仅有部分研发机构和组织提出一些未来性设计概念。对于其他类交通工具，如汽车，无人驾驶已经经过多年研发，市场已经存在较为成熟的概念设计。目前对无人驾驶船舶这一命题存在争议，但是不断提升船舶的自动化和智能化，节约船舶营运人力需求的方向不容置疑。

到 2020 年前，开展广泛调研、多渠道开展国际合作和咨询，了解无人驾驶船舶和自动驾驶船舶技术的发展方向，确定自动驾驶室船舶的研发思路，适时推出概念设计方案。

到 2025 年前，开展自动驾驶船舶的研发和市场论证，对重点适用船型深入论证分析，对自动驾驶的高智能船舶的系统集成技术进行多方案论证。对无人驾驶船舶进行可行性研究，根据市场情况调整研发思路，满足市场对高智能船舶的需求。

2.7.4 运行管理技术

1. 船舶机舱自动化监控技术

船舶机舱自动化监控技术是实现船舶动力装置监控、电站监控、机舱监测报警三大功能的关键技术，为全船正常运行提供必需的船舶动力、电力能源，并提供机舱设备的监测报警功能。

到 2020 年前，主要研究船舶机舱自动化系统如何提升产品可靠性，重点解决可靠性分析、可靠性设计、可靠性验证与评估等关键技术问题，实现机舱自动化产品技术层面的突破，达到同期康士伯公司的水平；开发多媒体融合机舱监控软件，研发音频、视频、图表多种信息源融合算法及软件，满足船舶机舱监控常规需求；视频联控技术，将常规监测报警系统与视频监控系统融合，实现报警信息可视化，提升轮机人员监控和决策能力。

到 2025 年前，主要研究船舶机舱自动化系统产品如何进一步提升可靠性和可用性，重点解决恶劣环境条件下产品的免维护、易安装、易调试、故障自恢复等关键技术问题，达到同期国际先进水平；开发多媒体融合机舱监控软件，研发音频、视频、图表多种信息源融合算法及软件，满足船舶机舱特殊环境，如逆光、反光、强光、脏污等需求；视频联控技术将常规监测报警系统与视频监控系统融合，实现智能视频识别功能，报警信息可视化，提升轮机人员监控和决策能力；智能化全工况自适应控制算法及技术，解决常规控制方案中存在的局部优化、控制效果差的问题。

2. 船舶机电设备综合管理技术

针对船舶机电设备健康状态综合管理需求，开展全船机电设备装置状态评估与健康管理，形成主机、电站、辅机、泵阀、压载等子系统和设备的状态评估、健康维护和健康管理能力，确定当前和此后一段时间设备的可用程度，提升船舶机电设备的性能和优化管理水平的技术。目前，国际先进国家已在军船上普遍装备了该系统，对船舶机电设备进行状态评估和健康管理，大幅提升设备的可用性，降低维护成本，提高了机电系统的综合运行效能。

到 2020 年前，主要研究船舶动力及电力装置主要设备健康状态综合管理需求，形成船舶动力及电力装置各子系统和设备的状态评估、健康维护和健康管理能力，确定当前和此后一段时间设备的可用程度，提升船舶动力及电力装置的性能和优化管理水平的技术；重点解决船舶动力及电力装置状态评估体系、状态评估模型与健康维护等关键技术问题，具备实船应用能力。

到 2025 年前，主要研究船舶机电设备健康状态综合管理需求，在船舶动力及电力装置健康状态综合管理系统基础上，融合泵、阀及其他辅助设备和液货、压载等子系统的状态监控和评估信息，形成船舶机电设备各子系统和部件的状态评估、健康维护和健康管理能力，确定当前和此后一段时间设备的可用程度，提升船舶机电设备的性能和优化管理水平的技术；重点解决船舶机电设备状态评估体系、状态评估模型与健康维护等关键技术问题，具备实船应用能力。

3. 船舶综合能效智能管理技术

以提升全船能耗利用效能为目标，综合考虑导航、驾控、船体姿态、压载、动力耗能、电站、辅机等子系统能效水平，分别建立能效评估与优化模型的技术称为船舶能效管理技术，采用该技术可大幅降低能源综合消耗。

到 2020 年前，主要研究船舶综合能效管理系统的总体需求、与其他自动化系统如动力监控、电力监控、机舱监测报警等的接口、软件框架设计、软件界面设计、船舶能耗相关系统和设备能效评估模型设计、能效优化模型与算法设计等技术；重点解决船舶综合能效管理系统的总体需求、软件框架设计、船舶能耗相关设备能效评估模型设计、能效优化模型与算法设计等关键技术问题，具备实船应用能力。

到 2025 年前，主要研究软件框架设计、软件界面优化、船舶动力、电力、导航、水文、压载、船体等能耗相关系统和设备能效综合评估模型设计、能效综合优化模型与算法设计等技术；重点解决软件界面优化、船舶动力、电力、导航、水文、压载、船体等能耗相关系统和设备能效综合评估模型设计、能效综合优化模型与算法设计等关键技术问题，具备实船应用能力。

4．基于云计算的协同监控技术

结合云计算思想，融合船舶动力装置监测信息和天气、水文等其他相关系统信息，研制动力系统协同监测、协同控制、协同决策管理的协同系统，研究相关协同模型和算法，编制相关软件。目前，该技术在国际上处于前沿技术范畴，国外在其他业务领域已经尝试应用，云计算是研究热点，结合该技术可融合大量信息，实现海量船舶子系统数据的共享、互通和综合管理，便于实现船舶机电系统的协同、优化控制和管理。

到 2020 年前，主要研究云计算技术、协同系统技术、协同模型设计与优化控制技术等；重点解决云计算技术在船舶动力装置、电站、辅机及其他辅助系统在监控领域的应用等关键技术问题，具备实船应用能力。

到 2025 年前，主要研究云计算技术与智能控制技术的融合、云计算技术在驾控、水文信息、船体、液货及其他子系统的应用等；重点解决云计算技术在船舶机电设备及子系统在船舶领域的应用等关键技术问题，具备实船应用能力。

2.7.5　基础共性技术

1．数字化制造集成接口技术

数字化制造集成接口包括各软件的信息接口和用户与系统的交互接口。数字化制造集成接口层包括与 PDM、CAPP、CAD、CAM 和 ERP 等上层设计和管理数字化运行系统，以及与 DNC、DCS、SCADA 等下层数字化运行系统的集成。实现制造与图纸资料，生产计划信息、工艺路线、产品 BOM 信息和设备运行状态等信息的共享和集成。数字化制造用户交互层是与操作人员、技术人员、管理人员交互接口，可以是手机、计算机等终端。

在数字化制造过程中，出现了 MES（工业制造执行系统），但是软件系统本身不完善和企业复杂的生产情况，特别是多品种小批量生产的不确定性使得 MES 成了空架子。进展较快的企业，数字化的管理信息通过 ERP—MES 传递到制造现场，网络计算机终端也已经成为管理者和作业工人交互的平台，但是接口技术不成熟，使得现场作业反馈信息的数字化手段不充分，缺少现场信息直接数字化的手段，数字化信息链就会出现又一个严重的断点。数字化反馈信息的要害是数据采集，除了使用条码/RFID 等方法以外，大量数据采集要通过人的输入才能进入管理系统中去，这是实现现场数字化最大的投入和工作量，也成为目前制造执行系统 MES 推行的严重阻力。

到 2020 年前，重点是加快数字化制造基础支撑层的建设，实现数字化制造过程的使用。

到 2025 年前，重点解决各数据管理系统的集成问题，使得车间生产任务的下达、各生产单元生产计划的接收、生产计划的执行、生产计划的监控、生产过程的物料交接等信息有效集成，保证数字化制造的实施，争取达到国内先进水平。

2．船舶数字化设计与建造标准

随着信息技术的高速发展和国际竞争的日益激烈，提高设计质量，缩短设计周期，降低设计成本一直成为造船行业的焦点。数字技术是 21 世纪的主导技术，将在企业信息收集、整理、传输、存储、显示、分析、处理各个环节和信息技术装备中得到越来越广泛地应用；人工智能技术将是未来企业信息化装备的主要发展方向；互联网的发展与应用，将直接改变企业的生产经营模式，为企业带来革命性的变化。将数字化技术全面应用于船舶的产品开发、设计、制造、管理、经营和决策的全过程，最终达到快速设计、快速建造、快速检测、快速响应和快速重组的目的，成为造船业发展的必由之路。

到 2020 年前，主要研究和形成数字化建造船体零件编码标准、数字化建造船体焊接坡口代码标准、数字化制造加工设备接口标准、TRIBON 系统船体结构节点生产设计信息标准、TRIBON 系统设计命名标准等船舶数字化设计与建造标准，初步建成船舶数字化设计与建造标准体系，总体水平达到国内先进水平。

到 2025 年前，持续改进和完善已形成的船舶数字化设计与建造标准体系，总体技术水平达到国际先进水平。

2.8　保障条件

2.8.1　加大政策支持力度

从国家层面应更加注重设立船舶科技专项，确定明确的目标，按照长、短期结合的方式，分阶段、系统、全面地提升关键技术水平。同时，加大研发资金的投入力度。国家可考虑建立高新技术船舶开发专项资金，通过资金投入引导高技术船舶研发方向和重点，鼓励基础研究。对于企业投入相关研发资金，争取在融资、财税等方面给予适度优惠。

2.8.2　深入开展国际合作

发挥中国造船业快速发展的巨大优势，充分利用欧日韩等先进国家的技术优势，增强与其合作交流。另外，应制定具有竞争力的用人政策，鼓励企业引进海外高层次科技人才，快速提高我国高新技术船舶和关键装备的研发水平。

2.8.3　不断提升创新能力

在高技术船舶取得突破并掌握核心技术的同时，加强关键装备的自主创新研发能力建设，加快推进船舶动力与配套业专业化、规模化、特色化发展；形成自主品牌的关键装备集成设计及配套设备设计、制造、服务多业务一体化的发展格局，打破我国船舶工业长期以来以造船壳为主的被动局面，实现由大到强的目标。

2.8.4　加强基础设施建设

一方面，增强基础共性技术和新标准规范的研究重点，加强船舶水动力学、结构物强度和可靠性、新能源船舶动力机理等基础共性技术研究；密切跟踪国家新标准的发展动向，积极参与新标准的制定过程，充分表达中国船舶工业的观点和态度，最大限度地维护我国船舶工业的利益；另一方面，加强互联网基础设施的投资建设，大力发展物联网技术，优先发展云计算制造技术等建设及应用。

2.9　技术路线图

船舶数字化、网络化、智能化制造技术路线如图 3.2.3 所示。

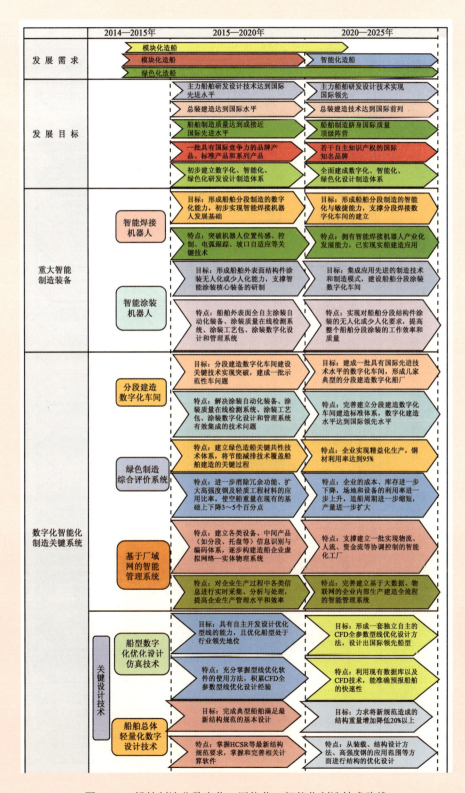

图 3.2.3　船舶制造业数字化、网络化、智能化制造技术路线

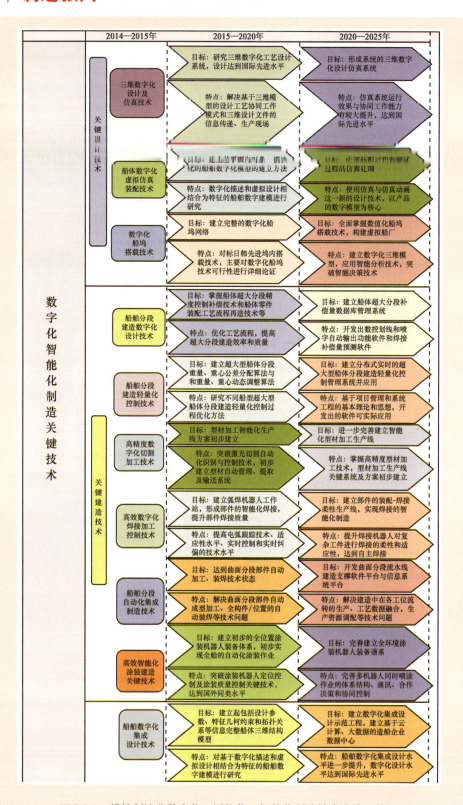

图 3.2.3　船舶制造业数字化、网络化、智能化制造技术路线（续）

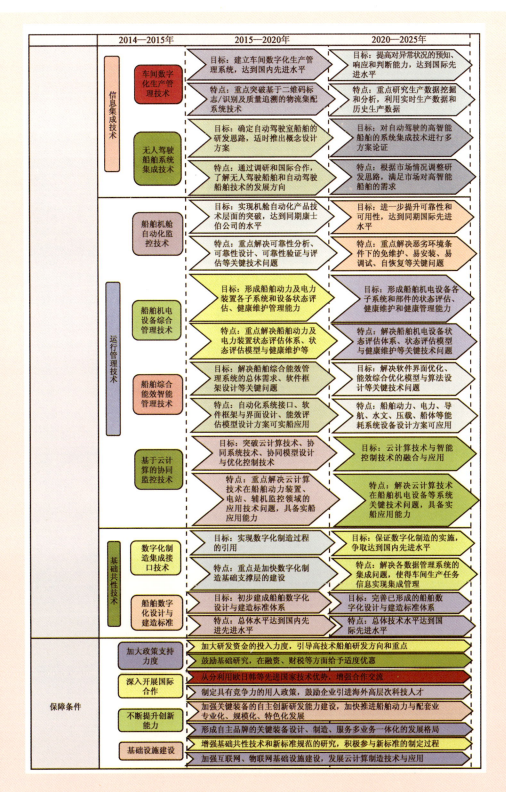

图 3.2.3　船舶制造业数字化、网络化、智能化制造技术路线（续）

第三章 轨道交通装备数字化、网络化、智能化制造技术路线图

课题组成员名单

组　　长：刘友梅

副组长：丁荣军

成　　员：张新宁　王勇智　康　熊　张晓莉　刘　涛　杨　颖
　　　　　陈高华　孙学军　梁　兵　张　波　周武成　王永志
　　　　　巩保欣　王梓馨　李　林　刘荣耀　张　辉　韩　亮
　　　　　向冬云　彭　燕　袁文静

我国轨道交通装备制造业经历了从无到有、从修到造、从粗到精的发展历程，牵引动力技术模式经历了蒸汽牵引、内燃牵引、电力牵引的发展阶段，技术路线既包括引进外国的先进技术，更包括从未动摇过的自主创新主旋律，走出了一条全球视野下合作与竞争交融的开放式创新发展道路。时至今日，我国轨道交通装备制造技术能力、产业规模、社会和经济效益已经成为国家竞争力的典型代表。更为重要的是，我国轨道交通装备制造已经形成了"门类齐全、独立完整"的工业体系，而且这个庞大完整的工业体系依托众多工业企业的集聚效应而具备了高度灵活性，这在某种程度上已具备在未来数字化、智能化工业时代协同灵活的特征。

"轨道交通装备数字化、智能化技术路线图"是中国工程院"制造强国战略研究"中"轨道交通装备制造专题研究"的组成部分。技术路线图试图在新的一轮工业革命即将来临之际，提出今后 10～20 年轨道交通装备制造"数字化、智能化"技术发展的方向与途径，探求制约产业能力提升的基础器件、基础材料、基础工艺、基础设备的解决之道，谋求通过数字化智能化实现轨道交通装备未来绿色列车、数字铁路、智能交通的愿景，并有效组织实施"技术路线图"达到预期目标。

轨道交通装备数字化、智能化主体是以制造企业为主导的"产学研用"联合体。在功能需求拓展、接口标准规范和协议制定等方面，都需要相关方参与，包括用户、供应商、服务商和企业自身。初期即可见效的是开发模块化的 CPS 并配备相应的组件目录，最终实现产品模型、制造资源、制造系统和服务系统的整体领域集成。

3.1 产业概况

3.1.1 产业发展现状

我国轨道交通装备制造业经历 60 多年的发展，已经形成了自主研发、配套完整、设备先进、规模经营的集研发、设计、制造、试验和服务于一体的轨道交通装备制造体系，包括电力机车、内燃机车、动车组、铁道客车、铁道货车、城轨车辆、机车车辆关键部件、信号设备、牵引供电设备、轨道工程机械设备等 10 个专业制造系统，特别是近十年来，在"高速"、"重载"、"便捷"、"环保"技术路线推进下，大功率机车和高速动车组取得了举世瞩目的成就。

　　总体而言，我国轨道交通装备制造业还处于"大"而不"强"阶段，仍有部分关键技术、核心部件、基础材料还依赖国外，自主创新能力有待进一步提升。当前，全球正出现以信息网络、智能制造、新能源和新材料为代表的新一轮技术创新浪潮，全球轨道交通装备领域孕育新一轮全方位的变单。我国轨道交通装备制造业要坚持创新驱动，紧紧抓住技术和产业演进的机遇，实现由制造大国到制造强国的升级。

　　《轨道交通装备产业"十二五"规划》预计，到 2015 年，轨道交通装备产业年销售产值超过 4000 亿元，2020 年将超过 6500 亿元。

3.1.2　数字化、智能化制造基础

　　我国轨道交通装备数字化、智能化发展迅速，功率变换装置的核心器件从引燃管演进到晶闸管，再到绝缘栅双极晶体管（IGBT）及碳化硅（SiC）器件；驱动器件从直流电机演进到异步交流电机，再到永磁同步电机；控制系统从简单的继电控制演进到电子集成控制，再到微机网络控制；产品智能化需求逐步提高。在制造的数字化智能化发展方面，我国轨道交通制造业基本完成从平面设计到三维设计的演进，已开始向三维制造进化，加工中心、工业机器人和 3D 打印不断得到应用；设计技术平台的跃升加快了产品技术升级，数字化样机一经出现就取得了市场主导力。

　　轨道交通装备的数字化、智能化当前正处于部件系统的自发演进阶段。从硬件上看，具有初步支撑数字化、智能化的网络，主流网络由符合 IEC61375 标准的 1Mbs 的铰接式列车总线（WTB）和 1.5Mbs 的多功能车辆总线（MVB）构成，负责传输最紧要的控制指令及状态信息，底层设备的网络接口包括 RS485、RS422、RS232、CAN、CANopen 和 Profibus 等，存在大数据传输能力不足的瓶颈。从软件上看，具有完整的故障安全导向能力和一定的故障自诊断能力，但由于尚未开展大数据的顶层设计、缺乏对用户需求的深度挖掘，以及系统间的数据墙尚存，还处在数字化、智能化的准备阶段，数字化、智能化轨道交通结构如图 3.3.1 所示。

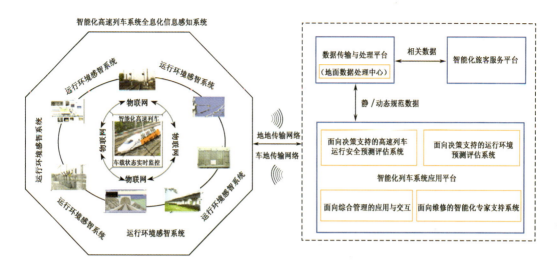

图 3.3.1　数字化、智能化轨道交通结构

3.2　数字化、智能化制造需求

新一轮工业革命是信息技术与制造业的深度融合，是以制造业数字化、网络化、智能化为核心，建立在物联网和务（服务）联网基础上，同时叠加新能源、新材料等方面的突破而引发的新一轮产业变革，将给世界范围内的制造业带来深刻变革。随着人口、政策红利的逐渐消失，装备制造业面临着生产要素成本上升的严峻考验，数字化、智能化技术是我国轨道交通适应未来市场需求、内外部环境变化的必然选择。

3.2.1　产品的数字化、智能化

产品的数字化、智能化需求，包括下述要点：基于能量最优的自动驾驶策略、SiC 变流器、智能分析诊断，以及分散自律控制系统（用列车运行调整计划自动控制列车运行路线，同时在分散自律条件下调度中心具备人工办理列车、调车进路，车站具备人工办理调车进路的功能），通过传感网、物联网、互联网的手段检测机车车载设备的状态，以及机车的运行环境，通过车载传感器网络、控制网络的互连互通，实现车载跨系统之间的数据融合，依托无线、有线通信网络，建立起"车对地"、"地对车"、"地对地"的轨道交通车辆运行监控闭环系统，使轨道交通车辆安全运行、质量监测有关的关键装备处于监控之中，最终构建具有自检测、自诊断、自决策能力的智能化轨道交通系统，实现轨道交通运行动态信息的实时感知、处理和在途预警，全面、及时、准确掌握列车的运行与质量状态，保障列车运行在最优状态。

1. 列车远程监视诊断系统（CMD 系统）总体框图

CMD 系统结构框图如图 3.3.2 所示。

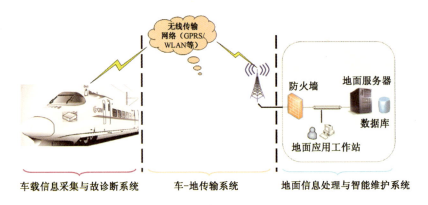

图 3.3.2 CMD 系统结构框图

CMD 系统划分为三个子系统，分别是车载信息采集与故障诊断系统、车-地传输系统、地面信息处理与智能维护系统。各个子系统实现的主要功能如下所述。

（1）车载信息采集与故障诊断系统：实现高速列车状态信息的采集、分析、存储、在线诊断，以及第三方设备的接入等功能。

（2）车-地传输系统：主要实现车地之间远程实时信息的传输，大容量记录信息的转储及应急指挥等功能。

（3）地面信息处理与智能维护系统：实现对高速列车状态参数、高速列车安全信息和综合监测信息的实时检测、分析、存储，同时提供高速列车运行状态、驾驶人操作信息的查询，故障诊断的分析与统计，为高速列车的状态修提供技术支持，为机务运用、检修、管理等提供数据应用终端和数据平台。

2. 机车车载安全防护系统框图

机车车载安全防护系统框图如图 3.3.3 所示。

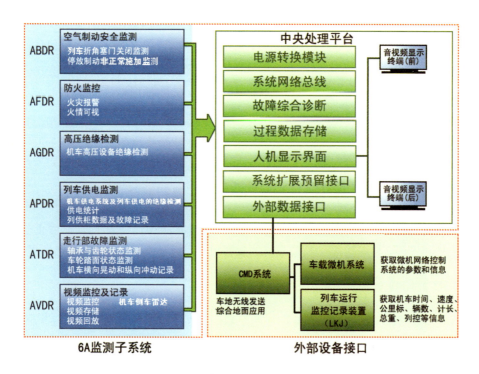

图 3.3.3 机车车载安全防护系统框图

机车车载安全防护系统（6A 系统）是针对机车运行过程中危及安全的重要事项、重点部位，在已有的各分散式机车安全设备的基础上，完善功能、综合集成，形成完整的系统性、平台化的安全防护装置，提高机车防范安全事故的能力。

6A 系统中的中央处理平台对各子系统进行数据集中、信息共享，并通过数据库进行综合分析。各子系统必须遵照统一的 6A 系统通信协议，及其定义的帧格式和数据编码，与中央处理平台通信。

6A 系统具备的功能：制动安全监测、防火监控、高压绝缘检测、列车供电监测、走行部故障监测、视频监控及记录，以及经中央处理平台的综合诊断、数据存储、视频显示等扩展功能。

3.2.2 制造过程的数字化、智能化

数字化、智能化技术不仅是产品创新和制造技术创新的共性技术，也是新一轮工业革命的核心技术，深刻改变轨道交通装备制造业的生产模式和产业形态，为制造企业的发展方式带来了新的要求。在轨道交通装备制造产业，数字化智能化制造将是轨道交通装备制造发展的核心和方向，并涵盖产品全生命周期的各个阶段，有效缩短从设计到生产的转化时间，解决生产制造过程的数字化、智能化监控和检验等质量控制问题，从而提高产品设

计的成功率和产品可靠性。

轨道交通装备制造过程既包含数字化、智能化工艺流程、系统软件，也包含绿色、智能、数字化制造及转运设备设施、工装工具，乃至智能化制造生产线。

1. 焊接仿真与机器人焊接

重在确保焊接作为质量敏感工序的加工质量，确保焊接检测作为危害工序的安全责任。通过焊接数值模拟技术找到优化的焊接工艺参数（焊接材料、温控条件、夹具、焊接顺序等），降低局部及整体残余应力；优化结构件产品焊接装配间隙、顺序等，减少焊接变形；通过过程仿真分析，控制焊接冷却速度，改变微观组织，提升焊接质量。引入焊接机器人，将焊接任务规划、轨迹跟踪控制、传感系统、过程模型、智能控制等子系统与产品数字模型相匹配，与焊接柔性制造系统的物料流、信息流相导通，固化成熟的焊接工艺。

2. 3D 打印技术

重在缩短科研试制周期。3D 打印应用于科研样机、关键零部件、工具工装的试制。概念模型样机验证不占空间方便制造，在产品多样化研发时不增加模具开发成本；关键零配件快速加工，压缩生产周期；工装和模具快速制作及预生产中 3D 打印的大规模应用，实现零技能制造。

3. 三维布线

重在解决复杂电气产品 EMC 性能一致性难题。引入三维布线软件，建立并优化连接器、端子、线束等模型库；建立三维布线规则等。通过 3D 模型进行布线，自动输出线束生产图样及工艺文件；提前发现三维模型中线束布线工艺（走线路径、电磁兼容、接线图点位错误等）的缺陷，进行走线路径设计优化；同时开展线束辅助工装的快速制作；以期在产品设计阶段输出生产用的图样及工艺文件，大幅缩短产品研制周期。

4. 三维虚拟装配

重在验证整机和部件装配设计和操作的正确性。实现基于 3D 模型的公差及干涉分析、装配序列及路径规划；实现设计阶段三维作业指导书及虚拟装配视频作业指导书的输出；减少样机制造成本，缩短设计和制造周期。

5. 计算机辅助工艺规划（CAPP）

重在打通制造工艺信息墙，固化成熟工艺及丰富数据库，方便制定工艺路线和导入新工艺。要求 CAPP 与既有的 CAD、PLM、MES、ERP 等系统集成；提供功能强大的工艺卡片设计工具，融数据库、图形、图像、表格、文字编辑于一体，图文并茂，提供可视化的工艺设计环境，100%所见即所得；应能编制工艺路线、工艺过程卡、工序卡、工艺BOM等工艺文件；数据信息一次性输入、全程共享、互相关联，杜绝数据重复输入操作；具有自动换行、自动续页、自动增删页、自动编号、自动编排页码功能；直接绘制工艺简图，可借助零件图产生工艺简图，支持特殊工程符号的定义与编辑；CAD图样上有关信息自动填入工艺卡片，自动关联工艺资源数据库快速获取数据。具有工艺卡片集中打印管理功能；提供树形结构的工艺资源管理功能，工艺资源包括设备、工装、工艺术语、工艺参数、工艺规则、工艺简图、材料牌号、材料规格、产品、零件、毛坯、车间、工段、典型工艺、计算公式等任何可供共享和重复使用的工艺数据、工艺知识；支持资源库结构自由定义和数据自由扩充，实现与工艺卡片的自定义关联、自动引用；具有公式计算和公式管理器功能，提供材料定额计算和工时定额计算公式库，用户可自行扩充专用公式，计算结果自动填入工艺文件；提供简单灵活的配置定制工具，适应企业所有专业的工艺设计要求，并具有统一的应用环境和数据结构；提供工艺卡片模板定制工具，可由用户绘制、定义、扩充工艺卡片格式，支持工艺文件在不丢失任何信息的基础上由一种卡片格式转换到另一种卡片格式，保护历史工艺数据资源；能读取CAD系统产生的产品结构信息，能够由工艺卡片自动生成工艺BOM；提供完善的二次开发工具和开发接口，用户可以自行开发专用CAPP模块，如定型工艺自动生成；能检索典型工艺、标准工艺，并能派生工艺。

6. 生产制造执行系统（MES）

重在实现IT管理下的订单生产。MES提供生产优化分析和物料分析，提升生产可执行性，利用条码扫描等手段实现生产进度管控、防呆防错、质量管理、关键物料追溯等数据采集和管理功能，实现从订单开始到产品产出的整个生产活动的信息化管控，优化生产执行过程中的事前计划、事中控制和事后分析与反馈，提供与ERP、OA、QMS等信息系统的集成。

7. 柔性制造系统（FMS）

重在提高适应外部需求变化的能力。搭建具有高柔性、高生产率、高质量和低成本的产品零件加工制造系统，用最短生产周期响应市场需求变化，并使包括厂房、设备及人力在内的资源得到最有效地利用，达到企业生产经营能力整体优化的目标。

8. 数字化车间

重在构建信息化、无纸化、可视化的数字化车间。构建数字化的制造能力（制造模式）、3D数字化工艺，实现制造过程传递/采集/反馈信息的数字化、三维化，简化制造全生命周期中信息传递的转换，确保制造过程效率、效能最大化。采用并行工程，实现设计、试验、工艺和生产制造的协同；进行异地工厂的实时生产信息和过程管理，实现网络化协同制造。

在此基础上，协同实现数字化的工程设计、工艺设计、制造，以及使用、服务和维修，协同供应商、合作伙伴构建数字化供应链，实现数字化制造。

3.2.3 服务的数字化、智能化

我国轨道交通装备制造业目前主要还是以加工、生产、装配及组装为主的产业形态，而未来的发展趋势将是产品制造与增值服务相融合的产业形态，即服务型制造。中国铁路建设的飞速发展对如何保障机车的安全运行问题提出了严峻的挑战。鉴于当前国内机车车载安全防护及监测系统缺乏统一性规范和管理的现状，针对机车运行过程中危及安全的重要事项、重点部位，在已有的各分散式机车安全设备的基础上，充分利用数字化手段，完善功能、综合集成，形成完整的系统性、平台化的安全防护装置，建立机车车载安全防护数据中心，最大限度地共享数据，通过车载安全防护信息化服务技术进一步提高机车防范安全事故的能力。轨道交通装备企业提供高效、低成本的运营维护服务的载体是可靠的车辆动态监控及检测系统。

1．机车车载安全防护系统（6A 系统）

针对列车运行涉及安全的重要事项、重点部件和部位，提高机车防范安全事故的能力。6A 系统具备制动监测、防火监控、高压绝缘检测、列车供电监测、走行部监测、视频监控 6 项监控功能，以及综合诊断功能、数据存储功能、音视频显示功能。6A 系统中的中央处理平台对各子系统进行数据集中、信息共享，并通过数据库进行综合分析。各子系统必须遵照统一的 6A 系统通信协议及其定义的帧格式和数据编码，与中央处理平台通信。

2．远程监测与诊断系统（CMD）

重在实现智能化产品在任何时候被定位、被掌控，能对它的历史、现状和为了实现其目标状态的后备措施知晓。以全息化列车状态感知和动态数字化运行环境为基础，以信息智能处理与交互为支撑，充分利用信息技术成果，通过传感网、物联网、互联网的手段检测机车及其车载设备的状态，以及机车的运行环境，通过车载传感网络、控制网络的互连互通，实现车载跨系统之间的数据融合，依托无线、有线通信网络，建立起"车对地"、"地对车"、"地对地"的轨道交通车辆运行监控闭环系统，使与轨道交通车辆安全运行、质量监测有关的关键装备处于监控之中，采用多重神经网络、数据挖掘、故障树、马尔可夫模型等数学方法，对轨道交通车辆远程诊断及安全预警功能进行整合、提升，实现远程诊断和安全预警，最终构建具有自检测、自诊断、自决策能力的智能化列车系统，实现列车运行动态信息的实时感知、处理和在途预警，并将获取的信息传送到地面数据中心，为实现评估与决策、运用与管理提供数据支撑，使得地面系统能够全面、及时、准确掌握运行与质量状态，使列车运行在最优状态，协助乘务人员、维护人员和管理人员在线处理运行机车的故障和意外情况，提高机车与铁路线路的利用率，提升机车的运营质量与检修水平。

3. 产品全寿命周期管理系统（PLM）及产品数据库

重在制订贯穿全程 PLM 多方共享与服务协议，完成企业级 CRM、PLM、ERP、MRO 和基于 BI 公共数据库平台全线拉通，形成全过程产品寿命周期管理数据链和数据共享，实现智能列车和数字铁路终极目标。

3.3 发展思路和目标

3.3.1 背景及环境

未来工业生产组织方式将向定制化、分散化、融合化转变，将使得互联网企业与工业企业的边界逐渐被打破，生产企业与服务企业的边界日益模糊，产业融合化促进服务型经济发展。我国政府对工业升级给予了高度重视，先后制定实施了《装备制造业调整和振兴规划》、《"十二五"工业转型升级规划》、《智能制造装备产业"十二五"发展规划》、《"宽带中国"战略及实施方案》等，重点推进了"两化融合"工作，为我国借鉴"工业 4.0"实现工业生产数字化、智能化、网络化、服务化等创造了有利条件。现在深入分析、学习借鉴"工业 4.0"有利于当前困境破题，有利于推动轨道交通装备产业转型升级，并为我国在新一轮国际经济变革中赢得先机。

2014 年中央经济工作会议关于新常态提出 9 个方面新认识，其中有 5 个方面与智能制造趋势是高度吻合的：需求的个性化、多样化；质量型、差异化竞争（规模经济到范围经济）；对新技术、新产品、新业态、新模式投资；人力资本质量和技术进步重要性进一步突显，生产呈现小型化、智能化趋势等。

3.3.2 对数字化、智能化的理解

对于什么是数字化、智能化，我们可以从企业或政府的角度，技术变革或产业经济的角度，传统企业或 ICT 企业的角度，发达国家或新兴工业国的角度来观察和认识，可以

有很多观察、解释和认识的维度。综合各方面的理解，我们可以通过以下 5 个方面来认识数字化智能化。

（1）产品的数字化、智能化。即把传感器、处理器、存储器、通信模块、传输系统融入到各种产品中，使得产品具备动态存储、感知和通信能力，实现产品的可追溯、可识别、可定位。产品的智能化具有三个最基本的特征：普适性、渐进性、颠覆性，这是它给每一个企业提出一个富有挑战性的问题，即企业的产品会在什么时间、以什么样方式实现智能互联，成为一个智能产品？

（2）制造装备的数字化、智能化。从单机的智能化到智能生产线、智能工厂、智能制造，也就是智能化的装备通过企业和企业之间的互联互通所带来的。未来，企业生产环节的竞争优势将更多来自于基于智能生产线的竞争优势。

（3）生产方式的数字化、智能化。主要是生产方式的现代化和智能化。个性化定制、极少量生产、服务型制造，以及云制造等新业态新模式，其本质是在重组客户、供应商、销售商，以及企业内部组织的关系，重构生产体系中信息流、产品流、资金流的运行模式，重建新的产业价值链、生态系统和竞争格局，它让企业需要不断思考"我是谁？我在哪里？我的边界在哪里？我的竞争优势来源在哪里？我的价值在哪里"等这样一些基本问题。

（4）服务的数字化、智能化。个性化的研发设计、总集成、总承包等所有新服务产品的全生命周期管理，这些当然会伴随着生产方式的变革不断出现。

（5）企业管理的数字化、智能化。随着纵向集成和横向集成的不断深入，企业数据的及时性、完整性、准确性不断提高，必然使管理更加精确、更加高效、更加科学。这是管理领域的革命。

3.3.3 轨道交通制造数字化、智能化发展的总体原则

轨道交通装备制造的数字化、智能化发展的总体原则是围绕迈向轨道交通装备制造强国的总目标，服务于轨道交通装备制造强国重点任务和重大创新示范工程，构建轨道交通装备总体"虚拟网络-实体物理"系统（CPS），在设计端、制造端和服务端各有侧重地设定数字化智能化技术目标。设计端重在部件产品的数字化、系统产品的智能化及设计手段的数字化、智能化，制造端重在生产制造过程质量敏感工序和安全高危工序的数字化、智能化，服务端重在产品全寿命周期的可靠性、可用性、可维修性与安全性（RAMS）和生命周期成本（LCC）的服务数字化。

3.3.4 轨道交通制造数字化、智能化发展的总体目标

未来十年，我国轨道交通装备制造业发展的总体目标是以轨道交通装备谱系化、智能化和节能降耗相关技术为主线，以运营安全性、可持续性和提高我国轨道交通装备适应性为重点，进行科学布局，确保我国轨道交通核心装备技术在自主创新基础上的可持续发展，争取到 2025 年，我国轨道交通装备产业年销售产值超过 7000 亿元，形成完善的、具有持续创新能力的技术创新体系，主要产品达到国际先进水平，掌握装备核心技术，拥有自主知识产权，形成一批国际知名品牌和专利，产品标准及认证体系与国际全面接轨，造就具有国际竞争力的跨国企业，培育拥有先进轨道交通系统总承包商资质的大型企业，跻身世界轨道交通装备制造强国之列。

理论界和产业界普遍认为，世界正处于新一轮技术创新浪潮引发的新一轮工业革命的开端，信息技术的发展和应用正以前所未有的广度和深度，加快推进生产方式、发展模式的深刻变革。轨道交通装备制造业作为高端制造的代表，全球领先的轨道交通企业已经开始实施产品数字化设计、智能化制造、信息化服务。在发展趋势和政策导向下，中国轨道交通装备制造业将迈进数字化、智能化时代，走上制造强国之路。

为在全球工业革命时代赢得先机，支持轨道交通装备制造强国战略实施，我国轨道交通装备数字化智能化发展主要目标如下。

（1）大型轨道交通装备企业集团利用先进 IT 技术，建设应用系统、集成、数据、基础四维一体信息化体系，实现系统的兼容与转换、数据的统一与共享、IT 统一模式的构建与覆盖，打造数字化企业。到 2020 年，主要企业建立基于大数据管理技术的数据中心（包含设计、制造、运营），提供科学决策数据基础。到 2025 年，建立基于云计算技术的统一管理的集团私有云平台（包含协同设计与仿真、高性能计算等），支撑产品全生命周期管理；建立基于企业服务总线 ESB 技术的集团管控集约管理平台（包含总部与企业各业务内容、满足管理需求的系统平台）。建立基于互联网、4G 技术的安全、高速、高效、高能的基础网络平台。

（2）行业推行三维工程化技术和应用，制定基于全三维技术的设计规范，实现产品研发、仿真设计和试验验证的协同管理。到 2020 年，主要新产品开发全面实现在 PDM 系统管理下的三维设计；建成国际一流的协同仿真设计平台，实现新产品研发与仿真的有机结合。到 2025 年，建立工艺设计协同管理，制定基于全三维技术的工艺管理规范，全面推广应用工艺仿真和三维工艺技术，加快推进 PDM 和 CAPP 在工艺系统的集成应用，完成三维工程化应用试点并推广；全面提升现场制造和质量管理信息化应用水平。

（3）建设数字化、智能化车间/工厂。基于轨道交通装备小批量、多品类、大集成的产品特点，重点研究开发轨道交通装备制造过程的数字化、智能化工艺流程、系统软件；

研究绿色、智能、数字化制造及转运设备设施、工装工具的组合运用；设计实施、建设一批轨道交通装备数字化、智能化制造生产线。到 2020 年，实施大功率器件、牵引变流器、转向架数字化智能化制造车间。到 2025 年，逐步将数字化智能化制造技术和示范运用经验推广到更多的零部件制造环节，鼓励有条件的企业建立数字化智能化整车制造生产工厂。

（4）数字化、智能化关键技术研究及应用。推进现代数字技术在轨道交通装备研究开发、生产制造、检测检验、运营管理等各个环节的应用，实现危险工位和质量敏感工位的智能化制造，以及产品全寿命周期的实时跟踪监管信息的数字化服务。到 2020 年，实现 3D 打印、三维布线等关键先进工艺技术的推广应用，到 2025 年，实现数字化智能化制造技术在质量敏感、高危工序的全覆盖。

3.4 数字化、智能化车间/工厂

制造业的核心环节——制造车间，是企业能力提升的关键所在。随着科技手段的快速引进，当前制造业车间的发展方向正朝着信息化与工业化融合的数字化车间发展。数字化车间建设是一个整体的解决方案，以信息技术和工业技术的应用为手段，融合先进管理思想，改善工艺流程，提高生产效率，降低运作成本，从而提升制造车间的管理水平。轨道交通装备制造业数字化智能化车间是个广义的概念，具体包括以下四个方面。

（1）企业信息化和三维工程化应用和升级。总体目标是构建轨道交通装备总体"虚拟网络—实体物理"系统（CPS），在设计端、制造端和服务端各有侧重地设定数字化智能化技术目标。

（2）关键部件数字化、智能化车间示范。根据轨道交通装备行业的装备状况、管控水平，采取循序渐进的原则建设数字化智能化车间。2015—2025 年，重点考虑量产化水平和工艺复杂性，优先选取未来 100～1000 万量级的传感器、10～100 万量级的功率器件、1～10 万量级的变流器、转向架制造作为示范，后续将电机、齿轮箱等关键零部件的制造纳入数字化、智能化车间，机车车辆整机的数字车间作为终极目标，其进程主要取决于产品市场的全球化进程。

（3）制造工序的数字化、智能化。重点采用智能化的工艺技术（如 3D 打印、激光焊接等），以及先进装备（如高精度加工中心、自动化生产线等）。

（4）高危、质量敏感工序的智能化。通过数字化、智能化制造工艺技术手段代替人工，降低从业人员职业病及安全危害，特别是提供质量敏感工序的质量稳定性。

3.4.1　企业信息化和三维工工程化应用和升级

1. 企业信息化建设

轨道交通装备制造重点企业着力完善以企业资源计划 ERP、产品数据管理 PDM 等主营业务系统为核心的信息系统，围绕系统建设目标、职能分工、管理流程、工作内容，重塑信息系统价值和作用，进一步提升企业信息化能力。通过制造流程与 ERP 等信息系统集成，实现设计、工艺与生产制造的数据及业务的对接，构成设计、工艺、生产一体化信息平台，消除信息"孤岛"，实现整车装配工艺的设计、仿真及优化，发挥设计、工艺数据的协同效应，实现大修维护过程的全三维化和无纸化。

1）生产制造执行系统（MES 系统）

以生产订单的作业执行管理为核心，通过优化生产能力分析、物料分析提升生产可执行性，利用条形码扫描等手段实现生产进度管控、防呆防错、质量管理、关键物料追溯等数据采集和管理功能，实现从订单开始到产品产出的整个生产活动的信息化管控，优化生产执行过程中的事前计划、事中控制和事后分析与反馈，提供与 ERP、OA、QMS 等信息系统的集成。

制造执行智能化的技术路线如下：

（1）到 2016 年，实现从订单开始到产品产出的整个生产活动的信息化数据采集，实现透明制造；优化信息系统数据交互接口；优化流程平台；利用流程管理平台和 EAI 实现基于业务流程的管理；整合、提升外围关系信息系统（QMS、WMS）。

（2）到 2018 年，实现以生产需求计划为拉动的 APS 功能，联通工序协同关系；　实现敏捷制造。

（3）到 2020 年，实现外协和异地工厂生产信息传递和协同。

（4）到 2025 年，部分岗位的作业机器人化、智能化（例如焊接、涂覆、紧固、配送）；监控外协厂生产过程数据（投料、进度、质量）。

2）柔性制造系统（FMS 系统）

企业开展柔性制造系统的主要目标是系统适应外部环境变化的能力，可用系统满足新产品要求的程度来衡量；系统适应内部变化的能力，可用在有干扰情况下系统的生产率与无干扰情况下的生产率期望值之比来衡量；搭建具有高柔性、高生产率、高质量和低成本的产品零件加工制造系统，用最短的生产周期对市场需求变化做出响应，并使包括厂房、设备及人力在内的资源得到最有效地利用，达到企业生产经营能力整体优化的目标，以资产净利率做来衡量。

到 2015 年，研究影响系统适应内外部变化能力的主要因素，并搭建评价系统，制定 FMS 研究与应用实施规划，包括中短期制造、物流自动化设施应用规划，组建 FMS 系统规划及应用研究的专家队伍，实现计算机辅助产品设计技术的普及应用，缩短新产品、新结构的研发周期，在客户定制化需求较高的城市轨道交通电气装备及网络系统产品项目上进行重点应用。

到 2018 年，搭建城市轨道交通电气装备柔性制造单元、柔性制造产线、部分工厂实现柔性制造工厂，实现关键技术应用目标。制定 FMS 研究与应用短中长期实施规划，包括专家队伍建设规划、信息系统应用规划、自动化技术应用规划、项目投资规划。调研 FMS 软硬件合作供应商，建立合作开发计划，研究确定需要组建专家系统规则的领域。

到 2022 年，拓展至机车、客车等轨道交通电气装备项目产品，普及柔性制造单元、产线，60% 的工厂实现柔性制造系统，专家队伍建设、信息系统应用、自动化技术应用、项目投资等按计划同步实施。对已建成系统进行评估，修订信息系统、自动化技术应用、项目投资等中长期规划。

到 2025 年，拓展至动车等轨道交通电气装备项目产品，80% 的工厂实现柔性制造系统。将专家系统集成至 FMS，实现工厂级/车间级/产线级/工站级计算机集成系统管理，制造/物流自动化设施在物流过程中覆盖率超过 70%，产线级/工站级计算机辅助制造/物流/服务网络系统规划实施率为 90%。

3）计算机辅助工艺规划（CAPP）

应用 CAPP 软件是一个系统性的工程，类同于 PLM 需要超前规划，分步实施。CAPP 的实施既要考虑与现有 PLM 系统的集成，又要考虑与企业 ERP 等管理软件的全面集成。CAPP 系统的实施一般包括需求分析、总体规划、软件实施与培训、定制开发等过程。系统实施之前必须进行详细的需求分析、工艺知识的收集和整理，并根据企业自身特点选择合适的 CAPP 软件产品，制定 CAPP 系统实施方案。需求分析需结合企业工艺个性化的特点，提出明确的、全面的开发需求，制定详尽的技术协议，明确 CAPP 的工艺管理和工艺设计的功能；同时着手开展内部工艺知识的收集和整理，包括工艺基础数据，产品数据等工作。

借助于 CAPP 系统，可以解决手工工艺设计效率低、一致性差、质量不稳定、不易达到优化等问题。应用 CAPP 软件是一个系统性的工程，类同于 PLM 需要规划，分步实施。CAPP 的实施既要考虑与现有 PLM 系统的集成，又要考虑与企业 ERP 等管理软件的全面集成。现分阶段规划如下：

（1）到 2016 年，开展内部工艺知识的收集和整理，包括工艺基础数据，产品数据统计等工作；进行详细的需求分析，明确 CAPP 的工艺管理和工艺设计的功能。

（2）到 2018 年，制订详尽的技术协议和实施方案，根据自身特点引入合适的 CAPP

软件系统，建立参数化工艺开发平台。CAPP 系统需具备强大的工艺卡片设计工具，融数据库、图形、图像、表格、文字编辑于一体，提供可视化的工艺设计环境，100%所见即所得。提供工艺资源管理功能，具有公式计算和公式管理器。

（3）到 2022 年，实现与 CAD、PLM、MES、ERP 等系统的集成；推广使用基于三维 CAD 的可视化工艺设计。

（4）到 2025 年，完善参数化、模块化/单元化、智能化等工艺设计技术，建立工艺知识/专家库；利用 CAPP 二次开发功能，进一步提升所有专业的工艺设计能力。

2. 三维工程化

我国轨道交通装备主要企业普遍实现了由二维设计向三维设计的转变，但三维数据的使用仅停留在设计部门，使用部门需花大量时间将三维图转二维。三维工程化是指从产品设计到工艺、制造等全过程实现三维化和无纸化，这种方式取代了"设计图样并按图样制造"的传统模式，代表了高端装备制造业的新趋势和最高水平，如图 3.3.4 所示。最早应用于国外航空企业，波音公司从 B787 飞机开始，设计制造过程完全在三维状态下进行，真正实现了设计与工艺的一体化。

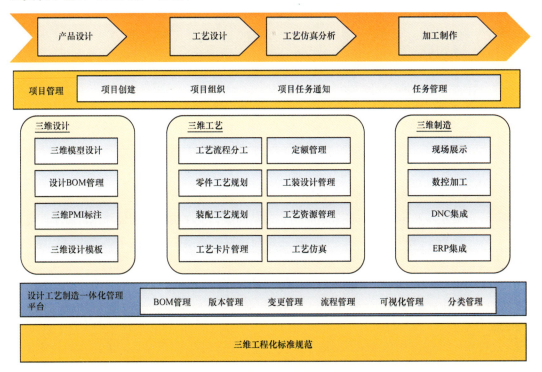

图 3.3.4 三维工程化技术框架图

轨道交通装备制造实施三维工程化即以三维模型作为产品研发制造各个环节的载体，三维模型贯穿设计、工艺、仿真分析与验证、制造、检测、服务等各个环节，探索以三维模型为单一数据源的产品新型研发制造模式；构建三维工程化应用的技术标准体系和流程规范；建立基于三维工程化应用的技术支撑平台，统一三维工程化工作环境，建设开放的协同仿真公共服务平台；以大功率交流传动内（电）机车、高速动车组、城市轨道车辆典型部件为载体，进行基于全三维数字技术的集成研究和应用示范，最终行业整体实现三维工程化。

2014—2017 年：以现代信息技术、管理技术为基础，面向大功率交流传动机车、城市轨道交通车辆，选取转向架、变流器等典型零部件，探索基于三维数字化模型、单一数据源的产品研发制造模式，研究三维工程化集成技术。完成所有典型零件产品制造资源库的三维建模，构建基于以太网的 DNC 网络，彻底改变以前数控机床的单机通信方式，全面实现机床的集中管理与控制，机床由以前的信息孤岛转变为整个企业的信息节点，实现数控机床完全网络化管理。

2018—2022 年：总结三维设计技术、三维工程化技术、设计工艺一体化管理平台应用技术，建立并推广基于三维模型的产品设计、工艺设计及验证、生产制造全三维数字化并行研发制造模式。形成企业所有项目全三维并行设计的研发能力。

2023—2025 年：随着实验室和技术管理信息平台的建设完成和不断完善，进一步加强核心技术的研发能力和项目管控能力，提升技术创新能力，提高成果的产出。

3.4.2　关键部件数字化、智能化车间示范

1.功率器件数字化、智能化车间

功率器件芯片和模块封装数字化车间的建设，离不开强大的软硬件支持，通过应用技术支撑，最终实现整个车间作业人机合一、联动同步、快速响应、质量稳定，将车间各个流程、各个角色串联成一个有机整体，在芯片与模块制造既定的模式下智能作业、自动运转、最大程度解放人力，降低各个环节物耗、能耗和人耗，保证质量和安全。

功率器件芯片和模块封装数字化车间的建设需求，包含如下要点。

1）数字化车间仿真建模

通过创建和运行虚拟模型，模拟工厂的物理布局，提供图形化环境关系分析运行中的模型，模型支持于物料处理系统、物料搬运系统的联动。分析、预测和优化操作。通过对工厂创建模型，可以在离线的情况下监测调度规则、设备操作，以及操作周期等。当模型运行时，可以生产报表、图形及甘特图来帮助管理者了解生产和制造过程中的变量如何随时间改变。可以实时查看芯片与模块生产过程中每个批次、机台、操作员或其他资源的状

态。在产能分析和规划上，可以监测系统变化对生产带来的影响，确定完成订单的时间，以及开始新的批次生产的频率。在生产预测上，可以根据当前在制品 WIP 及设备状态，在给定一个开始时间后确定批次完成时间。在实验调度规则上，可以检验一个规则是否合适，并量化此调度规则的效果。

2）数字化、智能化设备

开发芯片、模块制造及检测设备与外部环境之间的数据交互，确保设备机台满足国际 SEMI 标准，能接收第三方生产执行系统 MES 及自动化控制系统指令，启动或停止操作，能将设备参数及加工生产状态主动传送给第三方生产执行系统 MES 及自动化控制系统，实现与系统的信息交互。

3）数字化、智能化物料捡配与搬运

通过智能货架/货柜，按照编码及仓位自动存储及捡配物料。对车间内货架，可通过条码定位其存放的产品信息并将产品信息及存放位置反馈至库存系统及配送系统。搭建车间自动搬运配送天车，并配套集成智能化物料搬送系统，自动取用智能货架捡配完成的物料，以及工厂建模系统数据，并按照订单，自动配送至指定工位。控制全场晶圆、模块等材料的传输与存储，按照产品工艺流程，将在制品在区域与区域、工位与工位、设备机台与设备机台间实现智能化调配运输。

4）设备故障智能监测、统计及预警

通过统计过程控制 SPC 系统、设备性能追踪 EPT 系统等进行无缝整合，同时持续采集设备传感器的实时数据，采用统计分析的技术和方法处理数据，对设备的状态提供实时反馈与主动预警。同时，自动分析生产设备数据，自动侦测与设备故障相关的不良状态，在设备发生故障前有效预警并主动通知维护系统，如比较一片质量好的基板与一片质量差的基板数据，通过叠加的传感器数据图可以方便地识别潜在的问题根源。采用数据驱动式故障排除方法，提高预警有效性，减少宕机时间与非必需的配件替换次数。

5）净化车间环境智能监测及预警

实现净化车间的实时监测，净化车间监测结果的数字化处理，并对异常结果进行自动预警，并对影响净化车间异常的简单分析，在得到指令后的自动化处理。建立对净化车间的实时监测，通过信息化系统将监测结果进行数字化处理，能够将影响车间净化度的因素进行即时报告。

6）数字化、智能化安全监控技术

利用信息化系统，将安全监控系统与控制中心进行网络连接，将检测的安全隐患、安全问题现场形成自动反馈，对安全问题进行应急处理。

7）质量检测综合自动化集成应用环境

利用三维数字化的产品设计成果，由 PDM 导入 EBOM 和芯片、原材料、工装的三维数模信息，经数字化制造工艺设计和生产经营信息（包括生产计划编制、制造数据发布、作业调度管理、加工过程控制和质量监控），直到现场生产状况数据信息采集处理，实现从净化车间生产经营管理、制造技术准备、生产计划管理、制造资源准备与配送、现场管理、质量保证和后勤保障等职能部门间的管理集成。

8）动力系统智能化控制

通过现场控制器、执行器与传感器对洁净室空调系统、工艺排风与废气处理系统、冷冻水供应系统、电力供应系统、工艺冷却水供应系统等各种厂务系统进行可靠、实时与精密地控制，通过工业现场控制总线对现场的控制器进行信息化集成，在中央控制服务器上远程监视与控制。中央控制器上可显示系统的运行状态，实时收集并存储被控系统的运行数据，提供对被控系统运行过程的历史数据查询、运行状态预警、故障报警等功能。

2016—2025 年，建立功率器件数字化车间，并作为行业数字化、智能化制造示范，完善车间制造过程、环境监控及管理系统。

2. 变流器数字化、智能化车间

基于数字化的三维产品模型及定义，构建数字化车间，向操作终端（或操作者）传递数字化的生产指令及作业指导书，同时操作终端（或操作者）用数字化手段/装置向上层业务过程反馈数字化的作业状态信息（数字化采集/反馈）。简化信息传递，最大化生产效率、效能，同时实现数字化、智能化的产品追踪与追溯管理。

变流器数字化车间技术路线如下。

到 2015 年，开展 CAPP 需求分析；开展三维布线、三维装配等技术研究应用，搭建产品数字化的工艺设计平台；基于 MES，搭建信息化的制造执行系统。

到 2018 年，基于 CAPP，搭建产品数字化的工艺规划平台；结合 MES、物联网，开展工艺装备、工艺规划、工厂布局、作业指令、物流的数字化定义及仿真优化。

到 2022 年，协同部件数字化建模及设计仿真，进行 3D 可视化仿真，制作三维操作指导书，逐步实现 IGBT 模块等变流器部件的三维可视化装配；搭建数字化车间的虚拟模型，包括采用 CAD/CAE、CAPP 等技术的三维产品设计、三维工艺设计，以及基于 ERP/SAP、MES、APS 等系统的订单、计划、排程、控制、生产状态等制造模式的数字模型/数据。

到 2025 年，协同子系统数字化建模及设计仿真，逐步实现变流器整柜的三维可视化装配；基于 C-MES（协同 MES），实现异地生产的网络化协同制造；基于 EAI、EDI、SOA、物联网等技术，整合 PLM、ERP、MES，实现生产线状态的实时监控、生产过程的综合管理与监控，建立变流器生产线的数字化工厂。

3．转向架数字化、智能化车间

作为轨道机车车辆走行部件，转向架具有结构复杂、零部件紧密的结构特点，并具有高精度、高可靠性的技术要求；从制造的角度来看，在轨道交通机车车辆企业中，转向架批量较大，标准化模块多，最具有率先开展数字化、智能化制造的必要性和可行性。为此，未来 5 年，将在轨道交通整车企业中，建立转向架数字化、智能化制造示范车间，如图 3.3.5 所示。

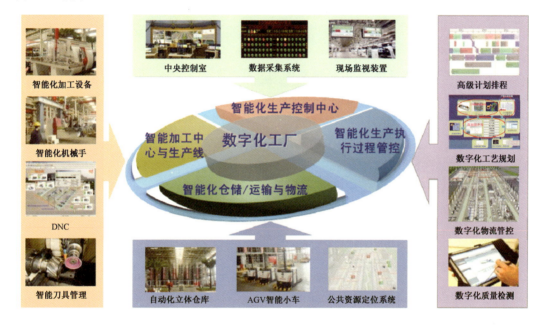

图 3.3.5　转向架数字化、智能化车间构成

1）制造装备自动化

以转向架为示范，实现夹紧定位自动化、加工自动化、物料传送自动化、检测自动化，具体是建立车轴、车轮智能化生产线、涂装自动化生产线、焊接自动化生产线，以及转向架装配自动化生产线。

（1）车轴智能化生产线：轮轴加工二维码数据处理中心和监控中心，机械手自动抓取智能化生产。

（2）车轮智能生产线：实现机械手自动抓取车轮，实现车轮工序间自动输送；实现铁屑自动输送。在生产线末端设立磁探、超探等自动检测装置，最末端建立自动编码打印期，并与企业数据中心连接，实现全寿命周期跟踪、管理。

（3）轮对涂装线：实现机器人自动喷涂，采用信息化控制，具备数据录入系统，针对不同工件在不同工位自动识别分流，完成不同产品涂装。

（4）构架焊接线：所有横梁、侧梁等重要或关键焊缝要实现机器人自动焊接，实现自动装夹、自动传输，生产过程信息化，实现实时监控。

2015—2017年，建立转向架智能制造装备示范线。

2）物流自动化

开发，应用并推广智能化物流配送系统，推行所有物料附带二维码，关键物料采用大容量高频率 RFID 电子标签存储电子履历，引入先进的物流自动化设备及配套信息系统，建立自动立体仓库，实现物流信息化、自动化。

（1）物料流转信息化：推行所有物料附带二维码，关键物料采用大容量高频率 RFID 电子标签存储电子履历。搭建仓库-车间无线网络，开发安卓系统 APP 访问 ERP、WMS，实现物流数据移动处理。

（2）物料存取配送自动化：引入先进的物流自动化设备及配套信息系统，建立自动立体仓库，实现物流信息化、自动化。通过 AGV 转运小车完成自动立体库到生产台位的 JIT 配送工作。

（3）物流仿真平台建设：以三维仿真软件实现目视化物流管理分析；建立配套管理措施，输出相应的物流配送实施方案；对库存量、设备数量、人员配置等输出相应的管控指标；通过改善措施推动物流过程精细化管理，确保自动化流水线生产物料供应。

2016—2020 年，建立转向架数字化智能化物流系统，通过生产实践调试管理系统和机制。

3）转向架数字化、智能化制造信息化建设

（1）轴箱生产线信息化。工件信息识别采用条形码扫描模式，自动识别工件相关数据与信息，与后续工位及工序对接，实现装配过程实时监控与数据分析。轴颈检测的数据与轴承内孔尺寸自动匹配，以最优的过盈量进行选配，提高轴承侧压装质量。采用条形码扫描模式，自动识别工件，在工位间的质量记录自动流转和记录，现场实现无纸制作业，所有质量信息均实现系统共享，可以在后台查阅相关数据，并在轮对交付后自动形成电子履历。

（2）三维工程化。深化三维工程化的应用，利用 TC 系统平台，建立并完善数字化管理流程体系，实现全三维设计、工艺、制造，产品信息化。三维设计，设计数据阶段性发放，实现设计制造数据并行协同；三维模型标准实施应用，开展三维模型检查；三维模型 PMI 标注。三维工艺，实现结构化工艺、可视化工艺文件；运用工艺仿真，提前解决工艺难点；实现三维工装设计；建立工艺资源库。三维制造，建立无纸化终端；DNC 数控程序传输与管理。

（3）二维码及电子履历。全面推行二维码和电子履历。对配件及产品实行二维码验证，每个零部件都有一个唯一的二维码，以方便产品追溯和识别。同时，在每个工序上配备二维码扫描器和输入终端，在员工的作业过程中自动或手动输入作业过程中的所需要记录的数据、参数等其他信息，产品完工后，自动生成了产品的电子履历。通过二维码和电子履历的使用，能有效地防止错装、漏装现象的发生；同时，也能更方便地对产品进行追溯。

（4）生产管理信息化。采用 MES 系统控制包括物料、设备、人员、流程指令和设施在内的所有工厂资源来提高制造竞争力，确保整个生产行为的最优。生产信息管理系统主要作用：一方面，实时收集和传递生产数据，通过设计的功能（程序）提供给所有需要的管理者，使他们能迅速知晓生产的变化，对生产进行有针对性的调控，实现对生产有效控制；另一方面，通过对生产数据的分析，找出规律，改进生产组织和管理的方法，优化生产管理体系。通过局域网及相关硬件和 ERP、MES、CAPP 及 CAD 等软件实现数据的协同管理，建立信息化平台上各应用软件的协同数据库。首先，信息化的集成运用能够适应产品类型多、技术状态多变、计划调整频繁、质量控制要求高等复杂生产环境，真正达成产品数据包的完整性、准确性要求。其次，电子化数据包能将产品所有相关信息及时、透明地展现出来，使数据包在过程控制中，起到预防和及时处理质量问题的作用；在产品整个生命周期中，起到质量可追溯，数据可再判读、再分析的作用。

2016—2020 年，搭建转向架数字化智能化制造信息管理系统，并转整车制造企业其他生产环节（车间）推广应用。

3.4.3　制造工序的数字化

1. 3D 打印

探究 3D 打印在轨道交通行业科研样机、关键零部件、工具工装上的应用，改良产品，减少设计和制造周期。实现部分概念模型样机验证，不占空间、便携制造；工装开发、生产模具快速制作及预生产 3D 打印的大规模应用，实现零技能制造，样机部件模拟装配，在产品多样化前提下不增加模具开发费用；样品或首件、关键零配件快速加工，降低生产周期。

3D 打印技术路线如下。

（1）到 2015 年，探究 3D 打印在轨道交通行业科研样机、关键零部件、工具工装上的应用可行性，以便减少设计和制造周期。通过对工艺技术人员 3D 建模能力培养和调研采购 3D 打印设备，尝试开展样机模型打印及装配验证、简单工具工装开发。

（2）到 2018 年，持续调研和关注 3D 打印技术，引入不同材料打印技术及设备，实现生产模具和实用工具、工装的开发，以及实现复杂样机零件打印和使用。同时实现部分概念模型样机验证，达到不占空间、便携制造的目的。

（3）到 2022 年，随着打印技术的持续发展，实现小批量打印复杂零部件用于生产，缩短小批生产周期。同时实现小批阶段生产需要的工装开发、生产模具快速制作，实现零技能制造，样机部件模拟装配，在产品多样化前提下不增加模具开发费用。

（4）到 2025 年，批量打印复杂零部件用于生产，缩短生产周期，实现 3D 打印技术批量应用。

2. 三维布线

随着设计技术的飞速发展，产品从设计到面向市场的过程所用时间越来越短，电子设备向小型化、模块化发展，以及设备和结构的内部走线日益复杂，设备的内部结构和电磁环境对走线提出了更高的要求；目前迫切需要引入三维布线软件，建立并优化连接器、端子、线束等模型库；建立三维布线规则等。通过对 3D 模型进行布线，自动输出线束生产图样及工艺文件；提前发现三维模型中线束布线方面（走线路径、电磁兼容、接线图点位错误等）的缺陷，进行走线路径设计优化；同时开展线束辅助工装的快速制作；以期在产品设计阶段输出生产用的图样及工艺文件，大幅缩短产品试制周期。

随着设计技术的飞速发展，产品从设计到面向市场的过程所用时间越来越短。电子设备向小型化、模块化发展，以及设备和结构的内部走线日益复杂，设备的内部结构和电磁环境对布线提出了更高的要求；目前迫切需要引入三维布线软件，开展三维布线工艺研究。

三维布线技术路线如下。

（1）到 2015 年，调研三维布线软件，实施三维布线软件的采购，开展工艺技术人员的三维布线软件培训，达到工艺技术人员能够通过三维布线软件在试制交底前输出预布线图样、布线表等工艺文件。

（2）到 2018 年，在共享的设计三维模型基础上，建立布线材料（连接器、端子、线束等）标准模型库，实现三维布线技术推广应用。

（3）到 2022 年，通过工艺研究，建立三维布线的工艺规范，提前优化设计，实现产品布线质量提升。

（4）到 2025 年，达成通过对 3D 模型布线，自动输出线束生产图纸及工艺文件；提前发现三维模型中线束布线方面（走线路径、电磁兼容、接线图点位错误等）的缺陷，进行走线路径设计优化；同时开展线束辅助工装的快速制作；在产品设计阶段输出生产用的图样及工艺文件，大幅缩短产品试制周期。

3. 三维虚拟装配

利用虚拟装配，验证轨道交通整机、部件装配设计和操作的正确性，及早发现装配中的问题，对模型进行修改，并通过可视化显示装配过程（虚拟环境下可视化互动装配技术）；实现基于 3D 模型的公差及干涉分析、装配序列及路径规划；实现设计阶段三维作业指导书及虚拟装配视频作业指导书的输出；减少样机制造成本，减少设计和制造周期；达成通过开展三维虚拟装配，完成产品审图阶段的分析、作业指导书的输出、虚拟装配视频指导书的输出。

三维虚拟装配技术路线如下。

（1）到 2015 年，通过设计三维模型共享和高性能计算机工作站配置，实施三维审图，输出三维审图点检表。利用虚拟装配，验证轨道交通整机和部件装配设计和操作的正确性，及早发现装配中的问题，对模型进行修改，确保产品科研试制过程中的问题提前发现。

（2）到 2018 年，审图时完成基于三维模型的干涉分析，实现基于 3D 模型的公差及干涉分析、装配序列及路径规划。

（3）到 2022 年，通过可视化显示装配过程（虚拟环境下可视化互动装配技术），开展可视化互动虚拟装配技术的实现和应用。

（4）到 2025 年，实现设计阶段三维作业指导书及虚拟装配视频作业指导书的输出；减少样机制造成本，减少设计和制造周期。

4．焊接仿真

通过焊接数值模拟技术找到优化的焊接工艺参数（焊接材料、温控条件、夹具、焊接顺序等），降低局部及整体残余应力；优化结构件产品焊接装配间隙、顺序等，减少焊接变形；通过过程仿真分析，控制焊接冷却速度，改变微观组织，提升焊接质量，重点是车底悬挂产品吊耳焊接质量；改善焊接部件的制造质量。

焊接仿真技术路线如下。

（1）到 2015 年，开展部件级网格划分，优化焊接仿真前处理；优化焊接装配间隙和顺序，焊接装夹，减少焊接变形；开展金属材料库建立所需要数据的测量和试验的前期准备工作，编制金属材料库建立方案。

（2）到 2018 年，开展焊接变形快速评估及运用，优化焊接工艺并辅以微观对比，优化焊接边界参数的设置；开展金属材料库试验检测设备调研。

（3）到 2022 年，开展部件级（重要承载位置）焊接仿真；开展金属材料库所需要数据的试验和测量。

（4）到 2025 年，开展整柜焊接仿真，并与实际生产相对比，优化仿真边界条件，确保仿真与实际相吻合。

3.4.4 质量敏感、高危工序的智能化

对于紧固、压接、测试、焊接等关键工序，开展智能化紧固站、智能化压接/检测、智能化测试装备、智能化焊接等装备开发。细化工序，自动识别工序工位，自动调用紧固工具工装、自动匹配紧固工艺参数进行紧固并自动记录，将数据写入质量追溯模块中；开展 MES 系统和智能压接装备的无缝连接，计划下达后，自动触发调取 Excel 或 Word 下线

布线表，传输给压接装备，自动编程，自动调取压接端子、线束、工艺参数实施压接，同时按照比例进行拉拔力检测，实现实时记录；利用条码或射频信号系统，智能区分不同车型、不同型号的产品，自动调用程序开展测试工作，输出测试报告（若有故障，则含故障报告和分析报告）；开展焊接机器人及焊接机器人工作站的引入，固化焊接工艺，研究焊接机器人对于焊接任务的规划，焊接机器人的运动轨迹控制，焊接动态过程的信息传感、建模与智能控制技术；将上述焊接任务规划、轨迹跟踪控制、传感系统、过程模型、智能控制等子系统的软硬件集成设计、统一优化调度与控制，涉及焊接柔性制造系统的物料流、信息流的管理与控制，多机器人与传感器、控制器的多智能单元与复杂系统的控制等。

关键的高危工序智能化技术路线如下。

（1）到 2015 年，对于紧固、压接、测试、焊接等关键工序，开展智能化紧固站、智能化压接/检测、智能化测试装备、智能化焊接等装备开发。细化工序，自动识别工序工位，自动调用紧固工具工装、自动匹配紧固工艺参数进行紧固并自动记录，将数据写入质量追溯模块中。

（2）到 2018 年，开展 MES 系统和智能压接装备的无缝连接，计划下达后，自动触发调取 EXCEL 或 WORD 下线布线表，传输给压接装备，自动编程，自动调取压接端子、线束、工艺参数实施压接，同时按照比例进行拉拔力检测，实现实时记录。

（3）到 2022 年，利用条码或射频信号系统，智能区分不同车型、不同型号的产品，自动调用程序开展测试工作，输出测试报告（如有故障则含故障报告和分析报告）。

（4）到 2025 年，系统地开展焊接机器人及焊接机器人工作站的研究，固化焊接工艺，研究焊接机器人对于焊接任务的规划；突破并运用焊接机器人的运动轨迹控制技术，以及焊接动态过程的信息传感、建模与智能控制技术等，将焊接任务规划、轨迹跟踪控制、传感系统、过程模型、智能控制等子系统的软硬件集成设计。

3.5　关键技术

3.5.1　部件产品数字化设计

产品数字化的实质是产品物理特性的数字化呈现。产品多维度数字化的实质是以产品数字化样机呈现，理想状况是将产品需要的维度都实现数字化。产品数字化是根本上改变产品从设计到制造、再到销售交付的市场模式，产品的设计转变为基于订单需求的模型设计，简单地说，就是"所见即所得"，用户技术条件的功能和性能实时动态可视化，促进市场模式调整为产品从设计先到销售（用户认同）再到制造交付。

构建产品数字化样机有以下两项基础工作。

1．产品数字化模型

最基本的产品数字化模型是对产品的形状、尺寸、空间等构造三维结构信息，即 3D 设计。新的数字化样机至少应该包含产品电气模型、EMC 模型、机械模型、力学模型、热学模型、材料模型等多学科物理特性；对应地，产品数字化模型接口标准化则是对多学科物理特性输入/输出接口的分类，以及数字化标定。轨道交通装备是一个庞大的系统，部件产品数字化需要有一个自顶向底可接驳的共同开发规划和一个自下而上顺理成章的实施过程，实现"零件→部件→子系统→大系统→总系统"的分层积木化封装、拼插式组合，最终形成"列车－路网"大系统的整体数字化样机。轨道交通总系统分列车系统、牵引供电系统、路轨系统、通信信号系统等四大系统。对每个大系统又可以从上而下，层层分解，分层的原则是无须再分或不可再分。为了便于管理，系统规划对如图 3.3.6 所示的轨道交通装备数字化模型中的每个层面的各个模型进行统一编号，从子系统到不可再分的部件模型，根据其物理特性，分别建立其多学科数字化模型。

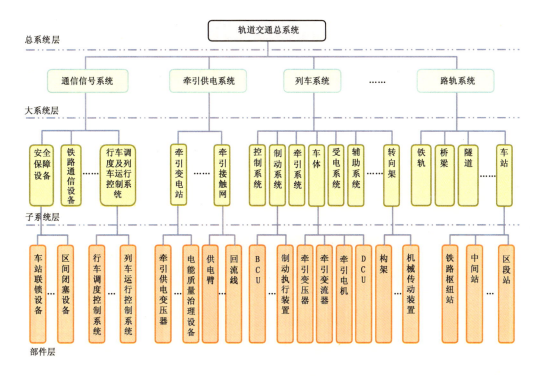

图 3.3.6　轨道交通装备数字化模型示意

2. 产品数字化模型接口的标准化

定义完备的标准化接口是实现数字化模型拼插式组合，形成数字化样机平台体系的先决条件。数字化模型接口的规划采用自上而下的顺序。先完成顶层的列车系统、牵引供电系统、路轨系统、通信信号系统四大系统的输入参数，以及交互数据，然后进一步明确各系统内部子系统的输入参数及交互数据，依此向下，层层明确，最终定义出整个轨道交通总系统完整的标准化接口。各个层次数字模型标准化接口的定义，使得基于实时数据交互的部件级仿真，以及基于高速网络通信与大规模机群并行计算技术的系统级数字化、智能化虚拟样机的实现成为可能。基于云计算及大数据技术的轨道交通数字化、智能化体系如图 3.3.7 所示，所有过程数据均放在云端，以供各级数字化模型的实时调用，从而形成轨道交通装备包括设计、制造、运营、维护的整套数字化、智能化体系。

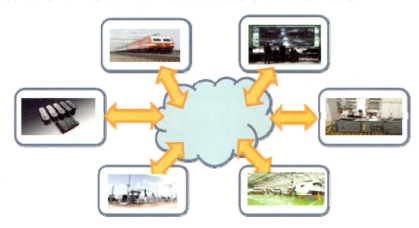

图 3.3.7　基于云计算与大数据技术的轨道交通数字化智能化体系示意

到 2017 年，完成部件模型定义与模型接口的确定。完成部件类型的划分，以及部件三维结构模型、电气拓扑模型（如果存在）、仿真模型等模型的定义及接口规范，在此基础上，形成各部件标准模型库并应用于产品的设计中。

3.5.2　数字化、智能化产品及系统

轨道交通装备的系统产品包括牵引系统、制动系统、辅助系统、列车供电系统、列车网络控制系统、车载信号系统（ATP/ATC/ATO）和机车安全防护系统（6A 系统）。其中，列车网络控制系统是掌控全车信息的关键，而与轨道交通装备存在耦合关系的是地面信号系统、地面供电系统、自然灾害安全监测系统和路轨系统。轨道交通装备系统产品的数字化，关键在于打破"数据墙"并构建高速宽带数据传输通道，重点在于部件的基础数据源的创建和大数据处理能力的设计。

一直以来，轨道交通装备以子系统直线式的技术演进为主，数字化要求子系统间存在紧密的数据关系，进而支持逻辑关系的紧密化，最终达到传统方式所不能达到的大系统功能性能的融通和创新，实现数字化、智能化。

到 2020 年前，突破牵引变流器控制技术、辅助变流器并网控制技术、大功率 IGBT 数字驱动和牵引变流器冷却等技术发展瓶颈。完成碳化硅电力电子器件的应用与研发，推进馈能式双向变流技术，实现电能的高效利用与能量循环利用；推广永磁电机驱动技术与无齿轮直驱技术，提高传动效率和可靠性。

到 2025 年前，完成列车千兆带宽的实时控制与信息网络技术研究，实现列车网络的智能化和简统化；完成列车产品数据中心和 APP 技术开发，实现运营商和制造商对产品全时全程的掌握；完成车载智能化状态监测技术、列控系统核心技术和灾害监测系统研究，实现智能控制、对列车安全相关数据综合诊断、集中显示和预警，实现故障及时处理；完成高效绿色牵引与供电装备技术研究，包括同步牵引系统、储能式牵引系统、混合式牵引系统、电能质量优化与双向传输的牵引供电系统。

到 2030 年，研发并运用列车通信网络（TCN），将列车上众多由计算机控制的部件互相联网通信，实现信息交流，从而达到统一控制诊断和资源共享的目的。

完成智能化列车宽带通信网络测试仿真维护平台的研发，建立更高速的通用控制网络平台，实现列车通信网络安全接入控制及数据加密传输机制，形成基于实时以太网技术的 TCN 一致性测试国家标准。

3.5.3　产品数字化样机

产品数字化样机是基于三维实体模型的虚拟产品（虚拟样机）和企业数字化设计平台。一个完整的产品虚拟样机应包含：三维 CAD 模型相关联的二维工程图，形成基于三维 CAD 的 PDM 结构体系；所有零部件的三维 CAD 模型及各级装配体，三维模型参数化、模块化和变形设计；三维装配体的运动结构分析、有限元分析、优化设计分析；基于三维 CAD 的产品开发的虚拟样机体系建立，摸索定制产品的开发模式及所遵循的规律；三维整机的检测与试验。企业从设计和管理两方面考虑，通过产品设计手段与设计过程的数字化和智能化，缩短产品开发周期，提高企业的产品创新能力和竞争能力。

到 2020 年，完成关键子系统数字化样机及数字化、智能化设计系统的建立。综合考虑电学、电磁学、结构力学、动力学、空气动力学、流体力学、热学等多个学科的牵引系统、制动系统、转向架、齿轮箱、受电弓、轮对、车体等关键子系统功能与性能数字化模型，形成具有丰富设计知识库和模拟仿真技术支持的数字化智能化关键子系统设计系统，满足子系统设计、验证、制造、试验的多层次、多阶段、多维度的应用需求。

到 2025 年，完成整车级数字化样机的建立。完成数字化模型的高层管理体系及规范、部件协同接口及规范的构建,并在此基础上,形成基于高速网络通信及大规模机群并行计算技术的整车级数字化、智能化虚拟样机。运用并行工程方法在不同地点和部门同时进行开发和测试,在图形图像学、数据库和优化计算等技术支持下,可在虚拟的数字环境里并行地、协同地实现整车的全数字化智能设计,虚拟零部件测试和整车的虚拟装配与试验,完成整车结构、性能、功能的精确预现及仿真计算优化。

到 2030 年,完成轨道交通全环境数字化智能运营体系的建立。构建结合牵引供电设备、运行线路条件、气候环境条件模型及列车整车数字化样机的轨道交通虚拟运行系统,一方面利用虚拟现实技术,进行轨道交通系统全条件、全环境模拟运行测试,实现系统、部件设计的最优化与零缺陷;另一方面依托先进的传感技术与网络通信接口技术,实时获取轨道交通装备及环境条件的全面运行数据,并输入到虚拟运行环境,形成虚拟-真实同步混合运营体系,实现轨道交通设备运营过程中工况预现、参数智能调节与补偿、故障自动定位与修复、重大故障预判与规避等功能,达到轨道交通设备运行能效最优,乘坐舒适度最高,以及运营零事故。

3.5.4　数字化、智能化制造技术

数字化、智能化技术不仅是产品创新和制造技术创新,也是新的工业革命的核心技术。在轨道交通装备制造产业,数字化智能化制造装备、数字化企业管理都将是轨道交通装备制造发展的核心和方向,涵盖产品全寿命周期的各个阶段,并强化生产制造过程的产品质量监控和检验等问题。围绕准时化、自动化精益理念,轨道交通装备制造业数字化智能化技术重点将从性能和功能两个方向进行发展。

1．性能发展方向

(1)列车高速高精高效化。采用 RISC 芯片、高速 CPU 芯片、多 CPU 控制系统,以及带高分辨率检测元件的数字伺服系统,通过自动驾驶智能化,优化机车动态、静态特性,提高基于能量最优运营的智能控制,优化轨道交通的速度、精度和效率等关键性能指标。

(2)生产制造的柔性化。由于模块化设计功能覆盖面大、可裁剪性强,便于满足不同个性产品生产需求,通过调节不同的生产流程,动态调整物流和信息流,最大限度地发挥制造系统的柔性效能。

(3)实时监控智能化。实时系统正朝着具有智能行为、适应更加复杂应用环境的方向发展,人工智能也朝着具有实时响应的、更接近应用实际的领域发展。实时系统和人工智能的相互结合,使实时智能控制更具市场前景。

2．功能发展方向

(1)用户界面图形化。当前互联网、虚拟现实、科学计算可视化及多媒体等图形用户界面技术,便于蓝图编程和快速编程、三维彩色立体动态图形显示、图形模拟、图形动态

跟踪和仿真、不同方向的视图和局部显示比例缩放功能的实现，用户可以通过窗口和菜单进行操作，非常方便非专业用户的使用。

（2）科学计算可视化。推动可视化技术与虚拟环境技术相结合，形成无图纸设计、虚拟样机等科学计算可视化技术，广泛应用于 CAD/CAM，如自动编程设计、参数自动设定、刀具补偿和刀具管理数据的动态处理和显示以及加工过程的可视化仿真演示等。

（3）数控系统智能化。将 CAD/CAM、计算机智能技术、网络技术、伺服控制、自适应控制、动态数据管理、动态仿真等高新技术融于一体，开发研究适应于复杂制造过程的、具有闭环控制体系结构的、智能化新一代柔性制造系统（FMS）。

3.5.5 数字化服务

在轨道交通运营中，列车任何细小的故障都有可能造成重大的财产损失和人员伤亡，尤其是高铁运行更将造成严重影响。因此，需要充分利用数字化、智能化手段，全面、及时、准确掌握列车的运行与质量状态，并通过历史数据的对比分析，优化后续设计、制造及运营服务。而在重载牵引中，由于采用长交路、车循环、大轮乘的运用体制和全路统筹管理模式，更需要充分利用信息技术成果，通过传感网、物联网、互联网的手段检测机车车载设备状态，以及机车运行环境，通过现代智能化诊断技术，使机车具有感知和自诊断功能。同时，通过车－地数据交互，使得地面系统能够全面、及时、准确掌握重载机车的位置信息、参数配置信息、运行与质量状态，为司乘人员提供最优驾驶辅助决策支持，使机车运行在最优状态，协助乘务人员、维护人员和管理人员在线处理运行机车的故障和意外情况，提高重载机车与铁路线路的利用率，提升重载机车的运营质量与检修水平，这需要完善的机车远程监视诊断信息化服务。

3.6 保障措施

3.6.1 提高原始创新能力

1. 构建创新发展新机制

创新的价值在于商业化，必须健全以市场为导向的产业创新体系：建立"产学研用"协同创新机制，强化企业创新主体地位，促进制造技术、企业管理、商业模式等多元化创新；建立鼓励企业、社会力量深度参与国家科研任务的新机制，发挥国家重大科技专项引领作用，重点突破核心装备、系统软件、关键材料等一批重大技术，加快实施以基础材料、基础零部件、基础工艺和产业基础技术为重心的技术创新强基工程，不断提升制造业创新竞争能力；健全技术成果转化机制，发展技术市场，加快形成制造企业、科研院所、金融资本共同构成的"多级助推机制"，促进技术创新与产业发展的良性互动；大力推进企业技术改造，形成激励企业运用新技术、新工艺、新材料、新装备的长效机制，促进制造业技术水平和产业层次不断提升；加强知识产权应用和保护，形成鼓励创新、宽容失败的社会观念；要打破我国轨道交通装备制造业普遍存在的工程、产品、工艺互相分离的状况，构建全新的技术创新体系，提升自主研发能力和水平。

2．指明创新方向

我国轨道交通装备产业要在"高速、重载、便捷、环保"技术发展的基础上，根据新能源、高效率、环境保护，以及人流、物流、信息流融合的新要求，推动轨道交通装备产业朝着"绿色、智能、多样性"方向发展，实现环境、安全、准点、舒适的全新服务。环境方面，着重于降低能量消耗、提升能量循环利用，降低振动冲击和噪声干扰，提升材料再制造和再利用；安全方面，针对轨道交通装备运营的可靠性，从制动系统、车载监控系统、新型接触网及轨道安全设施等进行全面优化，通过技术创新推动轨道及列车的技术进化；准点方面，研究以准时、便捷为目标的城市及区域交通规划设计方案，改善轨道交通运输网络，着重研究轨道交通互连互通、智能调控、高密运行、预警预报技术，以提高运输能力；舒适方面，以乘客为核心，在列车与地面之间开发全新的高速及高性能信息传输服务，使乘客的时间、空间可利用性得到优化，出台一系列有关舒适性解决方案。

3．探索创新路径

原始创新是科技进步原动力，站到行业科技前沿进一步提升科技水平，转变发展路径和模式，在改革开放形势下，主要依赖自主化原始创新。以企业为主体，强化产学研用相结合，加强技术前瞻性研究，建立完整的技术创新体系。建立和完善国家重点实验室、国家工程实验室、国家工程研究中心等国家级研发基地，布局全球化企业技术中心，吸纳国际性人才，集合产业各种科技资源与研发力量，实施"新一代先进轨道交通装备"产业创新发展工程，加速推进研发及产业化进程，提升产业原始创新能力。

4．增加创新资金

要不断拓宽科技创新资金渠道，加大原始创新资金投入。财政科技资金和国有资本经营预算科技创新的投入规模要保持稳步增长；扩大财政科技资金投向企业比例，企业使用规模争取达到 70% 以上；国家科技计划和项目注重反映企业重大科技需求；设立财政专项支持资金，鼓励国有企业参与制定国际标准，增加国内企业在国际市场上的话语权和议价权；国有企业研发投入要比照国际一流企业持续稳定增长，企业自有资金研发投入规模争取达到财政科技资金投入的 3 倍以上；探索筹集风险投资基金和私募股权基金，支持技术创新型中小企业研发活动；制定企业科技创新能力考核评价办法，强化对科技投入和产出的分类考核。

3.6.2　持续强化工业基础

为营造有利于轨道交通装备产业向高端发展的环境，提升轨道交通装备产业整体水平和国际竞争力，必须强化工业基础，加强"四基"技术研究，加强基础理论研究，以及前沿技术在轨道交通中的应用。攻克一批关键基础件及其相关的关键材料、关键工艺，做强轨道交通高端装备制造产业。

（1）以现有研发资源分布情况为依托，布局以基础共性技术创新平台为支撑，建设以企业为主体，覆盖基础器件、基础材料、基础工艺的国家级技术创新平台。

（2）将具备条件的轨道交通装备基础研究项目列入国家科技支撑计划等攻关项目，并酌情考虑优先立项。

（3）轨道交通装备制造要构成国家整体力量，要率先加强"四基"研究，投入更多的资源开展基础技术、前瞻技术的创新性攻关。

（4）国内"产学研用"应优先支持国产系统装备的试验验证考核，为试验验证合格的国产系统装备上车运行提供优先支持，提高轨道交通基础配套产业的国产化率和自主化率。

（5）实施国产首台套产品使用奖励政策，中央财政给予购买国产首台套产品用户一定比例的价格补贴和保费补贴，政府和国有企业采购优先购买国产首台套产品，以积累市场运营经验，率先敲开国际市场大门。

（6）充分利用城际工程、技术改造专项等政策措施，积极推动尽快启动实施战略性产业重大工程先进轨道交通装备及关键部件专项，开展现代有轨电车等城市轨道交通装备的示范应用，推动先进轨道交通装备自主研发产业化，特别是要加大城市轨道交通装备关键核心零部件产业化支持力度。

3.6.3　构建国际标准体系

（1）加快完善轨道交通装备的标准体系。按照国标委、工信部等九部委联合印发的战略信息产业标准化发展规划的要求，通过建设城市轨道交通装备标志综合体等政策措施，优先完善关键装备的重点标准，健全与轨道交通装备质量和安全相关的重要标准，扩大标准覆盖面；初步建立适应轨道装备产业标准体系，以标准促进产业发展，重点要启动实施城际动车组、低地板现代有轨电车、轨道交通大型施工机械、牵引电器设备与系统、跨轨式单轨交通、储能式轻轨车辆等为标志的综合体工程。

（2）加强产品质量检验检测能力建设，加快培育建立第三方的专业检验检测和认证机构，鼓励组建以国际互认为前提的合资认证机构，逐步建立和完善轨道交通装备产品认证制度，加强轨道交通装备产品质量管理。

（3）整合"政用产学研"标准化技术力量，加强轨道交通装备标准的研究和制修订工作，鼓励有实力的单位牵头制定国际标准，促进技术转化为标准、国内标准转化为国际标准，进一步完善轨道交通装备产品技术标准体系。

（4）以产业链为纽带，研究建立轨道交通装备产业标准服务体系，促进并保障现代制造服务业健康有序发展。

3.6.4　推进工业化与信息化深度融合

（1）顺应信息化发展的时代潮流，按照十八大关于促进"四化同步"发展的要求，着力建立信息化和工业化深度融合机制，实施两化深度融合专项行动，建立健全企业两化融合管理体系，引导企业增强两化融合意识，深化信息技术集成应用，不断提升制造业信息化水平。

（2）基于大数据平台，利用物联网和云计算技术，收集、整理、分析、应用信息，政府与企业共同研究信息化标准体系的建立，重点推进网络基础平台、产业数据（交换）中心等一批信息化基础设施公共服务平台，实现产业、集团、企业三个层面的信息互动与信息共享，使中国轨道交通装备制造业这个大产业平台在其发展中各业务数据共享和协同，提高中国轨道交通装备制造大产业的智能化和数字化水平。

（3）以信息化、智能化、集成化为突破口，建成具有国际先进水平的高端装备制造研发基地，并通过加强企业信息化基础建设，在企业的 ERP 与有关系统的有效集成中，着重解决技术系统与管理系统的集成，用好 MES，构建产品研发信息化、生产制造信息化、企业管理信息化、企业商务信息化以及企业信息系统的总集成。

3.6.5 健全行业管理体系制度

（1）在简政放权的情况下，适时整合交通协会、城轨协会、铁道协会等轨道交通装备行业组织，加强各类第三方行业公共服务平台建设，完善行业服务体系，发挥社会组织作用，通过委托、招标、合同外包等购买服务方式，充分发挥协会在行业协调、行业自律、信息交流、政策研究、咨询评估、国际交流与合作以及维护企业合法权益、维护市场公平竞争、反映企业实际问题、推动行业健康发展等方面的桥梁和纽带作用，提升服务行业的能力和水平。

（2）要明令禁止地方政府"市场换投资"和"建厂换中标"，避免城轨交通产能走向严重过剩，避免拖累"制造强国"后劲；对外资和合资企业要求"实质国产化"。要重点完善车辆招标技术需求和评价标准，完善城轨车辆谱系，完善城轨产品通用性，避免"零价值创新"和"负价值创新"，为用户创造价值，提升实质竞争力。

（3）要发挥中央政府的战略导向、综合协调和服务功能，创造更好的创新环境，建立强有力的创新激励体系，尤其要实施自主产品的首台套、首条线的使用免责和配套奖励，实施高端技术研发奖励和高技能人才培养等扶持政策。

（4）改革税制支持发展车辆维保业务，建议国家参照铁路货车修理企业按照服务类企业纳税标准，将机车车辆、城轨车辆维保业务的增值税改为营业税，鼓励金融租赁公司开展轨道交通装备的融资租赁业务，支持发展具有轨道交通装备特色的现代制造服务业。

（5）以国家国资委下属的投资平台为出资人，按市场原则和有关企业共同投资组建关键零部件研发制造的股份公司，在纵向上补齐产业链短板。同时，鼓励、支持合适的企业、科研院所、高校组建跨行业的关键、共性技术研发平台和联盟，鼓励发展中场产业，实现装备制造业零部件标准化、模块化生产，提高零部件配套服务能力，从横向打通产业链。

3.7 技术路线

轨道交通装备数字化、网络化、智能化制造技术路线如图 3.3.8 所示。

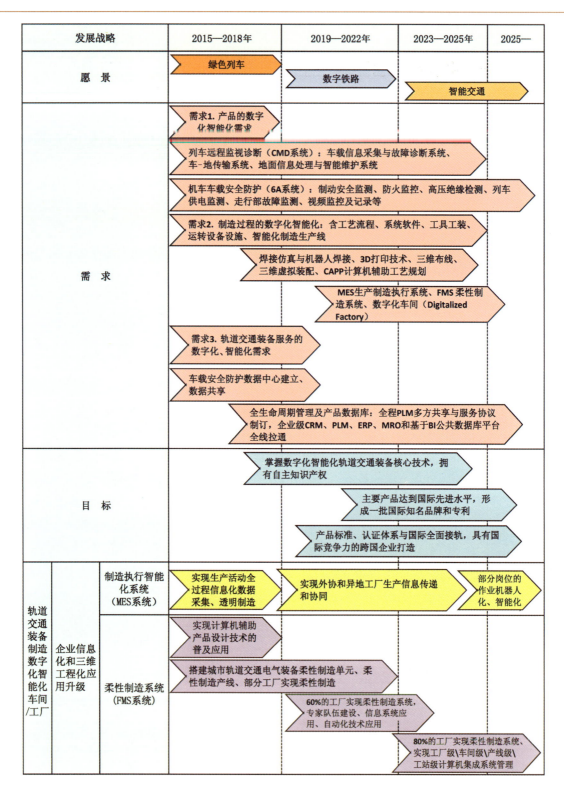

图 3.3.8　轨道交通装备数字化、网络化、智能化制造技术路线

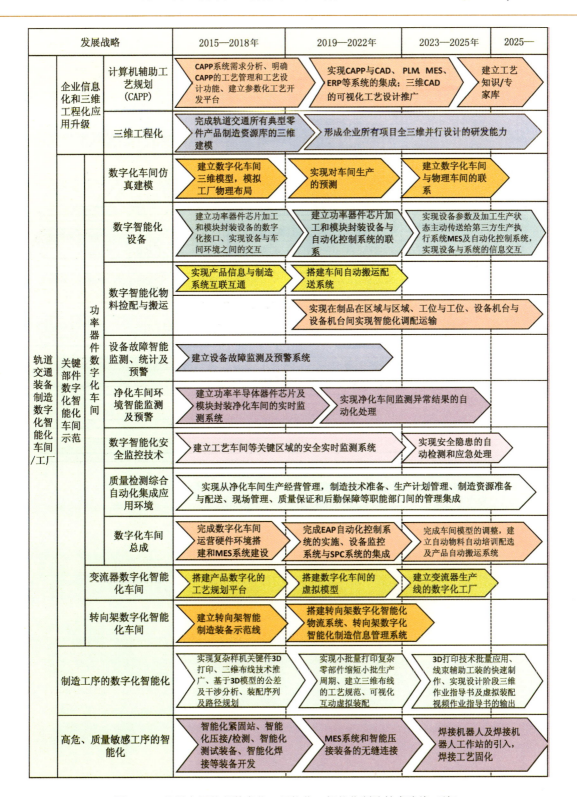

图 3.3.8　轨道交通装备数字化、网络化、智能化制造技术路线（续）

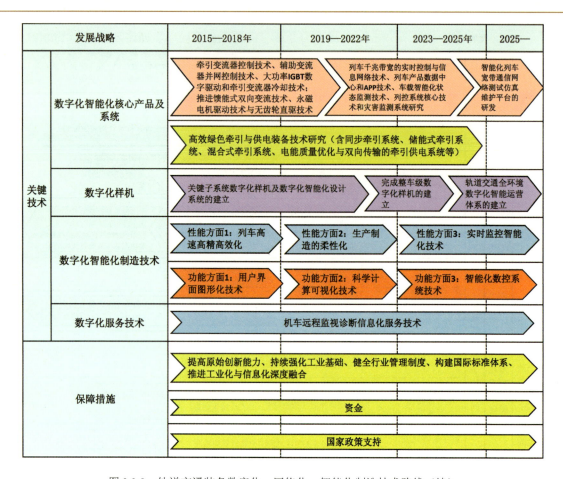

发展战略		2015—2018年	2019—2022年	2023—2025年	2025—
关键技术	数字化智能化核心产品及系统	牵引变流器控制技术、辅助变流器并网控制技术、大功率IGBT数字驱动和牵引变流器冷却技术；推进馈能式双向变流技术、永磁电机驱动技术与无齿轮直驱技术	列车千兆带宽的实时控制与信息网络技术、列车产品数据中心和APP技术、车载智能化状态监测技术、列控系统核心技术和灾害监测系统研究	智能化列车宽带通信网络测试仿真维护平台的研发	
		高效绿色牵引与供电装备技术研究（含同步牵引系统、储能式牵引系统、混合式牵引系统、电能质量优化与双向传输的牵引供电系统等）			
	数字化样机	关键子系统数字化样机及数字化智能化设计系统的建立		完成整车级数字化样机的建立	轨道交通全环境数字化智能运营体系的建立
	数字化智能化制造技术	性能方面1：列车高速高精高效化	性能方面2：生产制造的柔性化	性能方面3：实时监控智能化技术	
		功能方面1：用户界面图形化技术	功能方面2：科学计算可视化技术	功能方面3：智能化数控系统技术	
	数字化服务技术	机车远程监视诊断信息化服务技术			
保障措施		提高原始创新能力、持续强化工业基础、健全行业管理制度、构建国际标准体系、推进工业化与信息化深度融合			
		资金			
		国家政策支持			

图 3.3.8 轨道交通装备数字化、网络化、智能化制造技术路线（续）

第四章 汽车制造业数字化、网络化、智能化制造技术路线图

课题组成员名单

成　员：（按姓氏拼音排序）

　　　　郭孔辉　　高振海　　李　骏　　刘宗巍　　孙凤池

　　　　许　男　　于丁一　　姚　远　　赵福全　　张　宁

　　　　章新杰　　张晓艳

在新一轮科技革命背景下，发展以数字化、智能化为典型特征的先进制造业成为国际趋势，也是新的经济增长点，主要工业发达国家都在制定并实施计划，旨在智能化与网络化时代继续保持其全球领先地位。

汽车工业是先进制造业战略的重要部分，如美国的先进制造业国家战略计划将汽车定为首要目标；德国的"工业 4.0"计划，大众、戴姆勒和宝马均参与其中。这不仅因为汽车工业是先进制造业的重要体现者，汽车工业自身也对先进制造提出了重大需求。

（1）汽车产业低碳化、信息化、智能化发展是未来重要趋势。

（2）数字化、智能化制造有利于协同开发和提高创新效率，缩短研发和生产周期。

（3）数字化、智能化制造可提高生产管理效率，实现定制化、个性化生产，有效降低制造成本。

（4）利用网络化，可快速、准确应对市场需求，实现产品全生命周期管理。

（5）数字化、智能化制造有利于梳理相关产业关系，提高全产业链协同效率。

目前，我国汽车工业大而不强，与汽车强国还存在明显差距。国外先进车企已经广泛采用的全球协同开发及数字化、智能化工厂，在自主车企中还仅是刚刚起步。同时，我国汽车工业正处于转型升级的关键阶段，顺应工业进步潮流，发展数字化、智能化制造，是我国提升汽车工业整体实力，实现汽车强国乃至发展先进制造业的重要途径。因此，制定汽车制造业数字化、智能化发展路线图将具有重要的战略指导意义。

4.1　产业概述

4.1.1　产业规模

2009 年至今，我国汽车产销规模一直居世界首位（图 3.4.1），成为名副其实的世界汽车制造大国。2013 年中国汽车产销达到 2200 万辆规模，出口近 100 万辆；汽车工业总产值已突破 3.9 万亿，增加值达 8606 亿元（图 3.4.2），增加值占中国 GDP 的 1.66%；汽车制造直接从业人数近 340 万人；中国汽车工业利润总额已达 2717.1 亿元，约占全国工业利润总额的 4%，过去十年盈利能力保持 30% 的平均增速；行业整体资产净值达 6700 亿元，积累了巨大财富（图 3.4.3）。国务院发展研究中心预测，今后 10～15 年，全国每年 GDP 新增量中有 16%～17% 将由汽车产业提供，汽车将成为对中国国民经济拉动力最强的产业。

图 3.4.1　中国汽车产量及排名

图 3.4.2　中国汽车工业总产值及增加值

（数据来源：中国汽车工业年鉴）

图 3.4.3　中国汽车工业利润总额及固定资产净值

（数据来源：中国汽车工业年鉴）

日前中国千人汽车保有水平低于世界平均水平，与先进国家相比差距更是明显，中国汽车工业的发展远未饱和。随着国民收入水平的提高及城镇化进程的推进，汽车消费的排浪效应正使中国汽车工业呈现出向 3000 万辆发展的态势，未来还有很大的发展空间。

4.1.2　产业关联性

从汽车产业链看，主要包括产品研发、零部件采购、生产制造和销售服务四个方面，全产业链涉及诸多行业，往往带动 100 多个产业的发展。从上游看，汽车可带动冶金、钢铁、橡胶、玻璃、塑料、石化、机械、电子、纺织及铸、锻、压、热、焊设备等几十个大产业特别是加工业的发展；从下游看，汽车也促进了交通运输业、路桥建设业、销售业及保险、金融、培训、维修、广告、加油站等众多服务业的发展，在欧美发达国家，购买一辆汽车的价格中，大概有 40%是支付给各种服务业。

从汽车技术关联看，汽车是工业化国家技术进步最快的产业之一，它不仅对生产制造有很高的技术要求，而且对相关产业如原材料产业、装备制造业、零部件产业等也有很高的技术要求。随着汽车性能日益提高、功能不断增加，结构也日趋复杂，一辆整车由 2 万多个零部件构成，涵盖多个领域的技术集成。汽车也是新技术的载体，信息化、智能化新材料、新能源等新技术，都在汽车上得到充分体现。可以说，汽车工业是一个国家制造水平和科技水平的标志，它的发展与各个关联产业的技术水平密切相关。

正是由于汽车产业规模巨大，对上、下游产业的带动作用强，因而其发展水平的高低、发展质量的优劣直接影响国民经济众多部门的发展，同时也影响着工业化进程中产业结构的优化和升级。对于美国、日本、德国等制造业强国来说，汽车工业无论在其国内经济，还是国际贸易中都占有不可动摇的地位。

国际金融危机后，实体经济的战略意义凸显，强国对过去的"去工业化"政策进行了反思，提出"再工业化"战略。受到重创的美国 2009 年发布了《重振美国制造业框架》，并将汽车产业纳入到政府高度关注领域。2012 年又发布了《美国先进制造业国家战略计划》，汽车业也是首要目标。从德、美、日的经济发展不难看出，制造业的核心一直被其牢牢掌控，而作为占比较大的汽车工业，是其成为制造强国的有力支撑，制造强国与汽车强国具有强关联性。

4.1.3　数字化、网络化、智能化制造重点领域

数字化、智能化技术是产品创新和制造创新的共性技术，深刻改革制造业的生产模式和产业形态，是新一轮工业革命的核心技术。汽车工业作为产业关联面广、规模效益显著的制造业典型代表，一直是数字化、智能化制造的重点领域。

数字化制造系统最早兴起于 20 世纪 90 年代的美国和德国，在汽车制造业广泛应用，包括以底特律三大汽车为代表的美国汽车制造业和德国大众、宝马和奔驰为代表的欧洲汽车制造商都纷纷采用数字化制造系统，首当其冲地应用在车身焊接工程领域。并通过多年应用，总结出数字化制造系统对于车身焊接工艺工程的价值：缩短产品投放市场的时间 50% 以上，减少车型试制原型数目 80% 以上，节约生产、试制成本 15% 以上。

由于汽车制造业有较好的制造设备条件和 IT 应用基础，因此，率先实施数字化智能化制造既是大势所趋，也是形势所迫。一方面，汽车制造业要增强创新能力，就离不开产品设计的数字化、工艺规划的数字化和生产管理的数字化；另一方面，市场竞争促使汽车企业从传统制造模式向数字化制造模式转变，在产品越来越复杂、生产设备和制造系统日趋复杂和昂贵的情况下，只有引入数字化制造技术中的虚拟验证功能，并通过定量的手段来分析和优化制造工艺，才能保证在可制造的前提下，实现快速、低成本和高质量的制造。

汽车制造业数字化和智能制造主要体现在以下几方面：数字化开发、汽车装试线、车身焊装生产线、自动化搬运与仓储设备、多功能机器人、智能化工艺管理、数字化技术生产线规划、制造的关键部位的智能化设备应用、智能化保障工艺装备精度、物流系统智能化运输、工艺装备的柔性化、在线检测等。

从近年来正在制造业快速发展的数字化、智能化制造技术——3D 打印与工业机器人看，汽车是其重点应用领域。3D 打印称为"具有工业革命意义的制造技术"，在航空航天、汽车、家电、生物医学等领域得到一定应用。从目前的市场应用份额看，汽车工业已占 30% 以上的份额，为第一大应用领域。汽车及汽车零部件制造业一直以来也是工业机器人应用最广泛的领域，据统计，2011 年全世界约有 36% 的工业机器人应用于汽车领域。在制造业中，汽车制造业的工业机器人密度也是遥遥领先于其他行业（工业机器人密度是指在制造业中每 1 万名员工所拥有的工业机器人数量，工业机器人密度反映一个国家工业机器人产业的发达程度）。

4.2 数字化、网络化、智能化制造基础

随着汽车工业的快速发展，数字化、智能化在我国汽车制造领域已经有了相对广泛的应用，近十余年来，以加工中心、机器人为代表的多轴通用或专用数控加工机已进入汽车制造全过程，车身冲压、焊装、涂装，发动机缸体等关键总成及模具制造均实现 CAM，减少人工投入，提高了产品制造质量和一致性水平。

现在汽车生产已实现将数模 3D 图样人工转化成加工程序用于数控加工制造，或编码识别后更换加工程序加工，但通过计算机、数控加工机将图纸直接转化制造出零部件尚需一段时间。汽车零部件加工过程智能识别、检测和加工制造质量闭环控制是汽车产业制造技术发展方向，现在也有不少应用，但各制造领域（如铸、锻、焊、热处理、切削、冲压、涂装等）应用水平有所不同。总体来说智能化水平不高，与国外差距明显。以汽车的四大工艺装备——喷涂生产线、冲压生产线、机器人汽车焊接和装配自动化生产线为例，其与国外的差距明显。

（1）喷涂生产线：主要包括喷漆机器人、电泳、烘干、涂胶及输送等设备。由于国内缺乏将工艺系统、物流系统、信息系统集成为流水生产线的技术，喷涂生产线也基本依赖进口。

（2）冲压生产线：轿车的冲压件包括车身覆盖件、车身结构件和中小型冲压件。目前，我国轿车生产主要应用自动和半自动冲压生产线，下一代是柔性冲压自动线。冲压生产线是唯一的国产设备占据主导地位的大类汽车制造装备，但先进冲压技术装备仍与国外存在很大差距。

（3）轿车焊接装配线几乎全部依靠进口。轿车车身自动焊装线、整车自动装配线是我国汽车装备最薄弱的环节之一。目前，自动装配线向柔性和"零缺陷"装配线发展。柔性靠大量焊接和装配机器人实现。装配自动化程度不够，一般来说，一套支持总装工艺的数字化制造解决方案应包含以下功能：数字化预装配（Digital Pre-Assembly，DPA）、数字化工艺规划（Digital Process Planning，DPP）、数字化工艺规划验证（Digital Planning Validation，DPV）、生产管理和供应商协同。高效的生产管理要充分利用制造执行系统（MES）、实时流程和控制（SCADA/HMI）以及流程规划的功能；供应商协同的目标则是为了确保零配件的质量，并实现准时生产。目前在我国一些汽车企业中，汽车装配工艺一般由工艺规划人员先进行经验性、类比性的手工设计，然后根据样车装配试验情况和生产现场实际情况进行适当调整后完成。目前，国内最具代表性的是一汽大众于 2009 年建立的奥迪总装车间，已达到国际先进水平，自主品牌的水平差距主要在于数字化技术应用的多少，但总体与国际先进水平差距较大，智能化几乎没有发展。

此外，在研发和管理环节，数字化、信息化技术已经广泛应用，基于 CAD、CAE、CAM 等 CAX 计算机辅助设计、模拟已实现普及，PDM、ERP 等管理系统也有越来越多自主车企在推广应用，但相关设备和软件较多依赖进口，特别是软件。在服务领域刚刚形成信息化、网络化发展雏形，还没有广泛应用，目前还没有实现市场信息、服务信息对产品开发和生产的有效反馈。而将设计、制造、销售与服务各环节衔接起来形成一体化的制造体系，目前则仅有概念，大多数企业并没有尝试实际操作，但预计将是下一步发展的重点。

当前新一轮科技革命方兴未艾，制造业将向数字化、网络化、智能化方向发展的趋势日益明显，互联网、大数据和云计算渗透到近乎所有领域，传统制造业的产业链面临重组，行业边界正在淡化甚至被打破。预计汽车制造业的生产模式将产生重大变革，主要体现在以下几个方面。

（1）生产高度自动化、智能化、定制化。3D 打印、工业机器人等数字化、智能化生产方式已在汽车工业中崭露头角，可实现具备一定规模性的定制化生产。未来产品与机器、机器与机器、机器与物料之间都将实现互联，机器设备自行组织生产，物料供应自主协调，智能管理"制造什么"、"怎么制造"、"由谁制造"、"为谁制造"，保障汽车产品的高精度、高品质。

（2）"设计—制造—服务"呈现出明显的一体化趋势，打破空间上的协同生产概念。依托互联网、物联网、大数据等信息技术，汽车制造业的前后两端，即汽车设计与后期服务将相互"连接"，紧密互动、相互支持。汽车将装备数据收集和发送设备，汽车运行信息反馈给 OEM，通过大数据处理，分析用户行为特征和偏好，指导设计、生产、销售与服务环节。此外，跨区域独立生产个体或群体间的即时协同也可以得到实现，生产效率和灵活性将显著提升。

（3）实现全过程绿色制造。数字化、信息化、智能化的增材制造技术能够有效减少物料消耗与资源浪费，提升材料的回收利用效率，因此，汽车生产方式很可能将由传统的资源与劳动力密集型向技术密集型转变，从而大幅降低生产所需能源投入，提高生产效率，实现生产环节的低碳环保，打造全新绿色生产模式。

4.3 数字化、网络化、智能化制造需求

随着中国汽车工业发展的持续增长，国内汽车市场的竞争压力也不断加大。竞争的加剧使得汽车制造商面临的压力与日俱增，这些来自企业内外部的压力无疑也是企业进行变更和持续改进的原动力，它们可以大致细分为以下几种类型。

（1）赢利的压力。国内市场激烈竞争的直接后果就是汽车产品不断降价，这使得制造商的赢利空间日趋缩小。

（2）产品创新的压力。要实现汽车从"中国制造"到"中国创造"的转变，关键在于创新，创新是企业长久生存的基础。

（3）顾客需求的压力。中国的汽车市场已从卖方市场变为买方市场。顾客的眼光越来越专业，个性化要求越来越多，对汽车性能的要求越来越高。因此，企业必须推出结构越来越复杂的产品，增加配置选项，严格确保产品的质量，并提高售后服务水平。

（4）产能过剩的压力。当前汽车市场供过于求，自主品牌产能利用率明显降低。调研显示，在 28 家自主品牌汽车企业中，16 家产能利用率不足 75%。IHS 的最新研究也显示，2015 年国内外资品牌产能利用率将为 85%，而自主品牌产能利用率只有 65%。产能过剩的状况迫使汽车制造商在现有的生产线上同时生产更多类型的汽车，这对生产线的柔性提出了高要求。

（5）质量保证和汽车召回制度的压力。汽车召回数量逐年递增及汽车三包的实施，体现了中国汽车市场走向成熟，也反映出消费者对汽车质量更高的要求，使汽车工业在数量持续增长的同时，在质量方面给企业提出了更高的要求。

（6）国家政策法规的压力。中国汽车产业的政策和相关法规日趋严格，对汽车节能的规定、对污染排放物的规定、对安全性能的规定、对产能利用率的规定等，都给企业以很大的约束。

（7）分工细化和全球化制造的压力。整车企业都将零部件的工艺和制造包给独立的供应商，自己则集中力量进行新车型的开发、四大工艺的改进，以及若干关键零部件的制造，如发动机和变速器等。因此，整车企业必须紧密地维系与更多供应商之间的合作关系，确保配件质量符合要求并准时供货。另外，在全球化制造越来越明显的今天，国内一些企业都在全球拥有一些研发机构或者制造工厂，如何确保这种"多地设计，多地制造"环境下的协同无差错工作，也是汽车企业需要面对的问题。

以上这些内外压力必然会促使汽车制造企业不断改进产品的制造过程，并带动汽车制造技术向集成化、数字化、敏捷化的方向发展。围绕准时化、自动化精益理念，数字化智能化制造装备、数字化工厂是汽车数字化、智能化制造发展的核心和方向，涵盖了产品全生命周期的各个阶段，可以有效缩短从设计到生产的转化时间，解决生产制造过程的数字化、智能化监控和检验，从而提高产品设计的成功率和产品可靠性。

通过汽车产业的装备及其生产线进行需求分析，建立相关需求要素的优先级排序表，经过专家研讨，得到的统计结果是汽车装试线、车身焊装生产线、车身涂装生产线、多功能机器人和自动化搬运与仓储设备被认为是最优先的要素。其中多功能机器人和自动化搬运与仓储设备需要满足的时间是 2015 年；车身焊装生产线和车身涂装生产线的数字化智能化需要满足的时间是 2018 年，数字化智能化汽车装试线则需要满足的时间为 2020 年。此外，数字化智能化的汽车动力总成装配线和复合加工单元也被重点提及，其中复合加工单元期望在 2015 年满足要求，数字化智能化汽车动力总成装配线预期在 2020 年满足要求。

此外，目前在自主车企中，尽管引入了大量的数字化、自动化设备，但相应的生产规划、工艺设计，还都完全由人工完成，这种做法工作量巨大、耗时长，设计、规划的质量无法保证，特别是在装配任务规划、生产线平衡等方面难以达到较理想的优化效果。最为严重的问题是，由于制造过程的柔性和复杂性，在调试与试运行过程中往往会有很多问题，而随后在日常生产中又会因为设计和工艺变更而引发很多新问题，这些问题的频繁出现不但加长了从规划到投产，以及从投产到量产的周期，而且大大增加了成本。因此，必须广泛使用虚拟技术，在计算机上实现装配工艺规划和验证，从而及时发现并修正问题，减少实际投产后的变更。

数字化模拟工厂是数字化工厂技术在制造规划层的一个独特视角。基于虚拟仿真技术的数字化模拟工厂是以产品全生命周期的相关数据为基础，采用虚拟仿真技术对制造环节从工厂规划、建设到运行等不同环节进行模拟、分析、评估、验证和优化，指导工厂的规划和现场改善。由于仿真技术可以处理利用数学模型无法处理的复杂系统，能够准确地描述现实情况，确定影响系统行为的关键因素，因此，该技术在生产系统规划、设计和验证阶段有着重要的作用。数字化模拟工厂在现代制造企业中的应用主要包括：

（1）加工仿真，如加工路径规划和验证、工艺规划分析、切削余量验证等。

（2）装配仿真，如人因工程校核、装配节拍设计、空间干涉验证、装配过程运动学分析等。

（3）物流仿真，如物流效率分析、物流设施容量、生产区物流路径规划等。

（4）工厂布局仿真，如新建厂房规划、生产线规划、仓储物流设施规划和分析等。

通过基于仿真模型的"预演"，可以及早发现设计中的问题，减少建造过程中设计方案的更改，还能够迅速发现在持续运行的过程中出现的问题，而如果想要在现实的系统中发现这些问题，需要长期测试，花费高昂的成本。2011 年，国内各工程设计院已逐步开始采用数字化工程设计及规划技术来辅助规划和建设新工厂，降低工程设计与规划风险，而这也是汽车制造业所需要的。

在实际生产环节，数字化工厂应是下一步重点发展方向。从全球角度看来，数字化工厂技术已在航空航天、汽车、造船及电子等行业得到了较为广泛的应用，特别是在复杂产品制造企业取得了良好的效益。据统计，采用数字化工厂，产品上市周期可缩短 30%；减少 65% 的设计修改；减少 40% 的生产工艺规划时间；提高 15% 生产产能；降低 13% 生产费用。这些水平的提升，能够在很大程度上增强企业的竞争力。

在我国，面对传统产业转型升级、工业与信息化融合的战略发展要求，大力开展对于数字化工厂技术系统的研究、开发与应用，有利于推动实现制造过程的自动化和智能化，并可望有效带动整体智能装备水平的提升。

就汽车制造企业而言，为了满足不同需求，各大汽车厂都构建了不同品牌、不同系列的诸多车型。同一个产品，也提供客户定制服务，以满足个性化的要求。这将会导致汽车厂商直接面对多样化的产品生产模式，而且各个产品系列的制造需求都会随着市场而变化，产品的多样化则导致生产系统的多样化。目前，各大汽车制造企业都普遍采用混线生产的模式，在一条生产线中通过不同设备的配置方法，来生产不同类型、不同品牌的汽车。混线生产必然会对新车型的投产提出新的要求，一方面，需要对新产品设计出与原来流水线相似的生产流程和设备；另一方面，需要合理调整生产线设备的参数和节拍，让混线生产成为可能。而传统的工厂设计规划方法由于没有数字化的规划设计数据，导致新车型规划工艺路线和加工装备时不能很好地借用原来的设计方案。新的设计方案完成后又不能进行模拟仿真而必须在现有的生产线上做停产后的样机试生产,直接影响到了现有产品的生产。因此,迫切需要一种能对生产过程信息进行有效管理并能提供模拟仿真的新的生产系统规划设计方法。

汽车产品的设计复杂度在不断提高,使制造工艺也日趋复杂,技术含量越来越高。例如,轻量化的要求使得汽车需要使用更多种类的材料,这相应增加了车身焊接和总装工艺的复杂性。一些先进的制造工艺技术,例如激光焊接逐渐应用到汽车的车身拼焊和零件焊接中来,它具有减少零件和模具数量、减少点焊数目、优化材料用量、降低重量、降低成本和提高尺寸精度等好处。此外,喷漆、弧焊、点焊、装配、搬运等机器人的广泛采用也增加了技术含量。而混线生产又对生产线的布局设计和产品设计都提出了很多约束,需要通过数字化、智能化技术和新的规划管理方法来改善。

车间自动化程度的提高也需要对规划设计方法改进。以白车身生产线为例,目前主要采用自动化手段来传输、抓取、夹持金属薄板车身件并将其焊接成复杂的白车身结构,在夹具及传输/夹持零件所需的自动化设备、进行焊接作业的机械手、验证质量所需的测量/测试设备等方面投资巨大。因此,必须对设备的布局和配置进行分析优化,提高设备的柔性、运行可靠性和利用率,实现现有资本设备的价值最大化。

随着产品的越来越复杂和知识含量越来越高,制造系统的复杂程度也越来越高,由于生产设备和制造系统日趋复杂,供应商和客户在规划和设计系统的前期、组装和调试新设备并将其投入到生产的过程中经常面临着日益严峻的问题。传统的手工处理方式,设计人员不能对新的制造技术和制造系统有正确的了解,可能导致产品设计上的错误,就需要在以后的设备现场安装调试中以更大的代价去更正。而生产制造过程的经验也不能很好地反馈到设计阶段。设计和制造两个环节的脱节就迫切需要提高企业的生产规划能力和制造系统的设计能力。

传统的人工规划在新生产系统设计完成后,具体的设备进厂、试生产和投产都是一个不确定的纸上方案,给建造供应商制造了很多不确定因素。这样会导致新工厂的建设时间、建设成本都不能很好地进行控制,最后往往会导致费用超支,工程拖期。

在如今这个产品繁多、竞争激烈的时代,如何提高资金流转的效益、如何缩短新产品从研发到上市的时间,以及如何在销售领域延伸人性化的服务,是整个工业领域面临的挑战。到目前为止,数字化工厂已经在国外领先汽车制造企业中得到了普遍应用,国外主要汽车强企都在不同范围内采用了数字化制造解决方案,并获得了降低规划成本、提高规划质量、加快规划时间等多方面的投资回报。中国自主车企的数字化工厂建设还相对落后,在一定程度上导致了产品周期、品质、成本等方面的劣势,迫切需要进一步完善数字化工厂建设,并形成自主规划能力。

4.4　发展目标

根据需求和需求的时间、围绕关键工艺环节的需要、突破一批关键技术和生产线、需要推广应用目标、提高劳动生产率或经济效益、提升产品质量（定量）、降低能源消耗等，通过汽车产业的装备及其生产线进行目标分析，对目标要素进行优先排序，经过专家研讨，制定如下目标：

到 2015 年左右，开发出智能拧紧设备、AGV 小车和自动化传输设备；到 2016 年，实现数字化柔性焊装夹具的开发；到 2017 年左右，突破一批关键技术，开发多功能机器人，如喷涂机器人和焊接机器人，实现生产系统中机器人的群体协调和集成控制；2018年，实现生产系统中的在线检测与智能控制。

中国制造业的奋斗目标如下。

到 2020 年，中国机械产品全面应用数控技术，总体升级为数控一代，中国制造业基本普及数字化技术，并在若干年后实现一定程度的智能化。

到 2030 年，中国机械产品总体升级为智能一代，中国制造业主要领域全面推行智能制造模式，整体上走在世界前列。作为制造业中具有代表性的汽车产业，同时也应是代表制造业最高水平的产业，目前已在很大程度上实现了数字化，也就是数控一代，在未来几年内，数字化还将进一步普及。

同时，智能化与国际先进水平差距较大，应作为发展重点，争取在 2025 年完成整体升级，先与制造业总体实现智能一代的目标。

要实现数字化、智能化目标，不仅要进行设备上的升级，在管理技术和产业模式方面也要进行创新。

管理目标是追求产品全生命周期的优化，数字化、智能化技术的集成应用可以形成计算机集成制造系统，集成智能制造系统、数字化工厂，使企业对产品整个生命周期全部数据进行统一管理，对企业所有资源进行整合集成管理，建立从供应决策到企业内部各个部门，再到用户之间的信息集成，从而有效地提高企业的市场反应速度和产品开发效率。

同时，数字化、智能化目标也推动产业模式的变革。以数字化技术为基础，在互联网、物联网、云计算、大数据等技术的强力支持下，制造业的产业模式将发生根本性的变化。生产型服务业将得到全面快速发展，大中型企业正在走向"产品+服务"的模式，正在从产品制造商向系统集成和服务商的转变。制造业数字化、智能化带来的产品技术制造技术与管理技术的进步，使企业具备了快速响应市场需求的能力。特别是形成了适应全球市场上丰富多样客户群，实现远程定制、异地设计、就地生产的协同化新型生产模式，使产品制造模式、生产组织模式，以及企业的商业模式等众多方面发生根本性变化。

4.5　重大智能制造装备

根据汽车产业目标要素的优先排序及时间预测，对汽车产业的装备及其生产线的重要性、需求、主要构成及性能、具有的智能特点等进行分析，对重大智能制造装备的优先排序及时间进行预测。经过专家研讨，确定大吨位闭环控制伺服压机、数字化柔性焊装夹具系统、多功能机器人系统、高精度复合加工中心、精密铸造和轻合金压铸设备等 5 种装备为重大智能制造装备。

上述重大智能制造装备的开发完成时间和实现产业化时间：

（1）大吨位闭环控制伺服压机的开发完成时间是 2014 年，实现产业化时间的时间是 2017 年。

（2）数字化柔性焊装夹具系统的开发完成时间为 2015 年，实现产业化时间为 2017 年。

（3）多功能机器人系统的开发完成时间为 2016 年，实现产业化时间为 2017 年。

（4）高精度复合加工中心的开发完成时间为 2016 年，实现产业化时间为 2018 年。

（5）精密铸造和轻合金压铸设备的开发完成时间为 2017 年，实现产业化时间为 2020 年。

经专家组分析讨论，对上述 5 种重大智能制造装备的目标和需实现的功能智能特点进行了确定。

4.5.1　大吨位闭环控制伺服压机

目标 1：2014 年完成大吨位闭环控制伺服压力机的开发。

目标 2：2017 年实现产业化。

大吨位闭环控制伺服压机的功能及智能特点如下。

（1）超高精度，具有下止点自动补偿机能。

（2）自由工作模式、生产效率高。

（3）低噪声、环保。

（4）简化传动环节，减少维修和节省能量。

（5）减少振动、提高模具寿命。

4.5.2 数字化柔性焊装夹具系统

目标 1：开发经济性好，通用性好，精度高的柔性化焊装夹具系统。

目标 2：实现产业化。

数字化柔性焊装夹具系统的功能及智能特点如下。

（1）经济性，可以省去因产品变化而投入的专用工装的费用和时间。

（2）柔性化，在三维空间进行组合，模块化系统在安装、调整和夹紧工件中体现其通用功能，在大型工件的焊接上，该特点更加突出。

（3）精度高，工作平台在 2000mm 的范围内确保定位孔的位置误差在 ±0.1mm 以内。

（4）模块化，使用 CAD 及 Pro/E 设计系统，可以非常简便地对样件进行模拟装配，精确的模块尺寸能保证装配精度。

（5）耐用性，不易磨损、经久耐用。

4.5.3 多功能机器人系统

目标 1：开发一批多功能机器人，如喷涂机器人、焊接机器人等。

目标 2：机器人的不断智能化，完全实现生产系统中机器人的群体协调和集成控制，达到更高的可靠性和安全性。

多功能机器人系统的功能及智能特点如下。

（1）自动完成工件的传送和焊接。

（2）采用点到点的序步轨迹。

（3）自动化水平高。

（4）柔性大。

（5）工作范围大。

（6）提高喷涂质量和材料使用率。

4.5.4 高精度复合加工中心

目标 1：满足大批量生产，适应多品种生产，自动调整适应新产品生产。

目标 2：实现产业化。

高精度复合加工中心的功能及智能特点如下。

（1）新型刀具材料，新型高速主轴机构、直线电机驱动坐标轴。

（2）提高高速加工中心的动态特性。

（3）进一步缩短工件加工时间。

4.5.5 精密铸造和轻合金压铸设备

目标 1：生产更大更薄的精密铸件，不仅可生产小型精密铸件，也能生产较大型精密铸件。

目标 2：生产更精更强的产品，较高的尺寸公差和形位公差，好的力学性能和使用可靠性。

精密铸造和轻合金压铸设备的功能及智能特点如下。

（1）最大轮廓尺寸可达 1.8m，最小壁厚不到 2mm，最大铸件重 1000kg。

（2）线性尺寸公差可达 CT3 级，而熔模铸件表面粗糙值 Ra 可达到 $0.8\mu m$。

4.6 数字化工厂

数字化工厂技术是一系列涉及数字化规划技术的总称，数字化工厂方法是一种数字化规划的方法，包括相关的技术路线和管理方法，它的目标主要是生产计划、工艺管理、生产过程组织、制造实施、制造装备研发、三维土建工厂等领域的设计和优化问题。数字化工厂技术通过建立工厂级的制造系统数字化环境，实现制造系统规划和设计的自动化，并建立统一的工艺数据库来支持计划人员和工艺人员完成复杂的生产工程管理和优化任务。利用数字化工厂系统建立制造系统的模型，以数字化形式在计算机上全面实现生产制造过程的设计、规划和仿真，是制造系统设计及实际生产系统运行控制的有效辅助手段。

数字化工厂近来之所以逐渐引起关注，这与产品制造过程的重要性密不可分，任何创新的产品如果不能被高效率的制造出来都毫无意义，并且制造过程的成本通常占总成本的 70% 以上。因此，通过应用数字化制造技术来优化制造工艺及提高制造效率的意义十分重大，且前景广阔。到目前为止，国外领先汽车制造企业都在不同范围内采用了数字化制造解决方案，并获得了降低规划成本、提高规划质量、加快规划时间等多方面的投资回报。

按照目前水平,通过数字化工厂方法的采用,车身工艺规划设计时间可减少1/3;冲压生产线调试时间可减少2/3;总装工艺和设备设计规划时间可缩短20%;供应商的项目管理费用缩减为总费用的1/10左右。同时,由于缩减了工时,提高了异地协同工作能力,相应的沟通与服务时间和成本均得到降低。由此可见,通过数字化工厂技术的使用,方便了规划项目交流,减少了实施过程的管理成本和时间,节约了费用。

采用数字化工厂技术的另一个重要结果就是缩短了产品从设计到上市的时间,为企业产品抢占市场提供了力保证。实施数字化工厂的车型,其试生产到批量生产阶段的生产周期可减少半个月至一个月;车身、总装方面整合产品、工艺、工装设备的数据信息,预规划工作效率更高,方案评价更准确直观,投资估算更准确,方案规划周期比以往节省时间约两个月;通过工厂DMU的实施使各部门的方案规划一致性更高,可以提前1个月完成工厂输送规划方案设计并减少设计方案的现场更改,带来安装时间的节约。这些都使投产(SOP)时间能有所提前,所带来的效益不可估量。

数字化工厂之所以能缩短生产周期,节约开发费用,进行"精益生产",是因为它能够根据市场需求,实现产品设计、制造工艺设计、产品仿真、虚拟试生产等多个环节的数字化,在无须投资制作样品的情况下,也可以模拟未来产品,并预见生产这件产品时可能遇到的问题,这可以最大限度地节约研发时间和费用。将各开发流程联合起来,对产品全生命周期进行管理,才能缩短新产品的开发过程,提高新产品的质量,降低新产品的成本。数字化生产除了提供柔性化服务、缩短产品制造周期、节约生产成本,还能提供传统生产方式无法提供的高品质。

数字化工厂技术对于工厂的建设也不再是研发、流程、机械、电气、自动化、行政各自为战,而是连成了一个可以无缝集成的模块化整体,各个模块处在相同的数据传输平台,不再有部门间的鸿沟。基于整个工厂的整体设计,各个模块的实施不需要按照时间顺序进行,而是可以同时建造,极大缩短了建厂周期。

在制造企业,车间是将设计意图转化为产品的关键环节。车间制造过程的数字化涵盖了生产领域中车间、生产线、单元等不同层次上设备、过程的自动化、数字化和智能化。其发展趋势也分别体现在底层制造装备智能化、中间层的制造过程优化和顶层的制造绩效可视化3个层次。

在底层制造装备方面,数字化工厂主要解决制造能力自治的问题。设备制造商不仅持续在提升设备本身高速、高精、高可靠等性能方面不断取得进展,同时也越来越重视设备的感知、分析、决策、控制功能,例如各种自适应加工控制、智能化加工编程、自动化加工检测和实时化状态监控及自诊断/自恢复系统等技术在生产线工作中心及车间加工单元中得到普遍运用。制造装备的另一个趋势是把机床设备和相关辅助装置(如机械手)进行集成,共同构成柔性加工系统或柔性制造单元。也有不少厂商支持将多台数控机床连成生产线,既可一人多机操纵,又可进行网络化管理。

在制造过程管理层次,随着精细化生产的需求越来越突出,近年来 MES/MOM 逐渐被制造企业所接受。MES/MOM 可分为车间生产计划与管理和现场制造采集与控制两部分。车间生产计划与管理主要完成车间作业计划的编排、平衡、分派，同时涉及相关制造资源的分配和准备。国内外已有较多提供 MES/MOM 解决方案的产品提供商，如艾普工华在离散制造业特别是汽车及零部件、工程机械、航空等行业，Camstar 在太阳能、电子行业，宝信在钢铁行业，石化盈科在石油化工行业，西门子在制药、烟草行业等，这些产品依托自身对制造业务的深刻理解，已确立了在这些行业的领先地位，目前各厂商在研发高性能高可靠的系统平台和模块化产品方面投入巨大。

现场制造数据采集的一个明显趋势是以 RFID、无线传感网络等技术为核心的物联网技术的应用。物联网技术被认为是信息技术领域革命性的新技术，借其可实现对于制造过程全流程的"泛在感知"，特别是能够利用 RFID 无缝、不间断地获取和准确、可靠地发送实时信息流。随着基于泛在信息的智能制造系统进一步发展，装备本身的智能化水平也得到了提升，这使得 MES/MOM 执行管理系统不再被动地获取制造数据，而是能够主动感知用户场景的变化并进行提供实时反馈。

随着 MES/MOM 等软件的应用推广，制造企业已逐步获得了大量制造数据。如何充分利用这些实时和历史生产数据，通过制造绩效可视化提高对异常状况的预知、响应和判断能力，也是发展趋势之一。对于实时数据，主要解决的问题是对制造异常事件的敏捷响应，以及对制造绩效偏离的快速修复。通过向管理者推送并共享全方位的实时制造状态数据，能够有效消除信息的不对称问题，有助于对突发问题快速达成解决方案并做出快速响应。

对于历史数据，主要解决的问题是如何从中找出改善未来制造业务的依据，特别是从质量趋势、物流瓶颈、计划执行情况、设备运行历史等数据中发现可能影响未来生产过程的规律。

全球化的生产带来了产品设计、工厂规划和产品制造各个环节分布在全球、全国各地，生产系统的建造过程的协同也涉及了跨国和跨地域的合作。基于数字化规划平台，采用数字化工厂方法来协同各方面的管理人员和技术人员，能提高相互交流的便捷程度和信息量，减少交互过程中的模糊与不确定因素，提高协同工作效率。

根据汽车产业目标要素的优先排序及时间预测，对汽车产业的装备及其生产线的重要性、需求、建设目标、构成、智能化特点等进行分析，进行数字化车间/工厂的优先排序及时间预测。经过专家研讨，确定冲压生产线/车间、涂装生产线/车间、焊装生产线/车间、总装生产线/车间、动力总成生产线/车间等 5 个车间为数字化车间。涂装生产线/车间的开发完成与示范时间为 2015 年，推广时间为 2017 年；冲压生产线/车间的开发完成与示范时间为 2017 年，推广时间为 2020 年；焊装生产线/车间和总装生产线/车间的开发完成与示范时间为 2018 年，推广时间为 2020 年；动力总成生产线/车间的开发完成与示范时间为 2020 年，推广时间为 2022 年；经过专家组的分析和讨论，确定了这 5 种数字化车间的目标，并对其功能智能特点进行了描述。

4.6.1　冲压生产线/车间

目标1：突破三维土建工厂、关键冲压设备的开发，如大吨位伺服压力机。

目标2：实现冲压生产线各部分的智能化和自动化。实现功能智能特点，即将剪切堆垛好的来料进行自动拆垛并单片依次送进打头压力机；大吨位的压力机；输送系统的自动化。

4.6.2　涂装生产线/车间

目标：实现三维土建工厂、喷涂系统、喷漆室及烘房控制系统，以及输送系统的智能化和自动化。

实现功能及智能特点：图像识别确定车型队列，从MES系统中得到对应车型及颜色，输送链速检测提供机器人与输送链同步，对应每个产品生产信息报表。

4.6.3　焊装生产线/车间

目标：三维土建工厂、工件识别系统、夹具定位系统、传输系统、焊接系统和控制系统及信息化系统的智能化和自动化。

实现功能及智能特点：图像识别系统识别产品外观，确定产品型号并形成队列；夹具定位系统调整定位点将车身定位及固定；焊接系统调用相应的焊接程序，焊接专家系统提供焊接工艺参数对工件进行焊接；传输系统可实现车身在工位间的传送，由各工位传感器检测工件定位情况。

4.6.4　总装生产线/车间

目标：三维土建工厂、自动化输送设备、大总成上线设备、在线检测设备，以及智能拧紧设备的开发。

实现功能及智能特点：有序高效的数字化物流；可靠的数字化质保；在线检测与智能控制。

4.6.5　动力总成生产线/车间

目标：三维土建工厂，对缸体、缸盖、曲轴等的机械加工生产线，发动机的装配线，以及发动机检测线和设备，进行数字化工艺规划和仿真验证。

实现功能及智能特点：识别发动机设计模型的加工特征，进行基于知识的工序选择、工装设计和多轴方案规划；自动生成加工过程的 NC 代码，并提高 NC 程序的质量和性能。

4.7　关键技术

根据汽车产业目标要素的优先排序及时间预测，对汽车产业的装备及其生产线的关键技术的内涵、重要性、需求、主要研究内容及技术参数、目标等进行分析和讨论，进行关键技术优先排序及时间预测。经过专家研讨，确定高强度钢成形技术、自动化热成形模具系统、数字化在线检测与控制系统、机器人激光焊接技术、热处理变形控制技术、特殊需求零件 3D 打印技术、干切与硬切产业化技术、数模驱动的虚拟仿真技术和基于同步工程的 PDM、ERP 系统等 10 种为关键技术，其中 5 种为重要关键技术。这 5 种重要关键技术的开发完成时间分别如下。

（1）高强度钢成形技术的开发完成时间为 2015 年。

（2）数字化在线检测与控制系统的开发完成时间为 2016 年。

（3）热处理变形控制技术的开发完成时间为 2017 年。

（4）数模驱动的虚拟仿真技术的开发完成时间为 2018 年。

（5）基于同步工程的 PDM、ERP 系统的开发完成时间为 2019 年。

经过专家分析讨论，确定了目标及技术参数。

4.7.1　高强度钢成形技术

目标 1：突破热成形制造核心技术 1——连续加热炉技术。

目标 2：突破热成形制造核心技术 2——带冷却系统的模具技术。

技术参数：含硼合金钢经热成形后屈服强度要达到 900MPa 以上，抗拉强度要达到

1500MPa，伸长率要超过 6%，硬度达到 45HRC 以上。

4.7.2　数字化在线检测与控制系统

目标：适合多品种（柔性）混线生产、可检测大量参数，可对工件上一些细部进行精确测量。

技术参数：高效率检测；高精度检测；零件质量和内部缺陷的无损检测。

4.7.3　热处理变形控制技术

目标：热处理质量的在线控制；温度、时间和炉气成分的控制。

技术参数：利用微处理机对温度、炉气碳势、强渗与扩散时间的精确控制。炉气碳势（钢表面含碳量）达到±0.05%～0.02%的精度。

4.7.4　数模驱动的虚拟仿真技术

目标 1：从最初概念设计的展开直至产品生产过程规划所运用的虚拟现实技术。

目标 2：更高精度的数模，以及更加深入的实时交互式的虚拟仿真技术。

技术参数：高精度的数模；新开发车型时间缩短为原来的 1/2；三维交互式虚拟环境；评估车辆的任意部件。

4.7.5　基于同步工程的 PDM、ERP 系统

目标：实现基于同步工程的 PDM、ERP 系统集成。

技术要求：将 ERP 与 FDM 进行有效地集合，使制造及工程技术部门之间可以准确高效进行信息的传输，加快工作的流程及企业各个部门之间的协调工作能力。

4.8　汽车后服务平台建设

随着我国汽车市场的不断成长，购车者的消费观念与行为都更加成熟，无论是多样化

的需求还是不断提升的高品质标准，都给汽车厂商的设计和生产提出了更高要求。为进一步提升汽车产品的研发、制造能力，提升企业对用户的服务能力、提升产品研发对市场需求的准确判断力，必须充分重视汽车后市场和使用过程中的相关信息对研发和制造的指导和支撑作用。我国汽车保有量十分可观，随着近几年汽车销量不断增长，后市场空间进一步扩大，二手车、维修服务乃至汽车使用过程中蕴含着大量对设计、制造有意义的信息，而这些信息目前还没有得到充分利用，特别是在汽车制造环节。

由于缺少服务系统与设计、制造系统的集成，车辆的使用及维护服务等情况还不能完全及时反馈到设计和生产部门，导致后期产品设计的改进、新产品的开发跟不上市场需求，客户对产品品质的反馈不能有效指导生产。售后服务系统与用户使用数据的收集并未广泛开展，更谈不上充分利用，也没有采用网络爬虫等技术来直接从互联网上收集海量的用户反馈信息，并利用大数据、云计算来挖掘分析用户反馈信息，在这些方面与国外汽车业相比有较大差距。

近几年，车联网技术兴起，并将成为未来十年内发展的热点。如今，在汽车维护维修阶段虽然已经初步实现了利用 CAN 总线数据对汽车状态和服务维修数据的管理，但是在汽车产品使用过程中监控记录的重点内容是产品的状态信息，而由于健康管理手段还不够完善及网络的限制，产品使用过程中的监测数据还不能完整地反馈到设计和制造单位进行分析处理，难以实现对设计和制造的改进。随着车联网的发展，未来不仅是服务数据，汽车的使用数据和实时状态的监测也应尽快纳入车联网功能中。

我们应借鉴发达国家的经验，将网络延伸到汽车产品使用、维修与服务领域，实现产品生命周期单一数据源，即产品设计模型、制造数据、维修服务数据、使用状态的集成与共享。探索支持产品运行数据实时采集和在线监控的汽车产品设计制造技术，以及支持汽车产品运行数据实时采集的网络平台技术，实现汽车产品的实时在线运行监控，实现对运行状态和性能数据的管理和挖掘，基于网络实现汽车产品的全生命周期管理。通过网络收集产品在整个运行期间内性能参数、使用规律等海量数据，通过大数据分析技术对产品进行改进和性能优化，实现汽车产品设计和制造过程的大闭环。使现代信息化技术与汽车制造业深度融合，建立产品"研发—制造—销售—服务—研发"闭环的一体化系统及数据集成体系，从而提高企业产品的核心竞争力。

企业以客户的需求为中心，以提升企业核心竞争能力为目标，以改善企业的整体运营流程为导向，以一体化的信息系统作为基础，建立企业从产品策划、研发、销售、生产、服务等环节统一的产品生命周期管理体系，并形成相应的网络平台，使汽车产品服务可以借助网络平台更高效、更有针对性地开展，也通过这个网络平台，将相关数据整合分析，用于指导汽车产品设计和生产。

基于网络的汽车产品服务，即在车辆行驶、维护、维修过程中，基于与设计、制造相同的网络信息平台进行过程监控、数据采集、车辆数据分析与上传、车辆故障诊断分析、车辆维护保养管理、车辆信息安全管理，除了车辆本身数据管理外，还包括车辆销贷服务管理、驾驶员行为分析与驾驶技能提升、车辆油耗管理、车队物流管理等,都属于服务环节范畴。建立相应的网络化平台,汽车产品服务这个环节需要建立汽车故障和维护维修的数据库,构建支持多专业协同的远程诊断系统,需要有强大的专家系统(ES)提供支持,同时需要有针对汽车产品的专业化运行数据采集分析手段。

与传统汽车产业相比,从研发制造角度,处理更加快速化,建立产品"设计—制造—销售—服务—设计"闭环的一体化系统及数据集成体系,确保数据的完整性,保证信息复用,便于积累、创新、发展,实现资源有效共享,从而缩短新产品设计准备周期,提高效率;从服务角度,产品更加个性化,更多客户参与到产品设计当中,客户提供输入,设计部门通过大数据、云计算来挖掘分析用户反馈信息,实现产品更加个性化的生产;从管控角度,监管更加规范化,可以彻底颠覆政府对汽车产品的管理模式,在网络环境下,汽车产品是移动数据源,所有需要政府监管的汽车节能减排、汽车报废等信息会通过大数据系统实时反馈到政府管理系统,真正实现对汽车产品的即时监管,提高监管效率和监管水平。

随着互联网的普及和渗透,企业信息化发生了革命性的变化——企业信息化不再限于企业内部,在前端向供应商延伸,在后端向消费者延伸。信息化把越来越多的企业带进了网络经济。网络和大数据等技术的发展使得在全球范围实现及时的数据传输与分析,以及资源共享等普适服务成为可能,异地协同研制平台可更有效地配置资源,实现知识和能力的共享,快速满足用户定制的需求。建立基于网络的汽车产品设计/制造/服务一体化平台将带来设计制造服务理念的重大突破,并带来商业模式的重大改变,是我国汽车制造业向数字化、网络化、智能化发展的必由之路。

4.9 保障条件

根据汽车产业目标要素的优先排序及时间预测,对汽车产业的装备及其生产线的重大智能制造装备、数字化车间、关键技术的内涵、重要性、需求、主要研究内容及技术参数、目标等进行分析,建立保障条件的优先排序关系。

经过专家研讨,确定国产设备可靠性保全措施、国产材料品质提升、共性技术实验室建设、行业学会/协会推动、示范线的政府鼓励政策,以及知识产权与企业经营的相关政策为6种保障条件,并对保障条件进行描述如下。

1．政府应出台的政策

为了实现汽车产业的数字化智能化制造，需要提供相关政策方面的保障条件。包括示范线的政府鼓励政策和知识产权与企业经营的相关政策。

2．相关措施

为了实现汽车产业的数字化智能化制造，需要提供的相关措施包括国产设备可靠性保全措施、国产材料品质提升、共性技术实验室建设、行业学会/协会推动。

4.10　技术路线图

汽车制造业数字化、网络化、智能化制造技术路线如图 3.4.4 所示。

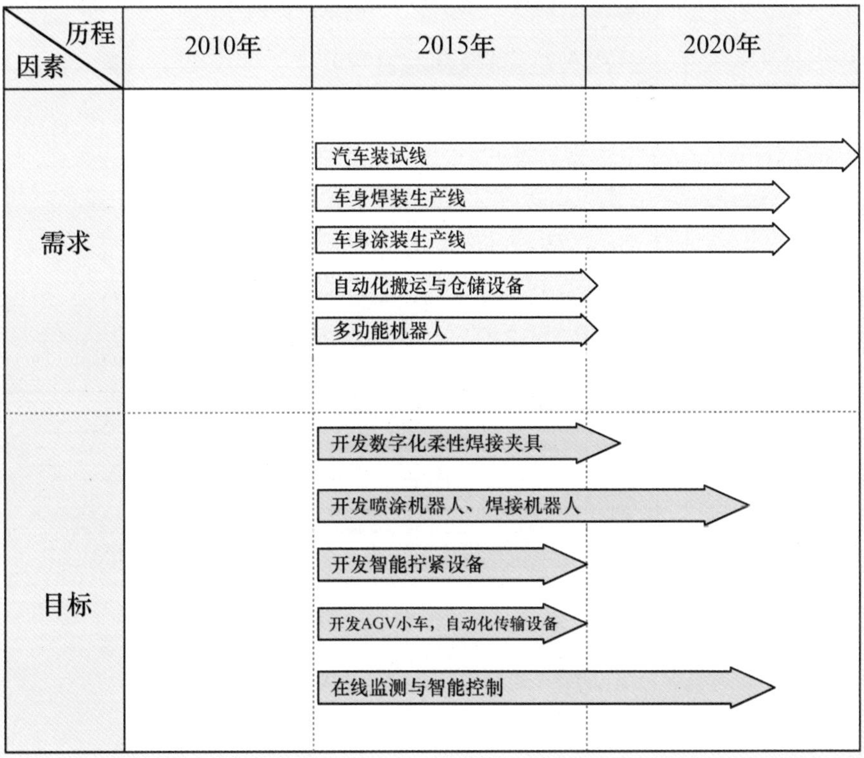

图 3.4.4　汽车制造业数字化、网络化、智能化制造技术路线

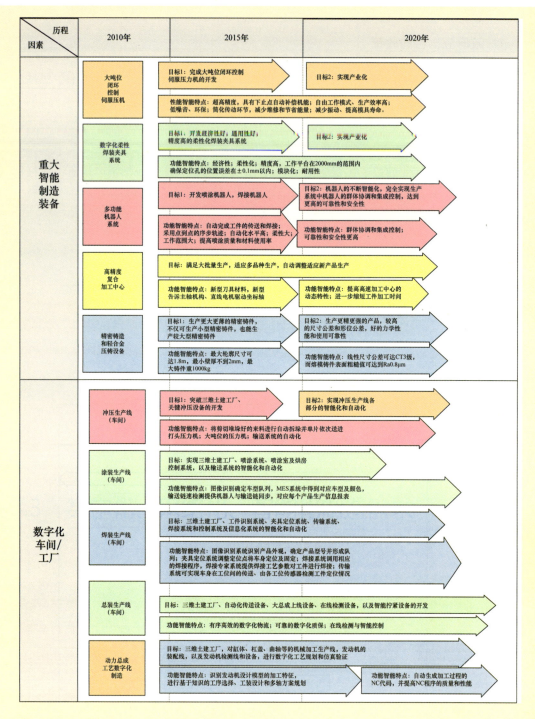

图 3.4.4 汽车制造业数字化、网络化、智能化制造技术路线（续）

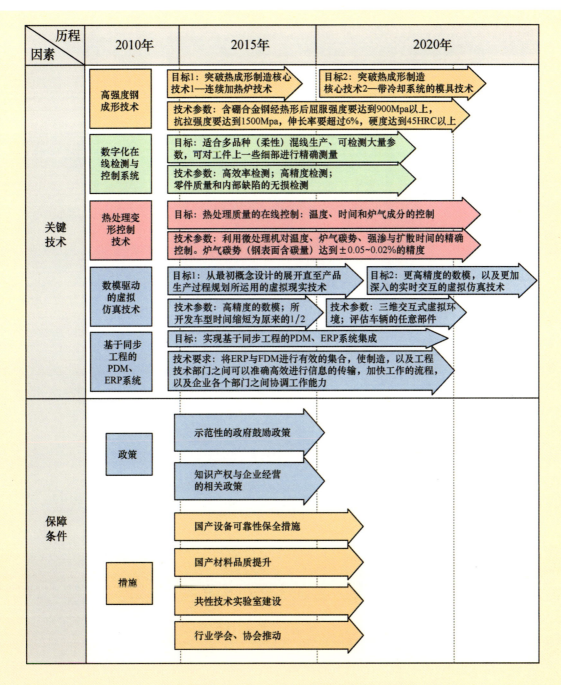

图 3.4.4　汽车制造业数字化、网络化、智能化制造技术路线（续）

第五章 航天装备数字化、网络化、智能化制造技术路线图

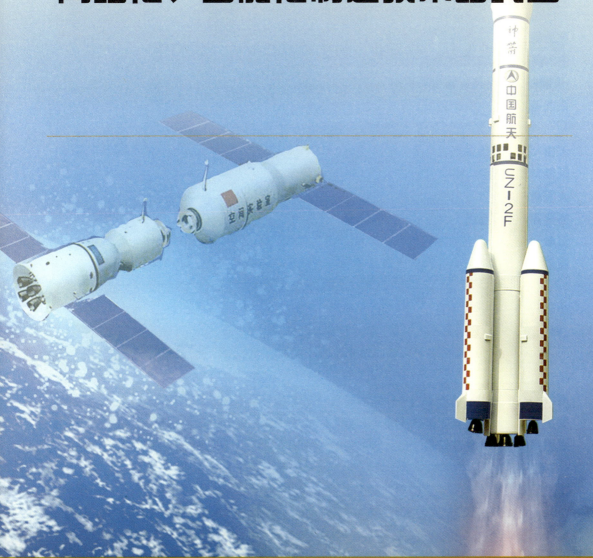

课题组成员名单

组　长：王礼恒　杨海成

成　员：刘继红　敬石开　周竞涛　王百灵　章翔峰

　　　　周晓纪　侯俊杰　盛　威　姜　彬　王　俊

航天工业是代表国家科技实力和竞争力的重要战略性产业,发达国家将发展航天技术作为增强综合国力,谋求在世界科技、经济和军事领域占据主导地位的重要手段,而发展中国家也把发展航天技术作为加速经济发展、增强军事实力和追赶世界高科技的重要途径。中国航天走过了 50 多年的辉煌历程,通过自主创新,解决了我国航天"从无到有"的问题,取得了载人航天等举世瞩目的成就,已跻身世界航天大国行列。

在航天科学技术快速进步、广泛应用和产业化发展的大趋势下,加速推进我国从航天大国迈向航天强国是新时期国家赋予航天科技工业的神圣使命。我国航天工业重大工程型号种类和数量越来越多、系统复杂程度越来越高、研制与生产并重形势日益严峻,迫切需要航天工业走跨越式的产业化发展道路。以新一代信息技术为代表的新一轮科技革命正在兴起,数字化智能化制造技术和模式引领着新的工业革命的发展。大力推进数字化、网络化、智能化制造是航天工业跨越升级发展的战略选择和必由之路。

课题组借鉴国际通行的技术路线图的方法,在中国工程院统一部署和指导下,编制了航天装备数字化网络化智能化制造技术路线图,旨在为未来十年的航天工业数字化智能化发展提供战略方向。

5.1　产业发展概况

5.1.1　航天装备制造业的特征

航天制造是指制造卫星飞船、深空探测器、运载器、航天发射装置及其地面保障设备等产品的装备制造业,具有明显特征。

1. 制造学科交叉、系统性强

我国航天装备制造按照"研制一代、装备一代、预研一代、探索一代"的整体思路进行组织,需要综合集成机械、电子、计算机、信息、材料、能源等多学科、多门类高新技术成果,技术管理并行、纵横协作协调开展综合集成和系统优化。

2. 产品复杂程度高、定制性强

航天产品种类繁多、结构复杂、技术含量高,技术特点各不相同,具有多批次、小批量、多品种等特点。产品研制以设计为中心,具有非均衡性生产等特点,产品中大量采用各种新技术、新材料、新工艺和新方法。

3. 产品使用环境条件极端、要求严苛

航天产品在使用中大多要经历恶劣的发射过程和极端的空间环境,在性能上要满足高可靠、高精度,同时还要满足质量、维修性与安全性等方面的更高要求,共同构成了产品装备制造的"宇航级"要求。

4. 制造过程复杂特殊

航天制造的复杂性和特殊性,也表现在处于研制阶段的产品状态多样、多种生产模式并存,因此,造成专用工装工具多、物料保障难度大。同时,航天产品的各类试验验证也是航天制造过程中必不可少的环节。

5. 产品制造协作面广

航天产品技术和系统复杂,研制生产单位众多、协作配套面广,需要多企业、多区域、多专业、多系统间的协同,涉及众多原材料、元器件、单机、分系统等供应商。

5.1.2　世界航天装备制造业发展趋势

随着航天技术、产品和服务的快速发展,以及与信息技术等高新技术加速融合,航天技术应用日益广泛而深入,航天事业在国家整体发展战略中的地位与作用更加突出,航天活动对人类文明和社会进步的影响进一步增强。众多发达国家将发展航天技术作为增强综合国力,谋求在世界科技、经济、军事领域占据主动地位的重要手段。一些发展中国家也把发展航天技术作为一项重要的国策,作为加速经济发展,增强军事实力和追赶世界高科技的"加速器"。世界航天装备制造业主要发展趋势如下。

1. 航天技术水平与系统能力加速发展,航天装备数字化、智能化水平不断提升

进入 21 世纪,高新技术的快速发展和群体突破及其与航天技术的结合,使得航天装备的技术水平、智能化程度和系统能力加速提升,迎来了新一轮创新发展高潮。卫星系统建设和发展进入应用主导和体系化发展新阶段,卫星通信广播各类业务趋于融合并向宽带多媒体方向发展,通信卫星平台向高功率、大容量和更长寿命发展,卫星导航多系统并存和与其他信息系统间的相互渗透、集成、融合成为大趋势,卫星遥感逐步形成立体多维、高中低分辨率结合的全球综合观测能力,卫星星座、编队飞行、组合观测将向智能化方向发展。与此同时,各国积极推进载人与无人的月球、火星等深空探测,深空探测任务方式日趋多样和复杂,2013 年,国际空间探索协调组发布的新版《全球探索路线图》,提出分

步探索月球、地月空间、近地小行星和载人登火星的探索目标和路线图。为满足卫星发射与载人深空探测任务的需求，世界运载火箭型谱和体系不断完善，运载能力不断提升，美国、俄国加快了新一代中型运载火箭和重型运载火箭的论证与研制工作，同时，快速部署运载工具和空间组装技术得到重视和发展。

2. 空间应用需求日益旺盛持续驱动航天向产业化、商业化发展

随着空间信息应用日益广泛，应用卫星及空间信息服务进入了产业化发展和全球化服务的新阶段，航天经济持续增长，应用层次不断加深，商业航天产品与服务日益成为航天经济的主体。卫星导航与移动通信、互联网等多信息载体融合，开创了以卫星导航为基石的多手段融合、天地一体化、服务智能化的泛在普适服务新阶段；应对全球气候变化、促进科技支撑经济社会发展、智慧地球应用将是地球观测与导航技术发展的重要应用驱动力。以地球观测、导航技术与通信、新一代信息技术融合发展为核心形成的航天战略性新兴产业成为经济发展的新增长点。

3. 新技术、新材料和新需求引发航天装备制造技术与制造模式变革

随着航天技术、微电子技术、制造技术、新材料新工艺的飞速发展，航天产品升级换代越来越快，航天产品制造更注重精细化、整体化、轻质化、低成本，大型化与微型化等极限制造的要求更高。这些要求尤其是需求的多样化，促使航天制造模式向柔性制造发展，卫星设计思想更为灵活，新概念、新技术层出不穷，航天制造技术向自动化、智能化、网络化协同等方向发展，航天研制生产模式向更广泛的社会化协作发展，通过开放式标准和采购式协作等方式，通过社会协作实现快速、批量化研制生产，进一步促进了技术与成本统筹，以及资源优化配置，极大增强了各国航天产业的支持基础，带动了传统航天研发体制的优化转型。

5.1.3　中国航天装备制造业发展现状

我国航天产业作为国家战略性产业，在半个多世纪的发展历程中取得了辉煌的成就。我国已具备了较为完善配套的航天装备研发、设计、试制、生产、试验体系及产品质量保障体系，是目前世界上为数不多的能够提供火箭、卫星、载人飞船、地面设备等多类航天产品、发射服务及地面设施建设等一揽子服务的国家。截至 2014 年底，长征运载火箭已完成了 203 次发射，基本实现型谱化、系列化发展和高密度发射，可靠性达到国际先进水平；北斗导航、载人航天与探月工程等科技重大专项取得了里程碑式成果，北斗导航系统完成区域组网并向我国与周边地区提供服务，载人航天工程完成 10 次飞行任务，实现了载人天地往返、航天员出舱、空间交会对接；探月工程圆满实现了环月与月表探测、月面

着陆与探测两步目标，正在执行第三步月球采样返回任务；通信、导航、遥感等各类应用卫星系统规模与水平不断提升，逐步开始提供连续稳定的业务化服务。与此同时，随着我国各行各业对空间信息、卫星应用的需求不断扩大，我国卫星应用进入了快速发展期，卫星应用的广度和深度不断提高，对航天装备的产业化发展提出了更高的要求。

面对新时期国家对航天产业的战略需求，我国航天型号装备的技术水平和系统能力与航天强国仍有一定差距，航天装备制造业发展仍存在一些瓶颈，研制生产模式已不能完全满足产业化、市场化发展需求，主要体现在以下几个方面。

（1）制造技术与基础能力难以满足新型航天装备及产业化发展要求。长期以来研制为主、技术导向、单件或小批量的发展模式，使得我国航天制造能力滞后于研发设计能力，自动化、数字化技术研究应用不足，关键精密制造装备水平低，国产元器件、原材料替代难问题长期存在，自主保障能力低，部分核心元器件、部件和关键原材料受制于国外，制造技术与能力难以适应目前研制与批生产并重的任务形势，以及产业化发展的要求。

（2）企业组织与航天装备研制生产模式有待创新。随着信息技术的发展，欧美等发达国家军工企业纷纷采用了精益制造、敏捷制造等先进制造模式，在数字化、信息化技术支撑下，广泛采用了设计、工艺，以及制造工作的全球协同、并行研制、虚拟仿真、自动工装、移动生产线等数字化制造方式，大大提高了全生命周期研制生产效率。我国航天各型号院具备相对完整的型号研发生产能力，但研制生产信息化、数字化、智能化水平与国际先进研制生产模式仍存在较大差距，面对快速发展的市场需求，传统研制生产组织模式下，研制生产周期长、研制与批生产快速转换能力弱等问题日渐突出。

（3）面向产业化发展的资源配置与供应链协作能力较弱。我国航天长期以来形成了较为完整的科研生产布局与配套体系，但同时存在产业化程度低，专业化分工协作体系不完善、市场经济条件下的供应链与市场保证体系不完善等问题，适应产业化、市场化发展的整体资源动态配置和供应链协作的体制机制尚未有效建立。

5.2 数字化、智能化制造基础与需求

5.2.1 数字化、智能化制造基础

数字化、智能化是提高航天产品和武器装备的性能和质量，降低研制风险，节约研制经费，缩短研制周期及保障批量生产能力的重要手段。随着我国"两化融合"的推进，我

国航天制造业不断加大数字化、智能化等方面的投入，航天装备研制生产数字化智能化程度不断提高，数字化科研生产管理体系逐步完善，在研发设计、生产制造、经营管理等领域建立了数字化智能化基础条件，初步形成了数字化研制生产能力体系。

1. 研发设计与生产制造数字化单元技术得到普遍应用

计算机辅助设计（CAD）、计算机辅助工程（CAE）、计算机辅助工艺设计（CAPP）、计算机辅助制造（CAM）、仿真分析试验系统、计算机集成制造系统（CIMS）、MES 系统、数控系统、PLCs、终端设备等单项技术已经在航天企业的产品设计、生产、检测过程中得到越来越广泛的应用，使航天设计、生产、检测过程逐渐具备了自动化、数字化、网络化、智能化、可视化基本能力。

结合型号研制生产的需求，航天企业进行了数字化能力建设方案规划，开展了成形、加工、焊接、铆接、总装等核心制造领域中生产和检测设备的数控化改造，逐步推进数字化加工设备、检测设备、制造现场系统终端显示、现场基础网络等条件建设。总体上，航天产品制造装备的数控化比例逐步提高，信息化软硬件环境逐步完善，部分企业已构建形成功能较为完备的数字化制造工程环境，尤其是以电子元器件生产加工类为主的流程型制造企业，初步形成了基于现场总线的自动化生产线。

2. 信息化经营管理在不同层次得到应用

我国大多数航天企业在财务管理、人力资源管理、物资管理等方面开展了深入的信息化系统建设和应用，实现了人财物的集团化管控，提高了管理效率，在生产计划管理、制造资源管理系统、客户关系管理（CRM）、知识管理、供应链管理（SCM）、商业智能（BI）等方面的信息化应用也在不断推进，不同程度上实现了企业管理的数字化、信息化。

3. 新一代信息技术应用的创新能力逐步增强

自主可控的工业软件和基础软件逐渐成熟，广泛应用于航天装备产品研制过程中。越来越多的信息系统从原来的分布式部署变为集中式部署模式，实现了数据资源和应用的集中；在型号研制的结构强度、流体动力、电磁、热及燃烧、空气动力等专业的仿真分析中广泛采用高性能计算，建立分析仿真平台，设计仿真效率和精度大幅度提高；建成了较为完善的信息安全保障体系，形成了较完备的航天信息安全防护能力和业务管控能力。同时，开展了自主可控的桌面虚拟化平台、工控互联平台的探索与研究。

5.2.2　数字化、智能化制造需求

顺应以数字化、智能化制造为标志的新工业变革，提高研发设计、生产制造、经营管

理等信息化水平和能力，加快推动我国航天制造模式向数字化、网络化、智能化、服务化的转变，大力提升航天制造水平与能力，对支撑重大航天工程、发展航天产业、建设航天强国具有重要意义，建设现代航天产业体系已经成为我国航天制造业可持续发展的关键问题。航天装备制造业研发设计、生产制造、经营管理等环节数字化智能化发展需求如下。

1. 数字化、智能化研发设计

到 2020 年的主要需求如下：

（1）建立航天装备全生命周期的数字样机，开展基于数字样机的多学科设计优化，实现航天装备数字化设计、仿真分析、试验测试、支付，以及在轨支持等一体化，满足航天装备高质量和高可靠性要求。

（2）开展航天装备的创新设计，以工程知识管理技术为基础，实现工程设计知识获取、组织与研发流程的紧密融合，加强创新设计能力，实现知识驱动的航天装备多学科、多领域系统创新。

到 2025 年的主要需求如下：

（1）以模型驱动并基于系统工程开展航天装备协同设计，在数字化建模、分析和优化的基础上，实现模型驱动的航天装备跨业务、跨企业的系统设计，支持航天装备的快速研制。

（2）基于产品平台的航天装备定制设计，通过航天装备产品平台建设和产品型谱化，满足航天装备产品任务功能多样化、多品种小批量规模化定制等要求。

2. 数字化、智能化生产制造

到 2020 年的主要需求如下：

（1）建立基于工业联网模式的实时管控生产车间。可借助覆盖生产制造现场的感知网络、工业基础设施与设备联网应用，打通航天产品研发设计与生产制造环节的数据链，实现生产状态的实时监测与管控，建立数据中心，奠定数字化工厂基础。

（2）实现面向柔性生产的快速响应制造。可应用基于模型的产品定义（MBD）技术，打通研发设计与生产制造环节，提高产品全三维数字化设计与工艺仿真技术和能力，实现从设计、工艺到制造和交付的统一管理，满足装备产品市场需求的快速变化，实现数字化快速响应制造模式。

到 2025 年的主要需求如下：

（1）建立智能化制造服务环境。开展信息物理融合系统（CPS）、工业大数据、认知制造、自适应生产控制和智能机器人等方面的深入开发与应用，建立智能化制造服务环境，使制造过程由被动处理转变为主动提供服务，形成人机协同工作的智能生产线、智能车间和智能工厂，提升生产过程的自动化、智能化水平。

（2）建立面向自主创新的云制造模式。建立自主执行体系的云服务，基于认知信息学的多因素和多场景决策技术，在准确识别环境状态的前提下，作出正确的制造决策，支持产品创新、制造技术创新和管理模式创新。

3．企业数字化经营管理

到 2020 年的主要需求如下：

（1）航天型号多项目综合管理，通过多项目并行研制、型号项目多级一本计划管理、研制过程管控，实现从传统的系统工程管理向基于数据、预测和系统工程的多型号并行研制管理转变，强化纵向执行和过程控制，加强各层级横向之间的沟通与协同。

（2）航天装备质量精益管理，通过质量管理、过程控制与型号研制过程的融合，实现关键质量特性管理、质量问题归零过程控制、质量计划管理等精细化管理，减少过程反馈、数据同步与互操作等方面的问题，达到保证产品数据准确、完整和一致的目的。

（3）集团数字化战略管控，打造数字化企业，需要战略制定、组织变革、流程优化，通过执行、控制、反馈、优化的一体化，打通各级纵向管控，实现横向沟通协调。

到 2025 年的主要需求如下：

（1）多层级多维度一体化管理，从集团企业战略、经营管理和执行层面实现创新，适应大数据应用、广域协同、动态应变流程，从战略管控、经营管理的要求出发，整合多项目管理、质量管理、人力资源、物资、资源资产、财务等内部信息，以及经济运行、竞争对手、市场等外部信息，有效运用数据采集、决策支持、流程挖掘等技术，实现科学的管理决策。

（2）战略管控、财务管控和业务管控，打造集团—院—厂所一体化并涵盖战略规划、经营管理、执行监控与反馈等的云服务平台，支持集团战略管控、财务管控、业务管控等多种模式，构建敏于响应、捷于执行的智慧企业。

5.3　发展目标与路径

打造世界一流的宇航产品，形成"专业化、产品化、规模化、市场化"的航天工业体系，促进宇航和防务装备的产业化发展，满足我国国家战略、经济社会发展和创新型国家建设对航天产业发展的需求，抢占世界航天科技发展制高点，形成强大的国际竞争力和影响力，是我国建设航天强国的战略目标。加速推进数字化智能化建设，打造信息化与工业化深度融合的航天科技工业基础能力，是实现航天强国目标的重要途径。

5.3.1 发展目标

1. 总体目标

围绕航天强国战略，开展顶层体系化资源统筹，不断推进新兴适用的信息技术与航天装备制造技术深度融合创新，以航天智慧型企业和航天智能工厂为抓手，大力推进研发设计数字化、生产制造智能化和经营管理智慧化，打造数字化智能化航天产品，构建基于信息化条件下的航天装备新型研发模式，形成国际领先、涵盖航天装备研发设计、生产制造、经营管理的航天先进装备制造体系和产业发展体系，建成国际一流的宇航企业。

2. 2020 年发展目标

到 2020 年，建立数字化航天装备研制示范企业，全面实现航天装备产品研制设计、生产制造和经营管理的数字化。

（1）航天装备研制企业完成工业基础设施联网，满足批/研制混合生产模式要求，建成适合不同航天产品特点的数字化生产线和柔性制造单元，建立企业级数据中心和统一的数字化业务平台，打通全三维数字化设计、虚拟仿真、工艺设计、数字化制造、数字化检测和数字化试验的整条生产链，实现航天装备产品全数字化设计制造模式，全面提升航天型号产品研制生产能力。

（2）航天装备研发设计所开展数字化研究所建设，全机数字样机和工程知识管理技术得到应用，建成弹箭星船器等主要航天装备全生命周期数字样机，实现航天装备数字化设计、仿真分析、试验测试、交付，以及在轨支持的一体化，基本建立知识与业务融合驱动的知识密集型航天装备多学科多领域创新设计模式，航天装备自主创新能力得到显著提升。

（3）以航天装备研究院为主体开展数字化企业建设，多项目计划管理、多级供应链管理、型号全过程质量管理等技术得到广泛应用，院级科研生产综合管控能力、多型号综合计划与项目群综合协调平衡能力得到显著提升。

3. 2025 年发展目标

建成航天数字化研究所、航天装备智能工厂，以及航天智慧型研究院，在航天产品全数字化制造模式的基础上，实现个性化规模化产品定制的异地协同化智能制造模式，航天装备产品制造模式、生产组织模式，以及企业管理模式发生根本性变化。

（1）通过信息-物理融合系统、工业大数据、认知制造、自适应生产控制、云制造等技术的融合应用，形成适应航天多型号并举需求的个性化/规模化产品定制的智能化柔性制造模式，以典型航天制造企业为代表，建设完成箭、弹、星、船航天智能化工厂示范。

（2）航天装备研发全生命周期流程得到优化，模型驱动的航天装备跨业务、跨企业协同研发设计系统工程在主要航天装备型号任务上得到应用。

（3）航天制造企业利用数据挖掘、可视化呈现等大数据技术对航天型号研制过程、企业资源管理、型号项目管理、质量管理、采购与供应链等数据实现综合开发利用，建立适应广域协同、动态应变流程的多层级多维度一体化管理模式，支持集团战略管控、财务管控和业务管控模式，提高航天业务相关企业快速响应能力，构建智慧型集团企业。

5.3.2 发展路径

为满足航天产业自主化、规模化、产业化、市场化发展，以及全球化发展需求，通过积极推进信息技术与航天装备研制、生产、管理等各环节的融合，不断提升航天产品的数字化智能化水平，发展数字化、智能化集成制造体系，采用信息化手段提升经营管理效率效益。结合模式变革，通过深化信息技术在航天工业领域的集成和应用，加快推动我国航天制造模式向数字化、网络化、智能化、服务化转变，支撑现代航天产业体系建设。

航天装备制造业数字化、智能化发展路线中，基于产品三维模型的数字化设计、制造一体化技术是数字化制造中最基础环节，也是数字化车间、数字化工厂、智能工厂的前提；数字化工厂以产品三维模型为核心，整合制造资源与制造工艺，并在数字化环境中对生产过程进行仿真优化，从而指导实际生产过程；在产品全生命周期数据统一管理的基础上，面向企业管理环节，以企业业务流程的优化和重构为基础，集成企业信息流、物流、资金流、知识流、服务流，实现企业内外部信息的共享和有效利用。

5.4 数字化研发设计

航天装备产品具有科技水平和复杂程度高、使用环境条件严苛、性能和质量要求高、多品种定制化程度高等特点，航天装备产品研制必须考虑上述特性，通过不断集成融合现代设计理论方法和新一代信息技术，创新数字化研发设计模式和手段，促进航天装备研发设计能力提升。航天装备数字化研发设计可分为全三维研制模式和模型驱动的并行研制模式两个关键阶段。

5.4.1 航天装备全三维创新研发设计

航天装备全三维研发设计阶段的目标：到 2020 年，建立弹箭星船器等航天装备全生命周期的数字样机，并基于数字样机，开展多学科综合设计优化技术的深度应用，支持航天装备数字化设计、仿真分析、试验测试及在轨运行；建成航天装备研制的工程知识库，实现知识与业务的融合驱动，形成航天装备多学科多领域创新设计模式。

为达到该阶段目标，需要在研发设计模式、研发设计技术和研发设计平台支撑等方面开展以下工作。

1. 航天装备设计/分析/试验一体化研制模式创新

当前航天装备研制面临新的问题：一方面，系统本身越来越复杂，特别是随着多电航天器、智能航天器的发展，智能控制系统的采用越来越多，如何有效地考虑机电一体化系统开发，特别是在研发阶段，如何综合地考虑控制系统和受控对象的耦合，成为航天装备研发设计的关键之一；另一方面，围绕航天装备需求，如何在研发阶段协调分系统的功能、性能指标，特别是如何确保系统整体的优化，是全球航天装备产品研发所面临的难题。

在传统的航天装备研发设计流程中，在设计验证阶段通过对实物样机的测试试验，来验证系统综合性能和整机控制性能。这样的流程，一方面成本较高，另一方面，由于系统集成是在整个研发阶段的中后期进行，也容易引起设计反复，造成整个研发流程延缓。此外，物理试验自身有一定的局限性，如物理试验中无法完全模拟真实的环境和状态；物理试验难以考虑所有工况，也比较难以表征系统软硬件的全部特征。在这种情况下，通过数字化手段实现数字化设计/分析/仿真/试验一体化，可以实现需求和设计的虚拟仿真迭代，对设计产品进行先期仿真与验证，有利于提升产品研制效率、提高设计质量和设计水平。

目前航天工业已经部分使用了数字化设计、分析、仿真、试验等技术，但其覆盖范围和深度明显不足，需要在加强其应用广度和深度的基础上，研究数字化设计、分析、仿真、试验的数据集成和业务集成方法，形成面向航天型号研制的数字化设计、分析、仿真与试验一体化模式和解决方案并加以工程实际应用。

2. 航天装备全机数字样机构建与应用技术

航天装备全机数字样机具备完整的数字试验环境和仿真能力，在数字化试验环境中，可以通过逻辑控制的设置和定义，像真实的物理试验一样，选择不同的试验模式和试验工况，模拟航天装备行为及复杂的失效工况。通过数字样机，一方面支持整机系统集成和全机性能分析，如整机动力和能量管理，用于整机架构与方案设计，从早期设计阶段开始提高方案成熟度和全机性能；另一方面，数字样机的物理模型也可以支持控制系统的开发，实现整机机电一体化的数字测试，从而减少物理试验的次数，降低成本。

针对弹箭星船器等主要航天装备学科交叉、产品复杂程度高等特点,构建全机数字样机的关键技术包括几个方面:

(1)建立各领域物理模型库。

(2)结构样机-功能样机-性能样机的数字样机映射技术。

(3)整机级系统集成与全机建模技术。

(4)控制、液压、环控、电气系统等多领域物理系统建模与仿真技术。

(5)数字样机与物理样机结合的半实物嵌入式仿真技术等。

3. 航天装备产品多学科设计优化与应用技术

航天装备产品研制是涉及多学科的复杂系统工程,涵盖了航天器、发动机、航天控制系统等多个领域,其系统结构及与外部系统和环境的相互作用复杂,涉及可靠性、维护性、保障性、价值工程等多个工程专业的综合。

开展航天装备产品多学科设计优化与应用,要构建多学科数字化模型,满足航天装备研发阶段对静力学、动力学、热力学、流体力学等多学科耦合设计和动态优化的要求,打通专业之间、软件工具之间的业务流与数据流,保证多学科设计仿真数据的统筹管理和使用,并搭建专业集成设计仿真环境,实现多专业、多学科之间的协同研发,实现设计过程可追溯和设计快速迭代与综合优化,提高航天装备研发设计效率和质量。

4. 航天装备研发设计工程知识管理及应用技术

随着高新技术的快速发展,航天装备研制对提升自主创新能力需求更加迫切。我国航天在科研生产实践中积累了大量经过实践检验的成果及经验,包括型号研制案例、经验、方法、手段等知识,以及海量的报告、图样、模型、标准规范等成熟的型号产品数据及资料。这些研制工程知识资源虽是创新的基础,但这些知识长期以来散落在各类企业信息系统,以及各领域专家和专业人员手中,缺乏有效的面向重用的知识组织和获取手段,知识难以为整个企业共享,制约了企业创新能力。

因此,航天装备研制企业迫切需要提升知识管理水平,基于业务过程开展知识获取和应用,实现"人、过程、资源"的有机集成,提升创新研制能力。具体任务包括以下几方面。

(1)航天装备研制存量知识资源体系化,实现知识的有效组织管理和融合。

(2)多领域多类型工程知识的有效获取和发现,形成支持航天装备创新研制的工程知识聚集和共享中心。

(3)多领域多类型工程知识与航天装备研制流程的融合,支撑知识驱动的航天装备多专业协同创新研制。

航天装备创新研制工程知识管理与应用的技术包括以下几方面。

（1）工程知识管理标准规范体系。

（2）航天装备研制多领域知识组织技术。

（3）跨领域异构系统多源工程知识获取技术。

（4）面向航天装备研制的知识融合技术。

（5）面向创新设计的知识服务技术等。

5. 航天装备产品全生命周期管理平台构建与应用

针对航天装备型号研制结构复杂、全生命周期长等特点，在支持全三维产品研制模式的一体化平台基础上，基于全三维模式的设计制造集成，提供型号项目计划管理、研制过程与数据管理、三维工艺规划、三维制造过程管理、三维构型与技术状态管理等航天应用构件，形成包括科研生产管控、型号设计和数字化制造在内的全三维模式下的航天型号研制生命周期管理解决方案。

航天装备产品全生命周期管理平台构建与应用的技术包括以下几方面。

（1）基于统一产品数据模型的、支持网络服务组合与集成的一体化 PLM 平台架构技术。

（2）支持产品生命初期（BOL）、中期（MOL）和末期（EOL）的生命周期数据管理技术。

（3）PLM 统一产品三维数据模型与数据交换标准、软件集成接口标准。

（4）多品种多批次并行研制的技术状态管理与追溯技术。

（5）复杂产品多领域设计仿真与试验数据管理技术等。

5.4.2　模型驱动的航天装备并行研发设计

模型驱动的航天装备并行研发设计阶段的目标：到 2025 年，全面形成建立在基于模型的系统工程（Model-Based Systems Engineering，MBSE）基础上的航天装备研制体系，建立航天装备跨地域、跨部门、跨专业并行协同设计新模式，实现集约化资源保障下的研制流程优化，全面支撑航天重大工程的数字化协同研制，有效支撑航天多型号、系列化并行研制。

为达到该阶段目标，需要在研发设计模式、研发设计技术和研发设计支撑软件等方面开展以下工作。

1. 基于模型的航天装备系统工程模式

我国航天围绕航天产品规划、研制、设计、制造、试验和管理主线，发展形成了一套独具特色的航天型号研制系统工程管理模式。在多型号并行研制的形势下，如何充分发挥系统工程方法的优势，大幅提升研发与管理效率是型号研制面临的新要求。

基于模型的系统工程（MBSE）是系统工程领域发展的一种基于模型表示或模型驱动的方法，可以看做模型驱动原则、方法、工具、语言在大规模、复杂、交叉学科系统的形式化应用。在航天装备数字化研制中，建立基于模型的系统工程研发模式，通过建立和使用一系列模型，对系统工程的原理、过程和实践进行形式化控制，实现多模型、多领域跨越生命周期的集成，提高系统工程的鲁棒性和精确性，实现基于模型的系统层沟通与交互，大幅降低管理的复杂性，并通过建立系统、连续、集成、综合、覆盖全周期的模型驱动工作模式，确保系统工程原理在航天装备数字化研制中得到创新应用。本阶段，将基于模型的系统工程作为研制体系的核心构成要素，支持航天装备的创新研发设计。

2. 并行数字化产品定义技术

航天装备的研发设计不仅需要考虑设计问题，也要及早考虑设计后续阶段（生产制造、运行维修维护）的相关因素。并行数字化产品定义就是将产品设计和相关过程（包括产品制造和支持服务）集成在一起的系统工程方法，要求产品开发人员从整体出发考虑产品生命周期里的各种因素，从概念设计直至质量控制、成本、进度和客户使用等各种相关问题的处理。

近年来，虽然数字化产品定义技术在航天工业得到了一定的发展，但是并行数字化定义在实现航天装备"无纸化"研制过程中仍存在困难：一方面，产品定义数据集中包含的内容还仅仅是设计结果的信息，缺乏模型结果信息的背景信息、设计意图、设计依据等隐性知识，设计人员和制造工程人员无法获取全部的设计信息，不利于设计者之间开展协同设计，也不利于设计制造之间的协同；另一方面，由于技术、组织结构和业务流程等条件的限制，航天工业尚未形成基于产品定义数据集的并行协同机制。

针对弹箭星船器等主要航天装备设计制造一体化的需求，并行数字化产品定义的技术包括以下几方面。

（1）基于产品数据定义的单一数据源技术。

（2）并行数字化产品定义业务流程管理技术。

（3）面向产品全生命周期的设计技术。

（4）集成进度计划管理技术等。

3. 航天装备规模化定制设计技术

为满足产业化发展形势下航天产品规模化定制要求，应通过产品结构和制造流程的重构，运用现代化的信息技术、新材料技术、柔性制造技术等一系列先进技术，以规模化生产的低成本和高速度，满足单个客户或小批量多品种市场定制产品的要求，形成准确获取顾客需求的能力、敏捷的产品开发设计能力。

针对航天装备协同定制研发设计的需求，需要研究的技术包括以下几方面。

（1）规模化定制的产品需求设计技术。

（2）规模化定制的产品平台设计技术。

（3）规模化定制的产品配置设计技术。

（4）规模化定制的产品变型设计技术等。

4. 航天装备协同研制云服务平台构建与应用

航天装备产品的技术和系统复杂，研制生产单位众多、协作配套面广。为充分发挥信息化条件下航天装备研制生产中协调管理、资源分配，以及专业化分工协作能力，需要构建航天装备协同研制云服务平台。通过资源服务封装，统一调配研制资源，打破传统科研生产格局，形成新运行模式下的协同研制、基于协同工作平台的项目管理、统一的基础数据中心，以及数字化研发设计环境，建立先进的航天装备研制体系，保障航天型号研制生产的高效协同。

5.5 智能化制造

航天装备制造业属于高度离散型制造业，未来航天装备产品研制面临任务功能多样化、多型号并行、研制周期缩短等要求，同时，产品种类繁多、结构复杂、技术含量高，伴随着新材料、新工艺和新方法的不断出现，迫切需要转变现有的生产制造模式，探索建立适应航天装备特点的数字化、智能化生产制造手段和制造模式，主要分为数字化工厂和智能化柔性制造两个关键阶段。

5.5.1 以全集成自动化为核心的数字化工厂

2020 年，航天装备制造企业实现工业基础设施联网应用，基本打通全三维数字化设计、虚拟仿真、工艺设计、数字化加工、数字化检测、虚拟装配和基于航天工业大数据的智能管理与分析决策的整条生产链，逐步建设形成典型航天产品数字化工厂，实现航天装备产品的全数字化制造模式，满足快速响应制造的需求。

为达到该阶段目标，需要在生产制造模式、生产制造技术和生产制造支撑软件等方面开展以下工作。

1. 航天装备数字化快速响应制造模式

建立航天装备数字化快速响应生产制造模式，主要针对航天产品研制生产多品种和多批量变换的特点，以及工艺知识重用与现场指导、快速组织生产、柔性制造和灵活应变、生产过程防错等需求，开展航天装备快速响应制造能力建设。

航天装备制造对先进制造技术的选择、利用和实施，应以自身的研制生产组织模式、环境与先进制造技术组合匹配为出发点。应综合先进制造技术和管理技术两个方面，在提升硬装备的同时，以建设软装备和提升管理能力途径为主，进一步提高产品制造中信息处理的能力，包括信息结构、信息一致性及信息表示、获取、处理、传递、推理及应用等。

航天装备快速响应制造，以数字化、虚拟化、敏捷化为基本特征，以网络化的集成制造系统为表现，采用成组技术、精益生产、计算机集成制造、敏捷制造等技术，对各种设计、制造和信息及资源进行集成，构建航天装备产品快速响应制造体系，并同时开展航天装备数字化制造相关标准规范体系建设，实现航天装备产品快速研制与生产。

2. 航天装备生产过程仿真优化技术

生产过程仿真是实现数字化工厂的关键技术。通过生产过程优化仿真，实现面向整个生产过程各个环节的虚拟仿真与分析，实现制造过程的优化，包括布局规划与仿真、零件流的静态分析与动态仿真、装配过程平衡仿真、复杂的物流操作仿真、机器人及复杂运动仿真、零件加工仿真、人机工效仿真、控制软件测试仿真、试验仿真等。

在全三维设计制造一体化的基础上，建立面向航天产品生产制造过程的虚拟仿真模型和虚拟生产平台，使分布在不同地点、不同部门的不同专业人员在同一个产品模型上同时工作、共享交流，减少大量的文档生成及其传递的时间和误差，从而使产品开发快捷、优质、低耗响应市场变化。根据用户需求或市场变化快速改变设计，快速投入批量生产，大幅度压缩新产品的开发时间，提高质量、降低成本。

3. 航天装备生产现场物联网技术

随着工业无线网络、传感网络、无线射频识别、微电子机械系统等物联网技术的不断发展和成熟，通过将具有环境感知的各类终端、基于泛在技术的计算模式等不断融入到制造过程的各个环节，促使企业对制造环境的感知能力得到根本提升，推动制造信息获取、识别、处理、检索、分析和利用的进步，从而大幅提高制造效率，改善产品质量，降低产品成本和资源消耗，促进生产活动合理化和精细化控制，将传统工业提升到智能工业的新阶段。

目前，物联网技术在航天装备制造业务的应用主要集中在简单的监测和数据处理上，尚未形成有效的工程解决方案。将物联网与航天业务应用系统集成，根据航天装备制造特点，设计形成融合物联网技术的航天装备生产制造业务物联化应用系统，实现企业从生产现场到管理层的信息实时纵向互通。

4. 航天数字化工厂技术

数字化工厂/车间技术包括工艺过程虚拟验证、制造数据管理与过程优化及智能物流系统，重点实现高品质、高效率、低成本的核心目标。该技术以产品三维模型为核心，整合制造资源与制造工艺，在计算机虚拟环境中，对整个生产过程进行仿真、评估和优化，并能根据产品的变化对生产系统的重组和运行进行仿真，使生产系统在投入运行前就了解系统的使用性能，分析其可靠性、经济性、质量、工期等，为生产过程优化和网络制造提供支持。在数字化工厂中，"数据"是数字化工厂中从研发到生产到管理和配送的每个环节机器间沟通的"语言"。其中，重要的一点是采用统一的数据管家——数据全集管理平台，使得工厂内不同的软件、系统和部门可以实时采集数据或导入数据，实现系统间的互联互通，从而实现全集成的自动化、智能化生产。

通过数字化工厂，实现数字样机和虚拟制造的融合，并提供制造工艺信息平台，对整个制造过程进行设计规划和模拟仿真。通过具体的规划设计和验证预见所有的制造任务，在提高质量的同时，能大大减少设计时间，加速产品开发周期，而且能够为现场生产制造提供预测、诊断、决策信息，也能将制造信息及时与相关用户和供应商共享，实现虚拟制造和并行工程，快速指导实际生产过程，保障生产的顺利进行。

数字化工厂/车间技术目前在航天领域还处于局部应用阶段，应进一步加强数字化技术产品设计、性能分析、工艺规划、制造加工、质量检验、生产过程管理与控制等过程的融合，全面提升航天制造企业的数字化设计制造的一体化能力。

在数字化技术应用较为成熟的试点单位，推行数字化工厂/车间建设，在数字化生产线的基础上，进一步集成产品设计、生产、管理、销售、服务等业务过程，通过实时获取工厂内外相关数据和信息，快速响应和决策，以获取更为高效的物流和加工生产效率。

5. 航天装备产品制造执行平台研发与应用

航天装备产品制造执行平台是航天工业物联网、生产数据中心和制造执行系统的集成应用系统。针对航天装备生产制造过程，将生产现场的人、机、料、法、环、测、信要素集成在一起，可为企业管理者、业务管理人员、质量管理人员、车间管理人员、现场操作人员提供实时、有效、准确的生产现场信息，为企业决策者提供科学决策的依据。

加强制造执行系统和物联网技术的紧密结合。制造执行系统强调生产计划管理，需要收集生产过程中的大量实时数据，根据现场变动进行及时调整。而物联网、数字化标志等技术手段恰恰能快速、准确地完成大量实时数据收集工作，并能够在复杂环境中进行实时有效的自动识别和数据动态存储，满足业务系统对生产现场物流的跟踪需求，为其功能实现与应用提供技术支撑。实现物联网技术与制造执行系统的集成，可以充分发挥物联网的技术优势，弥补企业资源计划和控制层的信息管理断层和信息反馈延迟，实现车间生产数据的传递通畅，使生产准备时间和生产周期大大缩短、产品质量提高、车间资源得以更有效的利用、车间管理能力和管理效率提升、在制品追溯速度和准确性大幅度提高等。

面向航天装备的生产制造过程，通过制造物联网建模、泛在感知的智能制造单元构造、制造环境的传感网络构建、制造单元感知信息与制造过程信息的获取与多模态融合、基于信息语义分析的制造过程智能监控与决策、面向传感网的制造过程管理、面向制造过程的物联网应用支撑平台构建等关键技术的突破，制定面向制造过程的物联技术应用体系和标准规范，建立面向制造过程的柔性制造物联化生产线，对生产设备、检测工具、环境乃至整个生产状态的实时感知，实现以数据包为驱动的智能集成制造系统。

5.5.2　智能化柔性制造

航天装备智能化柔性制造的阶段目标：到 2025 年，在航天产品全数字化制造模式的基础上，建立能够实现个性化规模化产品定制的智能化柔性制造模式，通过信息物理融合系统、工业大数据、认知制造、自适应生产控制、云制造等技术的融合应用，形成适应航天多型号并举需求的异地协同智能化柔性生产模式；以典型航天制造企业为代表，建成面向型号全生命周期的航天智能化工厂示范。

为达到该阶段目标，需要在生产制造模式、生产制造技术和生产制造支撑软件等方面开展以下工作。

1. 航天装备智能化柔性制造模式

智能化柔性制造技术集自动化技术、信息技术和人工智能等技术于一体，构成一个覆盖整个企业的智能系统。航天装备智能化柔性制造模式中的"智能化柔性"，一是指适应装备需求等外部环境因素变化的能力，二是指适应设备、人员、物料等内部因素变化的能力，主要体现在机器智能柔性、工艺智能柔性、产品智能柔性、维护智能柔性、生产能力智能柔性、运行智能柔性等。

通过航天装备智能化柔性制造模式的建立，实现航天装备制造企业从数字化向智能化，从提供产品向提供服务转型，发展高端制造服务业。

2. 航天装备信息物理融合技术

信息物理融合系统是智能化制造的核心基础技术之一，是一个综合计算、网络和物理环境的多维复杂系统，实现大型工程系统的实时感知、动态控制和信息服务。

针对弹、箭、星、船、器等主要航天装备特点，研发实现制造设备、存储系统和生产设施与虚拟网络融合的信息物理系统，从根本上改善包括制造、工程、材料使用、供应链和生命周期管理的航天工业过程。智能产品通过独特的形式加以识别、可以在任何时候被定位、并能追溯历史和了解当前状态。嵌入式制造系统在工厂和企业之间的业务流程上实现纵向网络连接，在分散的价值网络上实现横向连接，并可对从下订单开始，到生产直到外运物流的全过程实时管理。通过基于制造现场数字化数据采集与反馈技术，分布式信息物理融合系统的推广应用，航天产品质量数据的收集、分析变得更加便捷、全面和自动化，能够持续不断地为产品质量可靠性保障与产品设计优化提供参考依据。

3. 航天装备制造云服务平台开发与应用

云制造是云计算和物联网等技术与我国制造业发展需求相结合所催生的先进制造新模式，支持在广泛的网络资源环境下，为产品提供高附加值、低成本和全球化制造服务。作为服务型制造的一种崭新的业务形态，云制造通过提供主动、全方位的制造资源和制造能力服务，将支撑航天装备制造企业实现升级转型。

航天装备制造业是典型的科技资源密集型企业，其所涵盖的设计、制造和知识等资源，是产品研制活动中最重要的战略资源和企业经济持续发展的动力，并逐渐成为企业核心竞争力和产品创新能力的关键因素。由于航天装备产品研制具有参研单位多且地域分布广、研制数据量大且交互频繁、研制任务多且研制周期短等特点，决定了其对产品研制中的业务协作与资源共享的需求紧迫，同时也带来了需求与能力、资源的矛盾突出问题。对此，为提高集团企业的存量资源利用率，加强内部企业之间的协作，实现资源逻辑集中及集约化管理，结合航天装备产品研制的实际情况和业务需求，通过构建航天装备制造云服务平台，在航天装备企业进行应用示范；建立平台安全保障体系和统一的标准规范体系；组建型号数据中心、共享资源服务中心、信息系统运维管理中心；为航天装备产品研制提供多学科协同设计、测试试验资源管理、工艺资源匹配优化、快速排产与动态调度等制造服务。

5.6 企业数字化管理

我国目前航天企业组织架构为集团-院-厂所三级管理结构，实行以型号为主线的业务协作模式。随着我国航天事业的飞速发展，航天装备研制多型号并举将呈常态化。围绕航天企业提升产品研制生产能力、产品创新能力、集成能力、管理与决策能力、市场化与国际化能力的迫切需求，加快推进以型号工程综合管控为核心的数字化企业建设，形成横向协同、纵向贯通的管理模式，是航天数字化管理的核心主题。航天企业数字化管理发展主要分为数字化企业管理和智慧化企业管理两个阶段。

5.6.1　数字化企业管理

航天数字化企业管理的目标：到 2020 年，航天制造企业广泛应用多项目计划管理、多级供应链管理、型号全过程质量管理等技术，建成以集团公司战略目标为龙头，经营管理和执行为核心，实现战略、计划、质量、供应链、人力、财务、物资等全面一体化管理的数字企业，强化集团、院两级科研生产综合管控能力，提高多型号综合计划、项目群综合协调平衡能力，保证垂直管理的纵向贯通和横向协调。

为达到该阶段目标，需要在战略与经营管理模式、管理技术和管理支撑平台方面开展以下工作。

1. 纵向贯通横向协调多级数字企业管理体系

航天型号工程项目是典型的多级协同项目，具有研制周期长、协同单位多、组织管理复杂的特点。当前航天企业管理面临的主要问题包括：项目管理过程中的计划、进度和资源管理等需要考虑不同管理层次间的各种协同问题；多级管理体系在面临大规模科研生产任务压力时，难以避免决策慢、效率低、管控链条长、管控力度弱、总体能力和协同不足等问题；各级质量管理系统之间信息共享不足，质量管理系统与其他业务系统集成深度不足，对质量管理精益化、质量过程追溯、质量归零等支持不够。

针对上述航天企业管理面临的问题，构建面向集团综合管控的共性业务平台，梳理优化型号研制、项目管理、质量管理、物资管理、人力资源管理、财务管理、采购与供应链管理等纵向贯通的业务流程，构建基础主题数据库，建立完善的协同、共享平台和机制，打造各种业务管理系统的综合集成、业务协同和信息共享的综合管理平台，实现集团-院-厂所三级纵向管控、各单位研制过程的横向协同，以及人财物、项目管理、质量管理、研制过程管理等综合集成与协同，建立高效的数字企业管理体系。

2. 多级多项目管理技术

以系统工程作为组织管理核心方法，以信息技术为基本手段，采用一本计划管理、多项目关键资源优化调度、多要素项目信息共享等多种方式，并在组织层面开展多项目管理的标准化、规范化工作，实现项目资源、知识和技术成果在多层级之间、多项目之间的信息共享，实现关键场地、设备等固定资源的有序协调使用，改变单个项目独立成体系、纵向落实强、横向沟通弱的状况，形成针对发展需求的优化管理模型，提升多项目综合管理与组织能力，全面提升航天多型号并行协同研制的能力和效率。

3. 全过程质量管理技术

质量管理工作一直是航天装备研制的重中之重。航天产品具有多品种、小批量、个性化强的特点，产品研发过程以研究和试验为主要内容，需要对多批次、系列化产品的技术状态进行控制，开展基于生产工艺过程的质量信息采集和过程控制，以满足高效可追溯性要求。

全过程质量管理要以航天产品全过程质量精细化管控为核心，建立生产线级别的全过程实时质量监控和预警系统，实现航天产品关键参数、生产过程关键质量指标、产品检验和实验数据的全程记录和有效监控，全面提升航天产品的生产控制能力和质量管理水平。在质量信息管理、质量数据包系统建设的基础上，构建集团、院、所/厂三级精益化质量管控体系，加强型号的质量控制与型号研制的融合，加强关键质量特性管理、质量问题归零过程管理、质量信息全程快速追溯管理，实现质量管理、项目管理、型号研制数据管理等各系统之间的集成。在标准规范和系统安全的支撑下，将设计、生产和质量管理系统紧密连接成一个整体，将相关技术状态控制信息即时推送至质量管理系统中，对"人机料法环"进行全面监控，确保产品的可靠性、一致性、重复性，同时将质量信息不断反馈至设计、生产管理系统中，支持产品设计和工艺过程不断改进和优化。通过设计、生产和质量信息系统的紧密结合和支撑，产品信息流不断动态循环，业务过程相互促进，共同提升产品质量控制能力。

4. 精准供应链管理技术

航天采购与供应链直接关系到产品研制质量、型号交付时间、研制成本等。目前，航天企业在物资采购与供应链方面，对关键物资信息、物资短线、瓶颈信息、综合成本、物资使用、质量综合情况、物资合同综合信息、各级供方综合信息等尚未形成统一的信息渠道和共享，难以提供实时、准确、完备的精准供应采购信息，制约了型号研制过程管理的可控性。

开展精准供应链管理，要加强航天物资基础信息编制与管理，综合梳理与形成电子元器件选用目录、物资使用历史信息、物资采购合格供应商、采购质量标准与过程控制规范等基础信息，构建多级供应链管理系统，支持供应链上从供应商到采购、质检、仓储、配送、生产使用到交付用户使用等全过程管理，并为型号质量人员提供质量管理、机理质检信息和追溯质量历史等过程管理，形成完善的多级供应商管理、采购与物流管理、质量与可靠性管理、工艺与生产协调、基础物资信息发布、综合查询与分析等功能，实现"管住入口、过程受控、质量追溯、生产协同、规范出口、决策支持"的航天物资精准供应链管理，提高航天系统工程供应链管理水平、物资管理效益和效率，降低采购成本，确保型号物资配套进度和产品质量。

5. 数字企业综合管理平台构建与应用

针对数字企业综合管理的需要，研发形成包括工作流、表单、业务模型、组织模型在内的共性业务开发与集成平台，在此基础平台之上，开展各业务系统的快速定制开发，规范业务系统底层技术架构，提高软件开发复用程度和集成能力。

按照航天数字企业管理模式和体系，梳理集团-院-厂所三级管理业务流程，优化重构业务活动，在共性业务开发与集成平台的基础上，实现对项目管理、质量管理、采购与供应链管理、物资管理、人力资源管理、财务管理等系统的综合集成，打造数字企业综合管理平台，实现三级企业的信息流、物流、资金流、知识流、服务流的集成与畅通，实现企业内外部信息的高效共享和有效利用，提供企业内外部端到端业务流程集成管理和企业资源的综合管理，极大提高航天装备企业经营管理能力，最终建成数字企业。

5.6.2　智慧化企业管理

航天智慧化企业管理的目标：到2025年，在建立"纵向贯通、横向协调"的多级数字企业管理体系基础上，基于云计算、物联网、大数据、知识管理等前沿技术，促进航天企业的市场开发、企业经营、型号研制、产品开发、项目管理、质量管理、采购与供应链等的科学化、网络化和智能化，支持从集团战略目标、经营管理和执行层面的创新驱动，打造适应广域协同、动态应变流程的多层级、多维度、一体化管理模式，打造集团-院-厂所一体化的云服务平台，支持集团战略管控、财务管控和业务管控模式的转变，构建智慧型集团企业。

为达到该阶段目标，需要在智慧企业管理模式、云服务管理平台和相关关键技术方面开展以下工作。

1. 多级管控智慧企业管理体系

一方面，航天装备制造企业面临研制进度、生产质量和成本要求进一步提高的挑战；另一方面，为满足军民融合发展，快速响应国际国内两个市场的需求，企业集团各级法人主体之间既要进一步发挥各自的市场主体作用，又要紧密协作。这些都对管理模式、管理技术、信息技术与系统等提出了更高的要求，需要打造全业务、全集团企业、全业务流程自动化执行、智能化决策、快速响应市场的智慧化企业。

针对未来航天装备制造企业军民融合发展，打造国际一流的大型集团企业的要求，构建适应战略管控、财务管控和业务管控等多种集团管控模式，应用信息采集与动态感知、智能决策支持、数据挖掘分析与可视化等多种大数据处理技术，优化业务流程和组织结构，以信息泛在感知、自动实时处理、智能优化决策为核心，驱动各种管理业务活动的执行、反馈与优化，实现航天装备产品价值网络的横向集成，贯穿企业底层设备、经营管理和战略层的纵向集成，以及从产品创新研制、智能生产和售后服务全制造过程服务协同，打造创新能力强、生产制造过程智能化柔性化、管理流程扁平化、决策过程自主化的智慧型企业。

2．航天大数据管理与应用技术

信息技术、软件系统在航天装备研发设计、分析仿真、研制过程管理、生产制造、项目管理、经营管理等的广泛应用，将产生巨大的信息资源。如何从这些信息资源中自动、高效、智能化地挖掘和分析出有价值的信息，支持航天装备研制、生产、管理的各方面的活动，将是未来面临的巨大挑战。

航天企业应加强大数据的统筹规划，在航天工业基础设施联网和数据中心建设的基础上，建立航天型号大数据形成机制，推动型号大数据资源的开发利用。集中攻克航天大数据关键技术，搭建航天大数据分布式计算架构；实现形成覆盖型号全生命周期各环节的大数据存储机制；在大数据框架基础上，研究大数据分析算法与模型，实现基于航天大数据的实时分析和可视化技术。积极推进大数据应用服务，收集航天大数据的服务需求，建设航天大数据的各种应用，例如，基于航天型号数据的产品质量分析与创新设计等。最终能够提供面向航天乃至制造业的可视化智能分析与决策。

3．航天知识型企业创新管理模式

针对航天企业创新能力提升和企业转型的需求，研究航天知识型企业的功能模型、组织模型、知识资源模型及控制模型，并充分体现全员参与知识组织、生产、获取、共享和利用的核心企业战略，密切结合航天企业业务项目型号牵引特点，并能充分发挥企业员工和组织智慧促进技术创新，研究建立航天项目推动式知识型企业的管理模式，研究知识型团队协作与评价机制等，构建基于知识的创新型企业组织和业务运营模式。

同时，要研究符合航天知识型企业业务与管理要求的知识型企业管理实施方法、多元复合激励机制，知识管理与应用标准与规范，形成资质认证/绩效考评/岗位职责等工作规范，建设知识型企业创新管理的标准规范体系，保证知识工程在航天型号研制、生产和管理工程中落到实处，见到实效。

4. 智能决策支持与多层级管理可视化技术

随着企业管理规模逐渐变大，企业内外部管理、决策因素增多，快速响应需求增强，需要对型号研制、生产制造和经营管理各个环节中的各种信息进行集成、抽取、汇总和加工，并采用智能决策支持技术、综合数据可视化技术和普适终端可视化展示等，使得各层级决策者能够随时随地地快速获取各种科研生产管理的信息。

在智能决策支持、数据可视化和多终端普适等技术的基础上，建成面向集团公司各级领导的管理驾驶舱，通过数据抽取等工具，从各信息系统中获取基础数据，实现对型号项目计划和型号工程质量等信息的动态查询、多维分析、预警监控、数据挖掘和图、表、报告等多种形式的可视化展现，为领导决策提供形势分析、趋势预测、风险回避、战略决策等多种形式的数据支撑。

5. 构建多层次多维度综合智慧管理云服务平台

在大数据采集及加工处理的基础上，以云服务作为主要模式，综合运用知识管理、决策支持、云服务等技术，构建航天智慧企业管理云服务平台，实现信息流、物流、资金流、知识流、服务流的综合集成，支持企业内外部信息的高效共享和有效利用，形成面向不同层级、不同管理领域和不同决策内容的管理域，支持从集团战略目标、经营管理和执行层面的创新驱动，打造适应广域协同、动态应变流程的多层级多维度一体化管理模式，提高航天装备研制企业高效科学管理能力。

5.7　保障措施

1. 加强国家政策支持和开放协作，加速推进航天数字化、智能化工程

根据我国数字化、智能化发展战略及重大工程部署，结合航天装备发展需要，深入研究航天数字化、智能化发展战略，加速部署与推进航天数字化、智能化工程，大力促进数字化、网络化、智能化技术和系统的研发应用。航天作为重大战略产业，依托国家制造业

数字化智能化工程，重点突破自主可控的航天重大关键装备与共性技术，增材制造、工业机器人、重大智能制造仿真装备等，同时，建立官产学研用推进联盟，形成航天装备数字化、智能化制造发展合力，持续提升航天产品、装备、工艺、服务的数字化、智能化。

2．推进航天企业资源优化配置，建立开放融合的航天研制生产体系

创新发展思路，推进信息化和航天装备研制生产模式的深入融合和创新，结合我国航天特点发展航天先进研制生产模式，着力推进设计与生产制造紧密结合，构建产品研制生产技术经济实体，结合先进研制生产模式要求，推进航天制造模式和研制生产管理体制变革和转型升级，改变航天科研生产布局相对分散、资源配置不尽合理的格局，合理进行优化重组，提升供应链管理能力，增强有效的外部制造资源，集中优势资源，提高专业化能力和市场化程度，开展开放、协同、高效社会化协作，建设形成科学高效的航天研制生产体系，服务于航天产业化发展，形成从航天装备制造到应用有机衔接、高效发展的产业链。

3．加强航天装备数字化、智能化制造发展基础环境建设，保障发展战略落实

加强数字化、智能化人才队伍建设及数字化、智能化基础环境建设，系统部署、着力发展航天领域基础设施联网解决方案与关键技术攻关，为全面推广智能制造技术提供有力保障。

组建开放联合的航天装备数字化、智能化制造重点实验室，攻关关键核心技术，提供技术成果转化应用和专业解决方案，为航天制造业的数字化、智能化转型升级提供持续支持。

5.8　技术路线图

航天装备数字化、网络化、智能化制造技术线路如图 3.5.1 所示。

历程 因素	2015年	2020年	2025年
需求	需要虚拟化设计优化和知识驱动的创新研发；需要物联模式的快速响应制造；需要多型号并行研制的精细化管理	需要跨业务和跨企业的协同设计和规模化定制设计；需要智能化和柔性化生产制造	
目标	初步建成航天知识型研发设计所、航天装备智能工厂及航天智慧型研究院的示范企业，实现产品研制设计数字化、生产制造智能化和经营管理精益化	全面建成航天知识型研发设计所、航天装备智能工厂及航天智慧型研究院，实现个性化规模化产品定制的异地协同化智能制造模式，产品制造模式、生产组织模式、企业管理模式发生根本性变化	
数字化 研制	航天装备设计/分析/试验一体化创新研制模式 航天装备全机虚拟样机构建与应用技术 航天装备产品多学科设计优化与应用技术 航天装备研发设计工程知识管理及应用技术 航天装备产品全生命周期管理平台构建与应用	基于模型的航天装备系统工程模式 并行数字化产品定义技术 航天装备大规模定制设计技术 航天装备协同研制云服务平台构建与应用	
数字化 制造	航天装备数字化快速响应生产制造模式 航天装备生产过程仿真优化技术 航天装备生产现场物联网技术 航天数字化工厂技术 航天装备产品制造执行平台研发与应用	航天装备智能化柔性制造模式 航天装备信息物理融合技术 航天装备制造云平台开发与应用	
数字化 管理	纵向贯通横向协调多级数字企业管理体系 多级多项目管理技术 精益质量管理技术 精准供应链管理技术 数字企业综合管理平台构建与应用	多级管控智慧企业体系 航天大数据管理与应用技术 航天知识型企业创新管理技术 智能决策支持与多层级管理可视化技术 构建多层次多维度综合智慧管理云服务平台	
保障条件	加强国家政策支持和开放协作，加速推进航天数字化智能化工程		
	推进航天企业资源优化配置，建立开放融合的航天研制生产体系		
	加强航天装备数字化智能化制造发展基础环境建设，保障发展战略落实		

图 3.5.1　航天装备数字化、网络化、智能化制造技术路线

第六章　输变电装备数字化、网络化、智能化制造技术路线图

课题组成员名单

组　长：张明才

成　员：施　曼　冯　柱　陈荣伟　吴　双　史建农

　　　　程娟娟　刘　壮　王　磊　邓　伟

输变电装备制造业融合了电气、机械、电力电子、材料、信息和其他基础产业技术，具有产业链长、技术密集度高、吸纳就业能力强等特点，输变电装备主要应用于电力系统和工矿企业的电能传输和电能控制等，衔接电力生产和电力消费，其制造水平，决定电网的发展水平，影响电力安全，决定电能品质，特别是高压输变电设备，属电力发展的重大关键设备，也是国家能源战略和装备制造业领域中的重大战略设备。是影响国民经济健康、可持续发展的重要战略性产业。

中国输变电装备制造业已建立了完整的装备制造业体系，其中包括标准制定、基础理论研究和产品技术研发、生产制造、产品检测、配套与成套服务；形成了一批拥有自主知识产权和自主品牌，具有核心竞争力的中国输变电制造骨干力量。

纵观全球，输变电装备制造业主要是欧洲和亚洲企业最具竞争力。欧洲以 ABB、西门子为代表，在国际市场占有主导地位，亚洲以日韩为代表，在国际市场具有较强的竞争能力。近年来，欧洲输变电制造业以西门子为首提出了"工业 4.0"，旨在通过充分利用信息通讯技术和网络空间虚拟系统——信息物理融合系统（CPS）相结合的手段，将制造业向智能化转型。亚洲以日本企业为首提出了加快发展协同式机器人、无人化工厂，提高国际竞争力。为解决我国输变电行业存在的产业结构不尽合理、质量效益需进一步提高等问题，输变电装备制造业根据"创新驱动、质量为先、绿色发展、结构优化、两化融合"的强国战略，提出了输变电装备制造业智能制造发展路线图，以提高产业素质，优化产业要素，提升智能制造水平，促进产业转型升级，成为全球输变电装备行业引领者。

6.1　产业概况

6.1.1　产业规模

我国输变电装备主要包括输变电一次和二次装备产业，一次装备产业主要生产开关、变压器、电抗器、电感器、电容器、电线电缆、绝缘材料等设备；二次装备产业主要生产对一次装备进行控制和保护的设备，包括电站自动化、变电站自动化、调度自动化、配电自动化、线路保护、主设备保护和电能计费自动化设备等。

我国输变电设备制造年收入接近 3200 亿元，年增长率为 20.77%，其中，开关控制设备制造年增长率为 17.14%；变压器、整流器和电感器制造年增长率为 15.33%；电力电子元器件制造年增长率为 11.96%；电容器及其配套设备制造年增长率为 18.78%。从产能角度来看,我国变压器产量从 2005 年的 63115 万千伏安增长到 2013 年的 152323 万千伏安;高压开关板产量从 2005 年的 41.76 万面增长到 2013 年的 219.74 万面;低压开关板产量从 2005 年的 214.55 万面增长到 2013 年的 4148.03 万面;绝缘制品在 2013 年的总产量为 151.48 万台,输变电设备产量增长较快。

2012—2020 年,特高压、疆电外送及全国性城市、农村电网改造,建设总投资规模预计接近 4 万亿元。

6.1.2 产业现状

我国输变电装备行业的发展经历了从无到有、仿制技术引进到消化吸收国产化过程,设计水平、装备状况和制造能力都有了显著提高,建立了较为完整的装备制造业体系,形成了一批拥有自主知识产权和自主品牌,具有核心竞争力和中高端产品国际竞争优势的中国输变电制造骨干力量。

在交流输电设备方面,500kV 超高压输变电装备设计水平已与国际水平同步。1000kV 特高压输变电成套装备研发设计和试验水平已达到国际领先。在直流输电设备方面,我国已成为直流输电发展最快、工程最多的国家。通过工程实践,国内企业全面掌握了特高压直流工程换流阀、换流变、平波电抗器和控制保护制造等设备的制造技术和成套设计技术,大容量、高电压直流关键设备的自主制造已达到世界先进水平,设计技术也已大幅度提升。

我国输变电装备企业正在快速赶超国际先进水平,目前已自主研制成功并能生产全系列的特高压交直流成套产品,实现了我国输变电行业技术的全面升级。输变电行业龙头企业的产品和技术已成功进入美国、德国、法国、瑞典、澳大利亚、新加坡、中国香港等发达国家和地区市场。产品出口已实现从简单到复杂、从单机到成套,直至交钥匙工程和对外提供整套的输变电电气解决方案的飞跃发展,有望打造成世界级输变电装备制造企业。

从现状看,输变电装备制造业在国家政策的大力扶持下,通过不断完善提升自我发展能力,已取得不菲成就,但同时应看到,行业还存在以下问题。

1. 行业整体产能过剩

经过"十五"和"十一五"期间的技术改造,大部分输变电企业装备水平和能力得到快速提升,但由于投资拉动形成行业整体产能过剩,特别是变压器行业实际产能约为需求的 2 倍,行业制造能力远没有发挥出来。

2. 高压产品有优势,中低压产品竞争激烈

输变电行业龙头企业掌握了高压及特高压核心技术,拥有了自主知识产权和品牌,实现了产品技术升级和更新换代,具有竞争优势。中低压企业众多,技术雷同,产品低端,

重复投资，低水平建设。

3．行业竞争要素分散，支撑行业发展的资源集中度低

（1）由于历史原因，行业一二次设备制造分离，工程设计院和制造企业分离，使得每个企业核心竞争要素不完整。

（2）研发资源相对分散，输变电装备产业发展所需的共性、基础性、前瞻性技术研究不足，标准体系分散，对产业可持续发展支撑不足。

（3）没有形成集群式发展，除了少数企业，多数企业产业链不完整，产业发展协同性不够，带动性不强。

4．产业发展模式单一

绝大部分企业仍然聚焦于产品和制造，忽视产业化发展和商业模式创新，与国际一流企业注重集成创新和提供整体解决方案相比有较大差距。

5．行业部分资源机能衰退

输变电装备制造业属于完全竞争型行业，行业标准与检测资源分散，集中度不高。除了西安、南京拥有较为集中的产学研用高级研发及管理人才外，其他地区智力资源相对缺乏，缺乏创新激励机制，不能支撑产业发展。

以上这些都使行业竞争优势弱化，制造能力不能充分释放出来，急需调整思路、升级产业、整合要素、创新机制、协同发展。

6.1.3　产业竞争格局

全球范围内，输变电装备制造业主要是欧洲和亚洲企业最具竞争力。欧洲以 ABB、西门子为代表，在国际市场占有主导地位；亚洲以日韩为代表，在国际市场具有较强的竞争能力；中国输变电产业全方位崛起，尤其是超高压、特高压输变电装备制造企业，已具备与跨国企业竞争的能力。

我国输变电装备市场结构呈现典型的金字塔状，市场需求巨大，吸引了众多的市场参与者，行业竞争尤其激烈。高端市场由国外先进企业与国内少数优秀骨干企业，如中国西电、特变电工、保定天威、平高、新东北等分庭抗礼；与此同时，国外主要制造商纷纷采取与国内生产企业合作的方式，寻求优势互补，不断多产线多渠道渗透中低端市场，导致中低端市场竞争格局更趋复杂。

6.1.4 产业发展趋势

1．由资源相对分散向提升产业集中度发展

我国输变电制造业各家企业多而散、大而不优，在与国外先进企业竞争时，还不能形成更强的产业竞争优势。因此，内外资源会进一步优化配置，产业结构进一步调整，工程设计资源进一步整合，核心竞争要素进一步补充完整。最终由具有全电压等级、交直流、一二次、研发设计、国际试验认证、工程设计及总包能力齐全的全产业链、较强国际竞争能力龙头企业引领行业快速发展，走向世界。

2．由产品输出向国际化经营迈进

中国输变电骨干企业在国家"一带一路"战略的指引下，积极开展产品国际认证，通过实现内外资源的优化配置，进行合资合作，尤其在高压、特高压输变电领域，充分利用自身优势，通过工程项目和资本输出的方式，推动"产融结合"，打造战略联盟，实现全球产业布局，扩大海外业务占比，逐步实现国际化经营。

3．由生产制造型向制造服务型发展

集聚资源，补充工程设计能力，建立产品及工程全生命周期服务体系，通过产品、业务、产业协同发展，实现向制造服务型转变。

4．由传统输变电装备向绿色节能环保智能装备发展

围绕国家发展清洁能源、发展低碳经济、建设智能电网，使主要装备实现信息化、智能化、数字化、小型化、大容量、高电压和低损耗、低污染。

6.2 数字化、网络化、智能化制造基础

随着数字化技术、信息化技术的快速发展，使得基于多媒体计算机系统和通信网络的数字化制造技术在现代制造系统中的并行作业、分布式运行、虚拟协作、远程操作与监视等方面得到了初步应用。

近年来，我国输变电装备制造业在数字化信息化方面的投入不断加大，数字化信息化

技术在设计、制造、管理、基础设施建设等环节中都得到了不同程度的发展和应用。

6.2.1　产品及工程设计

在输变电设计环节，目前国内输变电企业计算机辅助设计工具全面普及，CAD、CAE、PDM 已成为开关、变压器、电力电子、配电等产品研发和工程项目设计的主力软件。骨干企业在产品研发和工程项目设计中全面开展产品三维设计和数字化模拟仿真，开发了一系列输变电科学计算、集成设计系统、试验/制造一体化集成系统等具有自主知识产权的软件系统。

虽然在设计环节建立了数字化集成设计环境及应用系统，但是在输变电行业知识库建设方面，与世界先进输变电企业仍存在一定的差距，需要不断完善并创新。

6.2.2　生产制造

在输变电制造环节，CAM、CAPP 得到了广泛应用， MES、PCS、DNC 应用较多，自动化生产线、工业机器人、3D 打印技术已开始进入大型骨干企业。

在高压开关设备制造领域，骨干企业数字化、智能化应用水平较高，CAM、CAPP 已全面应用，数控加工中心、数字化生产线、数字化执行控制系统、数字化在线测量系统均开展应用，实现了数控机床联网、机床状态信息的采集、生产线数控设备实时监控。工业机器人应用于开关设备装配、焊接、铸造等方面，3D 打印在开关触头类零件加工方面已开展应用。

在变压器设备制造领域数字化、智能化应用较弱，数字化矽钢片剪切生产线、数字化设备在线状态信息采集、工业焊接机器人、数字化执行控制系统已开展应用。

在电力电子设备制造领域数字化、智能化应用较深，数字化系统仿真、数字化系统在线实验检测应用较强，数字化生产设备、数字化生产执行控制应用正在开展。

在配电制造领域数字化生产线应用较为广泛，数字化生产执行控制系统、数字化在线测量、CAM、CAPP 应用较为广泛。

在电工材料制造领域，正在开展自动化生产线的应用，数字化生产线、数字化生产执行控制、数字化在线测量应用均较弱。

6.2.3　企业管理

输变电装备制造业中大中型企业人、财、物、营销等信息化管理系统普及率较高，高压开关装备制造、高压变压器装备制造等骨干企业人、财、物、营销等信息化管理系统普及率达到 90%，部分骨干企业还建立了电子商务平台，实现了企业物流、资金流、信息流的有效集成，实现了客户、供应商、价格、物料、BOM、工艺路线的统一管理，实现了财务业务一体化运作。

6.2.4　基础设施建设

输变电装备制造业基本都建立了覆盖全企业的计算机网络系统，采用了核心层、汇聚层、接入层组成的三层架构网络平台，部分骨干企业建立了万兆主干、千兆接入的完全物理隔离的内外网物理隔离的安全体系，确保信息的安全性；部分开关装备制造企业和部分变压器装备制造企业建立了基于远程监测系统的物联网系统，运用计算机网络及通讯技术，远程监控智能化装备运行状态，快速处理设备运行所遇到的问题，提升企业现代服务支持能力和客户满意度。

6.3　数字化、网络化、智能化制造需求

当前我国正进入由制造大国向制造强国迈进的关键时期，强国必先强企，强企应具备高端装备制造能力，信息技术与制造技术深度融合带来的制造业变革是实现企业高端装备制造能力的重要手段，有效提高生产效率、提升产品质量、缩短设计周期、变革制造模式、促进企业转型升级，支持企业在国际竞争中处于有利地位。

在输变电行业，应加快信息产业与输变电产品的融合，以数字化、智能化为主线，提升输变电装备制造业的科技创新能力、敏捷制造能力、现代服务能力和精益管理能力，建设输变电装备制造数字化车间及生产线，实现设计、制造、产品、运行、管理等全流程的数字化、智能化，实现我国从输变电装备制造大国向输变电装备制造强国的升级转变。

6.3.1　提高产品数字化水平

输变电产品的成套化和集成化将逐步成为输变电企业获得竞争优势的重要手段，要求企业具有面向整个工程项目协同研发设计能力和全生命周期管理的能力，同时输变电设备技术总发展趋势是在向大容量、高电压、智能化、组合化、小型化、免维护等方向发展。

因此，将信息技术全面渗透融入到传统输变电技术和设备之中，提高科研创新能力和工程设计效率成为企业的迫切需求。

6.3.2　推进智能技术在制造过程中的应用

输变电产业原材料、能源、人工等刚性成本上升较快，生产线作业工作烦琐、精准率低，主要依靠规模增长的发展模式。同时输变电行业对产品可靠性要求很高，通过信息化技术改造传统输变电企业制造模式，建立数字化、智能化车间，依靠自动化、数字化、智能化装备减少生产作业人员，降低人工成本，提高劳动生产率，提高产品质量，成为企业的迫切需求。

6.3.3　建立服务支撑体系

输变电产业市场需求拉动行业集成整合进一步加速和深化，使得输变电设备价值链重心向服务领域延伸，成为潜力巨大的全新利润来源。同时，新兴国家市场需求旺盛，输变电产品走出国门后，基于物联网的远程服务支持将成为海外市场整体解决方案的关键组成部分，因此信息化与服务融合，打造现代服务支持系统成为输变电行业新的需求。

6.3.4　促进企业精益管理

输变电产业管理精细化水平较国际先进企业尚有距离，市场营销、采购、外协等供应链关键环节不够坚强，全球生产资源配置和有效布局能力较弱。通过信息化的手段，提升管理水平，以电子商务为纽带，将供应链上下游分工协作的企业紧密联系起来协同发展，进一步深化企业资源计划管理系统应用，成为企业未来增长的需要。

6.4　发展目标

围绕"创新驱动、质量为先、绿色发展、结构优化、两化融合"的强国战略，打造数字化、智能化制造和传统输变电装备产业完美融合，以智能化工厂为抓手，大力推进数字化研发与工程设计、智能化生产系统、智能资源计划及供应链管理、智能化服务支持系统，突破输变电行业两化深度融合的关键智能技术和重大智能装备瓶颈，构建新型的输变电装备制造工厂，显著提升输变电行业自主创新能力、敏捷制造能力、可持续发展能力，使我国的输变电制造企业跻身世界输变电行业前列。

输变电装备产业发展数字化、网络化、智能化制造分为两个阶段。

6.4.1 第一阶段目标（2015—2020 年）

第一阶段的目标如下。

（1）夯实输变电数字化、智能化制造的基础，围绕改造传统产业，着力推进输变电装备制造业的研发设计数字化、制造过程数字化、制造装备数字化、管理数字化，全面推进数字化制造和数字化工厂建设，建立数字化制造和数字化工厂标杆企业，为智能制造打好基础。

（2）充分发挥研究院所在新一轮产业特征和技术趋势下对产业发展的作用，建立以输变电行业龙头企业为主体的中央研究院，积极开展前瞻性、基础性、共性技术研发，以及制造技术、产品技术集成创新，依托产业发展，建立数字化、网络化、智能化的标准体系和评价认证体系，面向行业服务，引领行业发展。

（3）对比国外先进企业，打造具备完整竞争要素和品牌优势的大型输变电企业集团，引领行业快速发展，走向世界。

在高压开关、高电压变压器、高压电容器领域内建立 4~5 家数字化工厂标杆企业；在配电领域内建立数字化工厂 2~3 家标杆企业；在电力电子领域内建立 2~3 家数字化工厂标杆企业。

在绝缘子避雷器领域内建立 2~3 家数字化制造标杆企业；在电工材料领域内建立 2~3 家数字化制造标杆企业。

具体包括以下几个方面。

（1）在研发设计方面，全面普及和推广三维 CAD 建模及模块化、标准化、参数化、精益化设计，推进三维 CAD/CAE/CAPP/CAM 与 PDM 无缝集成，使设计与工艺业务顺畅衔接、同步工作，缩短产品制造技术准备时间。实现产品电场仿真、强度仿真、运动仿真、电磁兼容、液压仿真、电力系统仿真等，在产品研制和产品改进过程中，使设计方案直观、设计结果可靠、设计成本优化。

（2）在制造过程方面，积极推进 MES 系统建设，通过应用高可靠性、高应用性的光电、位置、视觉传感器，以及基于新材料和半导体精密细微加工技术的微型化、多功能、多维化、网络化新型传感器及其系统等技术手段获取准确的作业时间、操作人员、物料、设备及工装、质量检测等信息，对车间生产任务进行分派、业绩进行监视、统计、跟踪和分析等，实现生产过程的可视化和持续优化。

（3）在制造装备方面，推进零件数字化加工成套设备、柔性数字化装配生产线、数字化铸造生产线、数字化表面工程成套设备、数字化输变电产品试验设备等广泛应用，实现高效生产制造，同时突破输变电数字化制造关键技术应用。

（4）在管理方面，大力推进集成的企业资源计划管理系统，有效提高企业市场反应速度，大幅提高制造效益，降低产品成本和资源消耗，使企业的资源达到最优利用和最佳模式运作。

在打好输变电行业数字化制造基础上，选择输变电行业中，信息化、数字化基础较好，智能化需求迫切的开关、变压器主机设备厂，推进数字化车间建设基础较好的企业向数字化工厂迈进，实现数字化、智能化系统、精益管理系统、数字化质量管理系统"三个融合"。

输变电行业研发设计周期缩短 30%，设计更改减少 30%，生产效率提高 40%，采购提前期缩短 30%，交货期缩短 30%，资金周转率提高 1.5 倍，产品质量提升 6%，能源消耗降低 5%。

6.4.2　第二阶段目标（2021—2025 年）

第二阶段的目标：为全面开展输变电行业骨干企业智能化制造建设，建立智能化工厂标杆企业；其他企业建立数字化工厂，开展智能化制造建设。

在高压开关、高压变压器、高压电容器领域内建立 4～5 家智能化工厂标杆企业；在配电领域内建立 1～2 家智能化工厂标杆企业；在电力电子领域内建立 1～2 家智能化工厂标杆企业。

在绝缘子避雷器领域内建立 2～3 家数字化工厂标杆企业；在电工材料领域内建立 2～3 家数字化工厂标杆企业。

内容包括以下几个方面。

（1）在产品设计方面，采用面向产品全生命周期、具有丰富设计知识库和模拟仿真技术支持的数字化、智能化设计系统，在系统建模、优化计算等技术支持下，在虚拟的数字环境里并行地、协同地实现产品的全数字化设计和产品结构、性能、功能的计算优化与仿真，极大提高产品设计质量和一次研发成功率。

（2）在制造过程方面，重点应用基于模型的加工过程仿真优化、自适应控制、多企业异地协同制造技术等先进的数字化、智能化技术，极大提高制造水平和效率。

（3）在制造装备方面，重点推进智能制造装备、柔性制造单元、数字化工厂等智能化生产系统的广泛应用，大幅度提升生产系统的功能、性能、柔性、自动化与智能化程度。

（4）在管理方面，建立以核心企业为中心，集成上下游协作企业，构建新型基于工业云的敏捷供应链系统，应用大数据、云计算、人工智能等技术，实现企业资源智能配置、供应链智能响应，提升企业的竞争能力。

（5）在绿色制造方面，开展输变电产品小型化、智能化建设，使产业转变为资源节约型和环境友好型，实现绿色环保。

输变电行业研发设计周期缩短 40%，生产效率提高 50%，采购提前期缩短 40%，交货期缩短 40%，资金周转率提高 2.5 倍，产品质量提升 8%，能源消耗降低 15%。

6.5 重大智能制造装备

智能制造装备是具有感知、分析、推理、决策和控制功能的制造装备的统称，是先进制造技术、信息技术和智能技术在装备产品上的集成和融合，是实现智能制造的基础。

目前，我国正处在一个由"中国制造"向"中国智造"转变的新时代，应用基于工业机器人、3D 打印、智能感知、大数据等一系列先进的技术是未来装备制造的高地与核心竞争力，发展智能制造装备及智能化生产线也成为我国输变电装备制造业"由大变强"的关键选择。

6.5.1 数控机械加工数字化、智能化柔性生产线

建立兼容多种不同数控系统的 DNC/MDC 系统，针对不同输变电产品系列构建集成的 DNC 系统和数字化、智能化柔性生产线，整合国内外数控设备和数控系统优势，提高输变电零部件机械加工自动化、智能化水平，提升整个制造系统的效率。到 2016 年，30% 左右的高压输变电骨干企业建立数控机械加工自动化、数字化柔性生产线；到 2020 年，20%左右的高压输变电骨干企业建立数控机械加工智能化柔性生产线。

6.5.2 高压开关数字化、智能化柔性装配线

建立高压开关数字化、智能化装配线，把装配设备、检测设备、高效工装和智能传输技术应用在高压开关分装、总装工序，具备智能化装配能力。到 2016 年，30%左右的高压输变电骨干企业建立高压开关自动化、数字化柔性装配线；到 2020 年，20%右的高压输变电骨干企业建立高压开关智能化柔性装配线。

6.5.3 涂装数字化、智能化生产线

采用全封闭设计、实现智能喷涂作业方式，有效提高产品表面的光洁度，降低产品放电风险。喷漆、流平、烘干工序采用智能化和集放设计，提高生产效率，节约能耗。到2016年，30%左右的输变电骨干企业建立导体自动涂装数字化生产线；到2023年，20%左右的高压输变电骨干企业全面建立智能涂装生产线。

6.5.4 壳体加工数字化、智能化生产线

使用自动化、数字化激光剪切、滚圆、折弯设备、智能化焊接、检漏装备，建立壳体数字化、智能化生产线，提高壳体生产效率，保证稳定的产品质量。到2018年，30%左右的高压输变电骨干企业建立壳体加工自动化、数字化生产线；到2022年，30%左右的高压输变电骨干企业建立壳体加工智能化生产线。

6.5.5 变压器铁芯叠装数字化、智能化生产线

现变压器铁芯部分国内多为人工叠装，效率低，人工成本高，在大批量生产时，影响交货进度，在传统叠装工艺基础上改进一种新的铁芯叠装工艺，规划引进机器人，采用多方位数字化激光定位仪及传感器，建立铁芯叠装数字化、智能化生产线，提高叠装效率。到2016年，30%左右的高压输变电骨干企业建立变压器铁芯叠装自动化、数字化生产线；到2023年，30%左右的高压输变电骨干企业建立变压器铁芯叠装智能化生产线。

6.5.6 变压器线圈绕制数字化生产线

变压器线圈绕制大部分工序主要是以人工方式操作，绕线机、压装机主要辅助人工操作，将绕线机、压装机改造成数字化设备，实时检测线圈绕制关键环节数据，同时线圈车间的真空烘房设备对线圈车间的产品质量起到关键作用，通过数字化、智能化改造，实时检测设备的真空度、烘干温度，为变压器线圈的品质提供保障。到2016年，30%左右的高压输变电骨干企业建立变压器线圈绕制数字化生产线；到2023年，30%左右的高压输变电骨干企业实现变压器线圈绕制部分工艺智能化制造。

6.5.7　绝缘子避雷器制造数字化、智能化生产线

对绝缘子避雷器生产过程中制料、成形、烧成、卷制、真空、干燥、切割、研磨、胶装等关键工艺设备应用数字化、智能化技术进行集成和优化，组成数字化、智能化制造生产线，大幅度提高生产制造能力和生产效率。到 2018 年，30%左右的高压输变电骨干企业建立绝缘子避雷器制造自动化、数字化生产线；到 2024 年，30%左右的高压输变电骨干企业建立绝缘子避雷器制造智能化生产线。

6.5.8　电力电子数字化、智能化装配生产线

建立电力电子数字化、智能化装配线，把装配设备、检测设备、高效工装和智能传输技术应用在装配物流管理系统及柔性装配生产线，提高装配效率，缩短产品试装周期，降低产品成本，节约材料。到 2018 年，30%左右的高压输变电骨干企业建立电力电子自动化、数字化装配生产线；到 2024 年，30%左右的高压输变电骨干企业建立电力电子智能化装配生产线。

6.5.9　配电设备数字化、智能化柜体生产线

使用自动化、数字化激光剪切、折弯设备、智能化焊接、检漏装备，建立柜体数字化、智能化生产线，提高柜体生产效率，保证稳定的产品质量。到 2018 年，30%左右的配电骨干企业建立柜体自动化、数字化生产线；到 2023 年，30%左右的配电骨干企业建立柜体智能化生产线。

6.5.10　配电设备数字化、智能化装配生产线

建立配电设备数字化、智能化装配生产线，把装配设备、检测设备、高效工装和智能传输技术应用在配电设备分装、总装工序，具备数字化、智能化装配能力。到 2018 年，30%左右的中压开关骨干企业建立配电设备自动化、数字化柔性装配生产线；到 2023 年，30%左右的配电设备骨干企业建立配电设备智能化柔性装配生产线。

6.5.11 绝缘材料数字化、智能化生产线

通过计算机编程输入工艺，采用全线计算机自动化控制，对绝缘材料生产过程中的温度、压力、真空度实行精准控制，实现了绝缘材料制造过程中关键工序的自动化、数字化、智能化，节约人力，提高生产效率。到 2019 年，10%左右的骨干企业建立绝缘材料自动化、数字化生产线；到 2024 年，10%左右的骨干企业建立绝缘材料智能化生产线。

6.5.12 线缆数字化、智能化生产线

研究线缆拉制、绞制、包覆、成缆、内护、装铠、外护生产、智能化检测技术和大长度连续叠加组合生产方式，建立线缆数字化、智能化生产线，提高线缆的产品质量和生产效率。到 2020 年，10%左右的线缆骨干企业建立线缆自动化、数字化生产线；到 2025 年，10%左右的线缆骨干企业建立线缆智能化生产线。

6.5.13 数字化、智能化仓储及物流系统

建立数字化、智能化仓库及物料配送体系，实现仓储、物流作业的自动化、信息化、智能化、高效化。到 2016 年，30%左右的高压输变电骨干企业建立自动化、数字化仓储及物料配送体系；到 2021 年，30%左右的高压输变电骨干企业建立智能化仓储及物料配送体系。

6.6 数字化、智能化工厂/车间

构建研发设计、生产制造、试验检测、信息化管理的智能制造体系，研发设计完全实现数字化建模、仿真分析、科学计算，研发设计的同时并行开展工艺设计及规划，包括工艺验证、动态装配、工位布局验证、线平衡、工时分析、人机工程仿真、 工厂布局、物流仿真、机器人仿真、NC 仿真、冲压仿真等。实际产品生产前，在计算机模拟的环境中完成虚拟产品生产全部过程，并将数据传递到生产车间及生产线，在生产线上开展数字化

加工、产品质量控制、生产系统状态监测、自动化仓库管理、物料配送、自动化装配、数字化试验等工作，完成产品的生产、试验、装配。

6.6.1 高压开关智能制造工厂

对高压开关产品开发过程及制造过程进行建模与仿真，以数字化、智能化的机械加工、铸造、焊接、表面处理、装配等加工单元及生产线为基础，构建多主体协同的智能化技术、数字化制造、信息化管理的智能制造体系，实现企业内部数字化制造系统在设计、工艺、计划、制造质量控制、生产系统状态监测、物料配送等过程的信息集成。

2015—2020 年，全面推进高压开关数字化工厂建设，到 2016 年，建立两家数字化车间标杆，到 2018 年，建立两家数字化工厂标杆；2021—2025 年，全面推进高压开关智能制造工厂建设，到 2023 年，建立两家智能化工厂标杆。

6.6.2 高压变压器智能制造工厂

对高压变压器产品开发过程及制造过程进行建模与仿真，以变压器线圈绕制数字化生产线、变压器铁芯叠装数字化生产线、变压器矽钢片剪裁数字化生产线为基础，以变压器制造过程实时数字化状态检测和质量控制为重点，构建数字化、智能化超高压变压器制造数字化工厂。

2015—2020 年，全面推进高压变压器数字化工厂建设，到 2016 年，建立两家数字化车间标杆，到 2020 年，建立两家数字化工厂标杆；2021—2025 年，全面推进高压变压器智能制造工厂建设，到 2025 年，建立一家智能化工厂标杆。

6.6.3 高压电容器智能制造工厂

对高压电容器产品开发过程及制造过程进行建模与仿真，以电容器虚拟样机智能化设计及电容器芯数字化生产线为核心，以高压电容器绝缘性能智能检测及智能化供应链系统为重点，构建高压电容器智能制造工厂。

2015—2020 年，全面推进高压电容器数字化工厂建设，到 2020 年，建立一家数字化工厂标杆；2021—2025 年，全面推进高压电容器智能制造工厂建设，到 2025 年，建立一家智能化工厂标杆。

6.6.4　电力电子智能制造工厂

重点建立电力电子数字化装配车间仿真分析模型，进行装配工艺的仿真分析，合理规划电力电子装配车间的工艺布局，建立科学合理的电力电子装配物流管理系统及柔性装配生产线，提高装配效率，缩短产品试装周期，降低产品成本，节约材料。

2015—2020 年，全面推进电力电子数字化工厂建设，到 2020 年，建立两家数字化工厂标杆；2021—2025 年，全面推进电力电子智能制造工厂建设，到 2025 年，建立一家智能化工厂标杆。

6.6.5　配电设备智能制造工厂

对配电设备开发过程及制造过程进行建模与仿真，通过具体的规划设计和验证预见所有的制造任务，加速产品开发周期，消除浪费，实现企业内部、生产线供给商等的并行工程，实现全数字化设计及装配，对装配工艺方案进行优化、模拟仿真，实现装配关键过程的在线控制和实时检测。

2015—2020 年，全面推进配电设备数字化工厂建设，到 2018 年，建立两家数字化工厂标杆；2021—2025 年，全面推进智能制造工厂建设，到 2023 年，建立一家智能化工厂标杆。

6.6.6　绝缘子避雷器数字化制造工厂

对产品的设计研发、生产工艺、生产过程进行建模与仿真，对绝缘子避雷器生产过程中制料、成形、烧成、卷制、真空、干燥、切割、研磨、胶装等关键工艺设备应用数字化、智能化技术进行集成和优化，组成数字化、智能化制造生产线；对生产设备集中控制管理，实现产品制造全过程与设备运行状态监控；大幅度提高生产制造能力和生产效率提高新产品质量可靠性。

2015—2020 年，全面推进绝缘子避雷器数字化制造建设，到 2020 年，建立 2～3 家制造过程控制数字化的标杆企业；2021—2025 年，全面推进绝缘子避雷器数字化制造工厂建设，开展智能制造建设，到 2025 年，建立 2～3 家数字化工厂标杆。

6.6.7　线缆数字化制造工厂

对线缆的设计研发、生产工艺、生产过程进行建模与仿真，对线缆生产过程中的拉制、绞制、包覆、成缆、内护、装铠、外护等关键工艺及设备应用数字化、智能化技术进行集成和优化，组成数字化、智能化制造生产线；对生产设备集中控制管理，实现产品制造全过程与设备运行状态监控，大幅度提高生产制造能力和生产效率提高新产品质量可靠性。

2015—2020 年，全面推进线缆数字化制造建设，到 2020 年，建立至少一家制造过程控制数字化的标杆企业；2021—2025 年，全面推进线缆数字化制造工厂建设，开展智能制造建设，到 2025 年，建立至少一家数字化工厂标杆。

6.6.8 绝缘材料数字化制造工厂

对生产线的设备、产品、物料、工装等进行三维布局规划，并对布局方案进行优化；对绝缘材料生产过程中的温度、压力、真空度实行精准控制，实现绝缘材料制造过程中关键工序的自动化和智能化；实现层压生产线数字化制造；实现电工材料高压检测自动化、数字化、智能化。

2015—2020 年，全面推进绝缘材料数字化制造建设，到 2020 年，建立至少一家制造过程控制数字化的标杆企业；2021—2025 年，全面推进绝缘材料数字化制造工厂建设，开展智能制造建设，到 2025 年，建立至少一家数字化工厂标杆。

6.7 关键技术

先进的智能化技术是智能制造发展的核心，是建设智能化工厂的基本保障。因此，在建设输变电装备制造智能化工厂的过程中，需要综合运用数字化研发设计、智能化制造、智能化实验检测、智能化物流及仓储、生产管理信息化等智能化技术，以提升高端装备的生产能力和产品质量，有效增强市场适应能力和竞争能力。

6.7.1 输变电产品智能化技术

综合运用微电子技术、网络技术、软件技术、感测技术、控制技术等，研发智能化组件技术，发挥传感器、工控机、微处理器等作用，把传统的输变电一次设备改造成为智能化设备，支持国家智能电网建设，提高输变电产品的竞争能力。到 2018 年，高压输变电骨干企业 80% 左右的主机产品均采用智能化技术。

6.7.2 基于虚拟样机的输变电产品协同设计与仿真

针对输变电产品的结构特征和性能要求,研究构成虚拟样机协同设计与仿真各部分之间的关系,规划各分系统的运行,到 2018 年,70%左右的高压输变电骨干企业实现虚拟样机设计,以及在分布环境中群体的信息交换与共享,并对设计过程进行动态调整与仿真。

6.7.3 输变电产品研发设计知识库智慧库

分析组成输变电产品的基本单元的性能参数和选型规范,研究如何在产品设计领域实现模块化、标准化、参数化、精益化、绿色化,到 2020 年,30%左右的高压输变电骨干企业建立相关知识库;到 2025 年,30%左右的高压输变电骨干企业建立相关智慧库。

6.7.4 制造系统状态在线监测技术

利用数控系统本身提供的信息获取功能、OPC 技术、设备电气信号检测技术等对数控设备的启动、运转、停止等状态信息及其他相关信息进行实时采集与反馈,采集满足生产管理所需的工况数据,使生产线透明化,使管理人员能及时了解车间生产现场的加工情况与设备状态。到 2016 年,30%左右的高压输变电骨干企业实现制造系统状态在线监测。

6.7.5 数字化条件下制造质量控制技术

输变电行业对产品可靠性要求很高,车间制造过程是产品质量控制的重要环节,利用各种数字化传感器、激光检测设备,全面采集数据,实现完整数据分析,研究数字化条件下质量有效控制技术,支持稳定、持续地生产出符合客户要求的产品,减少产品生产过程中的"质量变异"。到 2016 年,30%左右的高压输变电骨干企业实现数字化条件下制造质量控制。

6.7.6 数控机床组合工艺优化与加工仿真技术

从提高数控机床组合生产线通用性和充分利用企业现有制造装备两方面研究,进行数控机床组合系统方案优化。同时,研究零件孔、面、槽、轴等特征类加工制造集成及各自独特加工工艺,通过加工仿真技术,优化生产模式及流程,提高加工效率。到 2016 年,

30%左右的高压输变电骨干企业实现数控机床组合工艺优化与加工仿真。

6.7.7 刀具在线管理技术

以机械制造车间刀具管理为对象，在刀具信息检测的监测/传感网络基础上，以提高刀具管理效率、节约刀具成本、实现刀具的精细化管理为目标，研究刀具的智能选配、动态调度、寿命预测、库存预警等技术内容，开发车间刀具在线管理系统，为刀具管理增效提供强有力的支持。到 2016 年，30%左右的高压输变电骨干企业实现刀具在线管理。

6.7.8 基于数据融合的新一代智能化开关、变压器的在线监测和远程诊断技术

研发智能化开关、变压器在线监测及远程诊断技术，主要包括机械特性在线监测、SF6气体状态在线监测、避雷器状态在线监测、断路器触头电寿命在线监测和高压开关、变压器局部放电在线监测等功能模块，利用先进的传感技术实时采集现场运行中的参数数据，通过网络将数据传回客服中心，并具备异常报警功能及历史信息查询功能。专家可远程对输变电设备各种运行参数进行远程综合诊断及分析，快速解决产品出现的问题，实现输变电设备的全寿命管理。到 2016 年，30%左右的高压输变电骨干企业实现基于数据融合的新一代智能化开关、变压器的在线监测和远程诊断。

6.7.9 自动化立体仓库智能配送及调度控制技术

采用先进的激光导航和地磁导航技术、RFID 定位等关键技术，进行仓库智能化调度、仓库配送远程监控与调度，实现高精度定位识别和远程中央控制。到 2020 年，30%左右的高压输变电骨干企业实现自动化立体仓库智能配送及调度控制。

6.7.10 基于各种产线传感器、RFID 等技术的生产制造过程控制系统

以输变电设备及生产线状态透明化为重点，研究大规模传感器节点的互联与信息传输，包括工厂无线传感器网络、RFID 集成等技术难题，建立覆盖工业现场的感知网络，极大地拓展人们对工厂现状的了解和监测能力。到 2018 年，70%左右的高压输变电骨干

企业实现基于各种产线传感器、RFID 等技术的生产制造过程控制。

6.7.11　基于精益的企业资源计划管理系统

将采购、生产、设备、合同、销售、财务、人力资源等融合到一个跨部门、跨业务领域的集成化工作平台，实现从设计到生产、从计划到供应、从销售到服务、从订单到现金流的完整价值链管理。构建以客户为中心的企业"一体化"拉动式协同优化运行的企业资源计划管理系统。到 2018 年，70%左右的高压输变电骨干企业实现基于精益的企业资源计划管理。

6.7.12　基于大数据、云计算、人工智能的智能分析系统

应用大数据、云计算、人工智能等技术，建立智能分析系统，分析企业产、供、销等经营活动数据及数字化研发设计、仿真分析、数字化装备、数字化质量控制、数字化制造过程控制中产生的数据，提升企业智能化水平和核心竞争能力。到 2025 年，30%左右的高压输变电骨干企业建立基于大数据、云计算、人工智能的智能分析系统。

6.7.13　输变电产业虚拟产线规划及设计技术

利用仿真技术在虚拟环境下，应用面向对象仿真建模方法对生产线进行规划和设计，同时融合精益生产理念和数字化条件下质量控制技术，对生产线的运行性能进行分析与评价，对生产线进行参数优化和结构调整，达到优化生产过程、提高生产效率。到 2018 年，30%左右的高压输变电骨干企业实现输变电产业虚拟产线规划及设计。

6.7.14　输变电产业"人机协同"工业机器人应用技术

推进面向输变电产业生产和装配的工业机器人应用，可通过图像、传感器获取、识别和定位工业环境，可完成输变电产品生产线上的"人机协同"工作，全面延伸人的体力和智力。到 2023 年，30%左右的高压输变电骨干企业实现"人机协同"工业机器人应用。

6.7.15　输变电产业增材制造技术

研究输变电产品增材制造材料、精度控制、3D 打印技术，运用光固化和层叠技术，通过计算机控制，把计算机上的输变电零部件的设计蓝图高效、低成本地变为实物。到 2022 年，30%左右的高压输变电骨干企业实现增材制造。

6.8　保障条件

6.8.1　建立数字化、智能化制造推进体系

在国家、行业、企业各个层面设立智能制造推进领导小组及工作小组，明确目标、落实责任，建立数字化、智能化制造评价体系，以企业为主体，扎实推进数字化、智能化制造。

6.8.2　实施关键环节的专项工程和标杆工程

将面向输变电行业的数字化、智能化列为重大专项工程，制定 5～10 年的行动计划和实施指南，设立标杆引领、推广应用、基础保障等项目，对输变电龙头企业的智能装备、关键技术、数字化工厂、智能化工厂等深化应用进行引导和支持。

6.8.3　建立专项资金，出台积极的财税政策

对输变电龙头企业数字化、智能化的项目予以资助，出台积极的财税政策，对自主创新成果产业化专项工程，通过无偿资助、贷款贴息、补助（引导）资金、保费补贴和创业风险投资等方式，加快自主创新产品输变电行业数字化、智能化成果产业化和推广应用。

6.8.4 加大国家级输变电领域智能制造研发中心建设

在"一带一路"战略的指引下，从国家层面为国内输变电龙头企业补充工程成套设计竞争要素，提高企业海外竞争能力。支持以企业为主体联合高等院校和科研机构，以市场需求为导向，以产、学、研、用结合的形式，建设国家级输变电领域智能制造工程技术研究中心，推进基础积累性的技术研究，形成具有自主知识产权的全产业链技术和服务体系，面向产业提供共享服务支撑。

6.8.5 加强输变电行业数字化、智能化标准体系建设

推进输变电行业数字化、智能化标准体系建设。鼓励以企业为主体，制定行业标准和规范，参与国际标准的制定和修正。支持标准化组织联合行业协会、相关工业企业，重点制定共性基础标准规范，加快制定数据交换、基础编码、集成接口等支持综合集成的标准规范。鼓励成熟的行业标准或企业标准上升成为国家标准。加强行业认证监督，建立国家级或行业性的监督认证机构。

6.8.6 加强人才培养

高度重视人才工作，全面加强信息产业高层次人才队伍建设，加快信息技术带头人的培养，建立以企业信息主管（CIO）为带头的数字化、智能化制造管理和技术队伍。同时，建立信息化骨干人才激励机制和成长通道，培养一批熟悉输变电生产工艺、掌握数字化、智能化先进制造技术、企业精益管理的复合型人才。

通过无偿资助、补贴（引导）资金等方式支持以企业为主体建设数字化、智能化、精益化、高技能人才培训基地，同时，加强培训机构的资质认证。

6.9 技术路线图

输变电装备数字化、网络化、智能化制造技术路线如图 3.6.1 所示。

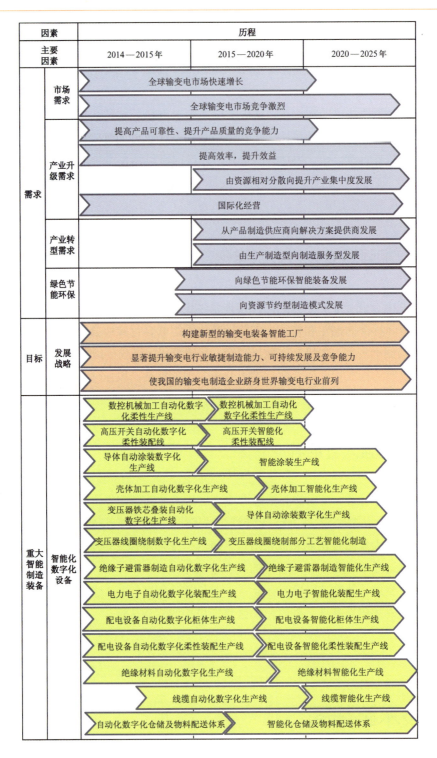

因素		历程		
主要因素		2014—2015年	2015—2020年	2020—2025年
需求	市场需求	全球输变电市场快速增长		
		全球输变电市场竞争激烈		
	产业升级需求	提高产品可靠性、提升产品质量的竞争能力		
		提高效率，提升效益		
			由资源相对分散向提升产业集中度发展	
		国际化经营		
	产业转型需求		从产品制造供应商向解决方案提供商发展	
			由生产制造型向制造服务型发展	
	绿色节能环保		向绿色节能环保智能装备发展	
			向资源节约型制造模式发展	
目标	发展战略	构建新型的输变电装备智能工厂		
		显著提升输变电行业敏捷制造能力、可持续发展及竞争能力		
		使我国的输变电制造企业跻身世界输变电行业前列		
重大智能制造装备	智能化数字化设备	数控机械加工自动化数字化柔性生产线	数控机械加工自动化数字化柔性生产线	
		高压开关自动化数字化柔性装配线	高压开关智能化柔性装配线	
		导体自动涂装数字化生产线	智能涂装生产线	
		壳体加工自动化数字化生产线	壳体加工智能化生产线	
		变压器铁芯叠装自动化数字化生产线	导体自动涂装数字化生产线	
		变压器线圈绕制数字化生产线	变压器线圈绕制部分工艺智能化制造	
		绝缘子避雷器制造自动化数字化生产线	绝缘子避雷器制造智能化生产线	
		电力电子自动化数字化装配生产线	电力电子智能化装配生产线	
		配电设备自动化数字化柜体生产线	配电设备智能化柜体生产线	
		配电设备自动化数字化柔性装配生产线	配电设备智能化柔性装配生产线	
		绝缘材料自动化数字化生产线	绝缘材料智能化生产线	
		线缆自动化数字化生产线	线缆智能化生产线	
		自动化数字化仓储及物料配送体系	智能化仓储及物料配送体系	

图 3.6.1　输变电装备数字化、网络化、智能化制造技术路线

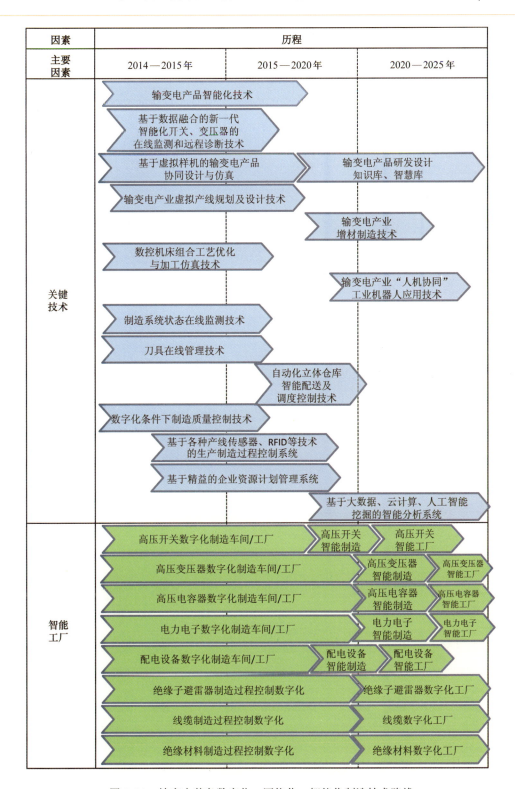

图 3.6.1　输变电装备数字化、网络化、智能化制造技术路线

第七章 工程机械数字化、网络化、智能化制造技术路线图

课题组成员名单

组　长：苏子孟

顾　问：祁　俊　　韩学松

成　员：尹晓荔　　张宏梅　　张金兴　　刁　媛　　张一凡

工程机械行业是为国民经济各领域提供先进技术装备的战略性产业,是装备制造业重要的支柱产业之一,它还是一个国家文明程度的重要表征之一。

我国工程机械在 2007 年销售量超越美国、日本等国后,又于 2009 年销售量和销售收入跃居世界首位,成为真正的世界工程机械制造大国,2013 年行业销售额达到 5663 亿元,出口额达到 186.21 亿美元。目前,工程机械行业本土品牌产品已满足了国内市场需求的 90%以上。

我国工程机械行业的品牌影响力、国际化程度、科技和创新能力,规模和总量、品质和质量、企业管理水平、价值链的综合能力以及承担社会责任等诸多方面取得了显著成效。同样工程机械行业的制造技术、工艺和装备水平的进步与发展也取得了突出业绩,产品制造已逐渐从传统制造模式向先进制造、绿色制造、敏捷制造、低成本精益制造方向推进,生产规模已初步过渡到了经济规模的水平。代表工程机械制造工艺特点的结构件制造的中厚板材、高强度板材的下料、拼焊、焊接、加工、检验、抛丸涂漆等工序的机械化、数控化、自动化、柔性化也都提升到较高水平。工程机械行业在两化融合技术实施中提升了生产流程中计划、工艺、管理、物流配送等信息化水平,为了进一步提升行业国际竞争力、提升产品质量和可靠性、提升产品全生命周期的服务水平,数字化智能化制造已成为工程机械行业发展战略的必然选择。

7.1 产业概况

7.1.1 产业规模

2003—2012 年,我国工程机械行业工业总产值、主营业务收入及工业增加值均呈快速上升趋势,行业规模收益递增(见图 3.7.1)。其中主营业务收入 2003 年为 1036 亿,2012 年上升到 5626 亿元,利润由 73.69 亿元上升到 452 亿元,主营业务收入增长了 5.43 倍,利润则增长了 19.73 倍。

近 5 年,我国工程机械行业主要分行业中有 6 个产品年复合增长率在 20%以上,分别为挖掘机、压路机、履带起重机、混凝土泵、混凝土搅拌车和混凝土泵车,其中混凝土搅拌车更是达到 47.28%(见表 3.7.1)。

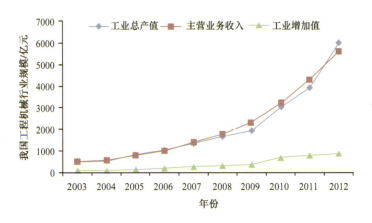

图 3.7.1 2003—2012 年工程机械行业规模变化

表 3.7.1 2003—2012 年国内工程机械主要产品销量

年份	挖掘机		装载机		平地机		73.5kW（100 马力）以上推土机	
	销量/台	同比增长（%）	销量/台	同比增长（%）	销量/台	同比增长（%）	销量/台	同比增长（%）
2003	33 982	72.4	69 666	60.7	1 727	54.2	6 579	37.0
2004	33 614	-1.1	91 334	31.0	1 788	3.5	5 611	-14.7
2005	33 862	0.7	107 354	17.5	1 754	-1.9	5 096	-9.2
2006	49 625	46.6	129 834	20.9	2 245	28.0	5 925	16.3
2007	71 241	43.5	161 628	24.5	3 893	73.4	7 207	21.6
2008	82 975	16.5	162 335	0.4	4 320	11.0	8 722	21.8
2009	101 559	22.4	149 355	-8.0	3 608	-16.5	8 599	-1.4
2010	179 296	76.5	228 219	52.8	4 531	25.6	13 911	61.8
2011	193 891	8.1	258 901	13.4	5 259	16.1	13 115	-5.7
2012	130 624	-32.6	181 522	-29.9	4 347	-17.3	10 169	-22.5

年份	压路机		摊铺机		轮式起重机		塔式起重机		叉车	
	销量/台	同比增长（%）	销量/台	同比增长（%）	销量/台	同比增长（%）	销量/台	同比增长（%）	销量/台	同比增长%
2003	12 308	38.2	1 306	23.2	9 706	51.0	10 486	6.7	40 724	23.5
2004	10 702	-13.0	1 363	4.4	11 645	20.0	8 255	-21.3	51 393	26.2
2005	8 113	-24.2	906	-33.5	11 012	-5.4	12 693	53.8	75 733	47.3
2006	8 740	7.7	1 136	25.4	14 465	31.4	19 422	53.0	97 520	28.8
2007	9 437	8.0	1 347	18.6	20 862	44.2	31 020	59.7	152 415	56.3
2008	10 885	15.3	1 436	6.6	21 419	2.7	27 918	-10.0	168 119	10.3
2009	19 852	82.4	1 678	16.9	28 494	33.0	29 300	5.0	138 908	-17.4
2010	26 281	32.4	3 019	79.9	35 143	23.3	43 400	48.1	232 389	67.3
2011	22 217	-15.5	3 386	12.1	35 455	0.9	53 000	22.1	313 847	35.1
2012	13 782	-38.0	2 179	-35.6	23 073	-34.9	43 000	-18.9	291 333	-7.2

年份	混凝土泵		混凝土搅拌站		混凝土搅拌车		泵车	
	销量/台	同比增长（%）	销量/台	同比增长（%）	销量/台）	同比增长（%）	销量/台	同比增长（%）
2003	2 966	22.2	894	67.7	3 103	-16.3	858	120.6
2004	2 268	-23.5	1 320	-16.4	6 371	87.9	1 027	20.0
2005	2 090	-7.6	723	-45.2	4 060	-36.3	955	-7.0
2006	3 490	67.0	1 975	173.2	5 091	25.4	1 919	100.9
2007	4 238	21.4	3 000	51.9	9 856	93.4	4 271	122.6
2008	4 492	6.0	3 180	6.0	12 352	25.3	4 527	6.0
2009	5 186	15.4	4 949	55.6	23539	90.6	5 880	29.9
2010	6 959	34.2	5 977	20.8	35 386	50.3	7 964	35.4
2011	10 762	54.6	6 897	15.4	46 370	31.0	12 030	51.1
2012	11 246	4.5	7 075	2.6	44 646	-3.7	10 866	-9.7

7.1.2　在国际国内所处的地位

我国工程机械行业在 2007 年产品销售数量位居世界首位,在 2009 年销售收入又跃升世界首位，成为名副其实的世界工程机械产销大国。

2013 年，我国 10 家工程机械企业进入世界工程机械 50 强行列（见表 3.7.2），其中进前 10 的是徐工集团、中联集团和三一集团。

表 3.7.2　2013 年全球工程机械前 10 强及近 3 年中国企业在全球 50 强中的排名

企业	2013 年排名	国别	销售额（亿美元）	近 3 年中国企业在工程机械全球 50 强排名					
				2013 年		2012 年		2011 年	
				企业	排名	企业	排名	企业	排名
卡特彼勒	1	美国	404.92	徐工集团	5	三一重工	5	三一重工	6
小松	2	日本	193.99	中联重科	6	中联重科	6	中联重科	7
沃尔沃	3	瑞典	97.62	三一重工	10	徐工机械	11	徐工机械	11
日立建机	4	日本	89.21	柳工	22	柳工	20	柳工	17
徐工集团	5	中国	85.22	山推	28	山推	25	山推	19
中联重科	6	中国	77.15	厦工	29	龙工	28	龙工	23
利勃海尔	7	德国	76.99	龙工	30	厦工	29	厦工	25
特雷克斯	8	美国	73.48	福田雷沃	40	山河智能	47	山河智能	44
三特维克	9	美国	72.87	国机重工集团	44	成工	49	常林	48
三一重工	10	中国	72.24	北方重型汽车股份有限公司	48	—	—	—	—
—	—	—	—	山河智能	50				

数据来源：英国 KHL 公司。

2005 年以后，我国工程机械进出口贸易开始转为顺差，出口增长率几乎年年超过进口增长率。"十一五"期间，我国工程机械出口额年均增长率达 33%以上（见图 3.7.2）。

以销售收入计算，2012 年我国工程机械行业总体出口金额为 186.21 亿美元，约占全球销售的 15%。

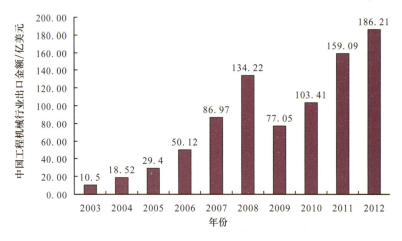

图 3.7.2　2003—2012 年中国工程机械行业出口金额统计

（数据来源：中国工程机械工业协会）

工程机械行业是装备制造业重要的支柱行业之一，是产业关联度高、吸纳就业能力强、技术资金密集的行业。对国民经济的贡献度呈平稳上升的趋势。2003—2012 年工程机械行业年销售总额占全国国内生产总值（GDP）比重分别为 0.763%、0.724%、0.686%、0.768%、0.901%、0.922%、0.941%、1.088%、1.156%和 1.078%（见表 3.7.3）。

表 3.7.3　2003—2012 年工程机械行业年销售总额占全国 GDP 的比重

年份	国内生产总值（GDP）/亿元	同比增长率（%）	工程机械行业年销售总额/亿元	同比增长率（%）	行业年销售总额占 GDP 比重（%）
2003	135 823	10.0	1 036		0.763
2004	159 878	10.1	1 157	11.7	0.724
2005	183 868	11.3	1 262	9.1	0.686
2006	210 871	12.7	1 620	28.4	0.768
2007	246 619	14.2	2 223	37.2	0.901
2008	300 670	9.6	2 773	24.7	0.922
2009	335 353	9.2	3 157	13.8	0.941
2010	401 513	10.4	4 367	38.3	1.088
2011	472 882	9.3	5 465	25.1	1.156
2012	521 692	7.7	5 626	2.9	1.078
平均	296 916.9	10.5	2 868.6		0.903

数据来源：国家统计局、中国工程机械工业协会。

我国工程机械自给率从"十一五"期末的 82.7%，提高到 2012 年的 90.8%以上。期间，我国工程机械出口总额为 451.8 亿美元，是"十五"期间的五倍多，是我国机械工业出口重点行业之一，出口世界 100 多个国家和地区。2012 年出口额达 186.21 亿美元。

工程机械行业有多家企业进入中国企业 500 强行列，如徐工、中联、三一、柳工、山推、龙工、厦工、临工、山河智能、成工、合叉等。

7.2 数字化、网络化、智能化制造基础

工程机械行业是较早开展数字化、智能化制造技术研究的行业，通过多年不断的探索和实践上的应用，初步建立了产品设计数字化平台、生产制造数字化平台，以及产品制造管理平台、供应商管理平台等。企业生产装备数控化率较高，有的企业已达到 80%~90%，数字化仿真平台应用在重点企业中的应用率达到 100%，也就是说工程机械行业发展智能化制造是有较好的基础。当前，随着工程机械产业集中度的步伐进一步加快及企业国际化视角的拓展，行业对智能化制造协同集成平台建设、提升企业战略管控能力、提升产品质量和对个性化需求的敏捷反应能力等的实际要求更加迫切，这是工程机械发展智能化制造的最佳历史机遇期。

7.2.1 数字化设计逐步成熟

目前，工程机械行业在产品设计中普遍采用 CAD、CAE 技术，并开展三维数字化协同设计，关键结构件开展了基于有限元的 CAE 强度分析和功性能仿真分析，以及 PDM 协同平台建设。重点企业（如徐工、中联、三一、柳工、山推、合叉等）应用率为 100%，并向较高应用阶段推进。

同时，重点企业已开展了基于 Adams、Ansys 等技术的产品设计数字化，产品的三维建模、运动学和动力学仿真分析、装配干涉检查、工艺规划和工艺装备设计等产品设计工作。重点企业应用率为 100%，其中，装配干涉检查、工艺规划和工艺装备等工作正处在入门、探索和挖掘阶段。

数字化仿真平台建设重点企业应用率为 100%，但是，尚处在分析领域的拓展和分析方法的改进上。

7.2.2 数字化制造成为技改升级热点

工程机械行业在 CAPP/MES 计算机辅助工艺过程设计方面已有应用，在生产过程实时监控、数据跟踪、物流配送的条码化及在工艺、制造、财务等生产制造信息化集成上都有较多实践和成果。现在正对企业的信息化系统功能做深入挖掘，以期使其发挥更大功能，如有效集成提升将制造执行系统（EMS）与经营管理系统（ERP）整合等。

工程机械数控加工的先进设备如数控落地镗、卧式加工中心、立式加工中心、龙门五面体加工中心、焊接机器人等数控设备占的比例达到 40%～50%，有的已达 70%。

行业制造过程的在线测量及实时监测等方面仍是一个短板，使许多企业的信息化系统效果发挥不出来。

在加工工艺方面有关键零部件智能精密铸造生产线，工程机械齿轮数字化、智能化加工、检测及探伤，数字化热处理工艺，数字化智能精确成形生产线，数字化智能焊接生产线，柔性混装线制造系统中的柔性化、优化配置及在线检测，智能涂装生产线等工艺技术研究与应用。

7.2.3 企业管理信息化平台建设加速

工程机械行业大部分企业都搭建了以 ERP 为核心的企业资源规划平台，形成了采购、计划、制造、财务、销售、服务、仓储一体化管控平台，徐工、三一、中联、柳工、山推、合叉等企业大都建成了企业信息化管理中心。

随着工程机械行业产业集群初步形成和集团企业产品多样性的发展，一些企业组建了以生产同类产品的事业部。徐工集团下设了挖掘机械事业部、混凝土机械事业部、道路机械事业部、铲运机械事业部和起重机械事业部。通过信息化管理平台实现了内部核心业务电子化及流程自动化，形成了高效、透明和受控的财务管控体系，有效提升各事业部管理水平，降低运营成本，增强公司核心竞争力。

工程机械行业骨干企业建立了覆盖生产、研发、办公等工作场所的集团网络，建有城域网，形成以集团为主，异地和国外为辅的多个数据中心，租用专线保证国内异地和国外研发中心、制造中心的互联互动。

建有集团性的多个信息化平台：经营管理系统（ERP）、客户服务系统（CRM）、经销商管理系统（DMS）、供应商管理系统（SRM）、精益生产制造系统（MES）、全球协同管理系统（OA）、全面预算信息化系统（EPM）、商业智能分析系统（BI）、物联网系统、全球协同研发系统、全球人力资源系统、电子招标采购系统、融资租赁系统，建设完成涵盖企业研发、生产、供应链、销售、服务和财务的全价值链管控平台，实现了对企业核心业务的一体化管控，带动企业向着精细化、网络化、智能化的方向发展。

建有集团物联网数据中心，通过物联网智能云服务平台，可对工程机械产品的作业油耗、转速、压力、油泵转速、液压系统等参数通过物联网传输和记录，通过与产品知识库的对比分析与远程诊断，及时发现可能的故障。如中联重科以 A 级机房标准建成集团物联网数据中心，可支撑十万台套设备的实时远程监控，公司 13 大类产品逾 80% 的设备已接入物联网平台监管。

通过 GPS 定位信息实时掌握客户工程机械产品的地理位置，在设备出现非常规作业情况下主动提醒客户，有效保障客户利益。

基于物联网技术搭建了高效的应急响应平台，实现工程机械从单机独立作业转变为多机种机群协同作业的智能云服务，为应急战略决策提供可靠的支持。

上述基础设施建设处于搭建初期，设施尚不完善，网络功能还有限，能力还需进一步挖掘。

7.3　数字化、网络化、智能化制造需求

信息化与工业化的深度融合是中国工程机械行业绿色化、智能化、可持续发展的重要组成部分。顺应物联网和互联网的发展趋势，直面在大数据背景下的协同设计、物流、制造及产品全生命周期服务的竞争，应对工程机械产品数字化、智能化升级，节能、环保、可靠性、安全、人性化、生态化的挑战，这些挑战构筑了未来中国工程机械行业数字化、智能化、绿色化、可持续发展的必由之路。

工程机械行业是离散式制造业，对信息化、柔性化等方面的要求更为迫切，数字化、智能化制造体现在工程机械行业制造的各环节之中。它包括市场、设计、工艺、制造、物流、管理、服务、再制造等各环节，需要对各环节生成的数据进行数字化，在制造系统中进行信息存储、交换与处理，实现 CAD、CAE、CAM、PDM、CAPP、ERP 等数字集成起来并协调地开展工作。要求能够基于网络现场数据采集和物流标志等制造过程监控系统、在线检测系统的集成应用，实现生产工艺安排、生产计划制订和生产过程管理与控制。

工程机械行业数字化设计以 CAD、CAE 为核心的产品设计数字化平台及以 PLM 系统为核心的产品研发数字化平台，以及 VPT（Virtual Prototyping Technology）等支持下的虚拟样机设计平台为基础，进行建模和仿真，产品全生命周期和全系统设计及产品测试、分析与评估。设计、工艺、制造过程、在线检测及其管理的数字化——CAD、CAE、CAM、

PDM、CAPP 及柔性制造系统——FMS 等。

通过对工程机械行业未来智能制造发展趋势的研究与分析，结合行业制造的特点，对智能制造的需求包括智能制造关键技术研究、急需购置的智能制造装备及数字化智能化车间的建设等三个方面。其中，关键技术研究课题主要是数字化设计技术、工程机械保质设计技术、工程机械后市场服务平台建设技术、工程机械产品远程在线检测技术、工程机械核心部件设计制造数字化技术等。重大智能制造装备的需求主要有智能搬运输送系统、车铣（镗）复合加工装备、结构件智能成形装备（含复合材料、新型材料）、结构件智能焊接装备、再制造件成形与检测装备、柔性混装系统、智能化产品性能检测评估系统等。对数字化工厂（车间）的需求主要有精密金属成形数字化车间、齿、链、轴数字化加工车间、复杂结构件制造数字化车间、柔性化智能化装配车间、智能化涂装车间等。

7.4　发展目标

7.4.1　总目标

2020 年目标：建成示范数字化生产线或车间 10 个，构建全球研发、设计、制造、销售与服务协同平台，生产率提高 30%，产品可靠性达到国际先进水平。

2025 年目标：建成智能化生产线或车间 10 个，生产率提高 45%，实现智能柔性化混流生产满足工程机械市场对产品的个性化、多样性需求，产品可靠性接近国际领先水平。

7.4.2　具体目标

2016—2025 年的具体目标如下。

（1）研发重大智能制造装备 9 项：智能搬运输送装备，工件清理机器人，仿形喷涂机器人，焊接机器人系统，车铣（镗）复合加工装备，结构件智能成型装备（含复合材料），结构件智能焊接装备，再制造件成形与检测装备，智能化产品性能检测与评估系统。

（2）建成 6 类数字化智能化示范工厂（车间）：精密成形数字化车间，工程机械箱桥制造数字化车间，齿、链、轴数字化加工车间，复杂结构件制造数字化车间，柔性化智能化装配车间，智能化涂装车间。

（3）突破 5 项关键技术：数字化设计技术，工程机械保质设计技术，工程机械后市场服务平台建设技术，工程机械产品远程在线检测技术和工程机械核心部件设计制造数字化。

7.5　重大智能制造装备

7.5.1　智能搬运与输送系统

AGV 输送系统由 AGV 单车、AGV 控制系统、AGV 充电系统、其他辅助器材组成。AGV 是一种非常有发展前途的物流输送设备，尤其在工程机械柔性制造系统（FMS）中被认为是最有效的物料运输设备。

在工程机械零件加工车间、部件组装车间、结构件成形和焊接车间、涂装车间、装配车间，以及根据仓储货位要求、生产工艺流程等改变而灵活配置，并且运行路径改变的费用与传统的输送带或刚性的传送线相比非常低廉。此外，AGV 还具有清洁生产的特点，AGV 依靠自带的蓄电池提供动力，运行过程噪声极低、无污染，可以应用在许多要求工作环境清洁的场所。

研究 AGV 系统在工程机械制造中对移载方式、驱动方式、转向方式、运行精度、引导方式、通信方式、防碰方式、控制系统等个性化需求使其发挥更大功效。

7.5.2　工件清理机器人

工件清理机器人主要服务于工程机械焊接件、铸件、锻件等打磨清理作业的环节。目前工程机械行业普遍采用手工打磨，生产环境差，效率低，且容易产生打磨失误，影响产品质量。采用机器人打磨清理是未来的行业发展的重大工艺技术革新。可以改善作业现场环境，生产效率高，铸件打磨的一致性好。同时从根本上缓解了当前的人力资源匮乏问题。

铸件、焊接件等打磨工作量在工程机械行业生产工序过程中占比很大，变速箱壳体、液压泵壳体、液压多路阀等铸件，车架及工作装置等结构件打磨工作条件差、工艺装备水平不高，随着现代化生产水平的发展，迫切需要采用打磨机器人替代人工，提高生产效率，同时可以实现标准操作，可以改善作业环境，解决从业人员的匮乏问题。

通过三维仿真程序打磨工件，配套研究开发固定定位清理焊接件等的工装夹具、打磨器具固定工装夹具、专用磨削加工器具等。

7.5.3 仿形喷涂机器人

工程机械产品外观质量已逐渐成为用户购买产品的重要选项之一，因此，主机制造企业和配套件制造企业对工程机械产品的涂装质量重视程度越来越高，仿形喷涂机器人也就呼之欲出。仿形智能喷涂系统对于提高涂装精度、提升涂装效率，降低生产成本，提升涂装质量，实现绿色环保及加快工程机械国际化步伐有着重要的作用。

采用伺服驱动器技术、耐热耐蚀技术、可编程控制器（PLC）技术、机器视觉传感技术、线体减速电机技术、接近开关/光电开关传感技术等的集成与应用，高精度、易操作、柔性化和无人管理的智能化仿形喷涂系统装备成为工程机械制造的重要装备。

涂装机器人的功能和性能要具有自由度≥8，重复定位精度 0.03～0.1mm。定位精度小于 1mm，实现多种产品混线生产，生产管理实现信息化。

7.5.4 焊接机器人系统

目前，工程机械关键结构件如车架、工作装置等，主要以变位机和人工焊接为主，焊接质量及作业效率受操作技能、劳动强度、作业环境、个人情绪等因素影响明显，焊接质量、作业效率一直不高。可喜的是行业较多骨干企业紧随先进制造技术发展步伐，开展了工程机械结构件焊接的自动化、柔性化与智能化的研究、实践与应用。

工程机械关键结构件焊接制造系统拟采用智能机器人，配置弧焊机器人工作站、上下料搬运工业机器人及附属设施，同时包括柔性制造系统物料流、信息流的管理与焊接任务规划、轨迹跟踪控制、传感系统、过程模型、智能控制等子系统的软硬件集成设计、统一优化调度与控制，从而使弧焊机器人系统不仅能实现空间焊缝的自动实时跟踪，而且还能实现焊接参数的在线调整和焊缝质量的实时控制，克服了机器人焊接过程中各种不确定性因素对焊接质量的影响，提高机器人作业的智能化水平和工作的可靠性。

7.5.5 车铣（镗）复合加工装备

工程机械在生产制造中的特点突出表现为多品种小批量、工艺难度大、过程复杂、精度要求高、复杂异型、整体薄壁结构和难加工材料的加工。而高端车铣复合加工中心一般至少具备 5 轴 5 联动功能，而且 B 轴最小分度为 0.0001 度，能实现高效铣削、镗孔、钻孔、攻丝功能，能满足通常的平面、槽、台阶、锥面、内孔、内孔槽、球面、螺纹的加工。该设备能够缩短产品制造工艺链，提高生产效率，减少装夹次数，提高加工精度。

为使该设备适应工程机械行业智能化制造发展的需要，要加强对机床的第一、第二主轴交换夹持重复定位精度、B 轴可编程功能及重复定位精度、在线检测及精度控制等。

7.5.6　结构件智能成形装备（含复合材料、新型材料）

结构件智能成形装备（含复合材料、新型材料）是工程机械制造中共性关键环节，在挖掘机械、铲土运输机械、工程起重机械、混凝土泵车、工程车辆等大多数产品都对结构件智能成形装备（含复合材料、新型材料）有迫切需求。该设备是改变行业传统的制造模式、技术升级换代、提高产品质量的重要组成部分。尤其工程机械目前率先采用了复合材料、高强度材料，对成形装备提出了更高、且具有个性化的需求。

结构件智能成形装备（含复合材料、新型材料）是实现物料的自动上下料、自动输送到位、自动铺放、自动定位、自动跟踪系统；加工过程的在线无损检测系统；快速响应故障诊断系统；工艺参数自动调整系统；物料输送自动对中、实时纠偏系统；高精度智能成形。具有对环境低频脉冲噪声抗干扰的测量系统，实现结构件轮廓快速重构，结构件冷弯高效高精度非接触测量系统。实时获取折弯板件轮廓、尺寸、角度等信息，提取其特征向量，与结构件设计模型进行模式匹配，智能判断前折弯道次的成形尺寸偏差，实现多道折弯误差自适应补偿。以大吨位工程起重机臂架为例，单次折弯角度误差小于 0.5°，多次冷弯成形后筒体截面尺寸误差小于 1mm/m，因此对冷弯成形精度要求极高。智能成形系统通过智能化的在线检测与闭环伺服控制实现高精度成形。

7.5.7　大型结构件智能焊接装备

结构件智能焊接装备是工程机械代表性装备之一，是工程机械大中型结构件制造中的关键装备。它在挖掘机械、铲土运输机械、工程起重机械、混凝土泵车、工程车辆等产品中都有迫切需求。它由柔性制造工装和卡具、智能化实时在线检测技术、智能化移载技术及信息化生产管理技术的集成与应用，开发出高精度、易操作和无人管理的智能化焊接装备。它在提高大型结构件制造质量一致性、降低生产成本、提高生产效率中起着重要的作用。

应加强对可编程控制系统（PLC）、嵌入式专用控制器、弧焊机器人、过程检验装置、智能对中平台、高精度位置、温度、压力、电压/电流等传感器、机器视觉与视频系统的集成与研发，形成高精度、易操作和无人管理的智能化焊接装备。

焊接参数检测精度≤0.5%（电流、电压），驱动速度测量精度≤2.5%，温度分辨力≤1℃，对中系统控制精度为 1mm；系统能满足工程机械大型结构件的自动焊接质量要求。

7.5.8　再制造件成形与检测装备

工程机械再制造件成形是再制造的共性技术，它贯穿于再制造产业链的各个环节，如面向再制造的设计、无损拆解与绿色清洗技术、再制造修复技术、无损检测技术，并结合材料学、摩擦学、固体力学、表面物理、表面化学、腐蚀学等多学科理论的表面工程技术等。超音速火焰喷涂技术、高能等离子喷涂技术、高能电弧喷涂方法、激光硬化和激光熔覆技术、复合电刷镀技术、堆焊、电磁质-等离子技术等加工方法的一种或几种的复合，进行零件的再制造。再制造产品表面质量评价技术研究，研究表面强化涂层的化学成分、金相组织、耐磨性和结合强度等，对再制造表面涂层的各项技术指标进行综合评定。实现涂层质量在线检测的智能化、规范化和标准化。

再制造件成形与检测装备是工程机械再制造产业化必备的关键装备，目前，对这方面的研究尚处于单项技术的攻关，如何实现产业化、批量化还需进行大量的研究和开发。

7.5.9　智能化产品性能检测评估系统

工程机械领域整机和零部件领域的验证装备与国际先进水平相比尚有较大差距，导致目前行业在可靠性、寿命、噪声、安全、环保、司机保护结构、电磁兼容等方面存在设施不完善，验证手段不具备等阻碍行业技术提升，客观上造成行业产品研发缓慢，验证手段缺失，产品技术质量水平与国外同类产品存在较大差距，应借助于国家制造强国战略的引导，快速补上这一课。

数字化、智能化工程机械测试平台是验证数字化、智能化工程机械产品的数字化、智能化测试系统，而数字化、智能化工程机械产品则是以工程机械制造业数字化为核心，包含新能源、新材料的突破和应用，以物联网等信息物理系统基础为载体，研制出的信息化和工业化高度融合工程机械产品及数字化、智能化测试平台

工程机械产品对质量、安全指标的要求不断提高，以及产品的合规验证成为国际贸易双方鉴定产品品质和相关政府机构评定合格的重要手段，在研发、生产、贸易等各个环节中的作用日益凸现，伴随着专业化分工，合规验证从最初的企业内部的质量控制要求逐渐独立出企业并发展成为一个专业化的行业，以满足区域的、国家的甚至国际的产品或行业标准要求。提供包括材料试验研究、疲劳试验研究、ROPS试验、场地试验验证、噪声试验、发动机排放实验等。对产品信息化、智能化的可靠性、功能性、先进性的评价提出更高的要求。

对信息化智能化工程机械产品性能、功能的检测与评价，主要包括工程机械主要机种可靠性和寿命数据采集与实验室再现关键技术研究——采集实际作业工况下整机、主要零

部件动态载荷谱；对采集的数据进行处理并开展试验室再现研究。动态匹配技术和控制技术等关键技术研究；产品安全性能的验证试验。发动机的有效寿命验证；发动机排放性能劣化的试验循环，运行耐久性试验评价。多参量综合检测、数据通信、统计、分析与评价。研究基于产品作业时的温度场、噪声、振动等参量的综合检测预测产品的综合性能和可靠性技术。

7.6　数字化、智能化工厂/车间

工程机械行业骨干企业已开展了数字化智能化车间的研究、实践与应用，并准备在"精密金属成形数字化车间"、"工程机械箱（变速箱）桥（驱动桥）数字化车间"、"齿、链、轴数字化加工车间"、"复杂结构成形数字化车间"、"复杂结构件制造数字化车间"、"复合材料特种加工数字化车间"、"智能化涂装车间"的建设上加大投入力度，以期提升数字化、智能化制造水平。

7.6.1　精密金属成形数字化车间

精密金属成形主要包括金属近净成形技术、少无切削精密成形技术、铸造消失模技术、3D 制造技术等。这些技术在工程机械行业都有发展空间。

目前，在工程机械行业主要以消失模铸造成形数字化车间为突破口开展研究和产业化。消失模铸造成形是一种先进的铸造技术，已经成为改造传统铸造产业应用最广的高新技术。消失模铸件尺寸精度高、表面质量好、产品一致性好，型砂 95% 以上可以回用，生产过程绿色环保。建成数字化车间后，可以大大提高生产效率，满足铸件的质量要求。

该车间主要有全数字化的模具设计和制造；对铸造工艺采用模拟仿真、数值优化；应用全自动模样成型、全自动造型、模样粘接机器人、浇注机械、取件机器人、铸件打磨机器人等先进数控装备；对铸造关键过程进行在线控制、实时检测、操作机械化等、建成国内一流、国际先进的年产 10000 吨工程机械复杂箱壳体消失模铸件的消失模铸造数字化车间，集成化的制造体系覆盖从原材料检验、生产、加工、涂装到成品检验的全过程。

7.6.2　工程机械箱（变速箱）桥（驱动桥）数字化车间

工程机械箱（变速箱）桥（驱动桥）是工程机械产品传动系统的关键部件，桥箱数字化车间建设能实现高柔性、高动态性、高生产率、高质量产品的数字化制造，确保有序高效的数字化物流，具有更高的生产精度和生产效率，提高产品可靠性，使企业竞争力进一步得到提升。

提高现有数字化装备的智能化程度，引进具有国际先进水平的 FMS 柔性制造系统、车铣复合加工中心等高端智能装备，应用高效、先进的成套设备与现有的柔性制造单元优化组合，组建桥箱（含子项目）各种高自动化、数字化、智能化生产线，建设数字化在线检测与控制系统，建设工装、刀具、量具能自动识别的信息化管理系统。关键零件机加工目前基本以单机和柔性制造单元加工为主，成套高端智能装备引用少，高动态性、高生产率、高质量产品的数字化制造能力不强，工业化与信息化融合集成程度不高。

工程机械桥箱数字化车间的构成应有 FMS 柔性制造系统、车铣复合加工中心这些高端智能装备等高端智能装备加工技术应用研究，高效、先进的成套设备与现有的柔性制造单元，数字化在线检测与控制系统，工装、刀具、量具能自动识别的信息化管理系统、生产制造执行系统 MES，在线控制与管理系统应用及集成等。实现产品设计、经营管理、生产制造等环节的数字化与集成化运行。具有自组织、自适应、自学习、自决策功能，以及物流自动化、智能调度、动态调度、计划与控制的智能互联功能。

7.6.3　齿、链、轴数字化加工车间

齿轮、链轮、轴类零件是工程机械产品中的关键零件，是工程机械产品质量的主要表征之一，市场需求空间大，是工程机械数字化、智能化制造升级换代的最佳切入点。

齿轮、链轮、轴数字化车间包括金属切削加工、热处理、在线检测等工序集工艺、设备、物流传输及信息控制技术为一体的数字化机械加工车间。目前对齿轮、链轮、轴类零件主要还以单机加工为主，智能化高端智能装备采用少，生产率和质量均一性保障能力欠缺，数字化与信息化融合集成程度不高。

齿轮、链轮、轴数字化车间应具有制造流程中的机械加工、热处理在线检测信息采集与分析监控、生产线装备运行状态监控及快速处理等功能，可与上层 ERP 系统无缝对接。齿轮、链轮、轴类零件热处理提高加热速度、减少氧化脱碳，实现效率高，质量好，加热时间、速度、温度等可精确控制，加热均匀、芯表温差小，控制精度高；符合环保要求，污染小。在线检测如可采用荧光探伤、X 射线等方式进行探伤。应实现冷热加工互联互动功能，自学习、自感知、自决策和在线检测功能。实现智能调度、动态调度功能。

7.6.4　复杂结构件制造数字化车间

工程机械复杂结构件相当于产品的主骨架，对于实现产品功能、增加产品可靠性、提升产品作业效率，影响巨大。工程机械结构件逐渐趋于复杂化，工件尺度趋于大型化、巨型化和微型化，材料也趋于多样化。大型复杂结构件制造车间主要包括三大功能一是智能塑性冷弯成形、切割等，二是拼点与焊接，三是机械加工。因此也可根据实际情况分成两个或三个车间。复杂结构件制造数字化车间对提高结构件制造质量一致性，降低生产成本，提高生产效率有着重要的作用。

复杂结构件制造数字化车间主要包括以下几方面：高效、先进的生产制造执行系统，成套成形设备，特种成形（激光、高能、电化学）装备，材料的变速率、变载面、变成份数字化成形成套装备，非量产特殊工件的激光等特种技术快速成形装备，碳纤维等复合材料的成形等工艺和专用设备，数字化在线检测与控制系统技术应用研究，模具、输送自动识别的信息化管理技术应用，复杂结构的智能化控形、控性制造技术。在线控制与管理系统应用及集成等。实现具有柔性化、工序一体化管理与控制功能的复杂结构件成形系统。复杂结构件智能搬运及输送、机器人上下料及工序间结构件搬运，建设智能结构件仓储管理系统。采用焊接机器人及自动化设备制造复杂结构件，采用高端焊接仿真软件。将产品、工艺及资源三者有机地结合起来，并将业务计划层与现场作业层紧密无缝集成，实现从供应商送货、检验、作业排产、计划调度、制造过程控制、在线检验、返修、下线入库等全流程的可视化管理，构建企业数字信息化闭环体系，结合自动识别技术进行数据采集，建立一个全面的、集成的、稳定的制造物流质量的控制体系，实现车间、工位、人员、品质等多方位的全数字监控、分析、改进，满足企业柔性化制造管理要求，实现复杂结构件制造质量的精细化、透明化、自动化、实时化、数据化、一体化管理。

通过对柔性制造工装及柔性生产线、智能化实时在线检测技术、智能化移载技术，以及信息化生产管理技术的研发、集成与应用，研制出高精度、易操作和无人管理的智能化复杂结构件数字化车间。

7.6.5　柔性化智能化装配车间

工程机械行业不但产品品种多、生产批量变化大，而且用户个性化需求极为显著，因此，在工程机械行业的整机制造企业和零部件制造企业对柔性化智能化装配技术有着迫切的需求。它充分体现了装配的柔性化和灵活性，它将输送系统、随行夹具和在线专机、检测设备有机的组合，以满足多品种产品的装配要求，实现自动装配或半自动装配，与人工一起或仅仅只靠装配机器人，构成自动装配线和智能化装配车间。

通过柔性智能装配生产线具体表现为以数字化柔性工装为装配定位与夹紧平台、以先进数控自动连接设备、以激光跟踪仪等数字化测量装置为在线检测工具，在数字化装配数据及数控程序的协同驱动下，在集成的数字化柔性装配生产线上完成装配，是工程机械先进性的载体。

在工程机械行业推广中要加强数字化的柔性可重构工装、自动化的数控连接设备、数字化的测量检验设备和信息化的集成管理平台构成的数字化柔性装配生产线的研究；加强 以降低生产成本、优化工艺过程、提高质量为目标实现自主规划流程、自决策、视觉导航、在线检测、作业参数感知等功能，实现设计、工艺、生产、管理等环节信息共享及并行协同作业功能等方面的研究。

7.6.6 柔性化智能化涂装车间

涂装工序是工程机械制造流程中重要的环节之一，它的技术进步将对提高行业国际市场竞争力、减少对环境的污染、实现绿色环保起着重要的作用。

在工程机械智能化涂装车间通过喷涂机器人自动跟踪、自动喷涂、在线涂层无损检测、快速响应故障诊断、工艺参数自动调整等技术的采用使产品涂装质量得到保证、减少对环境的污染、改善工人作业环境、提高作业效率、保证产品涂层均一性、降低生产成本。

工程机械智能化涂装车间应具有自动送漆、调漆的装备，以及工件的输送、喷涂机器人，涂层自动测量等装置。还应具有涂装车间数字化管理，工艺过程自决策、自实施功能，多参量在线检测和信息处理功能，实现物流自动化、智能调度、动态调度与工艺优化，计划与控制的智能互联性能。实现研发设计数字化，涂装及检验装置智能化，制造参数及图像自动记录及质量追溯，系统故障诊断，生产车间管理信息化和柔性化。

7.7 关键技术

7.7.1 数字化设计技术

数字化设计技术从设计、虚拟样机仿真到制造 CAD/CAE/CAM 纵向集成，行业企业的 CAE 技术已经在产品设计与制造流程中得到推广。对工程机械企业而言，数字化设计开发不只是一个概念或流程，它涵盖市场管理、产品开发、技术开发，同时管理概念、计划、开发、验证、发布、生命周期等不同阶段。数字化设计技术是数字化制造技术的基础，包括三维建模、装配分析、优化设计、系统集成、产品信息管理、虚拟设计与制造、虚拟检测与虚拟样机评价体系、数字化、智能化设计规范与标准、多媒体和网络通信等，是一项多学科的综合技术（Excellence，产品及生命周期优化法），是最佳的产品开发模式的提炼和集成。

数字化设计技术已成为工程机械企业信息化建设提升产品核心竞争力的重要切入点，是产品研发手段和能力上缩短与国际先进水平的差距的重要竞争点，是以市场需求作为企业产品开发的驱动力，将产品开发作为一项投资来管理的关键技术。

7.7.2 工程机械保质设计技术

工程机械产品可靠性一直是工程机械行业健康发展和走向国际化的瓶颈。从近五年挖掘机行业型式试验（单样本）的可靠性统计数据来看，我国自主品牌挖掘机（中挖）产品的平均故障间隔时间约为 500 h，而外资品牌的挖掘机平均无故障间隔时间约为 800 h。工程起重机作业可靠性的平均无故障间隔时间约为 400 h，而国外产品的平均无故障间隔时间约为 600 h。卡特、小松等外资品牌装载机寿命约为 15 000～20 000 h；中型挖掘机的寿命约为 12 000～13 000 h；推土机产品寿命略长，约为 20 000 h 以上。叉车的寿命约为 10 000 h。我国工程机械产品设计时的预期寿命正处起步阶段。

保质设计技术在工程机械行业尚未深入开展，在产品静动态设计方面仅局限在结构分析层面，可靠性也仅在设计的安全余度方面进行类比。行业企业普遍未进行有限寿命设计，工程机械主要机种的寿命尚没有清楚的表达。

美国、日本等发达国家已应用 CAX 集成平台技术，开展材料结构与产品功能的一体化设计，在工程机械动态可靠性设计方面已达到应用阶段。

重点研究 CAX 集成，实现工程机械产品多维问题不确定因素的可靠性设计，研究制定可靠性规范和标准。建立工程机械产品智能化静、动态设计支持平台，无故障设计和耐久性设计相结合，建成产品生命周期动态可靠性设计平台。

7.7.3 工程机械后市场服务平台

工程机械后市场服务平台是工程机械竞争力、企业品牌、美誉度、信誉度的重要标志。工程机械后市场服务平台涵盖网上采购、网上销售、改装、退货、二手车置换、租赁及服务等电子商务环节的数字化应用。

面向国内外供应商、合作伙伴、经销商、代理商、各区域营销公司、配送中心、物流中心及终端客户，建立行业或核心企业信息门户、电子物流平台、电子交易平台、电子支付中心、融资租赁等业务数字化平台，实现行业内核心企业的产品研发体系 PLM、资源管理体系 ERP、供商关系管理 SRM、客户关系管理 CRM、整车管理 VMS 等系统的有效整合应用，满足网上采购、网上销售及电子支付等需求。

工程机械产品种类繁多，后市场服务数据急需智能化的服务管理信息系统进行高效的管理和运用，同时还要求其能够支持对多种不同类型设备的管理，具有良好的可扩展性和友好的用户界面。保证机械设备与服务智能管理系统的数据交互需要可靠的通信网络。同样，要实现远程诊断，先进的智能化终端也是必不可少的，尤其是移动视频通信对移动通信终端及高速的移动网络有迫切需求。采用物联网技术，进行 GPS 远程控制机器，进行远程数据收集、分析，实时控制；开发了用于营销、服务用的 CRM 系统，可以有效地掌握客户的信息，进行分析、了解销售动态及重大服务客户等。可以说工程机械后市场服务平台是急需的技术。

研究使用 CRM 客户关系管理系统、CRM 移动平台、DMS 经销商管理系统、RIMS 远程智能管理系统等一系列管理系统，管控客户信息、销售信息、合同、回款、服务备件、整机远程监控等业务。整套系统从客户信息发现、跟进、签订合同、回款到整机售后服务、备件供应、后期需求等对客户进行整个"客户生命周期"的管理，从整机的发运、寄售、销售、服务等对整机进行整个"整机生命周期"的监控管理。

研究移动平台让客户信息、销售信息快速传递成为可能，客户服务响应更快捷，提高了客户满意度。实现智能跟踪、提示、预警功能，实现产品全生命周期智能化服务与共享共创技术，达到工程机械产品作业实时智能化服务。

7.7.4 工程机械产品远程在线检测技术

远程在线检测技术是工程机械行业开拓国际市场的重要技术保证和核心竞争力的标志。

工程机械产品远程在线检测技术是通过计算机管理、故障诊断、远程监控系统来组成，主要是产品全生命周期管理"智能化服务"理念的重要措施。通过远程通信掌握工程机械的各种工作状态数据（如小时表数、液压油温度等），远程进行设备检测，在设备造成故障前向用户提出保养建议，使得工程机械的定期服务由被动变为主动。在设备发生故障时，能提前对故障原因进行分析，使维修准备工作更充分，并且能够更迅速地到达故障地点，缩短故障排除时间。该系统是一个开放式系统，通过必要的接口可以和公司内部其他信息系统实现无缝连接，共同搭建产品的信息化平台，把运行中的工程机械显示在地图上，进行实时远程监控。

智能化服务需要通过计算机互联网实现机械设备与智能管理系统之间的信息互联与共享。同时还需要通过无线通信技术实现技术支持人员与现场操作员或维修人员的远程互动，为设备的远程诊断提供保障。

建立通用的故障数据库和基于知识的故障诊断专家系统。状态监测与故障诊断技术是一门以设备为对象，建立在检测、信息传输、信号处理、识别理论、人工智能、专家系统、预报决策等现代科学技术基础上的综合性交叉学科。是一种直接为生产服务的工程实用技术。

建立工程机械各机种通用的故障数据库和基于知识的故障诊断专家系统。用工程机械设备的标准规则、专家经验知识等构造成可推理的诊断专家系统，应用于设备检修场所。通过人机交互的形式，专家系统获取故障征兆，进行离线分析诊断。这种数据库和专家系统具有自学习的智能，随着知识的积累可不断地补充、修正，使其日臻完善。

7.7.5　工程机械核心部件设计制造数字化

工程机械核心部件制造技术是国家制造水平的综合标志，是行业成熟度的表现。工程机械核心零部件主要有高端液压元件、传动元件、行走系统、回转支撑、控制系统和发动机等。我国作为国际工程机械制造业的四大基地之一（美国、日本、欧盟、中国），在国内外市场竞争中，工程机械核心零部件产品的技术水平及核心技术是制约竞争力提高的关键因素，与国际先进水平比较，工程机械核心零部件存在较大差距，主要表现在产品使用可靠性、整机寿命及信息化技术水平。这些差距集中反映在基础部件技术水平方面。突出的是动力换挡变速箱级驱动桥设计制造技术、高端高压柱塞型液压马达、液压泵设计制造技术、整体式多路阀设计制造技术等。

研究高端高压柱塞型液压马达、液压泵、整体式多路阀部件数字化设计技术、铸造技术、加工工艺技术（包括毛坯铸造与清理技术，加工制造技术、装配技术等）、试验技术、检测标准等。

动力换挡变速箱设计制造技术包括研发手段、电液控制技术、工艺制造技术、试验技术、材料处理技术，是一个系统化的综合集成技术。

核心部件可靠性、寿命、降低制造能耗、降低噪声等的技术攻关，使核心部件与信息技术深度融合，具有感知、数据远程传输、产品健康状态预警、自诊断功能和特点。2020年后逐步实现达到国际先进水平，2025年部分产品达到国际领先水平。

7.8 保障条件

7.8.1 设立工程机械智能制造专项

工程机械智能制造是一项多学科、跨行业、技术集成度高的项目，通过设立工程机械智能制造发展专项协调各类技术的融合和发展，提高企业对信息产业、通信产业、传感技术、新材料等的参与热情，通过政策引导，鼓励地方、企业和社会资本加大对智能制造装备产业的研发和产业化资金投入。激励工程机械领头企业建立数字化、智能化示范车间的积极性。

7.8.2 鼓励建立工程机械智能制造国家重点实验室和工程中心

为了推动工程机械行业智能化制造的发展，要充分发挥行业现有的 17 个国家级企业技术中心和 3 个国家级工程技术研究中心、重点实验室的能力，充分挖掘科研院所、高等院校和检测机构等现有的资源，推动行业自主创新和检测公共服务平台建设。与此同时，应根据智能化制造技术特点鼓励企业加大科研资金投入力度，完善科研试验设施建设，建立工程机械智能制造国家级重点实验室或国家级智能制造工程技术研究中心。

7.8.3 启动智能化制造车间示范工程

工程机械行业数字化制造已在较多企业进行了尝试，取得了一定经验。工程车辆、挖掘机械、铲运机械、建筑起重机等行业走在数字化智能化制造的前面，参与行业智能制造的示范工程基础较好。它们可以充分利用两化融合的成果，可以较快的做好智能化制造技术水平提升。它们在智能制造工艺示范面较宽，包括有结构件成形、结构件焊接、工作装置制造、标准结构件制造、部件和整机装配等数字化工程示范，同时在配套商管理、售后服务管理等都有一定的经验积累，并能提前研究制定智能制造的标准体系，真正起到示范工程的样板作用。因此，应尽快启动智能化制造车间示范工程，选好示范企业，加快工程机械智能化制造推进速度。

7.8.4　建立智能制造共性技术研发平台

建立工程机械智能制造共性技术研发平台。以国有转制院所为基础，组织从事共性技术研究的力量，联合龙头企业，争取专项资金支持，建立以共性技术研究为重点、以集成创新和原始创新为手段，涵盖技术开发、技术转移、科技资本运作的国家级智能制造共性技术研发平台。改革对这部分研究组织的考核办法，使其成为国家产业智能制造前沿技术、共性技术的研发与辐射基地。

推动工程机械智能制造共性技术创新联盟建设。围绕智能制造产业重大共性技术和关键技术突破，建立以企业为主、科研机构和高等院校等共同参与的技术联盟，发挥联盟技术攻关的作用。

7.8.5　出台智能化制造人才引进激励政策

重视数字化、智能化制造人才的引进和培养。积极营造良好环境，培养一批具有国际领先水平的专家和学术带头人，培养和锻炼一批优秀的从事智能技术与装备研发的创新团队，培养和造就面向高层次需求的实战型工程技术人才。高校创新人才向企业流动的机制，建立企校联合培养人才的新机制，促进创新型、应用型、复合型和技能型人才的培养。

7.9　技术路线图

工程机械数字化、网络化、智能化制造技术路线如图 3.7.3 所示。

2015—2020年	2021—2025年

需求
工程机械制造大国向制造强国发展的战略需要。提升产品质量和生产效率，降低劳动强度。通过智能柔性化混流生产力方式来满足工程机械市场对产品的个性化、多样性需求

目标

构建全球研发、设计、制造、销售与服务协同平台

生产率提高30%

产品可靠性达到国家先进水平

建成示范数字化生产线或车间10个

生产率提高45%

产品可靠性达到国际领先水平

建成智能化生产线或车间10个

重大智能制造装备

智能搬运输送装备

目标：AGV、RGV智能物料搬运输送系统提升自主作业能力

功能、性能：物流周转路径优化，优化柔性化衔接。自学习功能

目标：具有协同作业及规划与执行功能

功能、性能：视觉感知，多个AGV协同作业，优化决策

工件清理机器人

目标：高精铸锻件、结构件三维清理

功能、性能：三维仿真程序清理，达到清理一致性

目标：实现以节能、质量为目标的智能清理

功能、性能：清理路径规划与执行，在线跟踪

模形喷涂机器人

目标：自动调漆、输漆、喷漆

功能、性能：自动识别技术，自动调用相应程序，故障自动报警

目标：节材10%，节能15%

功能、性能：在线检测，多工位冗余自由度喷漆机器人并行主要性能

焊接机器人系统

目标：复杂结构件精准焊接

功能、性能：柔性自动焊接功能，关键部位质量自检

目标：智能优化路径与编程

功能、性能：智能推理和决策。空间物理约束的轨迹优化和数控编程

图 3.7.3　工程机械数字化、网络化、智能化制造技术路线

	2015—2020年	2021—2025年

重大智能制造装备

车铣（镗）复合加工装备

- 目标：用于小批量异形件、大型复杂结构件、箱体加工数字化
- 目标：降低能耗5%，全网络平台加工中心

- 功能、性能：5轴联动、分动精度0.0001度，在线检测及精度控制功能，自动记录，智能诊断
- 功能、性能：智能工艺规划功能，工况实时视觉感知和异地管控与调度功能

结构件智能成形装备（含复合材料）

- 目标：大型结构件数字化成形
- 目标：智能化成形

- 功能、性能：自动上下料，跟踪，在线检测和故障诊断
- 功能、性能：具有自学习、自适应功能，具有获取力、速度、温度等参数功能

大型结构件智能焊接装备

- 目标：焊接流程自动化
- 目标：能源优化与实时测控，节能5%

- 功能、性能：自规划、自跟踪，物理参数在线检测，信息实时处理与诊断
- 功能、性能：作业能源检测与优化管理，具有自调整、自感知，智能检测与优化

再制造成形与检查装备

- 目标：快速成形与在线检测功能
- 目标：智能化再制造成形与质量评估功能

- 功能、性能：多种高能成形、纳米成形等装备，在线涂层质量检测功能
- 功能、性能：具有自动化、敏捷化功能，具有批量化功能、规范化和标准化

智能化产品性能检测与评估系统

- 目标：实现对工程机械产品性能指标智能化检测与评估
- 目标：制定检测与评价规程与标准

- 功能、性能：具有多目标、多参量综合检测、数据传输、统计与评价功能
- 功能、性能：具有温度场、噪声、振动、力等参量的综合检测功能。评估产品综合性能和可靠性指标

图 3.7.3　工程机械数字化、网络化、智能化制造技术路线（续）

	2015—2020年	2021—2025年

数字化工厂（车间）

精密成形数字化车间

目标：实现降低能耗、环保的精密成形数字化车间

目标：实现成形过程智能化

功能、性能：具有金属或特种金属材料数字化成形技术，近净成形技术，少、无切削精密成形技术，消失模铸造技术，3D制造技术，模拟仿真与数字验证成形技术

功能、性能：具有成形生产、管理系统的实时在线控制和管理功能，具有全过程数字模拟技术及自主研发的软件

工程机械箱桥制造数字化车间

目标：建成工程机械变速箱、驱动桥数字化车间

目标：建成箱桥智能化加工车间

功能、件能：具有数字化设计、工艺设计与制造技术，具有柔性化、智能化、在线检测、自学习与决策性能、功能

功能、性能：具有自组织、自适应功能，具有物流自动化、智能调度、动态调度、计划于控制的智能互联功能

齿、链、轴数字化加工车间

目标：实现加工全过程的数字化

目标：实现柔性化智能化制造

功能、性能：实现优化工艺、制造、仓储配送、冷热加工互联互动功能，具有自学习、自感知、自决策和在线检测功能

功能、性能：具有智能化管理、参数控制与缺欠报警功能，具有智能调度、动态调度与计划、控制的智能互联功能

复杂结构件制造数字化车间

目标：实现复杂结构件制造数字化、柔性化

目标：复杂结构件智能化柔性化制造

功能、性能：具有输送、制造、设计、检测一体化功能，具有管理、流程优化、智能编程、实时检测性能

功能、性能：具有自感知、预警功能，具有多目标优化、管控决策、智能调度、动态调度与优化的互联性能

图 3.7.3 工程机械数字化、网络化、智能化制造技术路线（续）

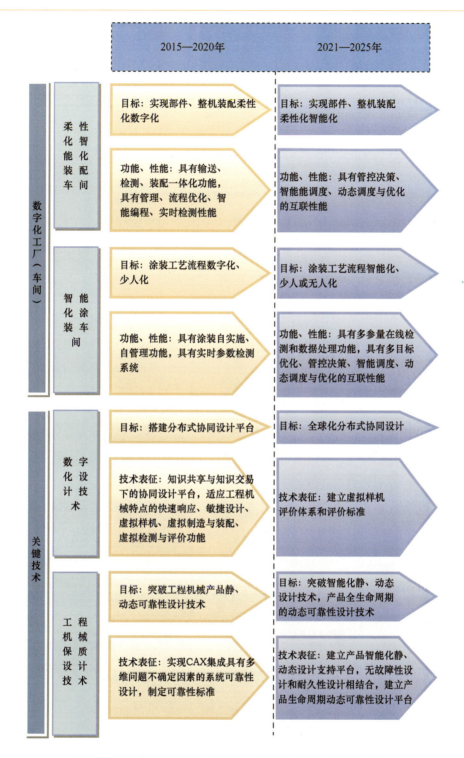

图 3.7.3 工程机械数字化、网络化、智能化制造技术路线（续）

		2015—2020年	2021—2025年

关键技术

工程机械后市场服务平台

目标：搭建工程机械后市场数字化平台

技术表征：具有产品全生命周期服务、诊断、维修功能的数字化平台，产品实时状态感知及远程通讯、预警、提示功能。

目标：产品作业实时智能化服务

技术表征：智能跟踪、提示、预警功能，产品全生命周期智能化服务与共享共创技术

工程机械产品远程在线检测技术

目标：实现基于物联网的远程诊断与数据传输

技术表征：具有各类传感功能、RFID识别技术、处理技术与定位功能

目标：智能化远程在线检测与视觉感知

技术表征：工程机械产品作业运动图像还原技术，多传感器信息融合技术，智能化产品健康状况预警，视角感知技术

工程机械核心部件数字化设计制造技术

目标：核心部件数字化设计制造，质量接近国际先进水平

技术表征：液压件、传动件、回转支撑、四轮一带、控制系统等设计制造过程数字化。可靠性、寿命、噪声等参数大幅提升

目标：核心部件数字化设计制造，质量达到国际先进水平，部分产品接近国际领先水平

技术表征：核心部件智能制造过程能耗、能效指标具有明显竞争力。核心部件具有远程数据传输健康状态预警和自诊断功能

保障措施

政策建议

出台对智能化制造试点企业的税收促进政策

安排工程机械数字化智能化制造重大专项

制定企业承担智能化制造示范工程的激励政策

对承担共性技术研究的单位给予专项资金支持

图 3.7.3　工程机械数字化、网络化、智能化制造技术路线（续）

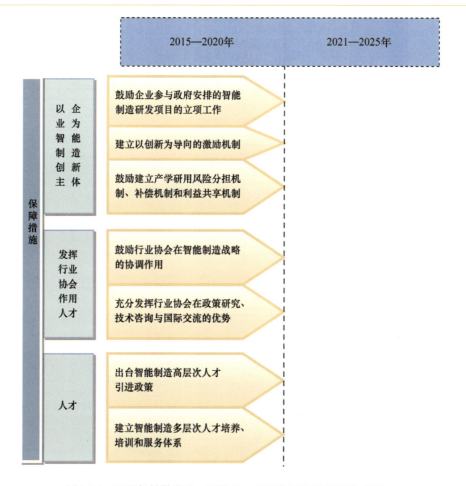

图 3.7.3 工程机械数字化、网络化、智能化制造技术路线（续）

第八章　钢铁工业数字化、网络化、智能化制造技术路线图

课题组成员名单

组　长：殷瑞钰

成　员：张寿荣　　王晓齐　　王天义　　洪及鄙　　李文秀

　　　　温燕明　　苏天森　　李忠娟　　王丽娟　　孙彦广

　　　　张春霞　　张旭孝　　王海风　　张文皓

钢铁工业作为国民经济的重要基础产业，支撑了国民经济和下游用钢行业的快速发展。钢铁工业自身的快速发展取得了举世瞩目的成就，近十年来，我国钢铁工业的快速发展使我国钢产量占世界的比重不断提高，从 2003 年占世界粗钢产量 22.3%发展到 2013 年占世界粗钢产量 51.9%，钢材品种、质量、性能不断提高，节能环保水平不断提升。但随着钢铁工业的快速发展而出现的一些问题也日益突出。如企业发展更多的还是依靠要素投入而不是创新驱动，节能环保、绿色可持续发展问题等。

中国钢铁工业要实现 2020 年进入世界领先行业的目标，制订科学合理的发展战略路径和技术路线至关重要。钢铁工业数字化、智能化制造发展路线图是其中重要内容之一。钢铁工业的信息化水平，不仅是改变传统钢铁产业的锐利武器，也是衡量钢铁生产现代化水平的重要标志。而钢铁工业要满足可持续协调发展的要求，必须在信息化和工业化深度融合的基础上，加快实现自动化、数字化、智能化制造进程，这是钢铁行业提高自身竞争力的战略选择，也是我国钢铁工业发展的重要动力。

"钢铁工业数字化、网络化、智能化制造技术路线图"依托"钢铁工业强国战略研究"课题，分析了钢铁工业数字化、智能化现状、发展趋势和钢铁工业需求，确定了 2020 年和 2025 年发展目标，提出了重大智能制造装备、智能工厂方面的重点任务及关键技术，给出了保障措施建议。

8.1　产业概述

8.1.1　产业发展现状与趋势

1. 我国粗钢产量快速增加

自 1996 年粗钢产量超过 1 亿吨以来，我国钢铁产业持续快速增长，连年居世界第一位。2013 年我国粗钢产量达到 8.22 亿吨，约占当年世界钢产量的 51.9%（见图 3.8.1）。2012 年人均钢产量达到 546kg，是名副其实的钢铁生产和消费大国。

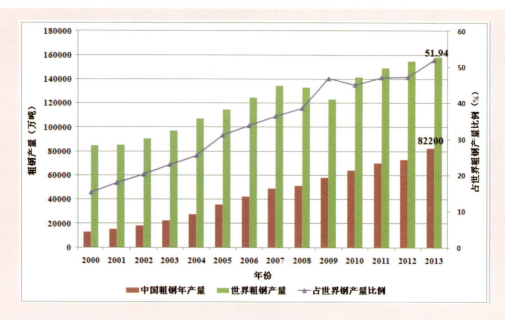

图 3.8.1　2000—2013 年中国粗钢产量及占世界比重

（数据来源：WSA）

2. 我国钢铁工业主要技术经济指标不断进步

20 世纪 90 年代以来,我国钢铁工业先后在全国范围内大面积地突破了六项关键-共性技术,即连铸技术,高炉喷煤技术,高炉长寿技术,棒、线材连轧技术,流程工序结构调整综合节能技术以及转炉溅渣护炉技术。由于六项关键-共性技术的突破和有序集成,配合及时、有序的战略投资,初步实现了中国钢厂技术结构升级,促进了钢厂长材及部分板材生产流程的整体优化。同时,由于大量利用国际矿产资源和废钢资源,一批先进工艺装备的自主设计和国产化的比率逐步提高,使钢厂的单位产能投资额不断降低,并对节能降耗、降低成本、提高产品质量、减少生产过程的排放量和提高劳动生产率等产生了显著的效果,各项技术经济指标有明显的进步,如表 3.8.1 所示。

表 3.8.1　2000—2012 年中国钢铁工业技术经济指标变化

年份	吨钢能耗 （tce/t）	高炉煤比 （kg/t）	高炉入炉焦比 （kg/t）	高炉利用系数 （t/（m³·d））	转炉炉龄 （炉）	连铸比 （%）	综合成材率 （%）
2000	0.920	117	437	2.15	3500	86.97	92.48
2001	0.876	122	422	2.34	3526	89.44	94.01
2002	0 .815	126	417	2.46	4386	93.03	94.19
2003	0.770	118	430	2.47	4631	96.19	94.92
2004	0.761	116	427	2.52	5218	98.35	94.98
2005	0.741	120	412	2.64	5647	97.51	95.61
2006*	0.645	134	397	2.71	6824	98.53	95.45

续表

年份	吨钢能耗（tce/t）	高炉煤比（kg/t）	高炉入炉焦比（kg/t）	高炉利用系数（t/(m³·d)）	转炉炉龄（炉）	连铸比（%）	综合成材率（%）
2007*	0.628	136	396	2.74	8558	98.69	95.32
2008*	0.627	134	400	2.63	9233	98.85	95.3
2009*	0.615	145	374	2.62	9435	99.38	96.08
2010*	0.599	149	369	2.59	10427	99.47	96.1
2011*	0.600	148	376	2.63	11882	99.39	96.04
2012*	0.601	151	363	2.51	11564	99.55	96.21
2013*	0.592	149	363	2.46	7363	99.67	96.3

注：*表示2006年后电力折算系数从0.404kgce/kW·h变为0.1229kgce/kW·h。

3. 节能技术普及广泛、吨钢能耗下降

改革开放30年，中国钢铁工业节能降耗工作经历了单体技术节能、生产流程的结构优化、余热余能回收利用和系统节能三个重要阶段。我国重点钢铁企业主要工序能耗指标有了很大的进步。重点钢铁企业的吨钢综合能耗由2000年的0.92吨标准煤/吨钢降至2013年的0.592吨标准煤/吨钢（图3.8.2）。

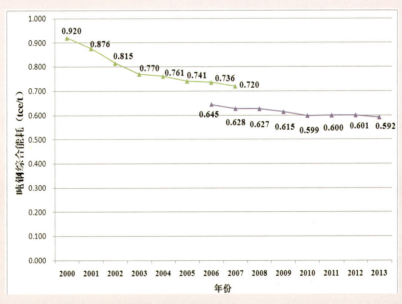

注：（1）2000年以后仅为重点钢铁企业的统计数据

（2）2000～2005电力折算系数为0.404 kgce/kWh；2006~2010电力折算系数为0.1229 kgce/kWh

图3.8.2　2000—2013年中国重点大中型钢铁企业吨钢能耗量的变化

虽然 2012 年全国钢铁工业吨钢综合能耗比 2000 年下降约 41.5%，但由于粗钢产量增长过快，总能耗却比 2000 年增加了 2.33 倍（图 3.8.3）。

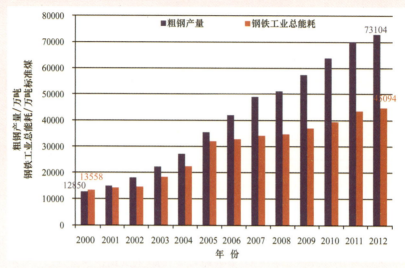

注：1）电力的能源折算系数取当量值；

    2）数据来源：全国钢铁行业能耗数据是通过对历年《中国能源统计年鉴》中"黑色金属冶炼及压延加工业"的能耗实物量扣除铁合金和重复计算后处理得到的。

图 3.8.3　2000—2012 年中国钢铁工业总能耗估算[①]

4. 吨钢污染物排放逐年降低，污染物排放总量仍在增长、环境保护压力巨大

钢铁工业主要的污染物排放有废水（含 COD）、SO_2、钢铁渣、烟尘、粉尘等。自 2005 年起，中国重点大中型钢铁企业通过技术进步，主要污染物排放水平有了明显的提高（图 3.8.4）。与 2005 年相比，2013 年吨钢 SO_2 排放、吨钢烟粉尘排放、吨钢 COD 排放都大大降低。

从污染物排放总量来看，2000—2010 年，废水排放量呈下降趋势，从 2000 年的 22.1 亿吨下降到了 2010 年的 11.7 亿吨，下降幅度达到了 47.1%。我国黑色金属冶炼及压延工业的烟尘、粉尘和固体废物排放总量基本都呈下降趋势。

但 2000—2010 年钢铁工业 SO_2 的排放量却逐年上升。我国黑色金属冶炼及压延工业的 SO_2 的排放量从 2000 年的 75.3 万吨上升到了 2010 年的 176.65 万吨，上升幅度达到了 134.6%（图 3.8.5）。虽然我国钢铁企业目前已加强了 SO_2 的减排工作，但是面临着较大的技术和经济问题。

---

① 注：电力的能源折算系数取当量值。数据来源：全国钢铁行业能耗数据是通过对历年《中国能源统计年鉴》中"黑色金属冶炼及压延加工业"的能耗实物量扣除铁合金和重复计算后处理得到的。

图 3.8.4　2005—2013 年我国重点大中型企业吨钢污染物排放[②]

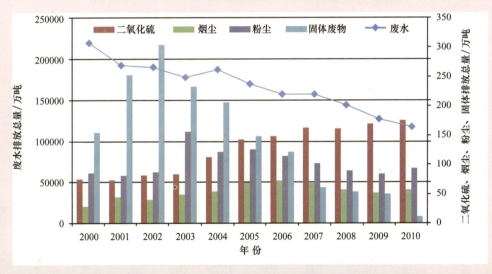

图 3.8.5　2000—2010 年我国黑色金属冶炼及压延工业污染物排放总量

（数据来源：历年《中国统计年鉴》）

5. 我国废钢资源缺乏，铁钢比高

我国生铁产量占世界比例比粗钢高出 13 个百分点（59.45%）。由此造成巨大的能源、环境负荷。

废钢资源量逐年升高，2011 年我国钢铁工业废钢总消费量达到 9100 万吨。但由于我国粗钢产量增加太快，造成吨钢的废钢综合单耗逐年下降。2001—2011 年，废钢消费总

---

② 数据来源：2005—2013 年中国钢铁工业环境保护统计

量增加了 1.65 倍,而废钢综合单耗却由 227kg/t 下降为 130kg/t,与世界平均水平 355kg/t 差距巨大。

铁矿石对外依存度高。国产铁矿石增产不足以支持生铁产量,每年需大量进口铁矿石,2012 年我国进口铁矿石 7.44 亿吨,约为 2000 年进口铁矿石的 11 倍、1995 年的 18 倍。铁矿石对外依存度逐年增加,2011 年高达 70%(见表 3.8.2)。

表 3.8.2 铁矿石对外依存度比较

年份	2000	2001	2002	2003	2004	2005	2006	2007	2008	2009	2010	2011	2012
对外依存度(%)	34.46	38.29	42.12	44.73	52.68	51.51	50.89	51.86	59.23	62.50	67.61	70.23	68.21

进口矿价格随之迅速增长,2011 年进口铁矿石平均到岸价达到最高 163.83 美元/吨(图 3.8.6)。

由于我国铁矿石需求量巨大,在铁矿石谈判上不仅没有定价权,而且还受制于人,导致铁矿石价格暴涨。由于钢铁工业与其他行业之间有很大的关联度,铁矿石如果巨幅涨价,钢铁成本也会上涨,对下游汽车、家电、地产等产业构成传导效应,造成物价上涨。由此将对我国的国民经济产生巨大的影响。

图 3.8.6 2005—2012 年我国进口铁矿石量及年均到岸价

6. 多种因素造成行业"微利"

2000—2012 年钢铁工业相关财务指标情况见表 3.8.3。2012 年我国钢铁工业销售收入 35441.09 亿元,销售利润率仅为 0.04%。

7. 我国钢铁工业的科技创新能力有待加强

近年来，我国钢铁产业科技工作以提高自主创新能力、推动结构调整为目标，经过技术攻关和自主创新，自主研制开发成功了一批重大产业技术与科技成果。例如：一批重大技术与装备研制取得突破，提高了行业装备水平，形成了以首钢曹妃甸钢厂和鞍钢鲅鱼圈、马钢新区、邯钢新区、首钢迁安钢厂，以及十多条薄板坯连铸-连轧为代表的新的生产系统。

表 3.8.3 2000—2012 年相关财务指标情况

项目 年份	销售收入/亿元	销售利润率（%）	成本费用利润率（%）
2000 年	3743.44	3.16	3.06
2001 年	3793.20	4.32	4.47
2002 年	4393.33	5.30	5.57
2003 年	6691.66	7.16	7.73
2004 年	10298.21	8.19	8.89
2005 年	12408.17	6.30	6.68
2006 年	14398.70	6.75	7.20
2007 年	19212.41	7.57	8.08
2008 年	24850.64	3.31	3.29
2009 年	22397.05	2.54	2.45
2010 年	29898.60	3.06	2.96
2011 年	36186.29	2.42	—
2012 年	35441.09	0.04	—

但从总体上看，我国钢铁产业综合技术水平在国际上还只是处于中等偏上的水平，自主创新能力与国际先进水平仍有一定差距。我国重点大中型钢铁企业的平均吨钢能耗比国际先进水平高约 10%；信息技术的开发和利用尚待加强；某些高技术含量、高附加值产品仍不能完全满足要求。从循环经济指标和环境保护指标看，我国钢铁工业与国际先进水平的差距较大。因此，我国钢铁产业发展到了必须提高自主创新能力和进一步用高新技术来武装改造的新阶段，只有增强自主创新能力，特别是用高新技术改造，才能适应改变国民经济发展方式的需要。

8.1.2 数字化、智能化、制造对产业升级的支撑

钢铁产业的产业升级，不仅需要新装备和新工艺，也迫切需要先进制造技术、信息技术和管理技术。在新建和改造升级的大型钢铁企业，采用先进的工艺流程和设备，流程连续性高，工序间衔接更加紧凑，这就需要站在全流程的角度进行更多工序的集成优化和协

同运作，才能完全发挥新工厂的潜力。面对日益复杂的市场环境和国家节能减排战略的需要，要求企业具备快速获取信息能力、准确分析及评估信息的能力和优化决策的能力，因此，企业对生产运营智能化的需求日益迫切，数字化和智能化水平的提升已成为提高企业竞争力和实现可持续性发展的重要手段。

当前，新一代信息技术逐步成熟，包括传感器网、物联网、新型传感器、云计算、移动终端和大数据等。这些新兴信息技术的革新，促进着工业物联网、泛在感知制造、智能协同制造、电子商务等新的先进制造技术和模式的发展，将构成包括实时感知、海量信息处理、智能控制、实时仿真、业务协同、决策优化手段和相应标准在内的新一代智能工厂体系，对钢铁制造业各个领域产生不可估量的影响。大力推进信息化与工业化深度融合，将支撑钢铁工业精益生产和节能减排，推动钢铁产业链向高端发展。

钢铁工业数字化、智能化对钢铁工业产业升级的支撑主要体现在以下方面：

（1）自动化：从手工操作发展到自动控制，从低级的单回路控制发展到高级复杂系统控制，从单元先进控制到区域集成优化，是钢铁生产的基础手段。

（2）数字化：借助于覆盖工业现场的感知网络快速感知与工厂相关的各类信息，实现物理制造空间与信息空间的无缝对接，极大地拓展人们对工厂现状的了解和监测能力，为精细化和智能化管控提供前提。

（3）可视化：将生产状态、工业视频等各类信息高度集中和融合，为操作和决策人员提供一个直观的工厂真实场景，确保迅速准确地掌握所有信息和快速的决策。

（4）模型化：利用生产运行数据和专家知识，将钢铁工厂的行为和特征的知识理解固化成各类工艺、业务模型和规则，根据实际需求，调度适用的模型来适应各种生产管理活动的具体需要。

（5）集成化：与现有钢铁生产过程的工艺过程和管理业务流程高度集成，实现钢铁生产各个管理环节和各工序间紧密衔接与集成，从全局角度实现整体优化。

8.2 数字化、网络化、智能化制造基础

8.2.1 发展现状

目前，钢铁工业的智能化、数字化的工作重点在于构建钢铁生产流程优化模式，在物质流、能量流优化的基础上，信息流才可以融入钢铁生产流程，才有可能实现钢铁制造的数字化、智能化。

我国冶金信息化科学技术取得了丰硕成果，钢铁企业，特别是重点钢铁企业的冶金信息化水平有了显著提升。

1. 过程控制系统

基本采用 PLC、DCS、工业 PC 实现了数字控制，现场总线、工业以太网相结合的网络应用已经普及，无线通信开始应用；常规检测仪表的配备比较齐全，在金属原位分析、钢水连铸连续测温、冶金反应过程中气体成分的动态分析、热风炉烟气中的氧含量（残氧量）连续监测、高速带钢多功能检测系统、热轧板带材表面质量检测、热轧板带材尺寸参数检测、冷轧带钢板形检测、高精度冷轧带钢截面轮廓检测等方面取得了突破，针对高端产品的生产和质量控制，普遍应用了计算机图像处理技术、激光技术、无损检测技术等先进检测技术，研发出了具有自主知识产权的装备及技术。

基于数学模型的计算机过程控制覆盖采选、炼铁、炼钢、轧钢等主要工艺过程，取得了磨矿分级作业智能控制系统、烧结机智能闭环控制系统、操作平台型高炉专家系统、"一键式"全程自动化转炉炼钢、智能精炼控制系统、加热炉燃烧过程优化技术与计算机控制、3500mm 中厚板轧机核心轧制技术和关键设备、带钢热连轧计算机控制系统、1880mm 热轧关键工艺及模型技术自主开发与集成、冷连轧机轧制过程动态仿真及控制优化、宽带钢冷连轧工艺及模型控制技术研发与集成、冷轧机板形控制核心技术等具有国际先进水平的科技成果。

2. 生产管控系统

MES（制造执行系统）在重点钢铁企业已基本普及，实现了冶、铸、轧一体化计划编制及动态调整、事件驱动的全过程合同动态控制与实时跟踪技术、全流程物流跟踪、质量监控、库存动态管理等功能。此外，深层次专用系统开始应用，如高级计划排产、设备在线诊断、质量统计过程控制、产品质量分析及新品工艺设计等。

EMS（能源管理系统）开始推广应用，近 50 家钢铁企业建立能源中心，实现了能源远程监控、集中调配，以及能源计划、能源质量、能源设备、成本综合管理等功能。

以宝钢、鞍钢、武钢等为代表的大型钢铁联合企业已逐渐推广设备状态监测和故障诊断技术，设备管理模式正逐步从单纯的计划维修方式向计划维修与预知维修相结合的方式转变。以冶金工业为背景的设备故障诊断技术在信号采集、数据传输、诊断方法与系统集成等方面都取得了很大的发展。

3. 企业经营信息化

随着企业管理水平的不断提高，钢铁企业信息化取得显著进展。基于互联网和工业以太网的 ERP（企业资源计划）、CRM（客户关系管理）和 SCM（供应链管理）等取得成功应用，在更好地满足客户需求、精细控制生产成本等方面发挥了作用。一些重点企业在聚集了海量的企业生产经营管理信息资源的基础上，建立了数据仓库、联机数据分析、决策支持和预测预警系统，着手进行数据挖掘、商业智能等深度开发。随着钢铁企业集中度提高和结构调整，开始出现了集团化信息化系统，支持企业并购和异地经营。

8.2.2　存在问题

尽管我国冶金信息化技术取得了长足进步，与企业要求和国际先进水平相比，还存在以下主要问题和差距：

（1）高性能控制器、高精度板形仪、大功率交直交调速装置主要依赖进口。

（2）炼铁、炼钢、轧钢等数学模型的适应性和自动优化控制精度需要进一步提升。

（3）综合应用运筹学、专家系统等技术，进行高级计划排产、质量闭环控制、设备预测维护等方面还需做大量细致务实的工作。

（4）通过两化深度融合，实现全流程动态有序协调高效生产还有很大提升空间。基于能量流网络的多介质综合优化调配水平有待提高。

（5）在企业信息化层面依据现有生产、经营数据进行数据挖掘、智能决策等还有很大差距。

8.3　数字化、网络化、智能化制造需求

面临着铁矿石资源严重不足、钢铁产品质量不断提高、产业结构优化、市场竞争日趋激烈，以及节能减排和环保要求日趋严格等诸多挑战，国内钢铁行业现有的发展模式难以持续下去，未来的钢铁必然走可持续发展、绿色低碳的发展模式。

信息化与工业化的深度融合是钢铁行业的可持续、绿色低碳的发展模式的重要组成部分，充分利用物联网、机器人、云计算、大数据、新一代移动互联网通信、面向服务架构等先进信息技术，将进一步完善提升经营管理水平、生产运营水平、自动化基础设施与信息化运维水平，努力建设数字化智能化车间和工厂，进一步提高效率，降低生产成本，提高产品质量，增加经济效益，增强竞争能力。

根据钢铁企业价值链流程，设计、供应链、生产各环节的具体需求分别介绍如下。

8.3.1 工程设计

1. 到 2020 年的主要需求

（1）设计、工程和运营的一体化，实现面向整个钢铁工程项目生命周期（包括项目整体计划、设计文件、供货文件的生成、发布、校对、审核、重新发布）涉及的文件全部数字化，确保随工程项目建设完成后一起交付，有利于工程的变更管理和后期的更新、改造。

（2）企业内部的网络化协同化设计，以数字化技术为基础，实现数字化模拟与仿真过程，如反应过程模拟、自动化控制仿真等，将钢铁产品生命周期各阶段实现协同。

2. 到 2025 年主要需求

（1）企业外部的网络化协同设计，将网络化协同拓展到企业外部，支持动态的组合流程、过程、业务和服务。

（2）设计工程进一步向微观领域延伸，并应用于绿色过程系统的模拟与分析、绿色产品开发、绿色过程系统的集成（设计）。

8.3.2 供应链管理

1. 到 2020 年主要需求

（1）优化上游资源选择与配比。国内钢铁业务布局逐步由区域性市场转向全球市场，更加重视资源的全球优化配置和有效布局，需要跟踪原料市场变化。

（2）优化产品流向。扩展一次物流优化系统，根据市场需求、经营情况和资源情况，优化钢铁产品流向；深化与扩展二次物流优化系统，实现物流网络布局优化和一、二次整体资源优化；提高对市场变化的快速反应，减少钢铁产品供应断档，降低库存成本和运输成本，提高盈利水平。

（3）新一代电子商务模式，以电子商务为纽带，将供应链上下游分工协作的企业紧密联系起来，协同发展；并逐步打破传统的钢铁生产过程与商务分开的局限，通过新一代电子商务，模糊化企业价值链的各关键环节，形成畅通高效的供应链。

2. 到 2025 年主要需求

供应链协同创新，随着钢铁全球化发展，建立密集多边的网络化组织，逐步由稳定型的企业联盟发展成动态型虚拟制造企业。

8.3.3　生产过程

1. 到 2020 年主要需求

（1）数字化现场，借助于覆盖工业现场的感知网络快速感知与工厂相关的各类信息，拓展人们对工厂现状的了解和监测能力，为精细化和智能化管控提供前提。

（2）提高生产效率，优化产品结构，通过深加工、优化工艺组合、增加高附加值产品，最大限度地挖掘发挥钢铁的最大经济效益。

（3）重视能源、环保和安全，立足可持续发展。加强内部能源的综合利用，从战略高度重视健康、安全、环保等可持续目标，减少对环境的负面影响。

2. 到 2025 年主要需求

（1）智能制造。生产过程的自动化、智能化和宜人化水平得到大幅度提升，形成以人为决策主体的人机协同工作的新一代智能制造环境，制造过程由被动处理转变为主动提供服务，提高钢铁生产效率。

（2）绿色制造。重视钢铁生产各个环节对环境的影响，从而不仅经济上效益最大，而且环境影响最小化，即消耗最小的能源、水源及其他矿物资源。在存储、运送过程中造成最小的污染（或可能的污染），制造过程毒性小，排污最小，产品使用中不会造成二次污染。

8.4　发展目标

8.4.1　总目标

围绕钢铁工业强国战略，加强两化融合对钢铁工业要素的全面变革、创新和提升作用，以智能钢厂为抓手，大力推进研发与工程设计数字化、生产过程智能化、供应链全局优化，突破制约钢铁两化深度融合的关键智能技术和重大智能装备，构建新型现代化钢铁工厂，推动钢铁产业智能化、绿色化可持续发展。

为支持钢铁强国战略目标的实施，到 2020 年，围绕冶炼和轧制等工艺过程智能控制、产品生产和能源环境多目标优化、全供应链协同管理，在钢铁行业全面推进数字化工厂，并选取 8～10 家典型企业进行钢铁智能工厂的试点应用示范；到 2025 年，在钢铁行业全面深化推进钢铁智能工厂试点示范应用成果,并选取 10~15 家典型企业进行钢铁智能工厂的标杆应用示范。

8.4.2 2020 年目标

初步建立钢铁智能工厂,实现生产流程数字化设计、冶炼轧制工艺过程智能控制、产品生产和能源环境协同优化、供应链全局动态管理、经营管理智能决策。具体包括以下几方面。

(1)构建面向生产管控、供应链、设计生命周期的统一协同的信息化运行平台,提升自动化、数字化和集成化水平,选取不同品种不同流程的 8~10 家典型企业进行钢铁智能工厂的试点应用示范,达到国际先进水平。

(2)研发工艺变量实时监控、冶炼工艺过程闭环控制、轧制工艺过程闭环控制等重大智能装备,先进智能控制系统应用率达到 60%。

(3)研发物质流能源流协同管控、供应链全局管理、可循环流程数字化设计系统,形成完善的钢铁智能工厂运营支撑保障体系。

8.4.3 2025 年目标

生产过程智能控制、数字化设计、协同管控、电子商务、商业智能等应用基本普及。数字化、智能化成为企业战略决策、行业创新发展的新常态。具体包括以下几方面。

(1)在钢铁行业全面深化推进钢铁智能工厂试点示范应用成果,自动化、数字化、模型化和集成化能力得到较大提升,全面达到国际同行业的先进水平;选取 10~15 家典型企业进行钢铁智能工厂的标杆应用示范,进一步提升数字化、智能化水平,达到国际领先水平。

(2)研发全流程在线检测、冶炼轧制工序协调优化等智能装备和系统,实现批量定制柔性生产,并大幅提高产品品质稳定性、适用性。

(3)研发物质能源环境动态优化、供应链全局优化、生态工厂智能设计系统,大幅降低能源消耗和污染物排放,形成面向社会的网络化新型业务协作和敏捷供应链整体运作等模式。

8.5 重大智能制造装备

装备是钢铁生产制造的硬件主体。传统制造单元将逐步通过微机电技术、嵌入式技术和传感器等技术改造为新型的钢铁智能制造单元,不仅具备广泛的工厂状态采集和感知的能力,而且能进行实时智能预测、智能规划、智能优化、智能决策等。

到 2020 年,泛在网络和泛在感知技术的成熟,将会降低控制实施的成本,一方面促进制造装备控制应用的普及,另一方面装备的自诊断、自维护、自恢复将成为现实。到 2025 年,装备的智能化水平将得到本质性的提高。体现在根据环境和任务的变化,装备不仅具有参数调节的适应能力,同时也具有自组织的能力,使各种组成单元能够根据工作任务的需要,自行集结成一种超柔性最佳结构,并按照最优的方式运行。

8.5.1 冶金流程在线检测智能仪表

作为工业物联网重要载体的新型传感器、智能仪表,是未来制造环境中实现人与人、人与机器、机器与机器之间信息交互的主要手段。面向钢铁生产的新型传感器、智能仪表和精密仪器能够增强员工对工厂的感知能力,借助于嵌入应用环境的系统来对多种模式信息(光、电、热、化学信息等)的捕获、分析和传递,极大地拓展员工对钢铁企业的各类装置、设备的了解和监测能力,促进生产活动的合理化和精细化控制。

采用新型传感器技术、光机电一体化技术、软测量技术、数据融合和数据处理技术、冶金环境下可靠性技术,以关键工艺参数闭环控制、物流跟踪、能源平衡控制、环境排放实时控制和产品质量全面过程控制为目标,实现冶金流程在线检测和监控系统。

到 2020 年实现,重要工艺变量实时监测,包括铁水和钢水成分、温度实时测量,铸坯缺陷、钢材性能实时监测,污染源在线监测。

到 2025 年,实现全流程在线连续监测,包括钢水成分、纯净度连续测量,铸坯质量、钢材性能在线连续监测、全线废气和烟尘的监测等。

8.5.2 钢铁复杂生产过程智能控制系统

钢铁复杂生产过程的智能控制系统将采用分层或分级的方式建立许多较小的自治智能单元。每个自治智能单元可以通过协调机制对其自身的操作行为做出规划,可以对意外事件(如制造资源变化、制造任务货物要求变化等)做出反应,并通过感知环境状态和从环境中获得信息来学习动态系统的最优行为策略,对环境具有自适应能力,具有动态环境的在线学习能力。通过多个自治智能单元的协同,使各种组成单元能够根据全局最优的需要,自行集结成一种超柔性最佳结构,并按照最优的方式运行。

钢铁生产制造全流程是由多个生产过程有机连接而成的,其具有多变量、变量类型混杂、变量之间强非线性强耦合的特点,受到原料成分、运行工况、设备状态等多种不确定因素的干扰,其特性随生产条件变化而变化。实现上述的发展要求,面向钢铁复杂生产过程智能控制系统的关键需求主要包括以下几方面。

（1）面向复杂生产过程的一体化控制策略，包括生产制造多尺度基于数据和知识的实时智能运行优化方法、基于过程模型的在线动态运行优化、智能自治单元的闭环反馈控制等技术难点。

（2）智能控制系统的执行机构，包括嵌入式控制系统、微型传感器、总线协议等关键技术。

（3）设备端知识库，包括工艺机理模型、人工操作经验、推理机制等关键技术。

钢铁复杂生产过程智能控制系统主要内容包括以下几项。

1．智能冶炼系统

到 2020 年，实现冶炼工位闭环控制，包括机理和数据混合模型，工艺设定点实时优化，钢水质量自动闭环控制。至 2025 年，实现冶炼工序协调优化控制，包括冶炼工序集成协调优化模型，各工序设定点动态协调优化。

2．智能轧钢系统

到 2020 年，实现轧制工位闭环控制，包括产品性能预报模型，工艺设定点实时优化，钢材质量自动闭环控制。到 2025 年，实现轧钢工序协调优化控制，包括控轧控冷模型，轧制工序动态协调优化，高端产品质量自动闭环控制。

8.6　数字化车间/工厂

钢铁智能工厂是面向绿色制造和可持续发展，实现企业经营管理规范化、生产管理最优化、过程控制智能化和系统应用集成化，全面提升企业生产过程优化能力、提升企业生产、安全和经营管理水平，提高生产和工作效率，增强企业综合竞争能力，最终实现企业效益最大化。

钢铁数字化车间/工厂的建设将主要围绕三条主线：

（1）面向物质流能量流协同优化的数字化智能化，即通过企业制造执行系统（MES）和能源管理系统（EMS）整合，实现生产计划和能源计划协同、生产调度和能源调度协调.

（2）面向供应、生产、销售钢铁供应链全局优化的数字化智能化，提高对上游原燃料控制能力，深化与下游客户业务协同，最终实现从铁矿石资源优化、配送、生产加工至钢材配送及销售的供应链全过程整体效益最大化。

（3）是面向流程智能设计的数字化智能化，基于可循环钢铁制造流程理论，建立钢厂精准设计和动态有效运行分析设计平台，打造具有钢材产品生产、能源高效转化、社会废弃物消纳多项功能的生态工厂。

8.6.1 物质流能量流协同优化

钢铁智能工厂是面向钢铁生产的运行环节，综合应用现代传感技术、网络技术、自动化技术、智能化技术和管理技术等先进技术，并与现有钢铁生产过程的工艺和设备运行技术高度集成的新型现代化钢铁工厂，通过企业资源计划管理层、生产执行管理层和过程控制层互联，实现物质流、能源流和信息流的三流合一，实现钢铁企业安稳运行、节能减排、降本增效、优化生产、质量升级等业务目标。

主要内容如下。

（1）生产管控：实现对综合生产指标→全流程的运行指标→过程运行控制指标→控制系统设定值过程的自适应的分解与调整，满足市场需求和生产工况的频繁变化，提升生产管控的协同优化能力，实现生产计划的闭环管理和持续优化。

（2）能源管控：通过能量流的全流程、多能源介质综合动态调控，形成能源生产、余热余能回收利用和能源使用全局优化模式，实现能源利用的精细规范。

（3）环境监控：建立全流程污染源排放在线实时监测系统，实时采集相关信息，并进行趋势分析判断，确保生产满足国家环保要求。

（4）设备管控：实现设备的全面监控与故障诊断，通过预测维护降低运营成本，实现资产的全生命周期管理。

（5）工艺和质量管控：实现工艺、质量标准的科学决策，实现有效的技术管理，提高工艺管理水平，提高产品质量。

（6）物质流与能源流协同优化：研究钢铁生产物质流与能量流的特征和信息模型，分析物质流与能量流动态涨落和相互耦合影响。综合考虑效率最大化、耗散最小化、环境友好性，实现多目标协同优化。

8.6.2 钢铁供应链全局优化

钢铁供应链全局优化是面向钢厂原燃料采购及运输、钢材生产加工、产品销售及物流等供应链全过程，综合应用现代传感技术、网络技术、自动化技术、智能化技术和管理技术等先进技术，实现优化资源配置、动态响应市场变化、整体效益最大化。

主要内容如下。

（1）优化上游资源选择与配料：跟踪原料市场变化，预测分析市场趋势，围绕供应链最终产品，优化原料选择和运输。强调原料的优化配置和综合利用。

（2）加强与下游客户供应链深度协同：建立电子商务和供应链协同信息 EDI 规范，迅速响应客户需求，及时提供合格产品，减少库存、中间环节和储运费用。

（3）生产计划与制造执行一体化协同：订单产品规格自动匹配，前后工序协调一致，后一工序及时获取前一工序的生产数据并按照生产指令进行最优生产。

（4）全供应链物流跟踪：覆盖原燃料、在制品、产品、废弃物资源化利用的物流跟踪，通过准确、直观地反映物流资源分布动态、计划执行情况和库存变化趋势，为优化资源调配提供依据。

8.6.3　钢铁流程智能设计

钢铁流程智能设计是面向钢铁流程的工程设计环节，通过应用计算机和信息网络技术的应用，实现钢铁工程数字化、精准化设计进而实现钢铁流程动态有序运行。

在理解流程动态运行过程的物理本质的基础上，构建起植根于流程运行要素及其优化的运行网络、运行程序（即高度有序—协同）的物理模型，进而构建全程全网性的信息流模型。通过工序功能集优化、工序关系集合协同优化和流程工序集合—重构—优化，最终实现钢厂结构优化、功能拓展，工业生态园区的构建与运行。

主要内容如下。

（1）全流程数字化、精准化设计：基于冶金机理分析，建立各工艺生产装备、能源装备、物流设备、缓冲库存物理和数学模型，根据生产产品种类、产量规模、工艺流程，精准确定各装备功能、生产能力和缓冲能力及流程布局。

（2）全流程动态有序运行：基于各种冶金模型，进行流程仿真，分析生产单元输入-输出特征及各构成单元之间非线性耦合关系，物质流与能量流动态涨落和相互耦合影响，综合考虑效率最大化、耗散最小化、环境友好性，实现不同工况条件下的多目标协同优化。

8.7　关键技术

钢铁工业的数字化、智能化制造关键技术包括工业互联网数据集成、多尺度建模和仿真技术及多目标协同优化技术。

8.7.1 工业互联网数据集成

数据是钢铁工业数字化、智能化制造的基础,这里的数据是广义数据,既有来自企业现场检测仪表、RFID、质量分析仪表、过程控制系统的各种连续变量,也有声音图像信号、现场离散事件记录、物流能流空间信息(GPS)、调度操作指令等非结构化数据,还包括设备规格、设计图样、产品规格、工艺规程、电子商务等文档型资料。需要整合现场传感网、物联网、工业控制以太网、内部外部互联网、社会无线通信网,构成钢铁工业数字化智能化制造的工业互联网,实现数据在不同业务间的互操作集成和共享。工业互联网数据集成涉及数据获取、传输、存储、分析等环节。

到 2020 年,实现多源数据融合,包括物联网和工业互联网构建、不同业务数据互操作集成、多源大数据融合分析。到 2025 年,实现数据智能处理,包括多业务数据仓库、多源数据可视化、数据挖掘和知识发现等。

具体内容包括以下几项。

(1)多传感器数据融合技术和智能软测量技术。

(2)微观精细检测技术和恶劣环境检测技术。

(3)基于物联网的设备在线故障诊断与预测维护技术。

(4)铁液和钢液的成分、纯净度及其力学性能与微观组织的连续测量技术。

(5)环保信息化检测和在线监控技术。

(6)GIS、GPS、无线通信网络技术。

(7)铁-钢-轧横向数据集成和管理-控制纵向信息集成技术。

(8)协作制造企业信息集成技术。

(9)基于实时数据和关系数据的数据仓库和数据挖掘技术。

8.7.2 多尺度建模和仿真关键技术

建模和仿真为钢铁工业数字化智能化制造提供重要支撑手段。钢铁工业建模和仿真涉及设备高效运行、工艺过程控制、生产计划调度、供应链全局优化多个层面,从而需要进行多尺度建模和仿真。

到 2020 年,需要重点研究多尺度建模技术,包括机理和数据工艺混合模型、物质流能量流网络化模型和全局供应链集成模型。到 2025 年,需要研究开发基于模型的仿真计算技术,包括实现产品开发多尺度模型、可循环流程动态仿真,建立钢铁工业云计算平台。

具体内容包括以下几方面。

（1）高炉过程多维可视化和操作优化。

（2）冶炼过程智能控制模型。

（3）铸坯凝固过程多维可视化和质量在线判定。

（4）基于应力、应变和凝固过程模型的连铸仿真优化。

（5）冷、热连轧工艺模型和优化控制。

（6）基于轧制工艺-组织-性能模型的质量闭环控制。

（7）设备状态寿命评估和设备劣化状态趋势预测模型。

（8）生产流程优化用离线模拟和数字仿真技术。

（9）供应链业务协同模型。

（10）钢铁行业云计算技术应用。

8.7.3　多目标协同优化关键技术

到 2020 年，实现多目标优化运行，包括工艺设定点实时优化、物质流能量流协同优化、多场景多目标优化技术。到 2025 年，实现多目标全局优化，包括采购生产销售全局供应链优化、生态工厂多目标优化。

具体内容包括以下几项。

（1）工艺设定点实时优化。

（2）基于专家系统和网络规划的智能计划和实时调度。

（3）基于能量流网络的多能源介质综合优化调控技术。

（4）全流程质量动态跟踪和质量闭环控制。

（5）物质流、能量流和排放流多目标优化。

（6）全生产流程的在线集成模拟和优化。

（7）企业级数据仓库和智能决策技术。

（8）企业资源配置智能优化技术。

（9）采购生产销售全局供应链优化。

（10）生态工厂多目标优化。

8.8 保障措施

为了发展钢铁工业数字化智能化发展，需要规划引导、财税政策、产学研用模式等方面保障条件。

1．统一规划，指导钢铁工业数字化智能化发展

结合钢铁工业需求，在国家层面上组织制定钢铁工业数字化智能化制造行动计划和实施指南，对钢铁工业智能装备、数字化工厂、关键技术等深化应用进行引导和支持。

2．建立专项资金，出台积极的财税政策，支持关键环节数字化智能化建设

建立专项资金，通过无偿资助、贷款贴息、补助（引导）资金、保费补贴和创业风险投资等方式，支持钢铁工业数字化智能化制造关键技术研发、示范应用和产业化。

3．推动产学研研究模式，促进自主创新成果产业化

以市场需求为导向，以产学研用结合的形式，整合企业、高等院校、科研机构等单位资源，建立钢铁工业数字化智能化制造产业技术联盟，共同致力于钢铁工业数字化智能化制造关键技术研究、智能装备和数字化工厂开发、应用示范和推广。

8.9 技术路线图

钢铁工业数字化、网络化、智能化制造技术路线如图 3.8.7 所示。

需求	设计	企业内部数字化网络化协同化设计	企业间部数字化网络化协同化设计
	运营	上下游供应链协同发展	动态型虚拟制造企业
	生产	智能化精细化高效生产	智能绿色制造

| 目标 | 应用示范 | 8~10家钢铁智能工厂试点应用示范 | 10~15家钢铁智能工厂标杆应用示范 |
| | 体系模式 | 形成完善的钢铁智能工厂运营支撑保障体系 | 形成网络化新型业务协作和敏捷供应链整体运作等模式 |

重大智能制造装备

智能仪表	目标1：工艺变量实时监测	目标2：全流程在线连续监测
	铁水和钢水成分、温度实时测量，铸坯缺陷、钢材性能实时监测，污染源在线监测	钢水成分、纯净度连续连续测量，铸坯质量、钢材性能在线连续监测
智能冶炼系统	目标1：冶炼工位闭环控制	目标2：冶炼工序协调优化控制
	机理和数据混合模型，工艺设定点实时优化，钢水质量自动闭环控制	冶炼工序集成协调优化模型，各工序设定点动态协调优化
智能轧制系统	目标1：轧制工位闭环控制	目标2：轧制工位协调优化控制
	产品性能预报模型，工艺设定点实时优化，钢材质量自动闭环控制	空轧空冷型轧制工序动态协调优化高端产品质量自动闭环控制

数字化工厂

物质流能量流协同优化	目标1：物质能源协同管控	目标2：物质能源动态优化
	物质流能量流网络化模型，铁钢轧界面动态优化，物质流能量流协同优化	生产能源排放动态耦合模型环境约束下综合成本最小化
供应链全局优化	目标1：供应链全局管控	目标2：供应链全局优化
	供应生产销售业务集成，全供应链物流动态跟踪，电子商务与商务智能	原燃料供应有效管控战略客户供应链深度协同
流程智能设计	目标1：可循环流程智能设计	目标2：生态工厂智能设计
	全流程数字化模型，工序界面整合协调优化，全流程动态有序运行	钢厂与社会交互数字化模型钢材能源环境多目标优化

关键技术

工业互联网数据集成	目标1：多源数据融合	目标2：数据智能处理
	物联网和工业互联网构建不同业务数据互操作集成多源大数据融合分析	多业务数据仓库多元数据可视化数据挖掘和知识发现
多尺度建模和仿真	目标1：多尺度企业模型	目标2：基于模型的仿真计算
	机理和数据工艺混合模型物质流能量流网络化模型全局供应链集成模型	产品开发多尺度模型可循环流程动态仿真钢铁工业云计算平台
多目标协同优化	目标1：多目标优化运行	目标2：多目标全局优化
	工艺设定点实时优化，物质流能量流协同优化，多场景多目标优化技术	采购生产销售全局供应链优化生态工厂多目标优化

保障条件

统一规划	结合钢铁工业需求，制定行动计划和实施指南	
财税支持	建立专项资金，支持数字化智能化技术研发、示范	建立专项资金，支持数字化智能化技术产业化
产学研用	整合企业、院所、大学资源，成立产业技术联盟	

2013年　　　　　2020年　　　　　2025年

图 3.8.7　钢铁工业数字化、网络化、智能化制造技术路线

第九章　石化工业数字化、网络化、智能化制造技术路线图

课题组成员名单

组　长：袁晴棠

成　员：李德芳　王宏安　刘　伟　宫向阳　蒋白桦
　　　　王永耀　索寒生　刘佩成　史　昕　董　为

　　石化工业作为国民经济的重要基础和支柱产业,为国民经济的快速发展做出了重要贡献。经过多年发展,我国石化工业实力增长迅速,国际影响力显著提高。2013 年,我国的炼油能力位居世界第 2 位,乙烯产能位居世界第 2 位,合成树脂、合成纤维、合成橡胶等多种化工产品产能都位居世界前三位。我国正在由"石化大国"向"石化强国"逐步迈进。石化工业的产业升级,不仅需要新装备、新工艺和新型催化剂,也迫切需要先进制造技术、信息技术和管理技术。提升数字化和智能化水平,已成为提高企业竞争力和实现可持续性发展的重要手段。

　　新一轮科技革命正在孕育兴起,学科交叉融合加速,新兴学科不断涌现,前沿领域不断延伸。面对科技创新发展的新趋势,世界主要国家都在寻找科技创新的突破口,抢占未来经济科技发展的先机。美国提出了"先进制造伙伴计划(AMP)"、"先进制造业国家战略计划"等。德国发布了"工业 4.0"战略,形成了整个国家政产学研高度共识的发展蓝图。我国工业和信息化部在中国工程院"制造强国战略研究"项目的基础上,正在牵头制定"中国制造 2025"发展纲要,为中国制造业未来 10 年的发展做顶层设计并制定路线图,以实现"由中国制造向中国创造、由中国速度向中国质量、由中国产品向中国品牌"的三大转变,力争到 2025 年使我国从制造大国转型为制造强国。"中国制造 2025"在战略对策中,提出了优先推进制造业数字化网络化智能化的战略任务。

　　"石化工业强国战略研究"课题组借鉴国际上制定路线图的方法,吸纳我国进行科技战略规划的成功经验,在工业和信息化部、中国工程院、中国石油化工集团公司、中国科学院软件研究所的大力支持下,编制了"石化工业数字化网络化智能化制造技术路线图",旨在为未来十年的石化工业数字化智能化发展提供顶层设计和路线图。

9.1　产业发展现状及趋势

9.1.1　发展现状

1. 进入世界石化大国前列

　　2013 年,我国石化工业完成工业总产值超过 13 万亿元,位居世界第二位;我国炼油能力达到 7.1 亿吨/年,占世界炼油能力的 14.9%,仅次于美国,位居世界二位;我国乙烯产能达到 1790 万吨/年,占世界乙烯能力的 11.6%,仅次于美国,位居世界第二位;我国PX 产能 1108 万吨/年,占世界 PX 能力的 27.1%,居世界第一位;合成树脂(聚乙烯、聚丙烯、聚氯乙烯、聚苯乙烯、ABS 树脂）产能 6856 万吨/年，合成橡胶（顺丁胶、丁苯胶、丁基胶、乙丙胶、异戊胶）产能 353 万吨/年，合成纤维（涤纶、腈纶）产能 4306 万吨，三大合成材料产能合计占世界生产能力的 34.4%，多数产品居世界前三位。我国尿素产能 8070 万吨/年，占世界尿素产能的 37%，位居世界第一位。

2. 产业集中度不断提高

经过改扩建，我国千万吨级炼厂持续增加，到 2013 年底我国千万吨级炼厂总数已达 22 座，总炼油能力 3.0 亿吨/年，约占全国炼油能力 42.3%；依托千万吨级大型炼厂建设，结合大型乙烯工程的新建或改扩建，已经形成了镇海炼化、上海石化等 14 个大型炼化一体化基地，已建成了茂名、赛科、镇海、独山子、抚顺等 7 个百万吨级乙烯基地；我国 50 万吨/年以上尿素产能的企业达 62 家，合计产能 5316 万吨/年，占尿素总产能的 63.6%；10 大轮胎企业销售收入约占全国轮胎总销售收入的 27%。

3. 石化工业技术水平明显提升

在引进、消化、吸收国外先进技术的基础上，不断加大科技投入，强化科技创新，积极组织技术攻关和开发，目前我国已拥有一批具有自主知识产权的石化核心技术和专有技术，部分自有技术已出口到国外，已具备依靠自有技术建设千万吨级炼油、百万吨级乙烯、百万吨级芳烃，以及部分下游衍生物生产装置的能力，装置大型化趋势明显；先进煤气化技术取得重大突破，尿素生产工艺及装置低压化、大型化取得重大进展。

4. 节能环保取得显著成效

坚持内涵发展，依靠自主开发的先进适用新技术，对现有装置进行大规模技术改造，促进装置规模大型化、集约化，同时淘汰落后工艺技术和生产能力，使企业能耗物耗、节能减排等主要技术经济指标明显改善，推动了产业优化升级。2013 年，中国石化、中国石油两大集团炼油综合能耗 59.9 千克标油/吨，同比下降 0.8 千克标油/吨；乙烯燃动能耗达到 610 千克标油/吨，同比下降 5.2 千克标油/吨；合成氨、烧碱、纯碱单位产品综合能耗同比分别下降 1.58%、1.41% 和 0.43%。

5. 煤化工产业快速发展

随着前一时期油价持续高位振荡及现代煤化工技术不断突破，我国现代煤化工产业开始进入发展快车道。拥有丰富资源的大型煤炭企业和具有资金、技术和人才优势的大中型企业纷纷介入煤化工领域。在高油价下，以煤制烯烃、煤制乙二醇等为代表的现代煤化工具有较强的成本优势，对传统石化工业形成了强有力的冲击。据不完全统计，我国已建煤制烯烃规模 490 万吨/年，在建及拟建规模超过千万吨，2013 年我国煤制乙二醇的产能达到 130 万吨/年，占到国内乙二醇总产能的 23.7%。

9.1.2 发展趋势

1. 产业规模不断扩大，产品需求将继续增长

近年来，世界石化工业规模不断扩大。2000—2013 年，世界炼油能力年均增长 1.0%，乙烯产能增长 3.5%，PX 产能增长 5.0%，三大合成材料（合成树脂、合成橡胶、合成纤维）产能增长 4.5%，尿素产能增长 4.2%。2013 年，世界炼油能力达 47.66 亿吨/年，成品油消费量为 33.52 亿吨；乙烯产能达 1.54 亿吨/年，消费量为 1.34 亿吨；PX 产能达 4083 万吨/年，消费量为 3337 万吨；三大合成材料产能达 3.3 亿吨/年，消费量为 2.5 亿吨；尿素产能达 2.02 亿吨/年，消费量为 1.59 亿吨，见表 3.9.1。

2020 年前，世界石化产品需求仍将保持增长。预计 2020 年世界成品油需求将达 35.31 亿吨，乙烯需求将达 1.78 亿吨，PX 需求将达 4721 万吨，三大合成材料需求将达 3.4 亿吨。在需求的带动下，主要产品产能也将有所提高，预计 2020 年世界炼油、乙烯、PX、三大合成材料的产能将分别达到 50 亿吨/年、2.0 亿吨/年、6006 万吨/年和 4.4 亿吨/年。

表 3.9.1 世界石化产品供需趋势

产品		单位	2000 年	2013 年	2020 年
炼油	能力	亿吨/年	41.76	47.66	50.00
成品油	需求	亿吨	29.70	33.52	35.31
乙烯	产能	亿吨/年	0.98	1.54	2.02
	需求	亿吨	0.90	1.34	1.78
PX	产能	万吨/年	2171	4084	6006
	需求	万吨	1692	3337	4721
合成树脂	产能	亿吨/年	1.52	2.60	3.33
	需求	亿吨	1.27	2.00	2.69
合成橡胶	产能	万吨/年	888	1290	1624
	需求	万吨	685	899	1209
合成纤维	产能	万吨/年	2780	6096	9024
	需求	万吨	2158	4150	5882

注：①数据来源：IHS、PIRA、中国石化经济技术研究院；②合成树脂包括聚乙烯、聚丙烯、聚氯乙烯、聚苯乙烯、ABS 树脂，合成橡胶包括丁苯橡胶、顺丁橡胶和丁基橡胶，合成纤维包括腈纶和涤纶。

2. 产业格局发生变化，北美、中东和亚太作用日益凸显

2000 年前，世界石化工业格局基本处于北美、西欧、亚太"三足鼎立"状况，三个地区炼油能力约占世界的 70%，乙烯产能占 82%。但是，进入 21 世纪以来，随着中东石

化工业的崛起、亚太地区市场的繁荣和美国页岩气技术的突破，世界石化工业格局重新洗牌。中东、亚太地位快速上升，北美石化工业在沉寂多年之后重新恢复增长，并进入新的增长期，2013年北美、亚太、中东三个地区炼油能力约占世界的65%，乙烯产能占76%，预计2020年以后，这一比例还将进一步上升。而同期西欧地位有所下降，炼油产能占世界比例由2000年的17.7%降至2013年的14.0%。西欧部分国家和日本等传统石化工业强国将未来的发展重心聚焦到高端产品，而常规产品依靠进口，这些国家凭借其先发优势，加快推进和开发相关新标准、新技术和新专利，形成对本国产品的有力保护。

3. 结构调整步伐加快，产品质量不断提高

随着原料价格的不断上涨以及对石化产品性能和品质要求的不断提升，世界石化工业加快了结构调整步伐，开始由以规模带动效益阶段转向以质量和效益提升竞争力阶段。在炼油领域，为适应原油品质劣质化、交通运输燃料需求增加、燃料清洁化步伐加快的趋势，未来结构调整重点是提高原油加工适应性、增产交通运输燃料和生产质量标准日益严格的清洁燃料，增加经济效益。在石化产品领域，一方面全球乙烯原料轻质化、多元化趋势明显，中东和美国大力发展以轻烃为原料的乙烯能力，中国新型煤化工产业蓬勃兴起，预计到2020年全球乙烯轻烃原料比例将由2000年39%增至49%，进一步降低原料成本、提高竞争力；另一方面石化产品结构正在发生变革，日本和西欧正在逐步减少通用石化产品产量，不断增加高性能、高附加值和专用化学品生产，提升产品附加值，提高经济效益，同时积极推行非关税贸易壁垒应对全球石化工业竞争。

4. 循环经济理念受到重视，绿色低碳引领未来发展

近年来，世界石化工业发展越来越受到资源环境制约，开始高度重视节能环保、绿色低碳和循环经济发展，正逐渐从"末端治理"向"生产全过程控制"转变。一是不断增加天然气等绿色低碳能源生产和使用。生物燃料、非常规油气资源等开发利用进程加快，太阳能、地热能、风能等可再生能源开始在石化领域应用。二是不断强化生产过程清洁化、绿色化。采用清洁生产工艺技术，从源头上减少污染物产生；采用先进节能减排技术，提高资源能源利用效率，降低能耗物耗，减少污染物排放。三是不断增产绿色石化产品。成品油质量标准不断提高，进一步降低硫、烯烃和苯的含量；功能性、节能环保型石化新材料和新型精细化工产品，成为发展的热点和新的增长点。四是不断加强循环经济发展。以减量化为核心，以再利用和资源化为重要内容，积极推进石化工业发展新模式，强调在追求自然资源利用率最大化、环境污染最小化的前提下寻求经济效益最大化。

5. 科学技术日新月异，技术创新向集成创新转变

在新科技革命的推动下，世界石化工业科技创新发展迅猛。一是为改变石化工业的传统发展模式、提高产业整体技术水平、推动节能减排，世界石化工业十分重视新型催化材

料与技术、先进分离材料与技术、化工过程强化技术的研究与创新。二是为实现化工材料高性能化，世界石化工业利用纳米等现代化工技术提高高分子复合材料的力学、光学、电学、阻燃性能以及催化剂的活性和选择性。三是为提高化工材料专用性能和附加值，石化产品技术开发向高性能、低成本、高附加值和专用化方向发展。四是科学技术的日新月异，学科间的相互交叉和不断渗透，特别是系统论思想的广泛传播，使当今世界技术开发和创新模式已发生质的转变，由注重单项技术创新向注重技术集成创新转变，以从整体上提高技术水平和经济效益。

6. 信息技术广泛应用，石化生产方式发生变革

随着信息技术的迅猛发展，物联网、云计算、大数据等新技术已进入大规模商用阶段，以互联网为代表的信息技术与运营技术、制造技术的融合，不断催生出新业态、新模式，给石化工业生产方式带来革命性的变化，部分发达国家已开始制定工业领域信息化国家战略。如德国开始实施"工业 4.0"计划，借助网络、物联网、云计算等技术提升传统制造工业，继续保持制造业强国地位；美国出台了"美国制造业振兴框架"计划；欧盟公布了"欧洲 2020"战略。

未来信息技术将给石化工业带来三方面转变：

（1）通过全流程集成优化和协同运行，促进石化工业由高效生产向建设环境友好型转变，在"安稳长满优"的基础上，提高能源、废物的回收和重复利用的效率。

（2）通过信息化平台参与协作，改变传统石化工业供应链效率低、仓储量高的状况，促进石化工业由企业内部供应链优化协同向全产业供应链协同转变，实现上下游企业以及跨产业的协同运营。

（3）通过新的信息技术建立新一代的产销研一体化服务平台，及时准确把握市场需求，促进石化工业由传统服务模式向新一代服务模式转变，强化与客户双赢合作，进一步提升竞争力。

9.2　数字化、网络化、智能化制造基础与需求

9.2.1　对石化工业强国战略的支撑——"石化智能工厂"

石化工业的产业升级，不仅需要新装备、新工艺和新型催化剂，也迫切需要先进制造技术、信息技术和管理技术。在新建和改造升级的大型石化企业，采用先进的工艺流程和

设备，流程连续性高，工序间衔接更加紧凑，这就需要站在全流程的角度进行更多工序的集成优化和协同运作，才能完全发挥新工厂的潜力。另外，石化工业发展面临着资源和环境的双重约束，朝着以 3R（减量 Reduce、再用 Reuse、循环 Recycle）为特征的循环经济发展，这就要求在生产流程设计中充分考虑能源和废弃物的转换利用，生产计划编制要考虑能源和环境的约束，并以高效的生产控制模式为基础，在石化生产制造过程中充分利用生产过程中产生的余压、余热、余气进行能源转化，最大限度地降低能源消耗，提高资源的利用率。面对日益复杂的市场环境和国家节能减排战略的需要，要求企业具备快速获取信息能力、准确分析及评估信息的能力和优化决策的能力。数字化和智能化水平的提升已成为提高企业竞争力和实现可持续性发展的重要手段。

当前，新一代信息技术逐步成熟，包括传感器网、物联网、新型传感器、云计算和移动终端等。这些新兴信息技术的革新，促进着工业物联网、泛在感知制造、智能制造协同空间等新的先进制造技术和模式的发展，将构成包括实时感知、海量信息处理、控制管理手段和相应标准在内的新一代智能工厂体系，对石化制造业各个领域产生不可估量的影响。大力推进信息化与工业化深度融合，支撑石化工业精益生产和节能减排，推动石化产业链向高端发展。

石化智能工厂是为满足石化工业从总部至下属企业及工厂智能化的发展需求，面向石化产品的全产业链环节，采用先进制造技术、智能信息技术和高效辅助决策机制，与现有石化生产过程的工艺和设备运行技术高度集成的，以实现复杂环境下石化生产运营的绿色、高效、安全和可持续的新型现代化石化工厂。石化智能工厂是一个嵌入传感、计算和控制信息设备的物理空间，通过网络化分布式智能设备的协同作用，使管理人员能非常方便地获取工厂生产的信息，并通过智能终端执行相应决策，提高制造效率和产品质量、支持创新企业运作模式，并有效降低产品成本和资源消耗，为用户提供更加透明化和个性化的服务。

石化智能工厂覆盖石化工业全产业链流程，主要分为 3 个过程域：

（1）从采购、制造、销售到配送的企业供应链全流程。石化企业包括从原油资源采购、原油配送（管道、船运、车运等）、炼油加工、化工生产、成品油配送（一次配送、二次配送）、化工产品配送及销售的供应链全过程。

（2）从设计、工程到运营的工厂全生命周期。石化整个工程项目设计（可行性研究、初步设计、详细设计）、工程（建设准备、建设实施、中间交工、单试联试、试生产、竣工验收）、运营（交付使用、运营、改造维修）涉及的全生命周期。

（3）从经营管理、生产管理到自动化控制的企业管控一体化。以 ERP/MES/PCS 三层结构的企业信息系统为核心，覆盖工厂中多个专业管理领域，包括物流、能流、工艺、质量、设备、安全环保、成本等专业化管理。

石化智能工厂将先进制造模式与现代传感技术、网络技术、自动化技术、智能化技术和管理技术等融合，是石化工业两化深度融合发展的产物。石化智能工厂具有以下 5 个重点特征。

（1）自动化：从手工操作发展到自动控制，从低级的单回路控制发展到高级复杂系统控制，从单元先进控制到成套智能装备，是石化生产的基础手段。

（2）数字化：借助于覆盖工业现场的感知网络快速感知与工厂相关的各类信息，实现物理制造空间与信息空间的无缝对接，拓展人们对工厂现状的了解和监测能力，为精细化和智能化管控提供前提。

（3）可视化：将生产状态、工业视频等各类信息高度集中和融合，为操作和决策人员提供一个直观的工厂真实场景，确保迅速准确地掌握所有信息和快速的决策。

（4）模型化：利用生产运行大数据和专家知识，将石化工厂的行为和特征的经验理解固化成各类工艺、业务模型和规则，根据实际需求，调度适用的模型来适应各种生产管理活动的具体需要。

（5）集成化：与现有石化生产过程的工艺过程和管理业务流程高度集成，实现石化生产各个管理环节和各工序间紧密衔接与集成，从全局角度实现整体优化。

石化智能工厂将数字化智能化渗透到石化企业生产经营的各个环节，与石化生产涉及的要素和生产特点的全面融合，系统全面整合集成与协同，支撑创新的业务新模式。石化智能工厂着重支撑以下 4 个核心能力。

（1）感知能力：提高现场数据采集范围和精度，减少数据收集的时间，提升对现场生产的洞察力。

（2）协同能力：集成生产经营及生产管理业务，快速响应原料和市场需求变化，提高业务自动化程度及工作效率。

（3）优化能力：构建在线和统一的工厂知识共享平台，集成和自动化调用各类优化模型和专家经验指导工厂运行，将知识作为工厂重要资产。

（4）预测和分析优化：以工业大数据应用为基础，挖掘隐藏的工厂运行规律和关联关系，发现改善生产和优化决策的关键要素。

9.2.2 我国石化工业数字化、智能化制造基础

我国石化工业的自动化和信息化建设经历了"起步和技术引进"、"分散建设"、"统一规划、统一应用"等阶段，正步入"工业化与信息化深度融合"阶段。当前石化工业数字化和智能化处于较高水平，国资委评定了中央企业信息化 A 级企业（处于国内先进水平，部分达到或接近世界先进水平），其中包括中国石油化工集团公司、中国石油天然气集团公司、中国海洋石油总公司、神华集团公司等。

以中国石油化工集团公司的数字化智能化建设为例。

1. 供应链管理

开展了"中国石化原油资源选购与配置优化"工作，建成用于总部、企业两个层面经营计划优化和管理平台，包括单厂单周期、单厂多周期、多厂单周期、多厂多周期各类模型。总部和企业通过经营计划优化和管理平台实现集团公司全供应链计划制订和优化，并实现两个层面的计划对接，真正实现全局效益最大化。

总部利用多厂集成优化模型，从原油采购到成品油销售，按上中下游一体化进行原油资源选择和优化配置，化工轻油平衡和优化互供，成品油流向优化和供需平衡，为总部层面的生产计划制定和经营决策提供强有力的支持。开发了具有中国石化自主知识产权的原油评价数据库。

（1）在原油资源方面，建设了甬沪宁原油管网管理信息系统和仪征－长岭原油管输网原油配送管理信息系统，实现了对油轮到港和原油管网输油、原油库存的模拟，支撑了甬沪宁原油管输调度优化。

（2）在成品油物流方面，在所属省市石油分公司全面推广了成品油一次、二次物流配送优化系统，建立有效的主动配送机制，掌握资源流向并合理使用运力，优化物流配送，降低库存和运营成本，增强竞争能力，增加市场份额，提高企业的经济效益。加油卡系统累计发卡超过 1 亿张，基本实现了"一卡在手，全国加油"的目标。

（3）在电子商务方面，实现了物资采购电子商务系统与几十家企业 ERP 物质供应的跨系统流程重组和业务集成，实现了与储备管理系统的业务集成，实现与物质装备部 ERP 系统的流程重组及业务集成。目前已实现了与 46 家企业 ERP 系统的业务集成，供应商 2 万多家，上网用户达到 3 万多个，网上交易的物资品种覆盖 56 大类物资，达到 250 多万种，90% 以上的物资实现了网上采购，同时支持进口采购和内贸采购；网上采购累计 6014 亿元，节约 235 亿元，节约率超过 3%。

2. 生产管控

在炼化企业执行层面重点开展 MES 系统建设，以企业 MES 集成平台建设为基础，推广生产计划优化、调度优化、实验室管理系统，并开展能源管理与优化、HSE（Health Safety&Environment Management）管理、操作管理等方面的试点建设应用等系统的建设，为企业的节能减排、精细管理、降本增效提供了有效支撑，取得了良好的应用效果。

（1）在生产优化技术应用方面，推广炼厂计划优化软件，利用模型完成生产计划编制与优化、原油选购的优化、加工方案测算、效益测算、检修方案优化、技术改造及规划测算、油品调和优化等工作。同时，利用企业工厂模型和信息平台，实现了总部与企业网上排产、资源分配，支撑了炼化企业的生产计划优化，提高了资源的整体效率。

（2）在企业炼油生产调度系统建设方面，通过调度优化软件，提高了生产计划作业人员对生产调度的预见性、精细化程度和工作效率。提高了排产的精度，为生产调度编制、旬优化和三天作业计划提供了科学的辅助决策工具，满足了企业调度排产的需求。

（3）在 MES 系统建设方面，建立了统一的企业核心数据库和基于企业工厂模型及生产管理数据集成平台，支撑各业务模块服务于企业生产管理，向下集成了 PCS 层生产过程数据，向上支撑企业 ERP 和总部生产营运指挥等系统运行，实现生产管理综合展示应用，提升了企业生产的精细化管理水平，为企业 ERP 系统提供了数据支撑。

（4）在实时数据库建设方面，全面建设了企业实时数据库系统，实现与主要生产装置、设施的控制系统（DCS、PLC、SCADA 等）集成，实时采集生产过程和罐区数据，实现了对生产过程的集中监控。

（5）在实验室管理系统建设方面，中国石化已经在大部分炼化企业和科研单位全面推广实施了实验室管理系统，规范了实验室工作流程，实现了实验室的自动化和智能化操作，提高了质量管理水平，满足了实验室工作及总部质量监控的需要。

（6）在先进控制方面，先后有 120 多套装置采用国内外先进控制技术，包括催化裂化、常减压、重整、焦化、加氢、气分、芳烃、聚丙烯、聚乙烯、乙烯裂解、PTA 等装置，涵盖了中国石化的主要装置种类，不仅增强了生产过程操作的平稳性，提高了产品质量合格率，而且实现了装置的优化运行，提高了生产装置的处理能力和操作平稳性。

3. 设计与工程运营

中国石化各板块通过信息化建设加快了技术创新。石油化工科学研究院十多年来深入开发、应用和发展分子模拟技术，在分子筛和催化材料、石油产品添加剂、高分子材料等方面应用分子模拟技术辅助科研创新取得了良好效果。例如，在含酸原油催化脱羧新工艺开发、MIP 分子水平反应动力学模型、FCC 脱硫助剂、HPVC 复合材料配方设计等很多新工艺和新催化材料的开发过程中，分子模拟技术都发挥了相应的作用。开展上游"三院一企"试点单位的知识管理系统平台搭建；完成科研门径系统安装部署，5 家研究院的 114 个项目纳入管理；炼油技术分析及远程诊断系统累计在 218 套炼油装置投用，300 多名专家在线开展装置巡检，解决问题 9400 多个；编制了石油工程技术服务信息化专项规划，完成石油工程决策支持系统研发，并在国内外重点探井得到应用；开展了炼化工程公司工艺设计、工程设计、三维工厂设计等系统提升和集成应用。

虽然国内石化工业信息化水平取得了跨越式发展和较好的成果，但从整体而言，与国外先进企业相比还有一定差距。

（1）在信息化组织架构与投入方面，国外先进石化企业信息化投资占销售收入的比例为 2%以上，建立了比较完备的信息化组织机构，均设立了 CIO（首席信息官）职位，信息化人员占总人员比例约为 3%；而国内大型石化企业信息化投资的比例约占销售收入的 0.1%～0.15%，信息化人员占总人员比例约为 0.5%～0.8%，且大部分企业没有设立 CIO。

（2）在基础自动化设施方面，国外先进企业自动化比较完善，数采率达到98%以上，主要生产装置的先进控制技术（APC）覆盖率达到90%以上；而国内大型石化企业平均数采率80%左右，先进控制投用260多套，覆盖率不到40%。

（3）在集成和信息资源利用方面，与国外先进企业相比，国内企业信息系统普遍缺乏统一的管理模式、业务流程、技术和数据等相关标准，供应链整体协同和管控一体化程度还不高。

（4）在关键领域的自主创新能力方面，国内企业新技术应用的创新能力不够，在核心领域对国外软硬件依赖性较强，存在较大的安全隐患。

9.2.3 石化工业数字化、智能化制造需求

我国石化工业面临着油气资源严重不足、石化产品质量不断提高、产业结构优化、市场竞争日趋激烈、以及节能减排和环保要求日趋严格等诸多挑战，必须走可持续发展、绿色低碳、协同创新的发展模式。

信息化与工业化的深度融合是石化工业可持续、绿色低碳发展、协同创新的发展模式的重要保障。石化行业需要充分利用物联网、机器人、云计算、大数据、新一代移动互联网通信、面向服务架构等先进信息技术，进一步完善提升经营管理水平、生产运营水平、自动化基础设施与信息化运维水平，努力建设数字化智能化车间和工厂,进一步提高效率，降低生产成本，提高产品价值和质量，增加经济效益，增强竞争能力。

根据石化企业价值链流程，分为设计、采购、生产、营销、仓储物流等环节。

1. 工程设计

1）2020 年前的主要需求

（1）设计、工程和运营的一体化：实现面向整个石化工程项目生命周期（包括项目整体计划、设计文件、供货文件的生成、发布、校对、审核、重新发布）涉及的文件全部数字化，确保其随工程项目建设完成后一起交付，有利于工程的变更管理和后期的更新、改造。

（2）企业内部的网络化协同化设计：以数字化技术为基础，实现数字化模拟与仿真过程，如分子物性设计、反应过程模拟、自动化控制仿真等，将石油化工产品生命周期各阶段实现协同。

2）2025 年前的主要需求

（1）企业外部的网络化协同设计：将网络化协同拓展到企业外部，支持动态的组合流程、过程、业务和服务。

（2）以分子技术为基础的绿色设计：以计算机辅助分子设计 CAMD 为代表的设计工程进一步向微观领域延伸，并应用于绿色过程系统的模拟与分析、绿色产品开发、绿色过程系统的集成（设计）。

2. 采购物流

1）2020 年前的主要需求

（1）优化上游资源选择与配比：国内石化业务布局逐步由区域性市场转向全球市场，更加重视资源的全球优化配置和有效布局，需要跟踪原料市场变化，覆盖油气需求预测、油气资源计划、原油在途跟踪、原油到港计划优化、油气管输、油气配送、储备库管理等的油气资源供应链优化业务，快速应对原油市场变化。

（2）新一代电子商务模式：以电子商务为纽带，将供应链上下游分工协作的企业紧密联系起来，协同发展，并逐步打破传统的石化生产过程与商务分开的局限，通过新一代电子商务，模糊化企业价值链的各关键环节，形成畅通高效的供应链。

2）2025 年前的主要需求

供应链协同创新，随着石化全球化发展，建立密集多边的网络化组织，逐步由稳定型的企业联盟发展成动态型虚拟制造企业，构建协同创新的"行业生态圈"。

3. 生产过程

1）2020 年前的主要需求

（1）石化工厂数字化现场：借助于覆盖工业现场的感知网络快速感知与工厂相关的各类信息，拓展人们对工厂现状的了解和监测能力，为精细化和智能化管控提供前提。

（2）提高生产效率，优化产品结构：积极面对原油资源劣质化和油品质量升级的双重压力，通过深加工、优化工艺组合、增加高附加值产品，最大限度地挖掘发挥石油的最大经济效益。

（3）重视能源、环保和安全，立足可持续发展：加强内部能源的综合利用，从战略高度重视健康、安全、环保等可持续目标，尽量减少对环境的负面影响。

2）2025 年前的主要需求

（1）新一代智能制造环境：生产过程的自动化、智能化和宜人化水平得到大幅度提升，形成以人为决策主体的人机协同工作的新一代智能制造环境，制造过程由被动处理转变为主动提供服务，提高石化生产效率。

（2）绿色制造：重视石化生产各个环节对环境的影响，从而不仅经济上效益最大，而且环境影响最小化，即消耗最小的能源、水源及其他矿物资源。在存储、运送过程中造成最小的污染（或可能的污染），制造过程毒性小，排污最小，产品使用中不会造成二次污染。

4．销售物流

1）2020 年前的主要需求

（1）销售物流的数字化现场：石化产品具有气液混合、易燃易爆、易挥发等特点，决定了它的存储、运输的特殊要求。通过物联网和自动化技术，提高化工物流作业自动化水平，打造透明可观可控的化工品物流，实现物流风险控制与风险预警，保障物流安全。

（2）优化产品流向：扩展一次物流优化系统，实施需求预测、炼厂计划、炼厂调度模块，根据市场需求、经营情况和资源情况，优化成品油资源结构和成品油流向；深化与扩展二次物流优化系统，实现物流网络布局优化和一、二次整体资源优化；建设物流监管系统和油库管理系统，合理配置成品油资源、合理布局成品油储运设施，提高对市场变化的快速反应，减少油品供应断档，降低库存成本和运输成本，提高盈利水平。

（3）电子支付方式：油品终端销售领域逐步采用网上支付、电话支付、移动支付、销售点终端交易、自动柜员机交易和其他电子支付手段，使用安全电子支付手段，通过网络进行的货币支付或资金流转。

2）2025 年前的主要需求

（1）新一代电子商务模式：以电子商务为纽带，将供应链上下游分工协作的企业紧密联系起来，协同发展；并逐步打破传统的石化生产过程与商务分开的局限，通过新一代电子商务，模糊化企业价值链的各关键环节，形成畅通高效的供应链。

（2）跨企业的供应链协同创新：随着石化全球化发展，建立密集多边的网络化组织，逐步由稳定型的企业联盟发展成动态型虚拟制造企业，构建协同创新的"行业生态圈"。

9.3 发展目标

9.3.1 总体目标

围绕"创新驱动、质量为先、绿色发展、结构优化、两化融合"的石化工业强国战略，加强两化融合对石化工业要素的全面变革、创新和提升作用，以石化智能工厂为抓手，大力推进研发与工程设计数字化智能化、生产过程数字化智能化、供应链数字化智能化，突破制约石化两化深度融合的关键智能技术和重大智能装备，构建新型现代化石化工厂，显著提升石化工业自主创新能力、敏捷生产能力、可持续发展能力，推动石化产业链向高端发展。

为支持石化强国战略目标的实施，2020 年，在石化工业全面推进数字化工厂，并选取炼油、乙烯、煤气化多联产、橡胶等关键工艺的 8～10 家典型企业进行石化智能工厂的试点应用示范；2025 年，在石化工业全面深化推进石化智能工厂试点示范应用成果，并选取炼油、炼化一体（烯烃、芳烃、有机）、化工的 5～10 家典型企业进行石化智能工厂的标杆应用示范。

9.3.2　具体目标

1. 2020 年目标

初步建立石化智能工厂，实现优化协同的生产管控、灵活敏捷的供应链管理、精细优化的能源管理、全面可控的 HSE 管理、安稳可靠的资产管理、科学高效的辅助决策。具体包括以下几点。

（1）在石化工业全面推进数字化工厂，贯穿运营管理全过程，构建面向生产管控、供应链、设计生命周期的统一协同的业务运行平台，提升自动化、数字化和集成化水平，全面达到国际同行业平均水平；选取炼油、乙烯、煤气化多联产、橡胶等关键工艺的 8～10 家典型企业进行石化智能工厂的试点应用示范，以业务运行平台为基础，一方面以物联网技术为核心试点数字化现场；另一方面，围绕关键环节的全面实施模型化和智能化的重点应用，达到国际同行业的先进水平。

（2）围绕石化工业智能工厂建设，研发关键环节的重大智能装备，包括石化新型传感器、具备自学习和自维护的智能控制单元、工业机器人、智能加油机和加油卡、油品在线调和成套设备等等，同时突破石化工业智能应用的关键技术。

（3）形成完善的石化智能工厂支撑保障体系。建立国际水平工业智能技术研究实验室，形成健全的工业信息化标准规范体系，培养一批专业化咨询培训机构，自主软件市场占有率显著提升。

（4）石化工业核心竞争力显著增强：生产效率提高 5%，能源消耗降低 10%。

2. 2025 年目标

以"主动创新、随需而变、实时智能"为驱动，推进企业战略、制造模式和商业模式的变化，建设"新一代石化智能企业架构（NGSE）"，围绕石化工业的全价值链，构建网络化、数字化、知识化、智能化的绿色制造车间、单元和设备，让运营更加高效和灵活。具体包括以下几点。

（1）在石化工业全面深化推进石化智能工厂试点示范应用成果，自动化、数字化、模型化和集成化能力得到较大提升，全面达到国际同行业的先进水平；选取炼油、炼化一体（烯烃、芳烃、有机）、化工的 5～10 家典型企业进行石化智能工厂的标杆应用示范，重点应用新一代控制网络和石化智能装备、分子炼油、绿色工程设计等先进制造技术，成为国际同行业的领跑者。

（2）围绕石化工业智能工厂标杆建设，围绕绿色制造和智能制造研发和推广智能装备和智能技术，提高产品的信息化水平。

（3）形成面向社会的新型业务协作模式，如大规模定制和按订单个性化生产、多企业异地协同研制、以核心企业为中心的敏捷供应链整体运作等模式。

（4）石化工业核心竞争力显著增强：生产效率提高 10%，能源消耗降低 20%。

9.4　重大智能制造装备

装备是石化生产制造的硬件主体。传统制造单元将逐步通过微机电技术、嵌入式技术和传感器技术改造为新型的石化智能制造单元，不仅具备广泛的工厂状态采集和感知的能力，而且能进行实时智能预测、智能规划、智能优化、智能决策等。

到 2020 年，泛在网络和泛在感知技术的成熟，将会降低控制实施的成本，一方面促进制造装备控制应用的普及，另一方面装备的自诊断、自维护、自恢复将成为现实。

到 2025 年，装备的智能化水平将得到本质性的提高。体现在根据环境和任务的变化，装备不仅具有参数调节的适应能力，同时也具有自组织的能力，使各种组成单元能够根据工作任务的需要，自行集结成一种超柔性最佳结构，并按照最优的方式运行。

9.4.1　面向石化复杂生产过程的智能控制系统

面向石化复杂生产过程的智能控制系统将采用分层或分级的方式建立许多较小的自治智能单元。每个自治智能单元可以通过协调机制对其自身的操作行为做出规划，可以对意外事件（如制造资源变化、制造任务货物要求变化等）做出反应，并通过感知环境状态和从环境中获得信息来学习动态系统的最优行为策略，对环境具有自适应能力，具有动态环境的在线学习能力。通过多个自治智能单元的协同，使各种组成单元能够根据全局最优的需要，自行集结成一种超柔性最佳结构，并按照最优的方式运行。

石化生产制造全流程是由多个生产过程有机连接而成,其具有多变量、变量类型混杂、变量之间强非线性强耦合的特点,受到原料成分、运行工况、设备状态等多种不确定因素的干扰,其特性随生产条件变化而变化。实现上述的发展要求,面向石化复杂生产过程智能控制系统的关键需求主要包括以下几方面:

(1)面向复杂生产过程的一体化控制策略,包括生产制造多尺度基于数据和知识的实时智能运行优化方法、基于过程模型的在线动态运行优化、智能自治单元的闭环反馈控制等技术难点。

(2)智能控制系统的执行机构,包括 Multi-Agent 的系统机制、嵌入式控制系统、微型传感器、总线协议等关键技术。

(3)设备端知识库,包括工艺机理模型、人工操作经验、推理机制等关键技术。

到 2020 年,在石化工厂广泛推广现场总线分散型控制系统(FCS);石化核心装置推广先进控制系统(APC),保证该控制环节稳定运行在给定工况;石化核心流程推广区域实时优化控制(RTO),实现机理和数据相结合的石化实时优化和在线控制;推广全集成石化自动化运行平台,实现自动化工程、设计、编程和调试、运行监控的集成统一环境;进行小规模智能自治控制单元的试点,推广初步具备自学习和自治能力的控制单元。

到 2025 年,提供完善的面向复杂生产过程的一体化控制策略,新一代智能控制系统的执行单元在石化广泛推广应用,形成全工厂统一的控制和运营的模型库。

9.4.2 新型传感器、智能仪表和精密仪器

作为工业物联网重要载体的新型传感器、智能仪表和精密仪器,是未来制造环境中实现人与人、人与机器、机器与机器之间信息交互的主要手段。面向石化生产的新型传感器、智能仪表和精密仪器能够增强员工对工厂的感知能力,借助于嵌入应用环境的系统来对多种模式信息(光、电、热、化学信息等)的捕获、分析和传递,进一步拓展员工对石化企业的各类装置、设备的了解和监测能力,促进生产活动的合理化和精细化控制。

石化生产过程的危险源具有种类繁多、覆盖面广、潜在危险性大,触发因素多变等特点,同时有限空间(石油化工企业的有限空间特指塔、釜、罐、槽车,以及管道、下水道、沟、坑、井、池、涵洞等封闭、半封闭设备及场所)内的作业由于环境特殊,容易出现各种危险。实现上述的发展要求,新型传感器、智能仪表和精密仪器的关键需求主要包括以下几方面:

(1)面向石油化工的新效应传感器、新材料传感器,

（2）小型智能化工业在线分析仪表和精密监测仪器。

到 2020 年，在石化危险生产区域应用化工原料及产品的液体和气体组分快速分析、有毒有害气体扩散的识别、复杂事故环境（高温高压、烟雾环境）的环境监测、工程作业的人物定位和安全区域入侵，实现对危险区域的安全监测和人员定位；对企业关键设备进行实时监测，实现故障模式识别和运行效能分析。

到 2025 年，研发石化现场微型化、智能化、低功耗传感器和具智能的仪器仪表，实现面向石化生产过程仪器仪表的低能耗和智能化。

9.4.3 面向石化物流和工程的工业机器人

面向石化物流和工程的工业机器人与专用机器人，可通过图像获取、图像识别、图像定位，并自编程序去适应多种尺寸不同形态的物料品项及复杂的物料处理工艺，这种具有自适应、自学习功能的机器人，能完成复杂条件下的物料处理作业，提升工业机器人在石化物流和工程中的适用性和可靠性。

石化生产中，仓储和物流管理基本采取传统的人工管理，手工操作工作量大、极易出错，已不能适应生产发展的需要；此外，石化危险环境作业也严重影响了操作人员的人身安全，如管道的检测、炼油厂大型油罐和储罐的焊接等。实现上述的发展要求，工业机器人与专用机器人的关键需求主要包括以下几方面：

（1）符合石化生产特点的工业机器人和专用机器人，应用范围包括石化物流、仓储、巡线、工程建设等关键环节。

（2）机器人智能控制技术，包括工业机器人的交互控制技术和数据融合技术，实现工业机器人的自适应、自学习功能。

到 2020 年，在石油化工物流环节推广智能分拣和装卸、立体智能仓库等专用机器人以及管道的巡检机器人；在工程建设和安全环节推广焊接、涂装、搬运、装配等工业机器人和石化危险操作、应急处置机器人，能代替人做某些单调、频繁和重复的长时间作业，或是危险、恶劣环境下的作业，保障人身安全、改善劳动环境、减轻劳动强度、提高劳动生产率。

到 2025 年，推广适应石化复杂生产过程智能机器人，由于其具有自诊断、自修复、自组织和自学习的特性，具有多种感知能力，能够适应不同作业环境的需求。

9.4.4 智能能源终端服务设备

加油站采用的智能加油机能够定量、随机加油，使用简单、运行稳定、可靠性好、收费速度快、管理方便和抗干扰能力强。同时，智能加油卡实现迅速、准确的资金结算，并基于新型的电子支付手段开辟新的成品油零售管理模式。

石化工业的加油站仍采用机械式加油机，全靠手工操作，人工控制电机启停，难以保证精度；同时，油品零售交易方式仍以传统的现金、油票和记账的方式为主，这种落后的现状给消费者带来了诸多不便，也给管理上造成了很多困难，如工作效率低下、现金找零困难等。实现上述的发展要求，智能加油机和智能加油卡的关键需求主要包括以下几点：

（1）加油站设备的智能化，包括智能加油机和智能加油卡研制。

（2）围绕加油机和加油卡采集信息利用，包括对成品油零售信息和加油卡客户信息的数据挖掘。

到 2020 年，智能加油机能实现油枪油气自动回收、自动停机安全预警、加油流量自动调速、语音提示等功能；加油卡实现交易支付电子化和智能化等功能。

到 2025 年，形成围绕传统能源和新能源一体的能源终端服务，包括电、气、油等。同时，能源终端服务进一步由区域的集中供应模式延伸到小区、家庭。

9.4.5 原油和成品油的在线调和成套设备

原油和成品油的在线调和利用自动化设备控制各个馏分的流量，控制各组分油与添加剂的比例，并将其送入总管和管道混合器，各组分油与添加剂在混合器中混流均匀，成为各项质量指标合格的成品油，也可通过各种在线分析仪表连续控制管道成品油的质量指标。

传统的人工调和方式劳动强度大，由于汽油关键指标的非线性较强，手工调和时要同时兼顾辛烷值、抗爆指数、蒸汽压等指标非常困难，因此传统的人工调和较为保守，造成质量过剩现象严重，高质量的组分油利用不合理。同时人工调和一次调成率不高，调和周期长，重复循环次数多，导致油罐周转困难，人工和资源都存在很大的浪费。实现上述的发展要求，原油和成品油的在线调和设备的关键需求主要包括以下几方面：

（1）在线优化控制系统，包括基于 DCS 进行组态的比率调和、各种类型的优化控制策略。

（2）在线质量分析仪器，如马达辛烷值分析仪和近红外分析仪、倾点表、闪点表和比色表等。

到 2020 年，加大在线油品调和技术的推广力度，加强开发应用，实现在线油品调和、原油调和的应用。通过汽油在线调和，确保调和指标卡边操作，减少资源浪费，提高一次调和合格率。通过原油在线调和系统，提高原油品质的相对稳定性，减少原油切换引起的装置波动，提升直供料品质的稳定性，降低直供风险。

到 2025 年，通过油品在线调和成套设备实现高度集成化、智能化；同时模型控制将由大批量调和进一步支持小批量定制化的调和需求。

9.5　智能化工厂

石化数字化工厂的建设将主要围绕三条主线：一是面向炼油和化工生产管控闭环的数字化智能化，即通过企业资源计划管理层、生产执行管理层和过程控制层互联，实现各层次的信息汇通和数据共享，实现物流、资金流和信息流的统一，实现全厂管控一体化；二是面向石化价值链的石化供应链协同的数字化智能化，即通过资源共享，最终实现从原油资源优化、原油配送、生产加工至成品油配送及销售的供应链全过程整体效益最大化；三是面向石化工厂生命周期的设计运营数字化智能化，即实现石化工厂从项目概念设计、施工设计、生产建造、运营。

（1）至 2020 年，在石化工业全面推进数字化工厂，试点智能工厂，贯穿运营管理全过程，构建面向生产管控、供应链和设计生命周期的统一协同的业务运行平台，提升自动化、数字化和集成化水平，全面达到国际同行业平均水平。

（2）至 2025 年，在石化工业全面深化推进石化智能工厂试点示范应用成果，提升石化工业供应链灵活性，实现实时、敏捷、柔性的生产，形成以提供服务为主的新商业模式，最大限度实现能源有效利用并维持经济的高效可持续发展。

9.5.1　生产管控的数字化、智能化

石化智能工厂是面向炼油和化工生产的全管控环节，综合应用现代传感技术、网络技术、自动化技术、智能化技术和管理技术等先进技术，并与现有石化生产过程的工艺和设备运行技术高度集成的新型现代化石化工厂，通过企业资源计划管理层、生产执行管理层和过程控制层互联，实现物流、资金流和信息流的三流合一，实现石化企业安稳运行、节能减排、降本增效、优化生产、质量升级等业务目标。石化生产管控的数字化和智能化阶段见表 3.9.2。

表 3.9.2 石化生产管控的数字化和智能化阶段

	数字化阶段	智能化试点阶段（2020 年）	智能化标杆阶段（2025 年）
自动化	（1）85%以上的物料、生产运行和设备状态信息采集到系统。 （2）企业以有线网络为主体。 （3）全集成自动化的工程、编程和调试统一设计平台	（1）90%以上的生产信息采集到系统 （2）小规模无线传感器网络普及和推广 （3）设备具有自诊断和自维护的能力	（1）基于 IP v6 的物联网。 （2）控制网络的无线化。 （3）基于 CPS 的智能装备和自主控制初步应用
数字化	（1）关注以数字化信息处理和服务为主的信息系统。 （2）无纸化业务处理	（1）以移动计算和网络化应用为主流。 （2）随时随地查询与处理信息	数字化处理逐步向设备端延伸
可视化	（1）以二维为主的生产信息可视化 （2）以 GIS 为核心的生产管理和应急管理	厂区地上和地下所有空间信息的三维仿真可视化	人机协同分析成为主流
模型化	（1）实现生产计划和调度的优化。 （2）局部生产过程的模拟与仿真。 （3）部分优化环节模型化	（1）智能化 MES （2）全流程在线模拟平台 （3）石化生产过程大数据的数据挖掘与分析覆盖主要决策领域	（1）向虚拟制造和桌面炼油转变，利用分子模拟和虚拟现实技术，精确筹划运营和生产。 （2）自学习和自组织的模型固化设备
集成化	建立基于 SOA 的企业集成架构，各类应用实现有效协同	构建供应链、生产管控、能源生产、HSE、资产的一体化应用体系	（1）随着组织机构和生产过程自适应变化。 （2）实现实时、敏捷、柔性的生产

石化生产运营的数字化、智能化建设重点包括以下几方面：

（1）生产管控：实现对综合生产指标→全流程的运行指标→过程运行控制指标→控制系统设定值过程的自适应的分解与调整，满足市场需求和生产工况的频繁变化，提升生产管控的协同优化能力，实现生产计划的闭环管理和持续优化。

（2）能源管控：一方面实现能流的全流程、全工质、全口径、全过程的线上闭环管理，另一方面能支撑最经济的产能和用能模式，实现能源利用的精细规范。

（3）HSE 管控：实现安全全面可控。建立各类安全、风险模型，实时采集相关信息，并进行直观的展示、分析，并可与生产、供应链、应急平台等有效协同。

（4）资产和设备管控：提升资产的可靠性。实现设备的全面监控与数字化管理，通过预知性维修降低运营成本，实现资产的全生命周期管理，实现仓储物资的实时化和精细化管理。

（5）工艺和质量管控：实现工艺、质量标准的科学决策，实现有效的技术管理，提高工艺管理水平，提高产品质量。

石化智能工厂总体目标是建成面向绿色制造和可持续发展的信息化系统，实现炼化企业经营管理规范化、生产管理最优化、过程控制智能化和系统应用集成化，全面提升企业生产过程优化能力，提升企业生产、安全和经营管理水平，提高生产和工作效率，增强企业综合竞争能力，实现企业效益最大化。

石化智能工厂主要包括以下几方面：

（1）数字化现场：新型传感器、智能仪表和精密仪器、复杂环境的智能控制系统、基于 CPS 的智能装备、智能巡检和操作终端、无线传感器网络和 RFID 标签、自动化仓储、复杂环境作业机器人、原油和成品油的在线调和设备、应急单兵作战单元、应急指挥车、无人定位标志、智能视频监控系统、安防危险区域等。

（2）应用系统：ERP（资源计划系统）、MES（生产执行系统）、EMS（能源管理系统）、原油评价数据库、生产过程模拟和仿真平台、资产全生命周期管理系统、核心设备综合监控与跟踪系统、大型石化装置远程技术服务系统、HSE 业务规范化管理系统、石化关键作业环节监管系统、大型炼化应用指挥系统、成本分析与绩效管理系统、人员作业培训系统等。

（3）综合指挥平台：融合生产调度指挥、应用管理、业务运行和决策分析为一体的石化生产营运智能平台。

9.5.2 供应链协同的数字化、智能化

石化供应链协同数字化智能化覆盖原油资源优化、原油配送、生产加工、成品油配送及销售、化工产品物流及销售等供应链全过程，综合应用现代传感技术、网络技术、自动化技术、智能化技术和管理技术等先进技术，并与现有石化供应链的流程和设备运行技术高度集成，实现优化资源配置、整体效益最大化。

石化供应链协同的数字化、智能化建设重点主要包括以下几方面：

（1）优化上游资源选择与配比：跟踪原料市场变化，预测分析市场趋势，围绕供应链最终产品，优化原料选择和运输。强调原料的优化配置和综合利用。

（2）上下游工厂协同的供应链一体化：上下游协同通过物质流或能量流传递等方式把不同工厂或工序连接起来，形成共享资源和互换副产品的共生组合，寻求物质闭环循环、能量多级利用和废物产生最小化，通过优化上下游工厂的相互供应，提高资源利用率，共享公用工程，减少库存和储运费用。

（3）面向工厂内部上下工序协同的供应链一体化：强调前后工序协调一致，后一工序及时获取前一工序的生产数据并按照生产指令进行最优生产。

（4）面向运输环节的物流供应一体化：覆盖全企业范围的物流供应业务，包括计划、运行、生产、进出口、零售等管理，通过准确、直观地反映物流资源分布动态、计划执行情况和油库库存变化趋势，为优化资源调配提供依据。

石化智能供应链网络总体目标是建成面向原油资源优化、原油配送、生产加工、成品油配送及销售、化工产品物流及销售等供应链全过程，保持库存最低，实现资源配置的调度优化最终目标是实现整体效益最大化。石化供应链协同的数字化、智能化见表 3.9.3。

石化供应链网络的数字化、智能化主要包括以下几方面：

（1）数字化现场：包括新型传感器和智能仪表、小规模自适应的传感器网络，管道和作业的无线定位、石油管道巡检机器人、智能巡检设备、北斗地理信息定位、智能作业终端、智能分拣和装卸机器人、立体智能仓库专用机器人等。

（2）应用系统：油气资源采购优化、油气资源运输管理（远洋、码头、管道、铁路公路等）、炼化一体化集成优化、石油化工产品一次配送管理及优化、二次配送的物流管理及优化系统等。

（3）综合平台：一体化电子商务和电子营销平台，建立统一的物资采购平台和产品销售平台，支撑全球一体化采购。

表 3.9.3　石化供应链协同的数字化、智能化

	数字化阶段	智能化试点阶段（2020 年）	智能化标杆阶段（2025 年）
自动化	85%以上的供应链中的物料、生产运行和设备状态信息采集到系统	（1）90%以上的物料、供应链状态信息采集。（2）智能分拣和装卸机器人。（3）立体智能仓库专用机器人	（1）基于 IPv6 的物联网。（2）基于 CPS 的智能装备
数字化	（1）关注以数字化信息处理和服务为主的信息系统。（2）建立电子商务平台	（1）以移动计算和网络化应用为主流。（2）移动电子商务	（1）延伸上游供应商和下游销售合作商的跨组织的供应链合作平台。（2）新一代电子商务模式
可视化	（1）以二维为主的生产信息可视化。（2）以 GIS 为核心的生产管理和应急管理	（1）供应链全过程信息的可视化。（2）基于北斗等定位的管道的监控	（1）以普适计算为基础的虚拟现实。（2）人机协同的交互分析
模型化	（1）管道运输及配送的管理与优化系统。（2）石油化工产品一次配送、二次配送的物流管理及优化等关键环节模型化	供应链的整体资源配置优化	先进的计算广告学和电子营销模式应用于石化供应链
集成化	建立基于 SOA 的企业集成架构，企业内部供应链实现有效协同	构建上游采购和运输、生产环节、下游一次和二次物流的一体化应用体系	（1）提升供应链的灵活性，实现敏捷生产。（2）形成以提供服务为主的新商业模式

9.5.3　设计运营的数字化、智能化

石化设计运营的数字化、智能化是面向炼油和化工生产的工程设计环节，通过应用计算机和信息网络技术的应用，实现石化工程模块化、标准化设计进而实现工厂设计、工程和运营的一体化，实现石化企业内部甚至外部的网络化协同设计以及向微观领域设计的延伸。

石化设计运营的数字化、智能化建设重点主要包括收以下几方面：

（1）设计、工程和运营的一体化：实现面向整个石化工程项目生命周期（包括项目整体计划、设计文件、供货文件的生成、发布、校对、审核、重新发布）涉及的文件全部数字化，确保其随工程项目建设完成后一起交付，有利于工程的变更管理和后期的更新、改造。

（2）企业的网络化协同化设计：企业内部以数字化技术为基础，实现数字化模拟与仿真过程，如分子物性设计、反应过程模拟、自动化控制仿真等，将石油化工产品生命周期各阶段实现协同，进一步将网络化协同拓展到企业外部，支持动态的组合流程、过程、业务和服务。

（3）以分子技术为基础的绿色设计：以计算机辅助分子设计 CAMD 为代表的设计工程进一步向微观领域延伸，并应用于绿色过程系统的模拟与分析、绿色产品开发、绿色过程系统的集成（设计）。

石化设计运营的数字化、智能化总体目标是基于以数据库为核心的数字化设计集成平台，以数据对象为核心（包括技术参数、系统图和三维布置设计等数据），通过工艺流程图、工艺数据、各专业设计数据等系统设计集成，确保数据一致性，实现各专业间数据按工作流高效共享，实现企业的网络化协同化设计并进一步向微观领域延伸。石化设计运营的数字化、智能化阶段见表 3.9.4.

石化设计运营的数字化、智能化主要包括以下几方面。

（1）数字化现场：包括云平台等高速网络基础设施等。

（2）应用系统：向多专业扩展的三维设计系统、智能 P&ID 系统、企业级知识库、智能设计系统、石化工程数字交付系统、计算机辅助分子设计 CAMD。

（3）综合平台：统一的企业级基础数据库、集成化设计平台。

表 3.9.4 石化设计运营的数字化、智能化阶段

	数字化阶段	智能化试点阶段（2020 年）	智能化标杆阶段（2025 年）
自动化	建立企业级的价格、定额、材料、工程量等基础数据库	建立统一的企业级工程数据库	基于云技术的设计平台
数字化	95%以上采用 AutoCAD 等专业设计工具完成	（1）85%以上的设计采用智能 P&ID 系统完成 （2）整个项目生命周期（包括项目整体计划、设计文件、供货文件的生成、发布、校对、审核、重新发布）涉及的文件全部数字化	智能设计系统的普遍使用
可视化	三维设计和模拟仿真的普遍应用	三维设计仿真优化的普遍应用	构建三维显示与人机交互的设计环境
模型化	设计相关的知识进入企业知识库	知识管理系统与设计系统的集成	建立企业知识地图与搜索引擎
集成化	（1）专业间设计协同。 （2）模块化设计和制造安装	（1）建立统一的数字化设计集成化平台 （2）数字化交付。 （3）企业内部的网络化协同设计	（1）计算机辅助分子设计（CAMD）应用，集成绿色过程系统。 （2）企业外部的网络化协同设计

9.6 关键技术

石化工业的数字化智能生产对信息采集和传输的要求推动了面向石化生产的新一代执行器/传感器网络的发展；基于海量数据的分析处理需要基于云的石化海量信息实时处理和知识库技术，以及石化生产过程人机协同的决策与可视化技术的支撑；全供应链的石化生产资源优化技术、面向绿色制造的过程系统集成技术、面向本质安全的化工安全运行管控技术则可减轻石化工业日益严格的安全、环保和节能压力。

9.6.1 面向石化生产的新一代执行器/传感器网络

面向石化的新一代执行器/传感器网络是集成和融合传感器网络、RFID 网络、工厂控

制网络等的新型现场级网络。这些网络通过与企业 Intranet/Internet 的集成与融合,为未来智能工厂环境中快速感知与工厂相关的各类信息,实现物理制造空间与信息空间的无缝对接的基础,将极大地拓展人们对工厂现状的了解和监测能力,为精细化和智能化管控提供前提。

实现上述的发展要求,面向石化生产的新一代执行器/传感器网络的关键需求主要包括以下几个方面:

(1)无处不在的超大规模传感器节点的互联与信息传输,包括超大规模微传感器的高可靠、低能耗组网、工厂无线传感器网络与 RFID 集成等技术。

(2)异构感知网络的信息集成与应用技术,包括工厂测控网络的无线化,工厂基于低成本无线技术的定位与跟踪,工厂无线测控网络与 Internet 的融合等技术。

围绕着石化工业现场超大规模传感器节点的互联互通、异构感知网络信息集成与应用两个核心的关键需求,重点突破超大规模传感器的高可靠和动态组网、工厂测控网络的无线化、跨尺度的感知信息融合、工业低成本无线定位与跟踪技术、工厂无线测控网络与 Internet 融合 5 个方面的核心内容,建立覆盖工业现场的感知网络极大地拓展人们对工厂现状的了解和监测能力。

到 2020 年,面向石化关键过程,如设备预测性维护、物流跟踪管理等应用的小规模无线传感网和 RFID 网络开始在工厂普遍使用,石化测控网络的部分无线化进行试点应用,实现静态和动态物体(如危化品)的无线精确定位,工业传感器网络与企业 Internet 实现互联互通。

到 2025 年,基于 IPv6 的物联网广泛应用于石化现场,大规模的无线传感器和 RFID 混合网络在工厂普遍使用,具备 RFID 功能的传感器可以即插即用,工厂控制网络的无线化进行大范围推广,无线精确定位技术广泛标志各类生产要素和作业区域。

9.6.2 基于云的石化海量信息实时处理和知识库技术

在石化制造过程中,时刻都有大量的传感数据通过工业物联网以各种形式传到工业数据中心。这些海量数据中蕴涵着大量宝贵的信息,包含了丰富的反映运行规律和运行参数之间关系的潜在信息。从海量制造数据中获取有效知识,并将获得的知识应用于多个生产优化环节,将由传统的事后为中心推进到事前和事中环节,将有效地提高系统的整体运行效率。

由于工业数据具有实时、海量和高维、高噪声的特征,且具有较强的耦合性,因而工业海量信息实时处理和挖掘技术的主要需要和研究内容包括以下几点。

（1）结构/非结构化石化工厂感知信息的建模与融合技术。

（2）时空动态模式下的复杂事件处理技术。

（3）不确定环境下数据协调和跨尺度融合技术。

（4）石化动态操作优化与动态操作模式发现。

（5）石化生产过程大数据的数据挖掘与分析。

（6）基于云计算技术的企业服务架构（IaaS，PaaS，SaaS）。

（7）石化企业级知识库和知识管理的解决方案。

（8）基于共享知识库的石化人员培训和智能仿真。

到 2020 年，面向石化生产过程的海量异构感知信息将广泛获取并与具体的业务信息相融合，实现各环节的精确控制与决策，特别应用于生产过程信息跟踪与管理，以及生产过程的动态操作优化与动态模式发现；石化企业将逐步建立云的信息处理平台应用于各类计算资源的动态分配；初步实现石化生产过程大数据挖掘与分析。

到 2025 年，基于异构感知信息的认知与推理将广泛应用与石化现场，并进一步成为智能设备的核心功能；基于云的服务架构将成为石化企业计算环境的基础架构；通过建立符合石化生产特点的企业级知识库和知识管理的解决方案和基于共享知识库的石化人员培训和智能仿真，进一步固化操作规则和经验，实现知识共享，将数据和信息转化为指导生产和运营的辅助决策知识，指导优化运行。

9.6.3　生产过程人机协同的决策与可视化技术

在石化制造过程中，随着设备的智能化智能制造不单纯是"人工智能"，而是人机一体化智能，充分利用智能制造所产生的设计、制造、管理过程中人人之间、人机之间和机机之间的行为感知、环境感知、状态感知的综合性感知能力，进一步提升石化智能应用整体决策实力。

采用人机一体化的思想，充分发挥人在决策和解决非结构与非程序化问题以及智能计算机在解决复杂数值计算问题上的各自优势，使两者能够以协同的方式完成任务。其主要需求和研究内容包括以下几点。

（1）面向智能制造的人机协同实时推理和决策。

（2）生产制造环境下的自然高效的人机交互技术。

（3）海量、高维度、异构制造信息的可视化。

（4）基于虚拟现实的石化工业虚拟设计、生产与运营。

（5）交互设备的小型化和移动化。

到 2020 年，小型化和移动化的交互设备将普遍应用于工业现场控制与管理场景；通过海量、高维度、异构化的石化工厂信息的可视化技术，把各种繁杂的运行数据转换成直观的图形和图像，为操作和决策人员提供对现场环境的感知，确保迅速准确地掌握所有信息和快速的决策；虚拟现实将在局部设计和生产过程模拟仿真场合进行应用。

到 2025 年，借助虚拟现实的石化工业虚拟设计、生产与运营广泛应用，支持全过程模拟和仿真的操作；基于普适环境的人机自然交互平台通过各类交互传感设备和技术实现人机协同决策，主要应用于设计与生产指挥，一方面实现分布在不同地点的设计人员的协同设计；另一方面也允许客户参与协同过程，在数字化环境中以更小的资源消耗、更短的开发周期、更优的设计结果完成新产品设计。

9.6.4　全供应链的石化生产资源优化技术

为了在激烈的市场竞争中求发展，石化企业向上游构筑全球化的资源配置的控制能力，向下游拓展产业链，竞争成为供应链与供应链之间的竞争。这就促使企业将其关注的范围从企业内部扩展到整个供应链。石化生产资源优化技术从单工厂优化进一步扩展到整条供应链。供应链层面的整体的不确定性，将使工厂的运行目标和操作处于各种干扰之下。另外，制造过程层面上的优化技术尚满足不了生产需要，目前的实时优化技术是基于稳态模拟模型的，但工厂操作经常处于各种干扰之下，而动态模拟的实时优化技术尚处于科研阶段。多时间尺度优化集成方面，长期战略（按年度）优化—中期计划/调度（按月、周）优化—短期控制（时、秒）优化还需要解决协调问题；如何解决不确定性对优化解的影响还有待进一步研究；虽然间歇过程在特种化学品、精细化工中越来越多地应用，但对其规律性的认识还远远不够。

面对日益严格的环保和节能压力，石化企业已有的能源管理系统和信息资源架构已不能满足要求，如何优化能源和信息资源使用成为急需解决的一个问题。其主要需求和研究内容包括以下几点。

（1）面向复杂生产过程的大规模优化建模和求解技术。

（2）物流、能流和安全等多目标协同优化调度技术。

（3）不确定环境下企业多尺度模型集成和分层优化技术。

（4）订单驱动的精细化质量管控技术。

（5）计算广告学和新一代网络化营销技术。

到 2020 年，以全供应链协调的生产计划为主线，实现企业计划、调度和操作优化集成；综合采用多尺度建模技术，过程实时监控信息为基础，构建工厂内物流、能流协调运行的多尺度优化模型和优化方法，提高制造过程物流、能流运行的协调性；围绕油品和化工产品的质量逐步升级，建立完善产品质量管理与控制系统，可根据产品质量数据模型分析产品制造精度和成本之间影响，优化产品控制精度，争取以优化的成本满足用户产品质量需求。

到 2025 年，随着绿色生态石化工业园区的建设，通过物质流或能量流传递等方式把石化生产基地不同工厂或工序连接起来，形成共享资源和互换副产品的共生组合，寻求物质闭环循环、能量多级利用和废物产生最小化；以精细化工为代表，面向客户订单的定制化产品迫切需要精细化质量管控技术；在供应链营销和合作上，计算广告学和新一代网络化信息技术在营销环节发挥重要作用。

9.6.5　面向绿色制造的过程系统集成技术

过程系统集成技术已在石化工业的供应链管理、环境保护、节能、安全，以及过程模拟、分子模拟、优化操作、信息技术应用、过程和产品设计等诸多领域得到广泛应用。近年来，随着日益严格的环保及节能要求、降低产品成本的压力、原料来源多样化的适应、客户需求个性化的满足、企业经营绩效的提高、供应链的组合与优化等挑战，过程系统集成也主要朝三个方向发展：

（1）以分子技术为代表向微观领域延伸，影响产品设计以及工厂运营。

（2）由单元操作装置的过程集成，逐步向能源集成扩展，并进一步延伸到绿色过程系统工程，向循环经济角度发展。

（3）石化企业的运营集成涉及跨业务链（采购、仓储、制造、配送、销售等）、跨地区（分布在不同地理位置上的组织）、跨决策层次（战略决策、战术决策及操作决策）的决策过程的信息集成与协调。

围绕三个关键方向，石化过程系统集成的主要需要和研究内容包括以下几点。

（1）分子产品工程。

（2）基于分子技术的供应链环节优化。

（3）绿色过程系统的模拟与分析。

（4）绿色过程系统工程的集成设计。

（5）跨企业石化企业过程集成语言标准。

（6）统一的框架和模型来实现石化制造资源和功能的整合。

到 2020 年，广泛应用基于计算机辅助分子设计 CAMD 平台进行复杂分子结构-活性关系等相关设计；初步试点将分子模拟技术应用于石化供应链关键环节用于适应原料多样性和产品结构调整；绿色过程系统工程的核心技术在小范围进行试点，主要应用于在装置水平上，开发资源节约使用、能量高效利用的反应器、分离器和换热器等，在过程水平进行环境与经济效益协调的反应路径综合、反应分离序列综合和过程强化；建立行业统一的绿色过程的评价指标体系；基于 SOA 技术实现企业内部的信息和业务集成，初步建立跨企业石化企业过程集成语言标准。

到 2025 年，分子技术广泛应用于设计、工程和运营的各个环节；绿色过程系统工程在行业内推广应用，设计环境友好产品以及可持续的产品体系；企业间建立跨企业的过程集成框架，通过建立统一的框架和模型的社会公共基础设施服务各种规模的企业。

9.6.6 面向本质安全的化工安全运行管控技术

化工安全是一个复杂的系统工程问题，既有政策、法规方面的问题，也有技术、管理方面的问题。目前，人们关注的重点大多放在事故发生当时和随后的应急措施上面，这是完全必要的。但要保证化工生产安全，从技术角度来看，关键是要从源头上减少事故发生的概率，即在设计阶段，就要着力于设计出具有本质安全特征的生产过程，这种过程本身就具有维持其稳定运行及不易发生事故的能力。至今，化工领域已通过强化、代替、缓和、简化等途径使所设计的过程具有比较小的危险性，例如，避免选择具有危险中间产品的反应路径；采用比较温和的操作条件（避免高温、高压）；尽可能采用基于先进技术的易于控制的简单流程等。这些工作都为本质安全过程的设计奠定了很好的基础。

长期以来，虽然化工过程设计水平随计算技术的发展有很大的提高，但总体来说，目前化工过程设计都以利润最大化为目标，而对安全要求相对考虑不够；此外，每个过程都是针对固定的工况进行优化设计的，这样设计出来的化工系统虽能实现预定的经济目标，但在生产中暴露出的致命弱点是缺乏适应外界条件变化的能力。事实上，影响化工生产的不确定性因素很多，工厂投入生产以后，原来设计时所用的原料、操作工况及产品结构都有可能发生变化，这些不确定参数的变化往往会使实际工况远离设计工况，致使系统的操作不能很好地满足生产过程的约束条件，导致产品不合格以及许多参数，诸如温度、压力等不能控制在需要的范围内，操作难以稳定。有些过程反应本身是强非线性的，部分关键参数稍有变化，反应就会变得特别强烈，严重时就会导致事故发生，甚至引起重大灾难。围绕这些方面，石化安全的主要需求和研究内容包括以下几点。

（1）HAZOP（危险和可操作性分析）技术。

（2）化工本质安全过程设计。

（3）异常工况早期诊断。

（4）重大事故衍生变化与全时空仿真技术。

（5）石化复杂生产过程安全管理评估技术。

（6）过程系统柔性设计技术。

（7）石化安全运行的案例库和知识库。

到 2020 年，广泛利用 HAZOP 系统，系统地挖掘石化生产潜在的安全问题，有利于设计方案的改进 / 现有流程的安全改造及应急预案的制定；应用石油化工过程的异常工况早期诊断技术，快速识别扰动导致的对正常操作状态的偏离影响，不仅关系产品质量，有时还会导致非计划停车、影响生产计划，严重的可以导致灾难性的后果；推进石化工业过程典型事故衍生的三维仿真系统，能够根据化工装置复杂的地理、气候等实际情况，预测事故随时空的发展趋势和影响范围，模拟多部门和人员在事故状态下的行为模式，优化应急处置。

到 2025 年，更加智能的异常工况识别和诊断以及重大事故的应急处置决策将广泛应用；在工厂设计和运行的优化模型中引入可控性、安全性等关键柔性指标，保证在实际的生产过程中，系统在不确定性参数一定变化程度的影响下仍能维持过程稳态操作的能力；建立定性和定量相结合的石化过程安全评估模型，实现风险预警提示，为改进过程安全管理制度和操作规程提供依据，并为实时分析与诊断的专家系统提供判断规则和知识库更新优化。

9.7　保障措施

对于石化工业数字化智能化发展，应在规划引导、财税政策、产学研用、标准化、人才培养等五个方面进行全面保障。

1. 从国家层面引导推进大型石化企业数字化智能化发展计划，实施关键环节的专项工程和示范工程

将面向石化工业的数字化智能化列为其中的重大专项工程，制定 5～10 年的行动计划和实施指南，设立标杆引领、推广应用、基础保障、重点产品四类项目，对石化大型企业的智能装备、石化智能工厂、关键技术等深化应用进行引导和支持。

2．建立专项资金，出台积极的财税政策，支持石化智能工厂建设

对石化工业数字化智能化的一体化项目予以资助，项目申报由相关部门统一组织、归口管理；项目申请提供不低于1∶1的配套资金。出台积极的财税政策，对自主创新成果产业化专项工程，通过无偿资助、贷款贴息、补助（引导）资金、保费补贴和创业风险投资等方式，加快自主创新的石化工业数字化智能化成果产业化和推广应用。

3．推动产学研的合作模式，促进自主创新成果产业化

支持企业联合高等院校，科研机构，以市场需求为导向，以产学研用结合的形式，共建国家级石化工业智能技术工程技术研究中心。定位于突破先进信息技术与企业业务、工艺和过程的深度集成，建成代表国内外先进水平的流程工业数字化和智能化技术研究中心和培养高层次人才的基地。

4．加大石化工业数字化智能化标准建设力度

推进石化工业数字化智能化标准体系建设。提高标准意识，充分调动各方面的积极性，鼓励以企业为主体，联合高校和科研机构制定行业标准和规范，参与国际标准的制定和修正。支持标准化组织联合行业协会、相关工业企业，重点制定共性基础标准规范，加快制定数据交换、基础编码、集成接口等支持综合集成的标准规范。鼓励成熟的行业标准或企业标准上升成为国家标准。

5．引导行业数字化智能化建设实践和人才培养

高度重视人才工作，加快信息技术带头人培养。全面加强信息产业高层次人才队伍建设，加快信息技术带头人的培养，建立以企业信息主管（CIO）为首的、精干的多层次综合自动化管理和技术队伍。同时，企业需要建立留住信息化骨干人才机制和成长通道，培育一批流程行业掌握最新信息及自动化专业技术、熟悉生产工艺、了解企业经营管理、具有开发创新能力，技术水平高、知识结构合理、能够适应综合自动化事业发展的管理和技术的复合型人才。

有关高等院校要适应流程工业综合自动化发展的需要，调整专业和课程设置，加快人才培养。同时展开多种形式的人才培训服务。加强工业综合自动化人才培训机构的资质认证，规范培训市场，通过无偿资助、补贴（引导）资金等方式支持培训机构编写细分行业关键环节综合自动化培训教材和开展相关培训项目。

9.8　技术路线图

石化工业数字化、网络化、智能化制造技术路线如图 3.9.1 所示。

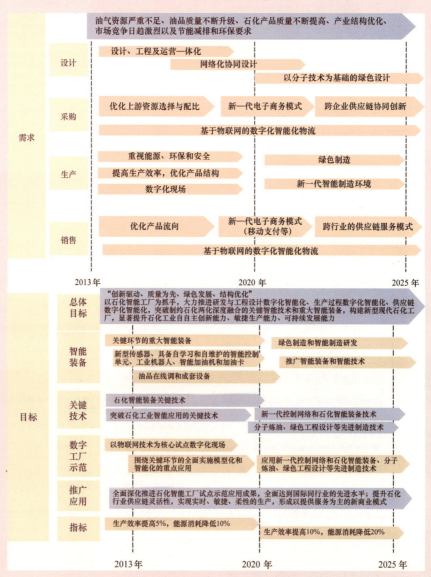

图 3.9.1　石化工业数字化、网络化、智能化制造技术路线

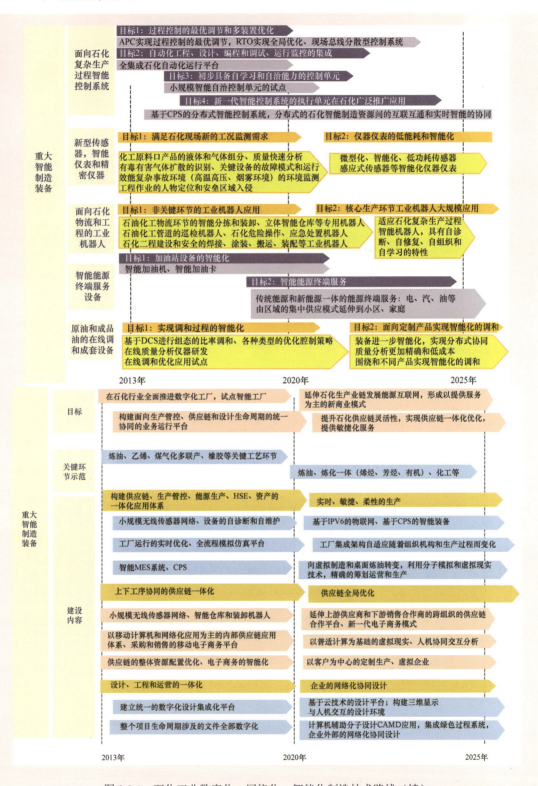

图 3.9.1　石化工业数字化、网络化、智能化制造技术路线（续）

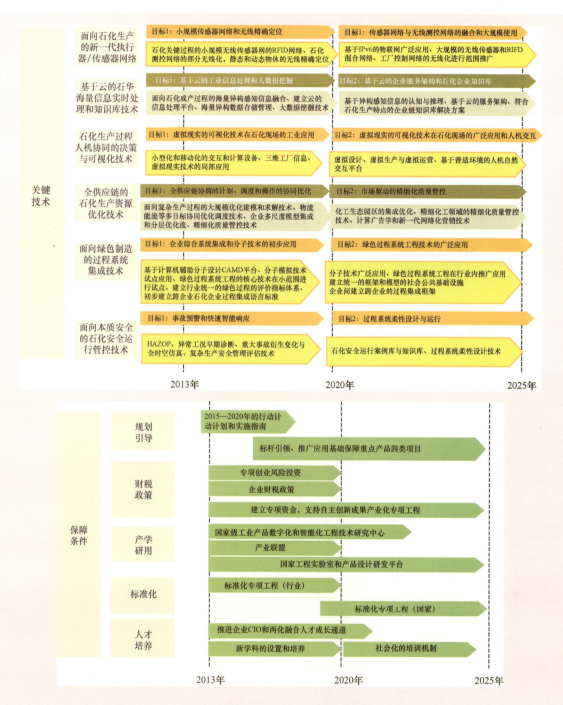

图 3.9.1　石化工业数字化、网络化、智能化制造技术路线（续）

第十章　家用电器数字化、网络化、智能化制造技术路线图

课题组成员名单

组　　长：陈克复院士

副组长：胡　楠　刘福中

成　　员：马德军　朱　焰　郭丽珍　赵　爽

　　　　　田　晖　蔡　毅　赵　鹏　石文鹏

　　　　　陈　贵　靳　敏　向　东　徐建勇

　　　　　成建宏　于治璞　吕盛华　赵　娜

家电产业是我国消费品制造业中的一项重要支柱产业,对改善和提高居民的生活质量水平、促进国民经济发展发挥了不可替代的作用,并且在世界家电业格局中占据了不可或缺的位置。但作为传统制造业,家电产业仍未从根本上摆脱以大量资源投入和大规模低成本制造获得竞争优势的发展模式。在欧美等发达国家提出"智能制造"战略,以及我国劳动力、资源成本优势逐步消失的双重压力下,迫切需要开展家电制造业智能化发展路线图课题的研究,推进家电产业向智能制造转型,推动产业升级,这对促进我国由家电制造大国向家电制造强国转变,具有积极而非比寻常的意义。

本路线图总结了我国家电产业数字化、智能化的现状,对实现智能制造的需求、目标、智能家电产品、智能制造装备、关键技术、保障措施等重要问题进行了梳理,分析了我国家电产业实现智能化转型升级的可行性,同时为智能家电产品的发展和应用奠定基础。

本路线图制定过程中,参考了家电强国战略研究的相关内容,并借鉴了国内家电企业的智能化实践和经验。希望本路线图的制定,能够为政府管理部门决策和相关企业制定发展战略提供一定的参考和帮助。

10.1 产业发展概况

10.1.1 产业规模

家用电器(以下简称"家电")是我国消费品制造业中的一项重要支柱产业,对改善和提高居民的生活质量水平,促进国民经济发展发挥了不可替代的作用。改革开放 30 多来,我国家电业从小到大,从弱到强;特别是加入 WTO 仅十年,已逐步发展成为市场化程度很高和具有国际竞争力的产业。主要家电产品产能产量多年来一直位居世界首位;产品在全球市场占有较大市场份额;行业保持持续发展的同时,产业竞争力、创新力和集中度大幅提升;产品质量、安全性和智能化程度稳步提高。

(1)生产规模。2014 年我国家电业主营业务收入为 1.41 万亿元,同比增幅达到 10%;全年完成利税总额 1407.3 亿元,利润总额达到 931.6 亿元,分别比上一年增长 19.5%和18.4%。

(2)出口规模。近年来我国家电产品出口在全球市场占有较大份额,出口市场遍及亚、欧、美、非等各大洲。2014 年实现出口额 581 亿美元,增幅为 5.2%。洗衣机、电冰箱、空调器等主要产品出口量和出口额逐年增长。

10.1.2 产业地位

1. 产业特征

我国家电制造业以满足社会发展和提高人民生活水平为基本特征。

我国家用电器工业起步于 20 世纪 70 年代末 80 年代初，经过 30 年的发展，已经形成了涵盖产品研发设计、上游零部件生产、整机组装制造和市场营销的完整产业链，我国家电制造业已成为世界家电制造业的重要组成部分，在世界家电业格局中占据了不可或缺的位置。尤其是改革开放以来的 30 多年，我国的家电工业不仅为国民经济的发展、人民生活水平的提高做出了显著贡献，而且行业获得了高速发展。

2. 表现形式

我国家电制造业的产业特征体现在以下几个方面：

（1）产业集中度日益提升，品牌建设成绩显著，形成了海尔、格力、美的、海信科龙、长虹、格兰仕、九阳等一批在国内有较高知名度的品牌，全行业的品牌意识不断强化，龙头企业的品牌战略、品牌管理水平不断深化。

（2）规模企业产品设计研发、制造、检测等质量控制能力和产品服务质量显著提升，主要家电产品质量和性能稳步提升，产品的节能环保性也大幅提升。

（3）行业具备了一定的自主创新能力，形成了以企业为主体的自主创新研发队伍，在多个关键技术领域和产品领域取得重大突破，家电产品向着网络化、智能化、高端化方向发展。

（4）近年来大企业实施国际化战略，以全球化视野布局市场和配置资源，并购重组外资品牌的同时，积极实施走出去战略。例如海尔、美的等大企业，在多个国家和地区投资建立研发中心和生产基地，实现本土制造、本土销售，为新形势下家电产业的全球化发展探索了新出路。

总体来看，世界家电业的发展基本呈现出以下特点和趋势：

（1）产业高度竞争，厂商通过追求规模经济来降低成本，大型厂商在全球范围内进行生产和市场布局，并购重组步伐加快，国内企业之间的竞争演变为跨国集团的竞争。

（2）产业由以前的产能不足发展到过度生产，产品由量的增加过渡到质的提升。

（3）由劳动密集型向资本、技术密集型发展。

（4）产品向智能化、系统化方向发展，技术创新的优势越来越显现。

我国家电产业在取得长足发展的同时，仍面临一些突出问题：行业当前在全球产业链的位置上来看，仍以价值较低的加工组装环节为主，仍未从根本上摆脱以大量资源投入和大规模低成本制造获得竞争优势的发展模式，同国际一流家电企业相比，我国大多数企业技术创新和管理创新能力存在一定差距，核心技术和关键技术缺少质的积累和突破，产品同质化比较突出，高端产品在国际市场的竞争力较弱。实现产业的可持续发展，转型升级势在必行。在近年欧美等发达国家提出"重回制造业"、"再制造"，以及我国劳动力、资源成本优势逐步消失的双重影响夹击下，转变传统的粗放式发展模式，向信息网络化、数字化制造转型，提高生产效率和产品品质，是我国传统家电制造业实现可持续发展的必经之路。

10.1.3　数字化、智能化制造的特点

数字化、智能化制造在家电产业所体现的环节，从全球家电产业链的构成来看，主要包括研发设计、组装制造和品牌营销三个环节。研发设计环节，主要包含对关键零部件、核心技术的研究开发，外形、结构、工艺、模具的设计等；组装制造主要是通过加工工艺和生产流水线，将自主制造或外购的原材料和零部件进行加工、组装成整机产品的过程，一般对应劳动密集环节。品牌营销包括批发、零售、营销渠道建设、品牌建设等。可见，家电产业数字化、智能化制造的发展空间巨大。

相比其他产业而言，家电产业除了关注智能制造的发展趋势之外，还兼具"制造智能"的使命。数字、网络信息技术和人工智能技术等的快速发展，对传统家电产品的功能和性能产生深刻影响。近年来国内外家电巨头纷纷实施智能化战略，发布智能家电产品，智能家电成为行业的一大亮点。目前已有越来越多具有不同智能特性的家电产品进入市场。如具有智能空气品质监控、安防、远程监控功能的智能空调，具有自动判断洗涤物从而自动选择、控制洗衣液和柔顺剂的品种、剂量并实现自动添加的智能洗衣机，以及运用"云图像识别"技术的智能冰箱，能够实现对食物的识别和管理，完成从终端数据采集到云端存储、食物保鲜、多终端协同功能，用户可以根据需要，随时通过移动终端对冰箱温度、运行状态、功能开关等进行远程操控，让冰箱从单一的食品储存机器成为厨房智慧管家。相关预测显示，统一的互联互通标准和协议的制定，将有力推动各大家电企业智能产品实现互联互通，进而引发智能家电产品市场的大幅增长。

10.2　数字化、网络化、智能化制造基础

家电行业作为市场化、规模化程度很高的行业，仅仅采用传统的产品开发和生产形式，

无法满足多样化的市场需求和应对激烈的市场竞争。因此，信息化、数字化、互联网等技术不仅对家电产品的网络化、智能化性能产生深刻影响，同时企业在产品设计、制造、营销及运行管理中，自发地不同程度地应用了信息化和网络化技术。

10.2.1　产品设计

产品设计是家电产品制造中能够带来高附加值的环节，是决定产品外观、品质及差异性的关键。当前，计算机辅助设计工具 CAD 、CAE 等在整机产品制造企业和规模企业广泛应用。有些企业采用三维 Pro/E 设计及其模型动态分析、CAE 及其模拟仿真系统等，代替二维 CAD 人工校验尺寸和实物制作、实物整机测试和判断等传统方式，提高了设计效率和成功率，易于在前期即发现并纠正设计缺陷。产品数据库/生命周期管理工具，如 PDM/PLM 等在规模企业有所应用，PDM 数据管理系统，将研发设计的整个流程、输出资料和测试数据集中管理。

此外，产品设计由传统的只关注产品本身逐步向关注产品系统与环境之间的相互作用过渡，在产品开发时即考虑产品全生命周期中的环境性能，绿色设计及分析评价工具，如 LCA 评价系统在部分企业进入应用。可拆卸性、可回收性设计、模块化设计、集成化设计及计算仿真设计等在大型制造企业及相关高校中的研发和应用工作不断深入。

虽然产品设计环节应用了相关的设计软件，与世界先进水平相比，在软件的自主开发能力方面，我国家电领域的水平仍存在一定差距，如软件数据库等领域应有所创新和完善。

10.2.2　制造过程

家电产品的制造主要由部件生产、金属和塑料成形、表面处理、注塑、发泡、焊接、整机组装等工艺环节组成。目前计算机辅助设计和制造工具 CAM、CAPP 在大型家电制造企业较为普遍使用，提高了大批量生产工艺的效率和一致性，优化了产品质量。

传统的整机装配主要利用人力配合专用设备实现，以人力密集型大批量制造为主。近年来针对人力成本不断上升的矛盾，以及电商时代市场需求的多样性和复杂性，不少规模企业投入大量资金对现有装备工艺和生产流水线进行技术改造，装备自动化、精益生产管理成为家电行业转型升级中的一个热点。自动化、智能化程度较高的整机生产装配技术、自动化柔性生产组装技术在规模企业得到广泛应用，例如家电产品的多型号共线生产、空调器生产中钣金冲压多机联动，自动送料换位无人操作系统，塑料注塑自动取料机械手，整机线上自动喷码系统等；冰箱生产中侧板快速伺服电机换模、机器人取 U 形板传送、内胆自动插入、压缩机机器人自动装配、门体发泡的自动上下机械手等。动态快速检测、包装底板的自动插入、自动套箱机、自动封箱设备、AGV 自动寻址、智能立体库等都已

历程 因素		2015—2020年	2020—2025年
需求		满足网络化下个性化、差异化的小众需求，实现成本、速度和质量之间的最佳平衡	
		满足智能家电产品应用过程各个环节的数据协同需要，开展大数据环境下智能家电增值应用与服务	
		以机器人换人，降低成本；追求更高的质量，提高产品快速响应能力	
目标		改造生产工艺、制造装备及工装，基本实现采购、研发、制造模块化	实现基于模块化的家电产品大批量采购和定制
		实现不同企业、不同系统、不同类型家电间的互联互通，实现与其他行业平台的业务对接	建立行业性应用平台，开展数据增值服务
		在焊接、涂装、检测等环节实现智能机器人的典型应用	扩大智能机器人的应用领域，实现大规模应用
智能产品		强化智能传感技术、控制技术、网络技术等在家电产品中的集成应用，提高家电单品的智能化水平，实现智能家电的广泛应用	智能家电在智能家居、智慧社区等的规模化集成应用
重大智能制造装备	1.面向家电生产过程的智能控制系统	在家电企业广泛推广具有自学习和自适应能力的智能生产控制单元，推广运行监控集成系统，初步建立工厂统一的控制和运营的模型库	提供完善的面向复杂生产过程的一体化控制策略，新一代智能控制系统的执行单元在企业广泛推广应用。
	2.自动化装备	突破智能制造技术与传统设备部件融合瓶颈，研发制造过程自动化生产线和智能化装备	自动化装备在行业中广泛应用，实现装备自动化、生产透明化、物流智能化、管理移动化、决策数据化
	3.工业机器人	扩大工业机器人在家电生产线、制造物流、仓储等环节中的应用，开发家电检测试验室专用工业机器人，降低制造综合成本	实现工业机器人在家电行业中的智能化应用，提高本土企业的自主研发和创新水平，提高国产机器人的应用普及度
数字化车间/工厂		基于模块化实现高自动化、大数据的应用以及总装的柔性化生产	实现信息管理平台、能源总控平台、供应链管理平台与生产过程精益控制系统的有机融合，提高生产效率，实现高技术产业化
关键技术	1.机器人及自动化技术	实现家庭服务、医疗康复专用机器人，实现家用电器性能测试专用机器人；实现工业机器人在家电自动化生产线的集成应用，实现产业升级	实现多种智能家庭服务机器人的协同管理；基于物联网技术、云服务平台，实现家电制造业无人生产车间
	2.在线检测技术	研究、开发家电产品性能在线动态检测系统，如电冰箱动态检测系统、噪声分析系统、能效在线检测系统等，在家电企业重点推广应用	基于物联网，实现对在线检测系统数据的自动汇总和分析，及时反馈不足，进而完善前端设计和生产工艺
	3.信息集成技术	设计开发面向家电的感知及通信模块，开展智能家电集成应用，研究智能家电的评价与测试技术，建设技术测试与验证平台	建成中国家电领域行业性云服务平台，满足智能家电产品应用过程中各个环节的数据协同需要；实现与其他行业平台的业务对接；提供各种应用服务和增值服务
	4.模块化技术	完善模块划分、接口及参数设计工作，构建产品架构及平台	建立和完善模块库，包括模块数据库、模块模型库等
保障条件	1.政策	加大研发资金的投入力度，制定行业激励和优惠政策	
	2.标准化	加强标准研制力度，健全和完善相关标准体系	

图 3.10.1　家用电器数字化、网络化、智能化制造技术路线

在或准备在工厂改造中应用。多个工序以机器人作业代替人工作业。

进行生产布局优化改造，多道工序实现无人操作，不仅提高了生产效率，保证各种资源的利用达到最佳状态，有效地解决了人力成本和产能之间的矛盾问题，同时自动化、智能化的制造方式有助于提高产品的质量稳定性和可靠性，更为重要的是提高了生产的灵活性，产品型号及工艺更换响应快、应变性强，可在复杂的生产环境下保持较高的生产率。

10.2.3　产品营销

近年来电子商务的快速发展，家电行业已形成多元化、多渠道、多模式的产品 B2B、B2C 电子商务运营平台，网络销售已成为家电产品的重要销售渠道之一。由中国电子信息技术研究院、中国电子报共同发布的《2013 年家电网购分析报告》显示，我国 B2C 家电（含手机、平板电脑）网购市场规模达到 1332 亿元，年增长率达到 50%。其中，平板电视、空调、洗衣机、冰箱四大类产品约占 25.9%，达 345 亿元。其中，空调销售量约 235 万套，零售额近 67 亿元，增长率分别达到 109% 和 104%；洗衣机约 300 万台，零售额近 42 亿元，同比增幅度分别为 135% 和 127%；电冰箱增幅最快，线上销售约约 350 万台，增幅为 140%，零售额近 61 亿元，同比增长 145%。

除了与主流电商平台进行战略合作，家电企业自建电商平台也成为一大趋势，海尔、美的、格力、长虹、格兰仕、九阳等多家品牌企业上线官方商城。用户需求数据化、可视化，为家电企业变革传统发展模式，从大规模制造向大规模定制转型提供依据。当前家电企业集体拓展电商平台不仅仅作为一个产品零售平台而存在，更重要的是企业可以以此为基础与用户搭建持续通信的平台，实现从设计、研发到生产的全流程开放，让用户能够参与到产品的产出过程中，从而让企业转变为一个开放性的"软件"生态系统。

10.2.4　企业管理

信息、网络技术的广泛应用和家电产品作为终端消费品的特性，对家电企业的信息化管理提出了更高的要求。信息化贯穿于企业的供应链管理、生产管理、库存管理及销售管理各个环节。目前企业资源计划系统 ERP、客户关系管理系统 CRM、供应链管理系统 SCM、制造企业生产过程执行管理系统 MES、物资需求计划 MRP 等已在家电行业规模企业普遍应用，将企业运营中的物资、生产、资金、客户等信息全面整合，实现信息化集成管理。

此外，在近两年两化融合的大趋势下，行业中的龙头企业将 IT 的提升和转型作为新时期的一项重要战略任务。通过信息系统的升级、整合、优化，实现更高效的运作模式。目前，海尔已建立了集订单信息流、物流、资金流"三流合一"的 BI、GVS、LES、PLM、CRM、B2B、B2C 等系统，实现了全集团业务统一营销、采购、结算，并利用全球供应在或准备在工厂改造中应用。多个工序以机器人作业代替人工作业。

进行生产布局优化改造，多道工序实现无人操作，不仅提高了生产效率，保证各种资源的利用达到最佳状态，有效地解决了人力成本和产能之间的矛盾问题，同时自动化、智能化的制造方式有助于提高产品的质量稳定性和可靠性，更为重要的是提高了生产的灵活性，产品型号及工艺更换响应快、应变性强，可在复杂的生产环境下保持较高的生产率。

10.2.3 产品营销

近年来电子商务的快速发展，家电行业已形成多元化、多渠道、多模式的产品 B2B、B2C 电子商务运营平台，网络销售已成为家电产品的重要销售渠道之一。由中国电子信息技术研究院、中国电子报共同发布的《2013 年家电网购分析报告》显示，我国 B2C 家电（含手机、平板电脑）网购市场规模达到 1332 亿元，年增长率达到 50%。其中，平板电视、空调、洗衣机、冰箱四大类产品约占 25.9%，达 345 亿元。其中，空调销售量约 235 万套，零售额近 67 亿元，增长率分别达到 109% 和 104%；洗衣机约 300 万台，零售额近 42 亿元，同比增幅度分别为 135% 和 127%；电冰箱增幅最快，线上销售约约 350 万台，增幅为 140%，零售额近 61 亿元，同比增长 145%。

除了与主流电商平台进行战略合作，家电企业自建电商平台也成为一大趋势，海尔、美的、格力、长虹、格兰仕、九阳等多家品牌企业上线官方商城。用户需求数据化、可视化，为家电企业变革传统发展模式，从大规模制造向大规模定制转型提供依据。当前家电企业集体拓展电商平台不仅仅作为一个产品零售平台而存在，更重要的是企业可以以此为基础与用户搭建持续通信的平台，实现从设计、研发到生产的全流程开放，让用户能够参与到产品的产出过程中，从而让企业转变为一个开放性的"软件"生态系统。

10.2.4 企业管理

信息、网络技术的广泛应用和家电产品作为终端消费品的特性，对家电企业的信息化管理提出了更高的要求。信息化贯穿于企业的供应链管理、生产管理、库存管理及销售管理各个环节。目前企业资源计划系统 ERP、客户关系管理系统 CRM、供应链管理系统 SCM、制造企业生产过程执行管理系统 MES、物资需求计划 MRP 等已在家电行业规模企业普遍应用，将企业运营中的物资、生产、资金、客户等信息全面整合，实现信息化集成管理。

此外，在近两年两化融合的大趋势下，行业中的龙头企业将 IT 的提升和转型作为新时期的一项重要战略任务。通过信息系统的升级、整合、优化，实现更高效的运作模式。目前，海尔已建立了集订单信息流、物流、资金流"三流合一"的 BI、GVS、LES、PLM、CRM、B2B、B2C 等系统，实现了全集团业务统一营销、采购、结算，并利用全球供应链资源搭建起全球采购配送网络，辅以支持流程和管理流程，以人单合一为主线实现了企业内外信息系统的集成和并发同步执行，实现内外协同——端到端流程可视化、从提供产品到提供服务，形成核心价值链的整合和高效运作模式。

10.2.5　基础设施建设

互联网改变了传统家电制造业的产品设计、生产、销售模式，给行业转型升级带来了巨大的机遇。行业中的规模企业高度重视企业信息化工作，普遍建立了专门的信息化机构，有的企业还建有专门的精益制造部门，或生产部内部的 IE 部门。未来几年，家电制造工厂将由原来的离散型或联合集中型厂房向智能化、少人化、自动化的精益厂房转型，工厂布置向短线、快线、多线方向发展，强化 IE 管理，以适应高效与柔性化生产的需要是主要的发展方向。

10.3　数字化、网络化、智能化制造需求和发展目标

10.3.1　智能制造及模块化

1．需求分析

当前信息化、网络化、数字化技术的广泛应用不仅推动了消费市场对网络化、智能化家电产品的巨大需求，同时延伸出个性化定制需求的消费模式，两者都向传统的家电产品制造模式提出严峻挑战。模块化制造，实现采购、研发、制造模块化，是解决当前家电业面临的成本和需求双重压力的重要途径。家电产品的模块化制造，以家电产品的模块化设计为前提，通过模块化设计，建立基于模块和模块系统的产品平台，以平台为基础开发系列产品。模块化制造需要以模块化思想来构建生产制造系统，包括工艺、设备及工装的重新构建和规划。通过模块化制造，可以满足网络化下个性化、差异化的小众需求，实现大批量定制。也是在高度竞争状况下，家电产品在成本、速度和质量之间达到最佳平衡的方式。

2．发展目标

在模块化制造方面，先行制定洗衣机、电冰箱、空调器等主要产品模块化设计标准，

确定三种产品的模块划分、接口系统等参数指标，搭建起三种家电产品的开发平台，并向模块化制造过度。针对实施模块化制造的制造工艺、生产装备和工装进行规划、设计和改造，提升制造系统的智能化和柔性化，实现模块化制造，并逐步扩大至更多的家电产品。

10.3.2 物联网及云平台

1. 需求分析

针对互联网时代消费者对产品和服务呈现出个性化和多元化需求的趋势，洞悉和识别消费者需求是家电产业智能化转型中的关键所在。基于信息和网络技术聚合的智能制造，具有改变传统价值链，消除传统行业界限，将客户、业务伙伴一并纳入价值创造过程的功能。消费者意识和需求能够基于由智能家电及其构建的云平台和位于制造前端的研发、设计快速相结合，重塑家电制造产业链。因此，近两年家电行业频现家电制造企业与移动终端和互联网企业合作的案例，如美的与小米的合作、海尔与阿里巴巴的合作等，以此推动传统家电制造业的智能转型。

2. 发展目标

充分利用智能传感、智能决策系统、智能执行机构、网络通信等信息集成技术，构建和完善智能家电云服务平台建设，动态收集智能家电的使用数据和市场需求数据，实现到模块化个性化设计、数字化智能化生产和电子商务营销模式的智能制造闭环系统。

10.3.3 工业自动化及机器人

1. 需求分析

相关统计数据显示，从 2004 年到 2013 年的 10 年间，中国制造业从业人员的平均工资增长了 3 倍，年平均增幅为 15%。国家信息中心信息开发部的数据显示，2013 年，洗衣机企业员工工资的平均增幅为 15%～18%。迅速增加的劳动力成本给利润微薄的家电制造业带来极大的压力，而工业机器人是解决劳动力短缺，提高生产工艺标准化水平，实现自动化、智能化生产的最佳方式。家电制造业对工业区机器人的需求，贯穿于产品设计检测、零部件生产及生产过程中的搬运、堆垛等环节。目前家电产业应用的机器人中，仍以进口品牌占较大比例。如 2014 年，家电行业使用的外资品牌机器人中，4 轴和 6 轴机器人占比分别为 60%和 40%。

2. 目标

结合家电制造业的特征，扩大工业机器人的应用领域，除了现有的搬运、码垛、装配等生产线前端和末端应用之外，争取在测试、焊接、涂装等更多生产线上实现大规模应用；提高本土企业的自主研发和创新能力，加大力度攻克伺服驱动、控制等核心共性技术，提高国产机器人产品的精度和性能水平，尽早改变外资品牌占主导地位的局面，实现机器人的国产化和产业化应用。

10.3.4 标准化

1. 需求分析

近年来，产品技术标准的滞后，已经成为制约新兴产业快速发展和崛起的重要"瓶颈"。针对目前智能、网络家电产品通信协议、接口一致性缺乏统一标准，产品无法大范围推广应用等问题，需要标准化工作先行，从技术上、管理上作为推手和保障。与传统的标准制修订工作相比，一方面应重视标准研制工作，标准起草制定与产品技术研发同时起步；另一方面应进一步健全和完善标准体系建设，针对产品智能化、网络化及制造智能化的行业发展需求，扩充传统标准体系的内容，增加新的标准系列和子系列，梳理出相关标准体系框架和路线图。

2. 目标

在未来五年内尽快搭建起适合家电制造业转型升级所需的技术标准目录，完善围绕家电制造业数字化、智能化制造及产品的各项技术规范；与国际数字化、智能化制造、产品及应用环境全面接轨。完成制造业由"要素驱动"向"创新驱动"的转型。

10.4 智能家电产品

家电产品作为消费类电器产品，其自身的智能化水平在产业智能化制造进程中同样具有重要的战略地位。推动家电产品向数字化、智能化、网络化方向发展，提高我国家电产品的信息技术含量和附加值，实现家电产品的升级换代，是实现由家电制造大国转变为制造强国的根本途径。

10.4.1　智能家电的内涵

"智能家电"指采用一种或多种智能化技术,并具有一种或多种智能特性的家电产品。智能特性特指人工智能特性,即家用电器中的控制系统所具有的类似人的智能行为,如自学习、自适应、自协调、自诊断、自推理、自组织、自校正等。家电智能化的实现技术通常是人工智能与控制相结合形成的交叉应用技术,如模糊控制、神经网络控制和专家控制技术等。

同传统的家电产品相比,智能家电不仅可以使产品已有功能更好地发挥,而且可以满足消费者对产品更多的功能需求,提高产品的方便性、舒适性及节能性。

智能家电具有更好的人机交互和机物交互能力。人机交互不仅体现在具有更友好的交互界面及更丰富的对话方式,例如红外遥控、体感、语音、目光及通信线路、互联网等;还体现在智能家电和人之间还可以进行更深层次的互动,例如对人的使用习惯、行为方式等的感知、识别等。机物交互主要体现在家电产品对实现其功能时的相关对象(例如洗衣机洗涤的衣物、冰箱储存的食物等)具有更深层次的感知、识别和执行能力。

10.4.2　智能家电的发展方向

未来的智能家电产品,智能化、网络化、开放性和兼容性、节能性、易用性水平将会显著提升。产品的智能化不仅局限在产品本身,还会向产品设计、生产、安装、使用、售后服务、回收利用等产品生命周期各个环节延伸。产品研发从单纯的机械、电器等硬件,扩展到生物学、行为学、心理学等领域。智能家电产品不仅包含对传统家电产品的功能扩充和改进设计,例如洗衣机能自动识别感知衣物重量、污秽程度、污物成分、衣物材质、所需洗涤剂种类等;电冰箱应能识别和感知主人体质喜好的食物最佳饮食温度,能自动识别感知食物种类、数量、品质、保存位置、保存时间、所需最佳温度和湿度,自行设定工作参数并保持运行;空调器能识别感知房间中人的位置、数量、年龄、对温度的敏感差别及人的状态等,能够自行设定参数并保持运行。还包含不断开发具有新功能,能满足更多消费需求的新品类智能家电产品,例如市场中已出现了具有清洁功能的扫地机器人、擦窗机器人等,未来会有越来越多的具有不同功能的家用服务机器人将走进人们的生活。

此外,智能家电产品还可以与通信网络和服务平台进行集成,形成智能家电系统,通过功能的高度整合,如清洁卫生功能、监控管理(包括健康监护管理)功能、休闲娱乐功能等,实现系统地帮助消费者更方便、更舒适地生活的目标。特别是针对老龄化社会下的数量不断增加的老年人群,这种智能系统可以很好地发挥辅助生活、提高居家生活质量、减少社会养老负担的作用。

综上所述，智能家电结合了智能化技术、网络技术、云服务技术、大数据分析等技术，通过家电自身的感知器件以及外部的感知信息，同时也可以利用局域网、互联网、电信网等网络载体，实现家电自身的智能化操作，与家居其他设备互联、数据信息共享、各种家电的远程应用服务等，实现智能化感知、智能化管控、智能化决策和分析。在网络化和信息化时代，智能家电不仅为更好地辅助人类生活提供了可能，而且为已经成熟的家电产业找到了新的发展方向。

10.5　重大智能制造装备

智能化制造装备是促进我国制造业向高端发展，推动传统产业转型升级的重要手段和工具。家电制造业属于对资源、能源等基本生产要素依赖性较强的"一般性制造业"，其智能化制造更应体现在对整体制造系统的集约化、可优化和可升级上，以有助于促进行业整体地提升核心竞争力。

10.5.1　面向家电生产过程的智能控制系统

面向家电生产过程的智能控制系统采用分层或分级的方式建立许多较小的智能控制单元。每个智能控制单元可以通过协调机制对其自身的操作行为做出规划，具有动态环境的在线学习能力，可以对意外事件做出反应，并通过感知环境状态进而调整运行至最优状态；同时，通过多个智能控制单元的协同，使各种组成单元能够根据全局的最优需要，自行处于最有效、最节能和最好品质的运行状态。研究内容包括以下几项。

（1）面向生产过程的一体化控制策略，包括基于过程模型的在线动态运行优化、智能控制单元的闭环反馈控制等。

（2）智能执行机构，包括嵌入式控制系统、微型传感器、总线协议等。

（3）家电企业控制和运营的模型库，包括工艺机理模型、人工操作经验、推理机制等。

到 2020 年，在家电企业广泛推广具有自学习和自适应能力的智能生产控制单元，推广运行监控集成系统，初步建立工厂统一的控制和运营的模型库。

到 2025 年，提供完善的面向复杂生产过程的一体化控制策略，新一代智能控制系统的执行单元在家电企业广泛推广应用。

10.5.2　自动化装备

在减员增效，网络化多品种、小批量生产的发展趋势下，大幅提升我国家电工艺装备的自动化和智能化水平势在必行。目前行业实践主要是以现有工厂和生产线进行渐进式改造，逐步以自动化取代人力的方式进行。有些自动化装备当前已实现国产化，但装备的自动化程度、生产稳定性、生产效率、加工精度等方面还需瞄准国际先进水平，持续改进和提高。主要研究内容包括以下几点。

（1）集成自动装配线。开发完整的包括预装、总装、在线检测、全自动钣金喷粉、自动包装、成品输送等系统的产品自动化、智能化装配线。

（2）外壳箱体自动生产线。针对未来少批量、多品种，高效率的生产要求，开发产品外壳及箱体自动生产线，提高产品规格变换速度，加工精度和辊轮使用寿命。如冰箱侧板自动生产线，洗衣机外壳自动成型与铆接生产线等。

（3）主要零部件自动生产线。针对具体产品生产中的瓶颈问题，实现自动化和智能化。如行业亟需空调器两器（蒸发器、冷凝器）自动生产装备，实现从冲片、弯管、穿片、涨管、焊接过程的全自动化和无人生产，以减少人工消耗，提高劳动生产率。

10.5.3　工业机器人

在家电制造过程中，生产线的前端和末端，如物料搬送、焊接、捆包装箱等属于人工密集型环节，这些岗位工作既辛苦又枯燥，人员劳动强度大且不稳定。同时，随着家电产品的技术升级，对高素质劳动力的需求越来越大，对提高高标准化生产能力的要求迫在眉睫，而机器人是实现标准化生产和自动化、智能化生产的最佳方式，解决劳动力短缺问题的同时大幅提高了工作效率。现阶段家电制造过程中应用的机器人主要为机械手和机械臂，按功能主要分为以下几类。

（1）用于冰箱、微波炉、消毒柜、洗衣机等带门式家电的开关门寿命检测、整机功能测试机器人。

（2）用于冰箱、洗衣机、空调、微波炉等家电的自动化生产搬运和堆垛的机器人。

（3）用于空调、微波炉钣金冲压生产线、洗衣机模具生产线的家电零部件生产线生产用机器人。

10.6　数字化车间/工厂

10.6.1　智慧工厂

随着智能自动化、机器人技术、人机智能交互以及物联网技术在制造业的不断深化应用，在工厂中从事装配和生产的人员逐步被自动化设备代替，传统制造工厂正逐步朝着智慧工厂升级。

智慧智造通过以精益标准化、模块化、自动化、智能信息化、个性化等以模块化为核心的五化融合，建立智慧智造交互平台生态圈，实现众包商资源无障碍的与用户交互，打造出家电行业引领的制造模式。

1．精益生产制造模式

针对互联网时代需求的小众化和个性化，建立以模块化制造为核心的精益生产管理模式，减少库存，快速满足消费者需求。

（1）对于小众化需求，在模块化的基础上，配置式生产，快速满足用户个性化需求。用模块组合成不同的产品来满足用户不同的需求，例如一台滚筒洗衣机划分为 25 个模块，用户可以根据不同功能模块进行个性化定制：动力模块可以选择不同的转速操控模块选择显示屏方式，门模块选择观察窗造型；制造则按照配置式生产满足用户个性化定制需求。

（2）对完全个性化定制的需要可通过 3D 打印来满足。例如现在水晶洗衣机旋钮是圆的，不满足用户的需求，通过虚网用户互动平台，可与用户互动出水滴形的、镂空的，甚至耳朵形的等各种形状。对这类需求，模块设计资源网已经汇集了一流的设计资源，可以开始接受用户预订，通过 3D 打印满足用户个性化需求。

2．工厂信息化建设

以智慧制造执行系统 IMES 替换现有的满足大规模制造的老 MES 系统，引入先进的业务模式：时序排产、工艺管理、准时准序配送、可视化 ANDON、全过程质量管控信息化（TQC）、全流程跟踪、制造大数据、人员绩效管理、自动化设备全面实时运营管理等，支撑智慧工厂绩效的达成。

以 RFID 为代表的物联网技术在智慧工厂实践中应用，实现智慧工厂实时可视、可控、透明。通过对 RFID、传感器等制造工厂中的广泛实践与应用，并与制造执行系统集成，实现制造数据的自动采集、自动追溯、实时可视可控、异常的自预警。模拟仿真技术在智慧工厂项目规划中应用，快速地验证了项目方案可行性。

3. 自动化工厂三个阶段

1）自动化 1.0（高自动化阶段）

基于模块化实现高自动化、实现大数据的应用，满足用户的差异化定制需求。其中前工序模块化程度高，通过与一流资源交互出颠覆性技术；并通过资源再整合吸引一流模块商资源进行事前参与产品模块化设计，全流程团队由串联到并联交互，共同实现产品制造模块化，给用户带来了增值的全新体验，提高了能源利用效率，同时使制造绿色化。

总装柔性生产满足用户差异化需求，既满足大众所需，又满足个性定制。总装柔性高，实施适度自动化，多条短线或单元工站与包装自动化、检测自动化结合模式是总装自动化发展模式，通过大资源整合大资源模式满足。

自动化与信息化、新技术的不断融合，通过制造大数据，实现设备的事前维保、制造智能化、智慧化。自动化充分融合信息化（云计算、物联网、互联网）、新技术（3D 打印技术、四新技术），实现自动化生态圈的再生。

2）自动化 2.0（大数据自我优化）

探索基于大数据、传感技术、互联网技术，实现前工序的无人化、总装的柔性化、设备的事前预警维保系统。同时用户主动参与设计、使得自动化部件满足用户个性化需求且成本得到有效控制，满足了用户对制造全流程的体验。

3）自动化 3.0（用户、资源、智慧机器自由交互的社区）

探索通过云计算、3D 打印技术等先进技术，建立用户与资源的直接交互、机器与人自由交互、机器与机器间的自由交互的平台（社区），满足用户个性化定制、机器的自我优化，实现用户"有求必应"，形成一流资源无障碍进入、用户资源自由交互的自动化生态圈。

10.6.2　智慧园区

1. 园区信息管理平台建设

应用 RFID 等物联网技术以及全球眼视频监控技术，初步搭建智慧园区管理平台：通过 RFID 技术的应用，将人、车和物资的信息实时纳入到智慧园区信息管理平台，实现静态监控，未来进行工作调配、人、车疏导、物资调度以及相关的应急指挥功能，实现园区的管理高效及快速反应；应用全球眼远程视频监控技术，实时监控、现场预警，实现园区的管理实时可视、可控。

2．能源信息化总控建设

利用自动化、信息化技术和集中管理模式，对多个工业园区电、水、气、汽、电梯等主要能源输配和消耗环节实施集中扁平化动态监控和数字化管理，实现系统运行集成化、能源调度流程合理化、绩效监控动态化、管理改善持续化四个功能，最终实现改进和优化能源平衡，实现系统性节能降耗目标。

3．供应链规划和布局

向智慧供应链进行战略转型，进行订单、全流程产销协同体系、个性化定制模式的创新，达到最优收益，实现端到端的可视化，提高全流程效率。

1）供应链优化响应速度更快、成本更低

以模块化制造模为基础，优化输出模块供应商园区布局：根据模块类别将模块资源区分出产业线个性、园区共性及集团共性，按园区输出对应的一二三级模块商目标体系，通过模块大资源的整合及 TQRDCBE 管理体系，实现模块省人、模块质量、模块成本等全流程价值增值，实现供应链的响应速度更快、成本更低；实现与供应商的零距离，和供应商同步参与模块前端设计；最终目标是整合全球模块商资源，园区模块供应商实现当地化交互，建立园区模块供应商生态圈，实现"供应链无尺度"的愿景。

2）通过周单产销协同体系创新实现零库存下即需即供

"周单"模式可概括理解为周下单、下周单，即每周下一次单，每次下的单正好是一周客户的零售数量。整个周单流程可概括为"161"，即"订单一周锁定、六周漏斗排定、与上周价值挂实"。每周订单锁定实现了工厂产能的最大化，同时又满足了快速交付客户的承诺。

随着互联网时代的到来，用户对订单交付速度的要求越来越高，周单模式已升级到"3+N"模式，并不断优化。为此，需要努力探索满足用户个性化定制的创新模式。

3）构建基于大数据应用的供应链智能协同云平台

供应链大数据分析做到事前预测、事中报警、事后关差分析、智能、协同交互。

（1）事前预测：通过历史数据及逻辑关系，提前预测未来发展趋势，及时预警，驱动关差。

（2）事中报警：业务异常信息监管显示，差异信息自动推送给相关责任人。

（3）事后分析闭环：根据数据的逻辑关系，通过层层分析，找到问题的根源及相关责任人，并系统形成关差任务，跟踪闭环。

4）实现智能协同的云平台

（1）智能：从集团供应链绩效横向追踪到各流程节点，纵向追踪到每一个订单，极大提高分析能力。通过多因素协同分析，及时发现问题、找到问题驱动因素。通过预警，在事前预见问题的发生。

（2）协同：通过追踪，精确找到相关的接口人、责任人。通过预警推送，实现主动协同。

（3）云平台：通过系统的整体软硬件一体化的平台，实现数据统一、IT 集中服务。

10.7 关键技术

10.7.1 机器人及自动化技术

工业机器人是自动执行工作的机器装置，即靠自身动力和控制能力来实现各种功能的一种机器。它可以按照人类指挥工作，也可以按照预先编排的程序运行，还可以根据人工智能技术制定的原则纲领行动。

工业机器人根据不同的功能，更换"手"和"大脑"，即末端执行机构和控制程序，不需做思想工作及培训，机器人就可以轻松转岗，受环境影响小、没有情绪干扰、精准运行的机器人，能够很好地保证产品质量和工艺，提高生产效率，这些因素令机器人在制造业领域越来越受到青睐。

目前，机器人在家电行业的应用主要体现在以下几方面。

1）用于生产线搬运、堆垛、焊接

用于冰箱、洗衣机、空调、微波炉等家电的自动化生产搬运和堆垛的机器人。搬运、堆垛机器人在汽车行业中运用得已经很广泛，在家电行业中使用，需要配合家电生产线的特性，根据家电产品自身重量，选择不同负载和末端夹持装置。

2）用于零部件生产线

用于空调、微波炉钣金冲压生产线、洗衣机模具生产线的机器人。家电行业用人成本越来越高，70%～80%的零部件都是钣金件，需要在冲床上生产。鼎峰机器人有限公司和北京科技大学合作研发单臂冲压机器人，2012 年开始，这款机器人已经用在空调、微波炉钣金冲压生产线上。中国家用电器研究院同杭州凯尔达合作开发的冰箱压缩机壳体焊接机器人，焊点表面氧化和变形少，焊点无发黑，省去打磨工序，配合搬运壳体的搬运机器人，能够适应全自动焊接生产线。

3）用于产品寿命检测及实验室检测

用于冰箱、微波炉、消毒柜、洗衣机等带门式家电的开关门寿命检测机器人，根据开关门动作的轨迹复杂程度的不同，机器人所需要的关节数也不同。

例如，冰箱抽屉的推拉试验，轨迹简单，只需要三自由度机器人便可完成，主要做法是机器人末端执行机构采用吸盘+拳击手+拉绳，吸盘由真空泵控制气压，拳击手套在机器人三轴末端起到缓冲作用。具体过程为：吸盘吸附在抽屉表面中部，通过机器人运转，带动拉绳使得抽屉模拟人手式被拉出，再通过机器人运转，将拳击手对准抽屉中部推抽屉回位，机器人往返运动，完成循环试验.

用于吸油烟机功能按键检测机器人，末端采用汽缸推动按键式手指，通过示教器编号程序，配合按键位置设置好汽缸的动作，完成循环试验；用于热水器三联可靠性检测机器人，热水器冷热混水阀门的抬起试验，末端固定在阀门处，可旋转可抬起，完成循环试验；用于家电实验室的可行走机器人，是将上述各种功能的机器人带单个轨道或双轨道，一台机器人配合轨道，可以在整个实验室对多台家电进行检测，可以降低成本。

4）用于家庭服务用机器人研发

用于房间地面清洁的吸尘式家政服务机器人，用于照顾老年人生活及残疾人行动的生活服务机器人。

10.7.2　在线检测技术

随着生产和工艺的进步，消费者对家电产品的质量要求越来越高，快速在线检测技术成为一种重要的质量控制手段。在线检测内容包括外观检测、绝缘电阻检测、泄漏电流检测、电气强度检测、性能检测、噪声与振动检测、红外温度场发热检测等。快速检测技术的应用可缩短在线检测时间、降低检测成本，提升家用电器的制造技术和行业竞争力，在智能制造领域具有重要意义。

内容包括以下几个方面：

（1）红外热成像技术在产品外观检测中的应用。

（2）通过激光测振技术分析产品制冷系统性能。

（3）电冰箱能效在线检测系统的研制及其不确定度评定。

（4）智能机器视觉技术在自动检测领域的应用。

（5）家电产品噪声、振动场分析系统。

到 2020 年，研究、开发家电产品性能在线动态检测系统，如电冰箱动态检测系统、噪声分析系统、能效在线检测系统等，在家电企业重点推广应用。

到 2025 年，基于物联网，实现对在线检测系统数据的自动汇总和分析，及时反馈不足，进而完善前端设计和生产工艺。

10.7.3　信息集成技术

智能传感、智能决策系统、智能执行机构、网络通信的加入，将改变家电的软硬件设计要求。家用电器已经不只是单纯的硬件产品，更是网络信息服务和硬件设备相结合、区别于传统的新型智能设备。"家电终端+服务平台"的模式使智能家电成为物联网社会的一个终端设备，成为智能家居、智能用电等应用的承载设备。信息集成技术的发展将会成为影响智能家电发展的一个重要因素。

（1）智能家电接口技术、互联技术。

（2）低成本通信模块、感知模块的开发及应用。

（3）智能家电云服务平台的基础架构和功能服务设计。

（4）智能家电云服务平台的接入控制管理。

（5）产品标识及解析系统的设计开发。

（6）海量数据挖掘及增值服务设计。

（7）信息安全与隐私保护技术的集成应用。

（8）智能家电云服务平台的规模应用测试。

到 2020 年，设计开发面向白色家电的低成本、高可靠感知及通信模块，最终形成家电内置使用的公共模块，降低智能家电生产成本和智能家居系统集成难度；在智能家居行业广泛开展智能家电集成应用，开发智能家电应用服务平台，研究智能家电/物联网家电产品的评价与测试技术，建设技术测试与验证平台。

到 2025 年，建成中国家电领域行业性云服务平台，实现不同企业、不同系统、不同类型家电间的互联互通，满足智能家电产品应用过程中各个环节的数据协同需要；实现与其他行业平台的业务对接；为消费者提供智能家居控制解决方案、为家电企业及上下游产业链提供各种应用服务和增值服务。

10.7.4　模块化技术

模块化设计是从系统的角度研究产品的组织结构，以产品功能为中心，兼顾成本因素，通过分解、组合的方法，将零部件组合成模块，将模块配制成多样化的产品，以满足用户的需求。模块化设计和制造是解决家电产业满足消费者个性化需求的有效方式。当前模块化设计、模块化制造在家电领域还属于新生事物，相关设计技术、产品开发更多地处于研究、探索阶段。有些企业针对某些产品，已经开展先期的产品开发和小规模生产。模块化设计在家电领域的应用，技术关键和难点主要集中在：

（1）针对不同家电产品，综合考虑功能独立、能够独立设计与制造、具有标准化接口等相关因素下实现合理的模块划分。

（2）兼顾互换性、通用性和标准化的机械、电气、软件及其他物理量与电量接口设计及参数。

（3）基于产品功能/性能、模块及接口关系的产品架构的建立。

（4）模块库，包括模块数据库、模块模型库等的建立和完善。

到 2020 年，研制、完善以洗衣机、电冰箱、空调器为代表，延伸至更多其他家电产品的模块化设计标准，在相关产品制造企业推广应用。

到 2025 年，在主要家电产品实现模块化设计的基础上，进而改造和完善生产工艺、制造装备及工装，在行业推进模块化制造。

10.8 保障条件

10.8.1 政策支持

家电产业近年来市场及产业的发展离不开国家多项刺激消费政策的支持和引导。2007年以来陆续实施的家电下乡、以旧换新和节能惠民政策，2013 年分别退出了历史舞台。2014 年 1～6 月，商务部监测数据显示，家电销售额同比增长 5.3%，增速比上年同期放缓6.2%，大家电内销市场整体表现低迷，下行趋势明显。在当前世界经济复苏乏力，市场环境不容乐观的环境下，再加上人力、资源成本上升，制造业向发达国家回流和向东盟、印度、拉美等成本更低国家转移等诸多因素，使我国家电产业面临前所未有的严峻挑战。实施智能制造，促进我国由制造大国向制造强国转变的国家战略，对引导传统家电制造业转型升级意义重大。但家电行业作为市场化程度高的产业，激烈的市场竞争，极易引起企业的短期行为，如重规模、抢速度、重产值和数量、轻效率、轻产品技术含量，追求短期利益，而忽略研发投入、转变生产方式等高投入，关乎长远发展的问题。因此，家电产业在向智能化制造发展的进程中，更需要国家政策给予更多的支持、引导和倾斜。

首先，制定行业激励和优惠政策，包括建立专项资金，出台积极的财税政策等措施，提升企业的觉悟和意识，鼓励和支持家电企业工厂自动化、智能化改造升级。

其次，加大研发资金的投入力度，针对家电企业自动化、智能化升级改造过程中的重大关键技术和装备工艺及重点产品，在资金投入和科技项目立项上给予倾斜和支持，分阶段、系统地解决行业向智能制造转变的关键和瓶颈问题。

10.8.2　发挥标准化对行业的引领和支撑作用

标准化工作为家电产业向智能化制造发展提供了基本的技术支持和保障。推进家电制造业智能化标准体系建设，制修订市场和行业发展亟需的标准。提高标准意识，充分调动各方面的积极性，鼓励以企业为主体，联合科研机构和高校制定行业标准和规范，积极参与国际标准化工作，加强国际交流合作。通过标准化工作，加快我国家电业由传统制造业向信息化、智能化发展的步伐。

家电产业市场化程度高，行业竞争激烈，产品品类多，升级换代速度快；有些产品，如部分小家电产品，行业进入门槛低，生产企业数量众多，质量控制水平参差不齐，给产品质量监管带来很大难度。行业标准化工作成为规范产品质量，保护消费者安全和利益，监督和约束企业行为的重要工具和手段。

我国家电标准化工作三十年来伴随我国家电工业同步发展。一是不断完善家用电器标准体系建设，逐步形成以产品安全、性能及测试方法标准为主，同时包含零部件、产品维修售后服务、环境和资源再利用标准等五大系列构成的标准体系；二是标准制修订中坚持优先采用国际标准的原则，安全标准采标率达 97%，为保障家电产品的质量安全和性能水平以及保护消费者的利益做出重要贡献；三是努力唤醒和提升企业的标准化意识，通过标准化提升企业的产品研发、设计、检测等质量管理和控制能力，促进企业提高效率，提升竞争力；四是多年来积极参与国际标准化工作，在国际标准化组织中扮演越来越重要的角色。

近年在我国具有自主知识权和技术优势的领域提出多项国际标准提案，如电热水器防电墙、豆浆机、电压力锅等提案已写入国际标准，针对当前国际标准化中的技术前沿和热点领域——机器人领域，我国提出家用机器人性能测试方法提案，和发达国家站在同一起跑线上抢占该领域的标准化制高点。国际标准化工作为近年我国家电产业跨越国际贸易中越演越激烈的技术性贸易措施，扩大产品出口，引领行业国际化发展发挥了积极的作用。

10.9　技术路线图

家用电器数字化、网络化、智能化制造技术路线如图 3.10.1 所示。

历程 因素		2015—2020年	2020—2025年
需求		满足网络化下个性化、差异化的小众需求，实现成本、速度和质量之间的最佳平衡	
		满足智能家电产品应用过程各个环节的数据协同需要，开展大数据环境下智能家电增值应用与服务	
		以机器人换人，降低成本；追求更高的质量，提高产品快速响应能力	
目标		改造生产工艺、制造装备及工装，基本实现采购、研发、制造模块化	实现基于模块化的家电产品大批量采购和定制
		实现不同企业、不同系统、不同类型家电间的互联互通，实现与其他行业平台的业务对接	建立行业性应用平台，开展数据增值服务
		在焊接、涂装、检测等环节实现智能机器人的典型应用	扩大智能机器人的应用领域，实现大规模应用
智能产品		强化智能传感技术、控制技术、网络技术等在家电产品中的集成应用，提高家电单品的智能化水平，实现智能家电的广泛应用	智能家电在智能家居、智慧社区等的规模化集成应用
重大智能制造装备	1.面向家电生产过程的智能控制系统	在家电企业广泛推广具有自学习和自适应能力的智能生产控制单元，推广运行监控集成系统，初步建立工厂统一的控制和运营的模型库	提供完善的面向复杂生产过程的一体化控制策略，新一代智能控制系统的执行单元在企业广泛推广应用。
	2.自动化装备	突破智能制造技术与传统设备部件融合瓶颈，研发制造过程自动化生产线和智能化装备	自动化装备在行业中广泛应用，实现装备自动化、生产透明化、物流智能化、管理移动化、决策数据化
	3.工业机器人	扩大工业机器人在家电生产线、制造物流、仓储等环节中的应用，开发家电检测验室专用工业机器人，降低制造综合成本	实现工业机器人在家电行业中的智能化应用，提高本土企业的自主研发和创新水平，提高国产机器人的应用普及度
数字化车间/工厂		基于模块化实现高自动化、大数据的应用以及总装的柔性化生产	实现信息管理平台、能源监控平台、供应链管理平台与生产过程精益控制系统的有机融合，提高生产效率，实现高技术产业化
关键技术	1.机器人及自动化技术	实现家庭服务、医疗康复专用机器人，实现家用电器性能测试专用机器人；实现工业机器人在家电自动化生产线的集成应用，实现产业升级	实现多种智能家庭服务机器人的协同管理；基于物联网技术、云服务平台，实现家电制造业无人生产车间
	2.在线检测技术	研究、开发家电产品性能在线动态检测系统，如电冰箱动态检测系统、噪声分析系统、能效在线检测系统等，在家电企业重点推广应用	基于物联网，实现对在线检测系统数据的自动汇总和分析，及时反馈不足，进而完善前端设计和生产工艺
	3.信息集成技术	设计开发面向家电的感知及通信模块，开展智能家电集成应用，研究智能家电的评价与测试技术，建设技术测试与验证平台	建成中国家电领域行业性云服务平台，满足智能家电产品应用过程中各个环节的数据协同需要；实现与其他行业平台的业务对接；提供各种应用服务和增值服务
	4.模块化技术	完善模块划分、接口及参数设计工作，构建产品架构及平台	建立和完善模块库，包括模块数据库、模块模型库等
保障条件	1.政策	加大研发资金的投入力度，制定行业激励和优惠政策	
	2.标准化	加强标准研制力度，健全和完善相关标准体系	

图 3.10.1 家用电器数字化、网络化、智能化制造技术路线

第十一章　纺织工业数字化、网络化、智能化制造技术路线图

课题组成员名单

顾　问：王天凯　高　勇　孙晋良　蒋士成　季国标

　　　　周　翔　周国泰　郁铭芳　俞建勇

组　长：姚　穆

副组长：孙瑞哲

成　员：（按姓氏笔画）

　　　　华　珊　刘　欣　孙润军　李　毅　张慧琴

　　　　赵明霞　祝宪民　费丽雅

　　为了满足全国人民的衣着消费需求，新中国成立后现代纺织工业大规模发展，改革开放后随着市场经济的快速发展和经济全球化的日益深入，我国纺织产业链不断完善、先进技术广泛应用、产品品种极大丰富、国际市场份额不断增加，是促进经济发展、解决劳动就业、改善人民生活的重要产业。按照 2020 年全面建成小康社会和基本实现工业化的目标要求，在国际形势不断变化、科学技术不断进步、环境资源约束不断加大的背景下，纺织工业要加快结构调整和转型升级步伐，实现纺织大国向纺织强国的转变。

　　在"十五"和"十一五"期间，数字化、智能化制造技术在纺织行业的应用程度不断提高，生产效率、产品开发能力以及节能减排水平都获得大幅提升，提高了劳动生产率，也有效支撑了纺织产业结构调整和产业升级。随着信息技术与纺织工业的深度融合，数字化网络化智能化制造，将在纺织业得到更加广泛的应用。根据纺织业数字化智能化应用的需求分析，选择智能化纺丝、智能化纺纱、智能化印染和智能化经编服装，作为纺织业数字化、智能化应用的重点领域，并确定相应的发展目标，提出技术路线图以及重大智能制造装备和关键技术。

11.1　产业发展概况

11.1.1　产业发展规模

　　中国是世界上最早生产纺织品的国家之一，19 世纪后半期开始引进欧洲纺织技术发展现代纺织工业，新中国成立后开始有计划、大规模地发展纺织工业，棉纺织生产能力从 1949 年的 500 万锭发展到 1981 年的 1890 万锭，为解决全国人民的穿衣问题做出巨大贡献。20 世纪 80 年代以来，随着我国改革开放进程不断推进以及经济全球化的日益深入，纺织工业各门类快速发展，先进技术广泛应用，出口市场份额不断增加。

　　进入 21 世纪，我国正式加入 WTO，纺织工业快速发展，已经拥有世界上规模最大、产业链最为完整的纺织工业体系，在国际上具有明显的比较优势。为我国国民经济增加积累、解决劳动就业、改善人民生活水平、进行产业配套等诸多方面都发挥了重大作用，同时也积极推动了解决"三农"问题和农村城镇化水平的提高。

　　根据国家统计局数据，2013 年我国规模以上纺织企业 38618 户，实现主营业务收入 63848.9 亿元，2005—2013 年均复合增长率为 15.4%；实现利润总额 3506.1 亿元，2005—2013 年均复合增长率为 22.1%，如图 3.11.1 所示。2013 年我国纺织全行业纺织纤维加工总量为 4850 万吨，2005—2013 年均复合增长率为 7.7%；出口总额为 2920.8 亿美元，2005—2013 年均复合增长率为 12.1%，如图 3.11.2 所示。纺织行业规模以上企业就业人数在 1000 万人左右，全行业就业人数超过 2000 万人。

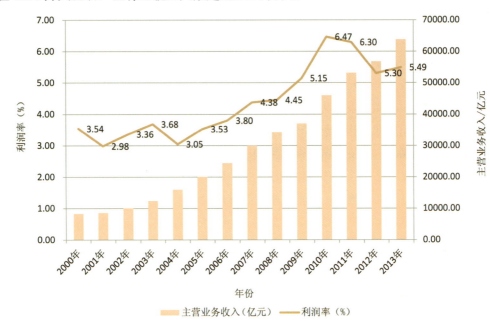

图 3.11.1 2000—2013 年规模以上纺织企业主营业务收入和利润率

（数据来源：中国纺织工业联合会统计中心）

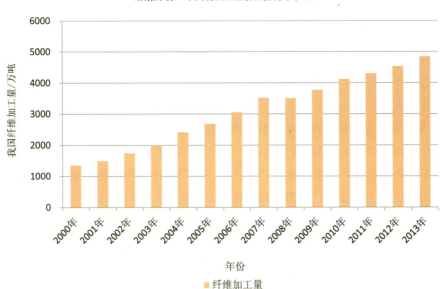

图 3.11.2 2000—2013 年我国纤维加工量

（数据来源：中国纺织工业联合会）

11.1.2　纺织工业的国际地位

进入 21 世纪以来，随着经济全球化程度的提高，纺织行业的国际分工进一步细化，世界纺织产业快速发展。根据 Fiber Organon 的数据，2005—2013 年，全球纤维消费量由 6961.5 万吨增长到 8904.2 万吨，年均复合增长率为 3.1%；全球纺织品服装出口总额由 4830.2 亿美元增长到 7661.7 亿美元，年均复合增长率为 5.9%。2013 年我国纤维加工总量占世界的比重超过 50%，我国化学纤维产量为 4122 万吨，占世界的比重超过 70%；根据 WTO 的数据 2013 年我国纺织品出口额占世界纺织品出口总额的比重为 37.1%，如图 3.11.3 所示。

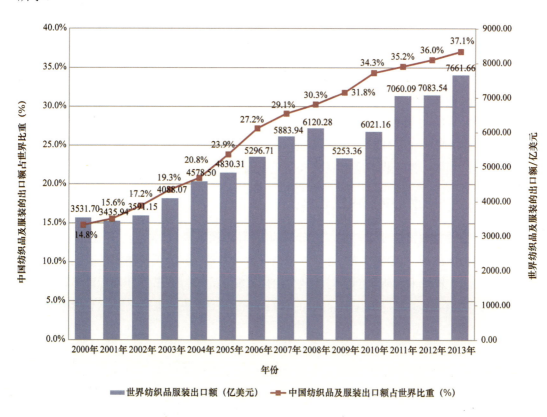

图 3.11.3　2000—2012 年世界纺织品服装出口额及中国占世界的比重

（数据来源：WTO 年报）

11.1.3　纺织工业的发展趋势

1．纺织产业转型升级受到高度重视

国际金融危机以来，纺织产业面临国际市场需求不足、综合成本持续上涨、东南亚地区竞争激烈等方面的问题，出现纺织企业利润下滑、中小企业生存困难等情况，严峻的形势受到政府、行业和企业的高度重视，促进内需和行业振兴的政策措施相继出台，纺织行业也在经历了较长时间的高速增长后，更加关注结构调整和转型升级，加快推动纺织行业的自主创新、技术改造、淘汰落后和优化布局等转型升级的重点内容，以应对国际需求下滑、市场供求失衡、企业经营困难及吸纳就业人数下降等困境。

2．先进技术在纺织产业的应用不断深入

纺织产业与各项先进技术的发展和应用紧密关联，应用电子、信息、自动化、新材料等高新技术改造与纺织产业深度融合并创新发展，高新纤维技术和高端装备技术是影响纺织产业升级发展的关键核心。信息化技术广泛应用提高纺织工业劳动生产率、降低制造成本、改善生产环境，在互联网、物联网、云计算、大数据等信息技术的强力支持下，推动纺织工业生产模式、流通模式和营销模式的创新发展。

3．节能减排工作将持续积极地推进

针对污染物排放提标要求，加大节能环保相关技术改造投入，扩大纺织清洁生产技术、污染物治理技术的推广应用。着眼行业中长期可持续发展要求，加快纺织低碳加工、环境治理、再生循环新技术的研发创新与产业化应用，继续完善行业节能环保标准体系，发展专业化的公共服务体系，提供基础保障和支撑，从根源上解决印染等关键环节的环境瓶颈问题。

11.2　数字化、网络化、智能化制造基础

在"十五"和"十一五"期间，数字化、智能化制造技术在纺织行业的应用程度不断提高，生产效率、产品开发能力以及节能减排水平都获得大幅提升，提高了劳动生产率，

也有效支撑了纺织产业结构调整和产业升级。

11.2.1　数字化、智能化、全流程集成

1. 纤维全流程技术

信息化技术应用在传统纤维机械装备上，通过嵌入传感器、集成电路、应用软件和其他信息元器件，形成具有高生产效率、高控制精度和低能耗等特点的数字化纤维成套生产系统。我国在日产 200 吨涤纶短纤、涤纶长丝、复合纺、三维中空、锦纶等纤维品种的生产全流程设备上实现了突破；开始发展纤维生产过程数字化监控技术。

2. 全流程纺织加工技术

数字化、信息化技术与纺织技术相结合，实现高精度控制和快速柔性反应，并不断提高产品质量。以电子信息技术为主导，以新材料和高精度自动化机械加工技术为基础，采用光、机、电、气动、液压等传感技术，实现纺织生产过程各种工艺参数的在线检测、显示、自动控制和自动调节，设备运行自动监测、显示、超限报警、自动停车甚至故障自动排除。各种纤维材料、纱线、织物自动化检测技术也正在取代手感目测传统检测技术。

3. 全流程染整技术

染整技术重视采用全流程自动化、计算机程序控制，以及计算机测配色、计算机分色制版、无版喷射印花、网络远程通信等辅助生产手段。我国的数字化染整加工技术在单一工序过程上取得了进展，如配色自动化整合作业系统、印染在线监测及控制技术设备、冷转移印花技术等，大幅提高工作效率和节能减排水平。

11.2.2　数字化、智能化、设计和制造

1. 数字化设计

以计算机辅助设计（CAD）为主的产品研发设计数字化技术在纺织行业得到广泛应用，有效提高了产品创新能力和市场反应速度。织物的结构功能设计、服装和家用纺织品设计均广泛应用 CAD 技术，并向网络化方向发展，三维 CAD 技术也已经进入商业化阶段，基于三维扫描的服装工业人台开发技术、基于简单图像和低维特征的人体高维参数在线获取技术和基于非线性理论的纺织品纹样设计技术等需要进一步推广应用。

2. 数字化生产制造

通过智能模拟技术和大数据分析，获得纤维生产工艺与纤维性能之间的关系，实现纤维生产工艺优化和生产流程重整。在纺纱、织造、针织、印染、服装和家纺制造等领域，连续化、自动化、高速化等新型设备得到广泛应用，计算机测配色和分色制版技术、三维测量技术、在线检测系统等数字化技术促进纺织生产制造的质量和效率提升。

3. 数字化、智能化管理和营销

纺织企业为了提升竞争力，管理信息化需求增长显著，遍及所有行业，棉纺、毛纺、化纤企业较多，并以大中型企业为主。管理信息化系统经过多年的应用，逐步向综合集成方向发展，并延伸到设计、工艺和生产环节。企业资源规划（ERP）、管理信息系统（MIS）、供应链管理（SCM）、客户关系管理（CRM）等系统在纺织企业中推广应用，覆盖纺织企业的原料采购、库存管理、订单排产、生产管理、质量管理、销售管理、成本核算和财务分析等管理内容，实现全面管理和信息共享。

纺织品服装的电子商务非常活跃，是最具活力的商业渠道，对消费市场的拉动作用显著，品牌纺织品服装企业踊跃建设电子商务系统，纺织行业电子商务平台建设通过网络基础设施、支付平台、安全平台、管理平台等共享资源有利于纺织企业低成本、高效率地开展商业活动。

20 世纪以来，纺织业的数字化、智能化水平得到创新发展，但总体来说和国际先进水平还有很大差距，各项信息技术在行业中的推广集中在大中型企业，且多数企业仍处于局部应用阶段。协同和集成水平较低，管控一体化水平不高，需进一步利用自动化、信息化、数字化、智能化技术改造提升纺织产业。

11.3 数字化、网络化、智能化制造需求

由于全球经济的稳定增长和中国纺织品出口贸易的竞争力，国内需求增长等多种因素的作用，"十一五"以来，我国纺织业的纤维加工量每年以 6% 以上的速度递增。纺织工业的快速发展，给纺织工业技术装备提出了新的要求。我国纺织装备的数字化、智能化技术普及率还比较低，智能化的纺织机械设备尚为空白，与国际水平有较大差距。纺织行业由规模扩张型向质量效益型转变过程中，对提高产品质量，智能化、自动化、连续化，降

低工人劳动强度、提高劳动生产率和节能降耗的技术改造项目有着强烈的需求愿望。

11.3.1 智能化纺丝生产线

2013 年我国涤纶长丝产量 2392 万吨，占化学纤维的比重为 58%，是纤维材料最重要的品种之一，目前还存在品种单一、未实现全流程自动化、产品质量不能追溯等问题，采用数控、智能技术，实现从纺丝、假捻变形到丝饼检验分级、包装、仓储全流程的自动化、信息化，提高产品质量、生产效率，对纺织行业的产业升级发挥积极作用。

建立长丝从纺丝到产品包装的智能化长丝生产线，重点实现长丝自动落筒、丝饼运输、堆放、包装、管理智能化。重点研究优化自动络筒、堆放装备的自动化工艺，设计、制造自动化络筒及纸筒管上管、卷装传输、堆放、包装、管理流程系统与装备，并进行系统与虚拟样机仿真，实现系统装备的逻辑控制。研发卷装自动络筒至仓储全流程协同智能控制技术与运行优化，提升装备系统多单元协同控制和大规模群控技术水平。研制适用的机械臂等完整流程系统与装备。

研发高安全性的虚拟专用网络（VPN）远程实时监控技术；建立生产工艺和生产管理数据库；研发利用互联网浏览器的便捷远程设备监控平台。实现通过两端移动 3G 网卡和远程监控软件对工厂的可编程逻辑控制器（PLC）及部分驱动器软件进行监控和修改。

11.3.2 智能化纺纱成套生产线

我国环锭纺纱规模超过 1 亿锭，占世界的比重超过 50%，纺纱曾经是用工非常密集的产业，改革开放初期万锭用工水平还在 300 人以上，随着技术进步和自动化水平不断提高，用工水平不断下降，劳动生产率不断提高。智能化纺纱成套生产线包括计算机自动配棉、清梳联合机、精梳系统、纺纱系统，采用智能化纺纱，使万锭用工水平由目前的 60～100 人降低到每班 10 人以下，产品质量和经济效益均能获得大幅提升。

目前国内纺织设备已经实现部分连续化，如清梳联、粗细络联合、自动棉卷运输等，并已经在纺织厂应用，还需要把这些工序的设备通过自动化、连续化、数字化技术作为一个智能化的整体进行管理，实现纺纱成套设备的连续化运行、数字化控制和网络化管理，并节能降耗，减少用工成本，改善生产环境，降低工人劳动强度，适应多种新型纤维纺纱，提高传统纤维纱线产品的档次。通过数字化智能纺纱成套设备的开发，实现成熟的高效、数字化棉纺车间的标准生产管理规范，最终实现纺纱车间的无人化、数字化管理。

需要进一步重点研究各工序条筒输送；棉条自动接头；精梳卷的自动换卷、自动生头；粗纱的自动接头；细纱机处粗纱空管与满筒粗纱自动交换、细纱的自动接头；自动络筒机多台集中控制；络筒工序筒纱自动输送及自动包装；实现主机设备、辅助设备、原材料、人员、成品等车间全部设备、人、物的在线监控和智能化管理；实现数据分析及远程诊断。

11.3.3 智能化印染成套生产线

印染是纺织产业链中的关键环节，关系纺织品服装的色彩、舒适和功能，也是对节能减排影响最大的产业，印染工业流程长、工序多，工艺参数的复杂性和可变性，生产过程的控制难度很高。在"十二五"期间印染工艺参数在线检测与控制系统发展的基础上，采用最新的技术，形成覆盖印染全流程设备的数字化监控系统。

对机械参数、工艺参数、能源消耗和过程质量进行全方位监视，并集成染化料自动配送系统，形成机台或单元机的闭环控制。重点研发三大监控系统。研发双氧水浓度在线检测及自动配送系统，解决织物漂白用双氧水的实时供应问题，稳定加工质量；研发印染联合机高精度张力同步控制系统，通过采用张力传感器对运行中的布面的张力进行连续检测，并根据设定值对张力进行控制，解决印染联合机各单元恒张力同步运行的问题，可有效地消除织物伸长、皱条、色差、纬斜等缺陷；研发定形机能耗监控系统，该系统包括布面与烘房温度在线检测与控制、烘房排气湿度在线检测与控制、回潮率在线检测与控制等子系统，该系统可有效控制能耗并保证织物质量，防止织物过度烘燥，减少能源浪费，提高能源利用率。形成覆盖印染全流程设备的数字化监控系统，建立数字化印染车间。实现对产品质量、能源消耗、资源利用等方面的全面监控。

11.3.4 智能化服装生产线

服装是纺织产业链中用工比重最高的环节，劳动力资源丰富以及成本优势是我国服装业快速发展的重要支撑，随着劳动力成本不断提高，以及新一代农村富余劳动力就业观念的转变，服装制造行业面临用工压力，为了保持服装产业可持续的发展能力，提高自动化、数字化水平，建设智能化服装生产线是有效应对手段。

服装生产包括生产准备、裁剪、黏合、缝制、整烫、检验、包装、储运等生产流程，工序离散度高，近年来三维人体扫描、量身定制大批量生产以及虚拟试衣等先进技术已逐步在服装行业运用，而"机器人缝纫"将光机电一体化技术引入缝制设备，使自动缝纫成为未来可期待的技术革命。从经编智能成衣生产切入，实现成衣无缝连接直接成型，并能实现多种花形的编织，完成厚料与薄料混合成形时，匀称过渡，减少劳动强度，提高生产效率，开拓智能化服装生产。

11.4 发展目标

根据纺织业数字化智能化应用的需求分析，选择智能化纺丝、智能化纺纱、智能化印染和智能化经编服装作为纺织业数字化、智能化应用的重点领域，并确定相应的发展目标。

11.4.1 智能化纺丝

到 2020 年建成 1～2 个智能化纺丝示范线，到 2025 年建成 5～10 个智能化纺丝示范工厂，实现丝饼全自动套封袋包装，纺丝卷绕加弹生产流程数字化控制，质量属性自动跟踪。

11.4.2 智能化纺纱

到 2020 年，纺纱设备实现数字化控制，实现 3 万锭棉纺工厂的全流程智能化管理。到 2025 年，纺纱设备实现智能化管理，万锭用工水平达到每班 10 人以下，实现 10 万锭棉纺工厂的全流程智能化管理，具备推广应用 10 个工厂的条件。

11.4.3 智能化印染

到 2020 年，数字化印染车间实现印染全流程信息的互联互通，实现印染车间流程的集中监控和远程监控。到 2025 年，实现智能化管理，实现物料智能化输送等功能，实现工艺方案的智能优化，印染全流程的无人化操作。

11.4.4 智能化经编服装

到 2025 年，实现经编智能成套设备的网络化、智能化集成控制，经编生产的工艺参数自动调节、质量在线检测、生产数据实时采集和故障远程诊断。

11.5 重大智能制造装备

根据智能化纺丝、智能化纺纱、智能化印染、智能化经编服装这四个方面纺织业智能化制造的目标，围绕关键工艺环节的需求，提出了各生产线所包括的重点智能装备发展方向和目标。

11.5.1 差别化涤纶长丝成套生产线

实现差别化涤纶长丝生产智能化管理，丝饼自动化检测、自动分级，丝饼质量信息可追溯，实现工艺参数、生产信息网络化管理。

1．差别化涤纶长丝纺丝机

到 2020 年，完成研制差别化涤纶长丝纺丝机，具有以下特点：纺丝助剂（阳离子、色母粒、消光剂等）在线智能添加，全自动卷绕换筒，全自动高速卷绕头，锭长为 1500～1800mm，机械速度为 4500～5000m/min；丝饼智能转运，实现控制技术数字化；形成生产年生产 500 纺位的能力。到 2025 年，完成差别化涤纶长丝纺丝机的数字化控制，实现智能化工艺参数在线检测及调整，纺丝张力智能控制，年生产能力达到 1000 纺位。

2．智能化假捻变形机

到 2020 年，完成智能化假捻变形机的全自动落筒、换筒功能，假捻器单锭传动速度为 20000r/min，工艺参数实时精密检测与智能控制；形成年生产能力 300 台。到 2025 年，实现智能化假捻变形机的数字化控制，卷绕成型的丝饼全自动换筒和智能化转运，年生产能力达到 600 台。

3．自动落筒机及自动导引搬运车

完成自动落筒机及自动导引搬运车的研发，实现落筒机引导搬运车自动寻址，精确定位，误差自动校正。

4．全自动丝饼套袋机

完成全自动丝饼套袋机的研制，实现精准套袋、自动抽吸空气等动作，保证每 2 秒完成一个丝饼套袋工作。

11.5.2　智能化纺纱成套生产线

智能化纺纱成套生产线实现远程控制、故障诊断、维修。清梳联合机实现智能化管理；条并卷机与精梳机间棉卷全自动运转、自动生头；粗纱机与细纱机之间实现多台机间粗纱满空管自动输送、细纱机处粗纱空管与满筒粗纱自动交换；细纱机与自动络筒机间实现多台机组集中控制；设备生产过程、故障远程控制、诊断、维修。

（1）清梳联合机。清梳联合机实现智能化控制，生条重量不匀率（CV%）≤1.8%，清梳联合机能耗降低 20%。

（2）精梳机。精梳系统棉卷实现智能化转运，精梳机自动生头，其成功率＞90%；生产有效率＞95%。到 2025 年，精梳机自动接头成功率＞95%，生产效率＞98%。

（3）全自动落纱粗纱机。全自动落纱粗纱机纺纱速度达到 1300r/min，取满纱成功率≥99.7%，空满管交换成功率≥99.7%。形成年产 80 台的能力。

（4）细纱机（环锭）。细纱机（环锭）实现智能识别细纱断头，断头后自停喂纱，形成年产 200 台的能力。到 2025 年，细纱机（环锭）纺纱生产速度达到 25～30m/min，形成年产 500 台的能力。

（5）细络联型自动络筒机。实现细络联型自动络筒机生头成功率＞96%，形成年产 100 台的能力。到 2025 年，实现细络联型自动络筒机自动生头，成功率达到 98%，形成年产 200 台的能力。

（6）工序间物流系统。实现各工序内单元机组间产品自动转运，如精梳系统（条并卷、精梳）、纺纱系统（粗纱、细纱、络筒）工序内产品自动转运。到 2025 年，实现工序间物流系统及智能管理控制，实现生产过程全流程自动化。实现远程监控、故障诊断、维修。

11.5.3　经编智能成衣生产成套设备

具有高精度响应电子横移、经纱送经和织物牵拉恒张力控制，织物自动落布与输送，经编生产的工艺参数自动调节、经轴智能调度，质量在线检测、生产数据实时采集和故障远程诊断。

到 2020 年，高速特里科经编机 2 梳速度达 3500r/min，配备工控机控制的集成控制系统，实现电子送经、电子牵拉和电子横移的一体化控制。

到 2025 年，采用全闭环恒张力电子送经和牵拉系统，实现经纱送经和织物牵拉恒张力控制，送经与牵拉张力偏差＜1%；高动态高精度电子横移系统，实现高精度响应电子横移；织造花型智能化准备，更换花型时间减少 30%；经轴智能调度；成套设备的数控化率达到 90%以上；百米疵点不多于 2 个，断纱停车疵点长度低于 5cm；织物自动落布与输送，实现无停车生产落布；产品自动检验，智能分级，自动包装。

11.5.4 智能化印染成套生产线

智能化印染成套生产线实现流程数控化运行，染化料、物料的智能化配送；设备、工艺参数在线监控，全流程信息的互联互通；建立工艺专家数据库，优化印染工艺，实现印染生产的智能化管理。

1. 纺织材料微波负压烘干数字化成套装备

到 2020 年，研制大功率微波负压干燥样机，完成各类纺织材料的工艺试验。总功率大于 30KW，具有自动红外温度检测，烘干腔压力自动检测功能。到 2025 年，微波负压烘干数字化成套装备实现大功率、大容量、自动化、红外温度传感，并具有均匀微波场的数字化微波负压干燥功能。

2. 超临界无水染色技术与装备

开展中试示范装置和产业化示范装置的工程化设计和装备制造，完成中试试验，实现产业化。以二氧化碳为染色介质，采用大流量、内循环、内外染相结合或织物动态循环方式，染色温度范围为 80～120°C，压力范围为 20～25MPa，染色时间为 0.6～1.5h，实现化学纤维、纤维素纤维、蛋白纤维材料超临界二氧化碳无水染色，染色产品的匀染性、染色牢度达到国家纺织产品基本安全技术规范。

3. 高质高效针织物连续练漂水洗设备

到 2020 年，高质高效针织物连续练漂水洗设备，实现吨织物的连续式练漂加工耗水量为间歇式加工耗水量的 1/3～3/5，耗电量为 1/2～3/4。功能上实现连续式加工、织物低张力运行、高效洗涤，带喷淋的大转鼓结构，全流程数字化监控。

11.6　关键技术

11.6.1　差别化涤纶长丝成套生产线

为实现差别化涤纶长丝成套生产线的智能化管理，应着重研制数字精密卷绕控制技术，张力在线实时检测与智能控制技术；智能在线添加技术；仿真设计模型与数控加工技术；多电机传动及控制技术；搬运车自动寻址，精确定位的技术；空气自动抽吸技术；工艺参数智能数控制与检测技术；在线智能检测、产品分级技术，在线丝束品等判定技术；以现场总线为基础的生产设备、生产车间数字控制系统与智能网络系统的技术。

到 2020 年，完成数字精密卷绕控制技术的研究，使丝饼退卷率提高 20%，卷绕满筒率达到 97%；完成助剂在线添加的数字化控制技术的研究，实现纤维差别化生产；完成喷丝板微孔的数字化仿真设计模型的研究，实现喷丝板数控加工技术；完成假捻变形机牵伸导丝盘多电机传动及控制技术的研究，保证纱线牵伸速度误差控制在 1‰ 以内；完成纺丝温度、流量、压力等电控信号的数字化控制技术的研究；完成自动落筒机及自动导引搬运车自动寻址，精确定位的技术研究；完成丝饼包装套塑料袋过程中空气自动抽吸技术的研究，实现丝饼自动包装。

到 2025 年，完成纺丝、假捻变形工艺参数智能控制与检测技术、生产过程中张力在线实时检测与智能控制技术的研究，产品质量提高 20%；完成在线智能检测、产品分级技术的研究，在线丝束品等判定精确度达到 99%；完成以现场总线为基础的生产设备、生产车间数字控制系统与智能网络系统的研究，实现智能涤纶长丝生产。

11.6.2　智能化棉纺成套生产线

为实现棉纺成套生产线智能化，形成万锭用工 10 人以下，应着重研究，棉条、细纱自动接头技术，棉卷、纱管的自动输送技术，棉卷自动生头技术，空管与满筒自动交换技术，多台集中控制技术，远程控制技术。

到 2020 年，完成清梳联的均匀喂棉技术的研究，保证生条重量不匀率（CV%）≤1.8%；完成精梳卷的自动输送技术的研究，实现工序内棉卷自动输送；完成粗纱的空管与满筒自动交换技术的研究，空满管交换成功率≥99.7%；完成细纱断头粗纱自停喂入技术的研究，细纱质量提高 10%；完成多机台集中控制技术，实现多工序机台控制。

到 2025 年，完成精梳机棉卷自动生头技术研究，实现自动接头成功率＞95%，生产有效率＞98%；完成机器视觉断纱检测技术的研究，使环锭细纱生产速度达到 25～30m/min；完成细纱管纱智能识别与输送技术的研究，实现细络联智能控制。完成信息识别技术研究，实现产品信息智能管理；完成远程控制技术的研究，实现故障远程诊断、维修。

11.6.3 经编智能成衣生产成套设备

为实现经编成衣生成套设备智能化，形成经编成衣生产、分级、包装智能管理，重点研发多机台智能控制技术，全闭环恒张力电子送经和牵拉技术，高动态高精度电子横移技术，经轴智能调度技术，自动落布与传输系统，实时在线生产监控和远程诊断系统，位置、动态张力、测速传感器和射频识别（RFID）装置。

到 2025 年，完成电子牵拉技术的研究，实现通过软件对机器开停进行微调节，实现变速牵拉以及改变局部的成圈密度，避免在开停过程中织物出现稀密现象。完成成衣卷取技术的研究，弹性织物在一定张力下卷取不变形。完成断纱寻找技术的研制，实现断纱后，找纱迅速，提高效率。完成压电陶瓷提花技术的研究，实现织物款式多品种。完成成衣质量在线检验、分级技术，实现成衣质量自动检验、智能分级。完成成衣自动包装技术，实现包装自动化。

11.6.4 智能化印染成套生产线

实现智能化印染成套生产线，重点研究染色、印染联合机智能化控制技术，建立染色、印染工艺专家系统，实现生产绿色环保，车间生产无人化操作。

到 2020 年，完成印染联合机织物张力精确检测与控制技术，织物含水率、染色轧余率精确检测与控制技术的研究，印染的一次成功率高于 90%；完成染料与助剂的精确称量与输送技术的研究，染色色差等级＞4 级；完成定形机烘房能耗控制技术的研究，完成圆网印花机机器视觉实时对花技术的研究，实现印花对花精度优于 0.1mm；实现成套生产线数字化控制。

到 2025 年，完成染色、印染实现物料智能化输送技术的研究；完成染色、印染工艺专家数据库的研究，实现印染工艺参数智能优化；完成设备、工艺参数信息管理，全流程的无人化操作。

11.6.5　两化融合重点内容

1．信息化综合集成应用

重点研究和推广纺织行业信息化综合集成整体解决方案，推动以管控集成为核心的信息化综合集成系统建设和应用。

到 2020 年，完成以管控集成为核心的信息化综合集成系统建设，形成纺织企业信息化综合集成应用行业解决方案，并在纺纱、织造等行业试点推广。

到 2025 年，管控集成为核心的信息化综合集成系统，以及纺织企业信息化综合集成应用行业解决方案，在纺织行业全面推广。

2．关键环节信息化应用

着力支持符合纺织、服装行业管理特点的专业化的企业管理信息系统（如 ERP）、工艺设计系统、在线监控系统、制造执行系统（如 MES）、品质监测系统、柔性制造系统（如 FMS）等产品的研究开发、功能完善和推广应用。

到 2020 年，大中型企业管理信息系统（如 ERP）、在线生产监控系统、制造执行系统（如 MES）等应用覆盖率达到 40% 以上；生产制造数控集成系统（如 CAM、FMS）、基于虚拟现实技术的三维设计系统（CAD）等的应用覆盖率达到 30% 以上。

到 2025 年，大中型企业管理信息系统（如 ERP）、在线生产监控系统、制造执行系统（如 MES）等应用覆盖率达到 50%；生产制造数控集成系统（如 CAM、FMS）、基于虚拟现实技术的三维设计系统（CAD）等的应用覆盖率达到 40%。

3．网络制造模式研究与实践

开展以产业链协同为核心内容的网络制造模式研究，支持主制造商发展订单驱动的制造模式，带动产业链上下游企业协同联动，降低平均库存水平，缩短市场响应时间，提高供应链整体竞争能力。

到 2020 年，探索网络制造系统的组织、运作模式以及技术实施路径，初步形成区域性网络制造组织模型。

到 2025 年，选择有条件的地区和企业开展以企业间协同为核心的网络制造试点示范工程。

4．拓展纺织行业公共信息服务平台服务范围

目前中小企业信息服务平台建设和应用已初见成效，中小企业公共服务平台综合应用

率达到 60% 以上，但应用范围相对较窄，主要集中在产品展示和电子交易两个方面。纺织行业公共服务平台应用应进一步向研发、管理和生产控制等方面拓展。

到 2020 年，中小企业应用信息服务平台开展研发、管理和生产控制的比例达到 40%，应用电子商务开展采购、销售等业务的比例达到 50%，综合应用率达到 75%。

5. 引导以电子商务为核心的互联网创新应用

以示范企业带动的方式，树立互联网创新应用示范企业，引导企业构建以电子商务为核心，工业化生产为后盾的一体化网络生产模式，实现生产环节和消费环节的对接，形成个性化定制生产新模式。

6. 推动纺织工业大数据集成应用

重点推进大数据在纺织行业管理和经济运行中的应用，形成行业大数据平台，促进信息共享和数据开放，实现产品、市场和经济运行的动态监控、预测预警，提高行业管理、决策与服务水平。支持和鼓励骨干企业在工业生产经营过程中应用大数据技术，提升生产制造、供应链管理、产品营销及服务等环节的智能决策水平和经营效率。

到 2020 年，应用大数据集成技术，完成纺织宏观经济决策系统建设，实现对纺织行业数据的深度挖掘与分析，预测宏观经济运行趋势，为行业管理提供决策支持。

11.7　保障条件

11.7.1　加大科技投入支持技术创新和进步

以增强企业自主创新能力为核心，支持纺织行业提高创新能力。加大对纺织工业的基础学科、共性技术的研发投入，扶持或搭建几个国家级的科研创新平台。对自主创新成果的产业化加大支持，引导有市场和成熟的先进适用技术，向量大面广的中小企业推广应用。

11.7.2　从全产业链角度研究数字化、智能化制造

提高生产效率、降低能源消耗、减少污染物排放、提高产品质量、丰富产品功能等是

促进纺织工艺技术进步的根本要求，工艺技术的进步又是和纤维材料、生产装备、管理技术等方面的进步紧密关联，要从全产业链的角度综合考虑数字化智能化的实施路径及投入产出效率。

11.7.3　开展典型案例的经验总结和推广工作

如何将先进的数字化智能化制造技术辐射到数量众多的中小企业，是实现全行业技术提升的关键，除了依托服务于中小企业的技术服务平台外，提炼出能够让全行业受益的先进技术和管理经验也非常重要，针对重点行业开展典型案例研究，总结成功经验并组织推广。

11.7.4　以产业联盟的方式开展数字化、智能化制造应用研究

深入开展产业联盟的方式合作创新，加强产业链上下游、生产部门与应用部门之间的技术供需对接与合作开发，推动建立高新技术纤维、染整关键技术、高性能产业用纺织品、高端装备、纤维回收利用等重点产业联盟，将数字化智能化制造技术应用融合到相关的产业联盟中去。

11.7.5　完善人才政策，促进人才结构优化

随着纺织业数字化、智能化进程的进一步推进，纺织业的用工数量将有较大程度的下降，例如，达到棉纺万锭每班用工人数降到 10 人后，纺织工人的工作内容和现在将有很大差别，不再是搬运原辅料、开关电源、添加物料等简单工作，而是操作计算机、进行纺纱工艺设计、审核各工序半成品和最终产品品质是否达到设计要求。这些工作现在是工程师和技术员的工作，而未来产业工人也需要具有较高的专业技能，对产业技能队伍的培养提出了较高要求。

为全面推进纺织人才的发展，各级政府可通过财政和货币政策，有针对性地加大对纺织人才建设工程的投资力度，推动纺织行业的人才服务平台的建设；纺织行业协会和学会组织，加强行业人才政策的制定完善工作，监督和检查市场和企业人才政策的执行，并通过募集社会资金，以纺织人才培养基金的方式，奖励对人才培养有突出贡献的单位和个人；企业通过建立人才奖励制度，对优秀科技创新人才给予物质奖励和表彰。争取国家政策改善基层专业技术人员的待遇，改善纺织行业人才环境。

11.8 技术路线图

纺织工业数字化、网络化、智能化制造技术路线如图 3.11.4 所示。

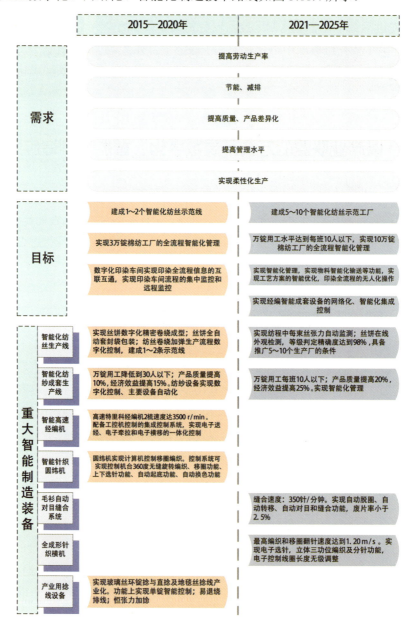

图 3.11.4 纺织工业数字化、网络化、智能化制造技术路线

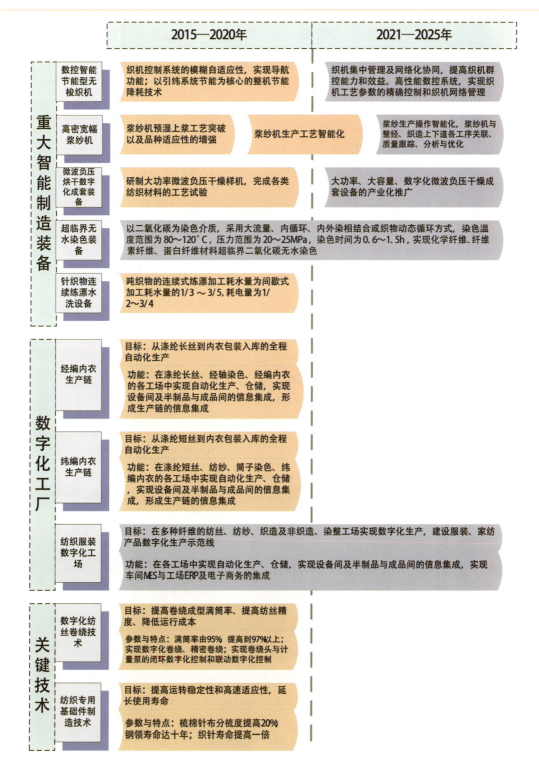

图 3.11.4　纺织工业数字化、网络化、智能化制造技术路线（续）

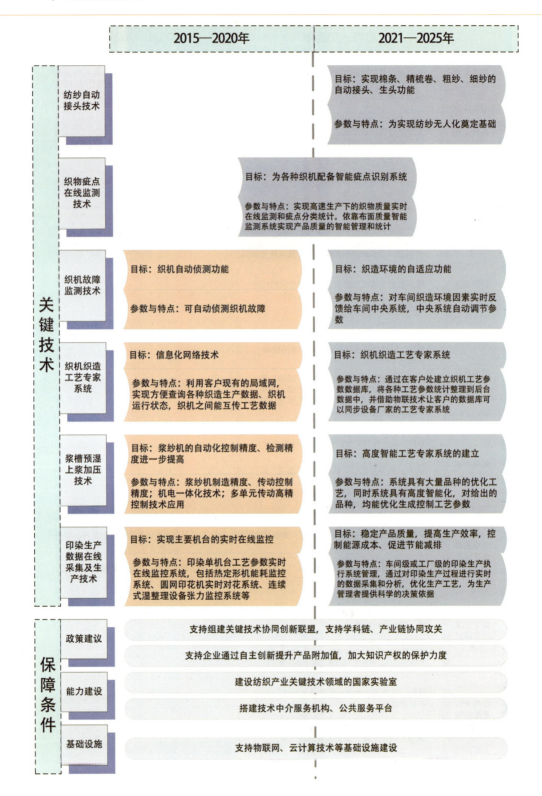

图 3.11.4　纺织工业数字化网络化智能化制造技术路线（续）

第四篇

企业发展智能制造的案例

智能制造是我国制造业由大变强的主攻方向和突破口，企业对发展和应用智能制造的热情越来越高，已经涌现出一些企业积极制定并实施本企业发展智能制造的规划战略，智能制造将会在我国制造业中获得大发展和广泛应用。但我们也必须清醒地认识到，智能制造在我国仍处在由概念走向应用的探索阶段，尚未形成规范和标准体系，缺乏典型行业、典型企业可供借鉴的实施路径和经验。

本篇选取了"3C"（指计算机、通信和消费类电子产品）行业成功实施机器换人和工艺重构的无线键鼠企业深圳雷柏、机床行业的宁夏小巨人、自动化领域核心基础部件 PLC 国际巨头西门子成都数字化工厂、高压输变电设备行业龙头企业西开电气、承担"国家智能制造装备专项"——"WP5/7 系列发动机柔性自动化装配生产线"的潍柴动力股份有限公司、天水长城开关厂有限公司开关设备制造数字化车间、伊利集团 7 家企业实施的数字化智能化制造为例，阐述企业发展智能制造的实践经验，为企业和政府推进智能制造提供参考。

借此机会，对在智能制造道路上开展探索并愿意分享借鉴的企业表示感谢。本课题研究团队将继续深入更多企业进行追踪和报道，期望更多的企业参与进来，为我国智能制造的探索贡献一份力量。

案例一：雷柏公司发展数字化、智能化制造实践经验

（执笔组：周安亮 曾 浩 李 峥 邓邱伟）

导读：雷柏是国内"3C"行业首家规模实施"机器换人"的企业，经历了漫长的探索，实现了"3C"行业特色鲜明的工艺重构、系统集成的换人之路，使公司产品性能、品质和品牌影响力稳步提升，人员从换人前3200人减少到目前的800人左右。

2013年4月，中国工程院组织了20多位院士、专家参观考察了深圳雷柏科技股份有限公司（以下简称雷柏），并与企业进行了深入座谈。随后由专门工作小组对企业进行深度追踪，本案例对调研和追踪进行总结，并阐述雷柏公司实施智能制造的实践经验。

1. 雷柏公司简介

雷柏公司是2002年曾浩先生创立的，主要生产鼠标、键盘等无线外设产品，在国内无线键鼠行业市场的占有率排名第一。公司在2008—2010年连续蝉联中国无线键鼠市场占有率的首位，2011年4月，公司在深交所挂牌上市，"做键鼠做到上市"也为公司开启了自主品牌的全球化发展之路，产品已扩展到全球40多个国家。

同时，公司还是"3C"行业"第一个吃螃蟹"实施"机器换人"的探索者，并在2011年率先将从ABB购买的75台"IRB120"工业机器人应用于"3C"行业。由于"3C"行业大量需要专业设备、流程控制及检测环节复杂多样，实施"机器换人"不仅仅是对生产节点的替换，更需要实施生产线的重构，雷柏经过若干年的摸索，在公司所从事的无线键鼠生产领域成功实施了生产线重构、机器人集成应用，使得公司产品性能、品质和品牌影响力稳步提升，并使得公司成为"3C"行业的机器人系统集成商，为同行业开展生产线重构集成提供咨询，拓展了公司的业务板块。

2. 雷柏专注于发展数字化产品

专注专心做好无线键鼠细分领域。雷柏专注于发展数字化产品、持续进行产品创新是其在计算机外设细分市场中脱颖而出的关键所在。公司 2002 年创立的前身为"热键科技"，当时深圳保安有 500~600 家键盘鼠标企业，为求差异化发展，公司从创立之初即定位于专业做无线键鼠。这期间，键鼠行业的多数企业扩张多元化发展，做机箱、摄像头产品，雷柏持续坚持在无线键鼠行业，专心做好国内和海外的贴牌 OEM，专注于围绕无线键鼠的数字化研发和设计、生产线的自动化改造，为公司实施机器换人、生产线重构打下了基础，才有了公司之后快速发展的根基。

抓住新技术革命契机敢于尝试创新发展模式。在 2006 年年底，当时市场主流无线技术是 27M，雷柏捕捉到一个革命性的技术 2.4G，并非常敏锐地抓住了这个技术对整个行业带来的翻天覆地的变化。雷柏在新技术面前，做了一个很重要的决策，将 3 家上游 IC 供应商挪威挪帝克（Nordic）公司、美国安捷伦半导体公司（现在的安华高）、中国台湾凌阳公司召集在一起，开技术研讨会，四家联合成立无线键鼠产业联盟，加速 2.4G 技术的产业化。其中，雷柏在模具制造方面投入大量资金加速产品投放市场的速度，IC 供应商给雷柏比市面上便宜一半的价格（雷柏承诺一个采购量：50 万套/季度），共同开拓 2.4G 无线市场。协议签订之后的 4 个月里，模具制造部门一连赶制出 18 款新鼠标和 10 款新键盘，2.4G 芯片出来的短短几年时间，整个市场被该项协同创新模式影响到，雷柏迅速做到 2.4G 领域的无线键鼠出货量全球第一，为公司吃下机器换人的螃蟹埋下了伏笔。

重视数字化产品的研发设计加速了"机器换人"步伐。雷柏从推出第一款产品之初，即组建了专门的研发设计团队，分别负责设计外形、结构设计、软件设计。随着数字化设计方法的应用，雷柏成功摸索出了无线键鼠形状、结构多变和生产线之间的联系，并总结了两条规律：

（1）无线键鼠生产过程用到的电子元器件种类繁多、形状不一，雷柏通过标准化无线键鼠生产过程用到的电子元器件的托盘，按固定位置存放不同种类、不同形状电子元器件，固化了用工业机器人抓取电子元器件的动作，为不同生产线模块化和实施机器换人提供了可能性。

（2）无线键鼠形状多种多样、且更新迭代的速度非常快，不同形状产品对物料、生产线各生产单元的需求不同，雷柏从产品设计开始，建立数字化设计和物料、生产单元之间的相互关联，与产品设计同步准备物料和调整生产线各生产单元。

这两条规律为产品外形和结构复杂多变的无线键鼠行业找到了"机器换人"、提高效率的突破口，加速了公司"机器换人"的步伐和产品迭代速度。

3. 进行制造过程自动化数字化改造

键鼠产品属于"3C"行业，大量使用劳动力进行重复拧螺丝、焊接、装配、检测等工艺，随着劳动力成本上升和由人带来的质量不可控因素，实施自动化升级改造是企业发展的内生动力。同时，由于企业为适应产品结构快速变化、品质多样化发展、质量的一致性和标准化的要求越来越高、管理者必须对生产线的生产能力有更加精确的掌握，这也迫切需要进行生产线的自动化改造。

虽然"3C"产业对自动化改造的需求大，但也存在一些挑战。当前大部分电子产品设计及生产工艺流程不适合自动化，产品种类变化快，对系统的智能及可扩展性要求高，常规生产线自主维护能力不强，改造后服务压力及费用高等都成为雷柏自动化数字化改造的"绊脚石"。即便如此，雷柏依然坚定地选择了符合公司产品及生产工艺特征的路径，分步骤推进制造过程自动化数字化改造，最终实现工艺快速重构的高效、柔性生产线的无线键鼠制造。

雷柏分步骤的推进方式积累了丰富的经验，取得了明显的效果。首选，雷柏选择部分投资回报率较高的工序（如贴膜、喷涂和焊接等）让机器人去做，其余工序由人配合机器人完成，从而形成"V 形线"、"L 形线"、"Z 形线"等最适合雷柏产品及工艺特点的高质、高效生产方式。然后，雷柏从生产线布置到厂房设计，甚至物流体系，全部进行重新规划和设置，逐步攻下包括机器人在测试、物流、包装等方面的应用，从而使得整个公司产品更加标准化、工人效率不断提高、制造体系持续升级。部分工序机器人运用前后对比如下。

1）机器人自动组装无线接收器

用机器人替代无线接收器的传统组装，降低了人为不良因素，确保效率和品质的提升，其实施效果如图 4.1.1 所示。

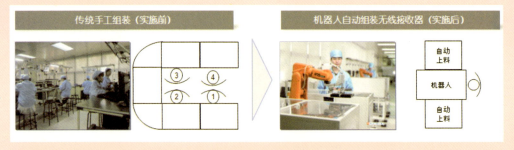

名称	节省人力	月度成本节省（元）	投资回报收期（年）	线体	人力	UPPH	日产能（10小时）
机器人自动组装无线接收器	2	11704	1.7	原手工线	4	200	8000
				机器人线	2	600	12000

图 4.1.1　机器人自动组装无线接收器实施效果

2）机器人自动插件线

采用自动化插件生产线，节省了人力，提升了效率和品质，其实施效果如图 4.1.2 所示。

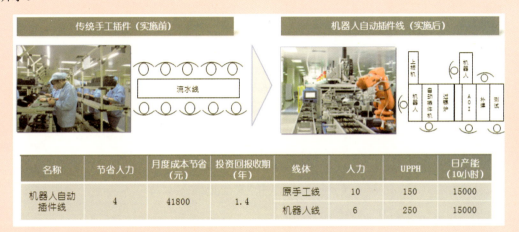

名称	节省人力	月度成本节省（元）	投资回报收期（年）	线体	人力	UPPH	日产能（10/小时）
机器人自动插件线	4	41800	1.4	原手工线	10	150	15000
				机器人线	6	250	15000

图 4.1.2 机器人自动插件线实施效果

3）机器人自动印刷线

配合自动化喷油生产线，通过 180° 双工位转盘，结合 6 轴机器人加装移印胶头实现产品自动化同步印刷与上料，其实施效果如图 4.1.3 所示。

名称	节省人力	月度成本节省（元）	投资回报收期（年）	线体	人力	UPPH	日产能（10/小时）
机器人自动印刷线	3	13324	2.3	原手工线	4	214	8571
				机器人线	1	2400	24000

图 4.1.3 机器人自动印刷线实施效果

4）机器人开关贴纸机

运用空间定位技术完成无线鼠标拨动开关贴纸，其实施效果如图 4.1.4 所示。

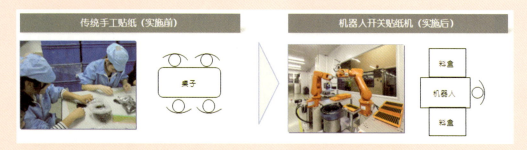

名称	节省人力	月度成本节省（元）	投资回报收期（年）	线体	人力	UPPH	日产能（10小时）
机器人开关贴纸机	1	6616	3	原手工线	2	247	4932
				机器人线	1	500	5000

图 4.1.4　机器人开关贴纸机实施效果

5）一人屋台式制造系统

"一人屋台式"鼠标制造系统是通过机器人辅助制造技术，物料送料标准化，搭配少数人力的鼠标制造系统，适合批量小产品的生产。对比传统的"7～8"人的 U 形线，"一人屋台式"效率更高、品质更稳定，其实施效果如图 4.1.5 所示。

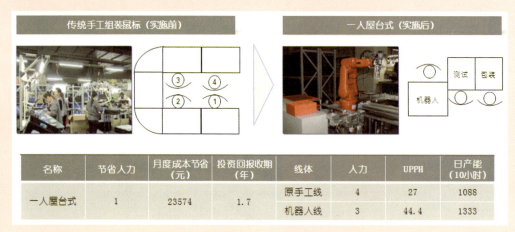

名称	节省人力	月度成本节省（元）	投资回报收期（年）	线体	人力	UPPH	日产能（10小时）
一人屋台式	1	23574	1.7	原手工线	4	27	1088
				机器人线	3	44.4	1333

图 4.1.5　一人屋台式制造系统实施效果

6）键盘一体化系统

一体化组装系统通过机器人组装、自动锁螺丝、镭射（激光）字符，自动测试、包装完成整个键盘的生产过程，其实施效果如图 4.1.6 所示。

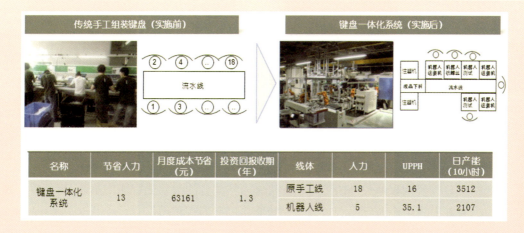

图 4.1.6 键盘一体化系统实施效果

以上列举了 6 个节点的改造前后对比，实际上，雷柏机器人被当做一个灵活工具用，几乎厂里的所有流程上都用到机器人，各自有不同的操作方式，相当于有近 100 种实际应用案例，这里不再赘述。

4. 雷柏"机器换人"的特点

假设装配鼠标同时有 60 个按键、100 个 PCB、100 个开关，并且要做两次加工的动作，机器人完成一只鼠标装配需完成相当于 60×100×100×2 次动作，每天两班轮换，每班次装配 1600 只鼠标，机器人每天需要完成 3200 乘以此前 100 多万次动作。这相当于机器人要完成鼠标装配需要不停的加减速，高精度、高频率、低故障率的小型机器人更加符合要求。雷柏使用国际大厂商的机器人本体，用自己设计"手和脑袋"——元器件标准化托盘和适应不同操作方式的工业软件，以适应不同产品的需要。一旦产线有变化，只有30%的部分需要换件，相比过去整条线作废节省了成本、提高了效率。

通过对生产线实施自动化数字化改造和重构，雷柏生产车间内机器人分布在各个生产线上，根据不同生产线的需要灵活地高低旋转，机器人可以 360°吸取电路板放到对应的流水线上，或者以 100%的准确度在极小的塑料槽里放入元器件。在键盘的制作车间里，零散的元件被机器人组合在一起，顺着流水线进入组装装置，再出来就是一副按键完整的台式机键盘，而普通工厂需要有 50 个人为上盖安装键帽，再有 50 个人安装下盖，现在雷柏只需要有一两个人来监控机器就可以了。

雷柏实现从 2011 年的 3200 个工人到目前 800 多人，工厂内员工 3 年内已经 4 次涨薪，每次幅度都超过 10%。就雷柏科技而言，只要能在五年内回收成本的生产线，公司都认为有替换价值，目前这样的替换已经完成了 70%，还有 30%的空间可以慢慢做。同时，雷柏"V 形线"、"L 形线"、"Z 形线"等成熟的生产模块和生产线重构经验也为同行业提供了参考和借鉴。

5. 雷柏数字化智能化制造思考

雷柏公司专注于发展创新的数字化产品、通过创新定价权和营销方式形成销售优势，并通过对产品生产工艺过程的自动化数字化改造，实现了企业的生产效率和产品质量的快速提升，迅速发展为国际知名的键鼠企业。在实施数字化智能化探索方面有一些好的做法可供借鉴。

1) 结合企业生产工艺特征分阶段实施数字化智能化制造

选择部分投资回报率较高的工序率先实施人机配合的数字化智能化制造，避免摊子铺的太大，有效提升了企业领导者对数字化智能化制造的认识和信心，然后再在企业技术、资金、人才等各方面条件成熟时全面实施数字化智能化制造，经历了三个发展阶段，如图4.1.7 所示。通过持续积累，形成"3C"行业数字化智能化制造的丰富经验积累，形成了为同行业企业提供咨询和集成服务的能力。

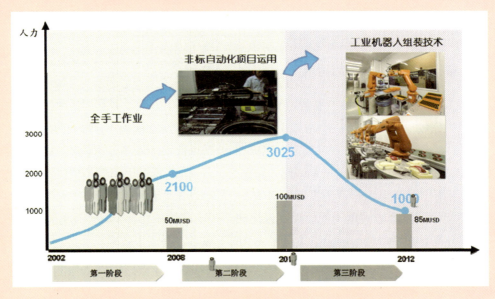

图 4.1.7 雷柏"机器换人"的三个阶段

2) 专心专注地坚守住一个细分领域，从不同维度持续创新

雷柏的成功很大程度上归功于其专心专注做好无线鼠标产品这个细分领域，通过多年积累，形成对此细分领域深厚的理解，再以此为载体不断结合机器人、数字化设计等新技术和工艺，进行数字化智能化制造的创新，结合产品优势，抓住颠覆式提升机遇，成为细分领域的领头羊。主要表现在：新的技术和产品创新，通过对行业先进技术和工业设计的运用，为公司持续积累细分领域的优势；生产流程创新，对生产流程进行持续改进，做到对整个流程环节工艺复杂程度、生产秩序、工人劳动能力的全面理解，全面优化、重构生产线"血管"里的每一个"血栓"，进而使整个流程通畅。

3）初次尝试困难重重，联合设备商持续共同改进

由于"3C"行业需高精度、高频率运动的机器人才能满足需求，雷柏购买的第一批75台IRB120机器人原本是用于汽车焊接的，在汽车焊接领域正常一天焊上几百台白车身就足够满足要求，而且动作速度相比较"3C"行业慢得多，雷柏买来是做键盘鼠标的，机器人手臂运动的频率远远高过焊汽车，结果不到一个月75台机器人遇到了很多应用上的问题。雷柏公司不畏艰难，组织精干力量全力公关，一个个突破了遇到的技术瓶颈，当时，并行研究攻关及技术开发的项目多达30多项。在开发项目过程中，陆续给ABB机器人公司提供了多项宝贵的机器人本体优化改进建议，并联合ABB机器人公司共同改进机器人。通过雷柏应用中遇到的问题的持续反馈，ABB对其"3C"行业机器人进行了不断地改进，这也造就了ABB公司后续持续对雷柏开放"3C"领域用机器人的最高开放权限、最优采购价格的佳话。

4）由对本企业数字化智能化改造演变为行业系统集成商

雷柏通过使用机器人重构无线键鼠生产线积累了丰富的经验，并演变为"3C"行业经验丰富的系统集成商。雷柏通过派出团队到对方工厂考察流程，为客户提供整套工厂的升级改造方案，包括设计相应软件程序、装备，重新布置厂房、重新规划工艺流程。然后，依然从国外大厂商进口"3C"行业专用机器人本体，但机械手、托盘、软件由雷柏自行设计开发，为用户提供整套工厂升级和集成。目前，雷柏已经为几十家"3C"行业企业提供集成服务，最早使用雷柏生产线的一家遥控器厂已经购买了雷柏4条自动化生产线，把原来近20名工人减少到2人。国外机器人厂商近年来也推出了针对消费电子的机器人系统集成，但由于雷柏在该领域对工艺的整合能力、对工厂管理的整合能力，雷柏在"3C"行业的集成优势明显，尤其是对工艺理解、解决方案上优于国外机器人集成厂商，可以认为在"3C"自动化生产线集成领域雷柏与国外老牌机器人企业基本处在同一起跑线。

5）从人的情绪角度思考人机相互协调友好生产模式

"3C"行业有大约2000万个工人，从事相对枯燥、重复的劳动，工人的情绪容易多变。雷柏的无论是"V形线"、"L形线"、"Z形线"，除了考虑最适合雷柏产品及工艺特点的高质、高效生产方式之外，雷柏还充分考虑让工人干创造性的劳动，充分提升工人效率。在相邻位置上工人与工人之间需要交流、互相监督和提醒，此举能提高劳动效率和减少出错概率，雷柏在生产线重构改造时考虑保留两个或适当多的人协同机器共同承担相对有创造的劳动，快节奏、重复的劳动由机器完成，实现人和人情感需要、人和机器效率需要的相互协调。

案例二：小巨人公司发展智能制造实践经验

（执笔组：周安亮　王　勇　刘　凯　屈贤明）

导读：宁夏小巨人经历了"数控单机-制造单元-解决方案"的演变，一方面从向用户提供机床到为用户提供数控机床和服务、为用户提供制造单元及全套解决方案；另一方面企业持续实施数字化智能化制造，并将创新实践经验展示并提供给客户。

2013 年 7 月 17 日，中国工程院研究小组、工信部装备工业司 20 位专家参观考察了宁夏小巨人机床有限公司，并与企业进行了深入座谈，本案例对调研进行总结并阐述小巨人公司智能制造实践经验。

1. 小巨人公司简介

宁夏小巨人机床有限公司（LGMazak）（下文简称"小巨人公司"）是日本马扎克公司（Yamazaki Mazak）在中国投资建立的中高档数控机床生产基地。小巨人公司于 2000 年 5 月在宁夏银川建厂，至今历时 14 年，小巨人公司凭借在机床生产和制造中多年实施数字化制造的经验，初步形成了涵盖机械加工、现代钣金、单元化配餐式装备等特色鲜明的智能网络化机床制造厂，积累了包括智能生产中心（Cyber Production Center，CPC）、马扎克远程诊断系统（Maza-Care）和互联网技术服务和支持等优势明显的智能制造支持系统，以及制造未来展示会 MTF 引领的"开放工厂"营销模式，保持了在机床领域"人员少、装备一流、产品先进、人均产值高"的生产模式，实现了"智能产品、制造单元和数字化工厂交钥匙"的竞争优势。小巨人公司已发展成为国内先进的智能网络化机床制造工厂和现代化数控机床生产基地，成为宁夏制造业的窗口。

小巨人公司主要生产由 MAZAK 统一设计、统一配置、统一标准的数控机床，包括卧式加工中心、立式加工中心、全功能数控车床三大系列共计 43 种中高档数控加工设备，年生产能力 2400 台。产品在高速度、高精度、网络化、智能化及环保等方面的表现出色。

2．小巨人为什么建设数字化工厂

制造业的发展模式正在发生深刻变化，智能产品不断出现，智能技术被广泛应用，而信息技术与制造技术的融合则是制造业发展模式变化的集中体现。将信息技术应用于研发设计过程，可以减少图样的使用，应用于生产制造过程，可以合理安排物料，实现精细生产，应用于经营管理，可以实现资源的高效整合利用。

小巨人的生产模式主要是少品种大批量模式和多品种小批量的制造模式。针对这两种制造模式，在大批量制造的过程中可以通过采用自动化的生产设备来提高生产效率满足高效的生产需求，但是在多品种的制造模式下是无法使用自动化设备的，只能从管理的角度来提高生产效率，从生产实践中探索出来的科学的管理手段再辅以计算机信息技术就构成了小巨人的数字化制造环境，制造业的信息化可以消除工厂内的浪费、差错、损耗，使创造附加价值的时间最大化，尤其在单机手动上下料的生产形势下可以通过数字化制造手段的应用，规范机床操作者的工作行为，提前生成作业准备信息，全面提高生产效率。

以小巨人公司夹具事业部为例，该部门成立于 2006 年年初，人均产值 34 万，员工 30 人，年产值 1020 万元，专业从事为客户定制生产夹具，由于客户需求不同，所以每一套夹具都要重新进行设计，是一种典型的多品种小批量制造模式，受到这种制造模式的限制，不可能采用自动化设备来提高生产效率，所以该部门从 2007 年开始实行数字化制造的全新生产模式，通过 CPC 的应用，对现有设备进行合理分组，实现单元化生产和数字化制造，所有的作业准备信息通过 CPC 软件提前展开，机床操作者在机床端即可获得生产信息和填写完成报告，在单机手动上下料的生产环境下，不追加任何设备和人员，机床开动效率提高了一倍。通过几年软件的使用和经验的积累， 2012 年该部门人均产值达到 68 万，人员为 38 人，年产值 2589 万元，成功地在小巨人内部实施了多品种小批量夹具产品数字化制造的试点示范，也为客户提供了展示样板。

3．小巨人数字化工厂介绍

小巨人的数字化工厂包括了产品设计（CAD）、加工、钣金、涂装、装配、服务、仓储、物流，还包括智能生产中心（CPC）、远程诊断系统（Maza-Care），以及企业信息系统（ERP）。小巨人企业拥有生产卧式加工中心、立式加工中心、全功能数控车床三大系列共计 43 种中高档数控加工设备的数字化工厂和生产夹具的数字化工厂（图 4.2.1）。

1）产品设计

小巨人公司主要生产由 MAZAK 统一设计、统一配置、统一标准的数控机床，采用 MAZAK 设计平台。小巨人公司只是根据用户的要求，对 MAZAK 设计的基本型产品进行统一修改、改造。

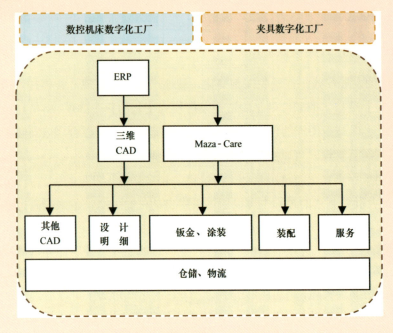

图 4.2.1　小巨人数字化工厂构成

　　小巨人采用的计算机辅助设计 CAD 软件是 SolidWorks（达索公司）、AutoCAD（Autodesk 公司）、UG（SIMENS）、计算机辅助制造 CAM（Mazak 公司开发）。

　　2）生产管理

　　生产管理是连接职能部门与生产现场的桥梁，是实现现场智能制造的基本技术手段，通常称为制造执行系统 MES。小巨人企业的制造执行系统是由 Mazak 公司开发的智能生产中心（CPC），这是一套数字化、网络化机床管理软件，也是一套生产执行系统，包括三方面的功能：① 面向现场的生产过程管理与实施信息系统，它主要解决现场生产任务的执行问题；② 为了提高现场生产过程管理的自动化和智能化水平，必须对现场生产过程进行集成化管理，实现信息集成与共享，从而达到现场生产过程整体优化的目标；③ 通过 MRP 系统输入的生产制造订单，把生产和计划实时地联系起来，成为连接两者的桥梁。

　　该中心由编程、日程管理、刀具管理和监控四个智能模块的系列软件组成，可以在生产前实现机床状态、加工程序、作业计划、切削所需刀具、夹具工装等作业准备信息的配置优化，并且所有数据高度共享，使用网络把信息实时传递给每一台生产设备，从而实现对整个机械加工过程的全面管理，敏捷响应市场需求的管理软件和生产执行系统。通过智能生产中心 CPC 的运算获取生产管理相关数据，进行决策分析，可提前准备作业资料，全面提高生产效率。

　　（1）日程管理：根据编程软件计算出工时信息确定任务时间，根据每台机床的状况指定机床加工计划，将作业准备或计划传递给机床实现全自动排产，最大限度发挥生产设备的能力。

（2）监控：对机床的每一时刻的运转状态进行记录、对机床的主轴负载和转速进行监控、实时显示机床运行状态，对机床开动率进行统计，提供各机床之间的开动比较，统一管理利于生产效率提升的各种数据。

（3）刀具管理：对机床用刀具进行同步显示、对每一把刀具的寿命进行监控、独立的刀具数据库将工厂内所有刀具纳入管理、根据作业计划提前进行刀具准备、可以在管理端添加或删除机床上的刀具信息。

（4）编程：可在远程通过 PC 端编程、也可从 CAD 图样中导入数据进行编程，并三维模拟检查机床加工环境下的加工程序，程序编辑完成后可自动计算所需的刀具、自动决定刀具接近位置、自动决定切削条件，最终通过网络将程序下达给机床执行。

智能生产中心（CPC）可实现：加工工序编程与管理；工时及刀具信息提前计算准备；生产计划下达反馈；刀具作业准备及寿命追踪；作业准备信息传递到机床；机床运转信息及开动率分析。

3）智能化机械加工

小巨人公司机械加工装备是由配备了数控设备及上下料机构、系统计算机等构成的柔性加工单元或柔性加工系统。柔性制造系统是一个由计算机集成管理和控制、高效率地制造某一类中小批量多品种零部件的自动化制造系统。能根据制造任务或生产环境的变化迅速进行调整，以适用于多品种、中小批量生产。当制造对象发生变化时，它通过简单地改变程序、工装、刀具就能够制造出所需的零件。

数控机床所用的 MAZATROL 智能控制系统，具有双向通信能力，不仅能接受生产计划、加工程序、刀具清单，还可以报告计划完成情况、运转状态，监控运行效率。

传统工厂机床操作者通过计划确认、编程控制、刀具准备、零件装夹、完成报告一系列工序实现加工生产，占用机床大部分时间；小巨人采用智能制造执行系统，实现机械加工程序、刀具需求、夹具装夹、零件图纸伴随作业计划发送至机床，只需要在机床操作面板读取信息进行作业准备工作即可，不需再占用机床的有效加工时间。

主要加工设备是由超级复合车削中心与上下料机械手或关节机器人构成的柔性加工单元（包含 14 台 Mazak INT 系列车削中心），实现主轴、刀塔、套筒等关键零部件的复合加工。

卧式 FMS 制造单元（图 4.2.2）由卧式加工中心、自动上下料机器人、交换工作站、清洗单元、系统计算机构成，具体包括 4 条 Mazak FH 系列卧式加工中心 FMS 和 2 台 Mazak μ8800 系列精密加工机，实现主轴头、刀塔箱、尾架体等中型零件柔性化加工生产。

图 4.2.2　柔性加工系统 FMS

大型五面加工单元包含 5 台单机双交换工作台、一条 4 台机 V100 FMS 和一条 FJV 60/80 Ⅱ FMS，实现机床底座、立柱、滑鞍等基础大件的一次装夹五面加工生产。

使用这些加工设备产生的效果是效率提高 50%，减少作业人数 50%，节省厂区面积 50%。

4）智能化配套装配

小巨人公司机械加工装备智能化配套装配突破了装配手工作业的传统模式，在网络环境中，将单元配餐、装配过程数据记录、信息跟踪查询、电子检测等实现数字化执行，构建高效高精度的装配环境。工厂采用先进的分布装配工艺、配餐式流水作业方式。

（1）产品数据查询系统（PDM 查询系统）：现场作业人员通过产品数据查询系统，查询机床装配图样、装配零件明细、特注选项、客户变更信息、机床制造指示书，实现了机床快捷有序的装配过程，提高了配套装配效率。

（2）装配工艺数据库系统：系统源于现场工艺和实际理论技术相结合，通过规范标准，形成可查询的体系文件供员工随时查询，指导员工规范作业。查询文件包含装配标准化作业文件、工量具规范使用、各机型装配工装、吊具、装配工艺流程等信息。

（3）装配计划进度管理系统：根据营业销售计划，由装配调度人员统一编制各科室/班组的周计划及日计划。同时通过部品配餐信息平台，技术工艺信息平台，及时调整各工序的生产计划。

采用单元化配套装配产生的效果：及时准确传递装配工艺信息，装配周期缩短 40%，装配效率提升 15%；改善了现场忙乱的工作环境，营造了高效有序的工作空间。

5）现代钣金、涂装

现代钣金涂装突破了钳工完成整个钣金作业的传统模式，以工厂内部的生产信息（钣金 3D 展开）、技术资料（SMART 教材），以及日常管理数据，在各工序的信息终端都能进行访问和查询，按照岗位需要查询所需信息并反馈相关信息，通过信息的传递和反馈，实现了钣金件从单元制作到单元组装、最终直接套装到以机床的焊接组装为主的高效钣金制作过程。小巨人的 FMS 激光切割、精密数控折弯、高效焊接、自动节拍粉体涂装等各作业现场体现了这一过程。

采用现代钣金涂装系统的效果：工作并行进行，细化工作内容，实现钣金件标准化。

6）智能服务

智能制造应该覆盖产品全生命周期，因此，智能服务就成为智能制造必需的环节。小巨人公司通过嵌入软件、无线连接、在线服务实现对客户的智能服务（图 4.2.3）。

图 4.2.3　智能服务

（1）马扎克远程诊断系统（Maza-Care）。

该系统是在线监测机床运行状况，及时监测造成机床停机原因，利用通信网络将故障信息即时传递到服务人员，迅速支持客户在发生故障时进行恢复，尽可能减少停机时间。

Maza-Care 在检测到机床报警后，自动生成有报警内容的邮件，自动发送到马扎克在线服务中心的 24 小时无线监控系统，可以短时间内掌握正确的机床状况。出现故障时，通过在线服务中心的操作，可以实现远程技术支持，大幅削减从发生故障到处理对应的时间。

远程诊断系统的功能：机床出现故障在线报警；在线服务人员获取机床数据包；远程打开客户机床画面；提供在线诊断服务。

（2）互联网技术服务和支持。

通过互联网技术为用户提供服务和支持：机床使用技术问题咨询、机床故障处理查询、互联网技术交流、网络会议、在线培训、资料共享、技术论坛等。

7）全自动立体仓库

全自动立体仓库系统（图 4.2.4）与金蝶系统连接，按照生产需求全自动出库，单元装配完成后，总装部件数量大大缩短，通过立体仓库的配餐方式，将部件转入总装作业线。

图 4.2.4   小巨人全自动立体仓库系统

8）信息系统

小巨人企业用到的制造信息支持系统有财务管理系统 ERP（金蝶 K3），物流供应链 SMC（金蝶 K3），物料需求计划 MRP（金蝶 K3），客户关系管理 CRM（金蝶），计算机辅助工艺过程规程 CAPP（小巨人自主开发），产品数据管理 PDM（小巨人自主开发）。

4. 小巨人数字化工厂特点

智能产品、智能装备及作业过程数字化、智能服务、信息化与工业化的深度融合是小巨人正在实施的智能制造。其数字化工厂特点主要体现在以下几方面：

（1）具有一定智能功能的产品。

（2）实现生产管理控制的数据库中心。

（3）生产、装配工艺优化数据系统。

（4）具有智能控制系统或柔性制造系统的生产单元。

（5）基于网络技术和智能技术的在线、智能监控及诊断服务。

小巨人实施智能制造的效果是提高了制造效率和质量、降低了制造成本、实现了敏捷响应市场的目的，满足了顾客的需求。

小巨人公司的数字化制造与国内其他企业的信息化制造相比具有以下特点：

（1）起步早。早在 1999 年建厂初期公司就从 MAZAK 引入了全套的数字化工厂制造理念，当时国内的企业大多数还没有进行企业信息化。1999 年 12 月国家信息化工作领导小组成立，才开始倡导企业数字化的发展方向。

（2）起点高。国内大部分企业都是从财务信息化入手的，但是小巨人在 1999 年就已具备 MRP、电子立体仓库、MES、财务信息化等。相比国内其他厂家，小巨人接触企业数字化的内容更全面一些。

（3）基础数据完善。企业数字化涉及企业管理的方方面面，但是管理软件是否能够运行下去，主要得力于软件的基础数据是否完善，小巨人公司对于基础数据管理到位，所以才能适应数字化制造。

（4）注重应用。不图虚名，注重实效。实实在在地通过智能化、数字化生产取得了显著效果，并将这种制造理念传递到了机床及机械制造的许多企业。

（5）企业人员素质高、执行力强。企业数字化是否成功主要取决于软件使用人员是否对所需数据进行及时维护输入，小巨人员工不仅能够按时完成数据维护工作，还能根据自身岗位提出建设性的意见，对数字化改善起了很大的作用。

5. 小巨人建设数字化工厂思考

小巨人公司在实践和推广中有一些好的做法可供借鉴。

1）推行数字化、智能化制造需要持之以恒的创新、改进和完善过程

今天的小巨人已形成了提供数字化制造解决方案的能力，这种能力的形成不是一蹴而就的，是经历了长期积累形成的，而且还在不断改进、提升、完善的过程中。

小巨人经历了从为用户提供产品为中心—提供产品/服务并行—为用户提供解决方案的演变的过程。

（1）提供数字化智能机床/服务并行。

单机数字化智能化是智能制造的基础，小巨人公司重视单机本身的数字化智能化和产品全生命周期的服务，尤其是产品在运行使用过程中的故障在线监测及诊断服务，更好地服务了用户，为产品改进设计积累了丰富的数据。

小巨人公司生产的卧式加工中心、立式加工中心、全功能数控车床，配套了具有网络化、智能特征的控制器。这种融合 PC 和 CNC 的 64 位数控系统可实现更深层次的机电一体化和工厂管理一体化。该数控系统所提供的双向通信功能使管理人员不仅可以通过网络直接向设备传送加工计划、加工程序、刀具数据等信息，而且还可以实现加工设备的实时远程监控。

小巨人数字化智能化机床在高速度、高精度、网络化、智能化，以及绿色环保人机工程学等方面都有出色的表现。产品有 6 项智能化功能：智能振动抑制、智能热屏蔽、智能干涉抑制、智能语音导航、智能主轴监视和智能维护保养。

同时，MAZATROL 系统独有的智能化、网络化功能借助现代先进的物联网技术，使机床在使用过程中无须任何硬件、软件配置，即可实现由小巨人公司实时地进行在线技术支持，实现了快捷、有效的售后服务。

（2）为用户提供制造单元方案。

小巨人不仅为用户提供单机/服务，还向用户提供高效率高质量的加工单元系统。制造单元（图 4.2.5）主要涵盖机床、工艺功能模块（U 轴、增速刀柄、角度头等）、刀具、卡具、物流、清洗、检测、冷却、防护、质量控制、过程管理。

小巨人抓住了机床、夹具、故障诊断、CPC 等关键环节。未来还将重视加工工艺的研究和工艺数据的积累，不仅能为用户提供量体裁衣的加工设备和系统，还能提供优化的工艺和工艺数据包；不仅销售设备，还销售优化的工艺和工艺数据包。

图 4.2.5　小巨人制造单元

（3）提供数字化工厂整体解决方案。

传统离散型制造工厂的编程、排产、刀具准备、机械加工各个工序无法并行进行，机床有效加工时间只占到了 25% 左右，生产效率较低。小巨人公司提供的数字化工厂模式，通过配备了智能控制器的数控机床、数字化智能化制造单元，以及制造执行系统软件，构筑出新的制造模式。数字化工厂的技术准备、程序编制、刀具准备、生产计划编制等准备工作，可以在服务器端提前运算，科学的安排作业计划，缩短了作业准备占用的加工时间，从而大大提高了劳动生产率。

例如，小巨人夹具数字化工厂（图 4.2.6）是采用 MAZAK 开发的 CPC（Cyber Production Center）"智能生产中心"进行管理，实现夹具从设计、制造、装备、调试全过程的数字化制造，以及采用马扎克远程诊断系统（Maza-Care）为用户提供远程在线服务，是小巨人面向客户建立的一个"交钥匙工厂"的模型。该工厂拥有立式加工中心 6 台，全功能数控车床 3 台，Mazak 复合加工机 INT200 1 台，卧式加工中心 FH8801 1 台，气密检测、定位面冲水、自动上下料、自动测量补偿装置，可根据需要进行自动、半自动化生产线配置，实现年产夹具 360 套。

小巨人经历了数控单机—制造单元—解决方案的演变。

2）通过搭建制造未来展示平台向用户推介数字化智能化制造

一方面，小巨人企业自身实施数字化智能化制造，并通过实际运营不断改进和调整，积累大量数字化工厂的实际经验，以便进而能为用户提供优秀的数字化智能化制造解决方案和应用示范案例。

图 4.2.6 小巨人夹具数字化工厂

另一方面，通过制造未来展示会（MTF），推介未来制造新理念，引导对数字化智能化制造的新需求。从 2004 年起，每年通过举办制造未来展示会平台，邀请来自全国各地的机床业界和用户代表聚集于此，亲身体验分享小巨人在数字化智能化制造方面的实践和探索，引导业界和用户采用数字化智能化制造的新需求，推动了小巨人制造系统和数字化车间解决方案的广泛应用。

从 2006 年开始至 2013 年 4 月，小巨人公司共销售 CPC 软件 128 套，客户 101 家，机床保有量 2050 台，其中天津天海同步器、上海田中金属、河南平高电气和西安飞睿航空购买了全部四个模块。由于前期推广到位，软件的管理理念已经被很多客户接受，软件为客户带来了多方面的收益，不仅提升了管理水平并且也有很好的宣传示范作用。

3）遇到的问题

小巨人企业数字化企业在实践和推广中也碰到了一些问题，对全面推进我国数字化工厂建设，全面推广数字化工厂主要有以下几方面借鉴。

（1）制定行业标准，保证各厂家设备的通用性。例如，要求智能化的生产设备硬件数据接口统一，以实现设备与管理系统之间的双向通信；智能化生产设备信息接口统一，各家厂家和控制系统供应商就能够统一使用固定的数据格式，管理系统即可采集和处理相关数据。

（2）强化智能控制系统、高速高精度传动部件、关键液压部件及系统、智能仪器仪表、智能制造有关的软件等关键零部件的研制开发，保证智能制造的"咽喉"不能卡在别人手中。

（3）注重搭建通用型软件（软件平台），企业结合实际进行二次开发。在这个基础之上，就可以对制造业的智能化系统进行深入开发，将生产数据与智能化软件有机地结合在一起。

（4）加强智能制造的理论研究，推进定义、内涵、特征等统一认识、统一思想，让更多的企业主动加入到智能制造的探索和实践队伍，贡献自己的一份力量。

案例三：西门子公司发展智能制造实践经验

（执笔组：周安亮　屈贤明）

导读：西门子成都分公司的数字化智能化工厂是在西门子实现"NO CAD—2D 设计—3D 设计—数字模型—数字化设计—数字化工厂"数字化表达产品全生命周期形成过程的基础上，建立的产品设计、产品质量、生产规划、生产实施、物流、服务全过程数字化管理的高水平数字化工厂。

2013 年 12 月 18 日，中国工程院、工信部装备工业司组织 10 位院士、专家参观考察了西门子成都分公司，并与企业进行了深入座谈，本案例阐述西门子公司智能制造实践经验。

1. 西门子公司简介

西门子公司是世界上最大的电气和电子公司之一。西门子的主要业务已经进入中国，活跃在中国的信息与通信、自动化与控制、电力、交通、医疗、照明，以及家用电器等各个行业中，其核心业务领域是为基础设施建设和工业提供解决方案。西门子公司 2013 年度销售收入 758 亿欧元，员工 36.2 万人。在销售收入中，医疗占 18%、基础设施占 23%、工业占 24%、能源占 35%。在研发人员中，德国研发人员 13300 人，其他 30 个国家 16500 人。其中，亚洲和澳大利亚占 20%，德国占 14%，美洲占 28%，欧洲（除德国外）、非洲及中东地区占 38%。

2013 年，西门子公司在中国地区的销售收入为 61.4 亿欧元，员工 32000 人。西门子获得两项 800kV 特高压直流工程订单，为广州地铁低地板有轨电车提供先进的传动系统和转向架。2012 西门子的 CT 扫描仪及 MRI 核磁共振的市场份额在中国排第一。西门子成都电子厂（SEWC），是西门子在德国以外的第一个数字企业，于 2013 年 9 月正式开始运行。

西门子成都工业自动化产品生产研发基地（以下简称"西门子成都工厂"），于 2013 年 9 月 11 日竣工，是西门子安贝格电子制造工厂（EWA）的姊妹工厂，也是在中国最大的数字化工厂，也是继德国安贝格、美国凤凰城之后西门子在全球设立的第三家工业自动化产品研发中心，是西门子工业自动化全球生产及研发体系中应用先进的数字制造技术建成的"数字化企业"，主要生产及研发西门子的可编程逻辑控制器（PLC）、人机界面（HMI）、工业计算机（IPC）多款工业自动化产品，如图 4.3.1 所示。西门子 SIMATIC IPC 3000 SMART 是成都工厂研发并实现批量生产的首款产品，广泛应用于汽车、冶金、石化、食品饮料、制浆造纸及基础设施项目等工业领域。

图 4.3.1　成都全集成自动化工厂图示

2. 为什么建设成都数字化工厂

西门子成都工厂实现了从产品设计到制造过程的高度数字化，是迈向工业 4.0 时代的亚洲样板点工厂，同时也是继西门子德国安贝格、美国凤凰城之后的全球第三个工业自动化产品研发中心。成都工厂与德国工厂、美国研发中心实现了数据互联，工厂的运行状况可以远程监控，确保产品质量和高效运转。三个研发基地彼此实行垂直管理，互为备份的关系。例如，一旦安贝格工厂出现故障，成都这个就要能够随时替补上去。另外，成都这个研发基地，虽是安贝格的姊妹工厂，但还会更多考虑到亚洲地区的市场需求，今后成都工厂有可能超越"安贝格"，成为西门子全球三大研发基地的最大研发基地，为全球客户提供工业自动化产品和提供西门子实施工业 4.0 的数字化工厂样板点。

中国已成为西门子的第二大海外市场，为西门子贡献了全球营收的 8%，达到了 63 亿欧元。中国工业正处在由大变强的发展时期，工业基础零部件尤其是核心工业自动化控制产品需求强劲，数字化工厂建设也会越来越多，为了"贴近客户零距离"和为客户展现西门子工业 4.0 样板，并综合考虑西部中心城区成都在西部大开发进程中的重要地位，西门子最终决定将数字化工厂落户成都。

3. 西门子成都工厂介绍

西门子成都工厂由企业管理软件（ERP）和产品全生命周期管理系统（PLM）共同组成了整个系统的顶层结构，为用户的产品设计及加工过程提供了数字化造型、验证手段的计算机辅助设计、制造系统 NX 和数字化生命周期管理解决方案软件 Teamcenter 是 PLM 的核心软件，通过 NX 产品虚拟开发，Teamcenter 将所有产品信息从研发过程转发 MES 生产执行系统，以实时控制整个生产过程；同时，每个工件都将其状态、要求，以及下一步生产工序等信息通传递到 PLM 产品全生命周期管理系统，实现开发人员、产品工程师和生产工程师等之间的数据共享，如图 4.3.2 所示。

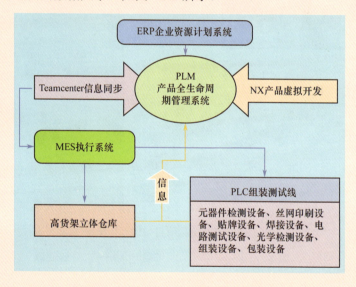

图 4.3.2　西门子成都数字化工厂构成

该工厂全集成架构采用 Siemens PLM Software 所提供的 PLM 数字化制造软件和解决方案、完全数字化的生产模式、全生命周期的自动化控制和管理方式，实现了从管理、设计、产品研发、生产到物流配送的全过程数字化（图 4.3.3）。工厂利用仿真、立体成像（3D）、分析等工具集成的产品生命周期管理系统完成数字化制造，其整个信息系统架构包括企业资源计划系统（ERP）、产品全生命周期管理系统（PLM）、制造执行系统（MES）、控制系统和供应链管理。其中，专门针对企业层领域，ERP 和 PLM 共同组成了整个系统的顶层结构，NX 和 Teamcenter 是 PLM 的核心软件。

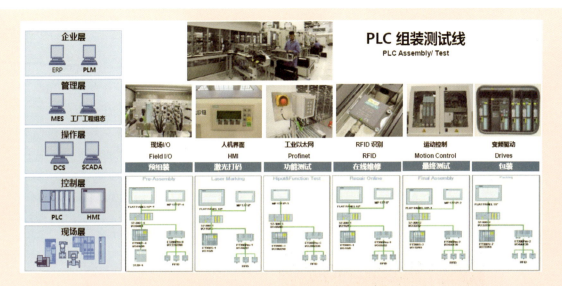

图 4.3.3　西门子成都数字化工厂全集成架构

西门子成都数字化工厂各组成部分如下。

1）产品全生命周期管理

产品全生命周期管理系统主要由西门子工业软件（Siemens PLM Software）所提供的工艺设计及仿真软件和工艺管理软件组成，如用于 CAM 及数控仿真（NX CAM）、装配过程设计仿真（Tecnomatix Assembler）、工厂 3D 设计（Factory CAD）、物流设计与仿真（Tecnomatix Plant Simulation）、公差分析（Tecnomatix）、机器人离线编程及仿真（Tecnomatix Robotic）、人机作业模拟仿真（Tecnomatix Jack）、工艺设计和资源管理（Tecnomatix Manufacturering）。产品全生命周期管理系统通过计算机辅助系统和统一数据平台实现了设计与生产的融合，做到基于客户需求自动订单生产计划、供应商物料供应、原材料入库和仓库管理的全自动化（图 4.3.4）。

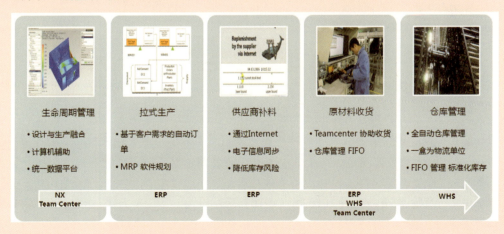

图 4.3.4　西门子成都数字化工厂产品全生命周期管理

2）数字化从研发设计开始

西门子成都工厂通过运用 NX 和 Teamcenter 等西门子工业软件（Siemens PLM Software）实现所有产品数字化设计和组装，大大缩短了产品从设计到分析的迭代周期，可减少多达 90%的编程时间，缩短产品开发周期。完成设计的产品携带专属数据信息通过 CAM 系统传递到生产线，同时生产线各节点的数据信息进入 Teamcenter 软件中，供后继的制造、质量、采购和物流等部门共享。并实时更新，形成各部门之间的联系数据，从而达到省时、高效的效果。

研发设计过程实现：① 在设计环境中对性能预测；② 对工艺加工装配检测的验证；③ 确保制造出来的产品和设计一致。如图 4.3.5 所示。

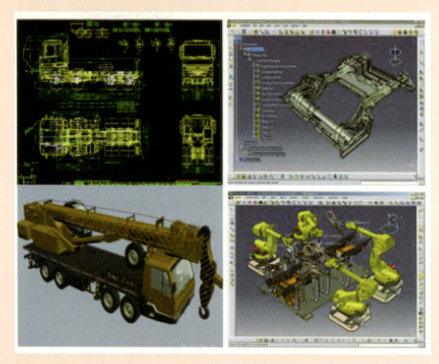

图 4.3.5　西门子成都数字化工厂研发设计

3）柔性数字化生产管理

研发完成后，由 MES 系统生成一份电子任务单，显示在工作人员的计算机上，并实时刷新最新数据，相较于传统式人工抄写任务单，省去了不同生产线交流的复杂环节（图 4.3.6）。待装配的产品被固定在一个个小车上，通过整个集成轨道行驶到每个工作人员手中，这时，工作人员通过显示在计算机上的任务单，完成装配。生产中，生产订单由 MES 系统统一下达，并与 ERP 系统相集成，完成数据的实时传送，当产品要到达下一个工序前要通过严格的检验，整个生产过程中有 20 多个质量控制点，以保证产品的质量。其中，视觉检测是数字化工厂特有的质量检测方法，它用相机拍摄产品的图像，与 Teamcenter

数据平台中的正确图像进行比对，瑕疵品将被挑出，这种方法比传统生产中的人工抽检要可靠和快速得多。整个生产流程确保了生产环节的灵活、高效，产品一次合格率可达99%以上。

西门子数字化生产管理不同于传统制造企业的生产计划调度，没有纸质任务单，生产订单由 MES 统一下达，在与 ERP 系统高度集成之下，实现生产计划、物料管理等数据的实时传送。SIMATICIT 集成了工厂信息管理、生产维护管理、物料追溯和管理、设备管理、品质管理、制造绩效（KPI）分析等多种功能，保证工厂管理与生产的高度协同。柔性混线生产的 4 种产品同时安装，各工位部件精准、占位为零。每天由西门子 MES 制造执行系统生成的电子任务单显示在操作人员工作台前方计算机触摸屏上，实时数据交换间隔小于 1s，操作人员随时可以看到最新版本。

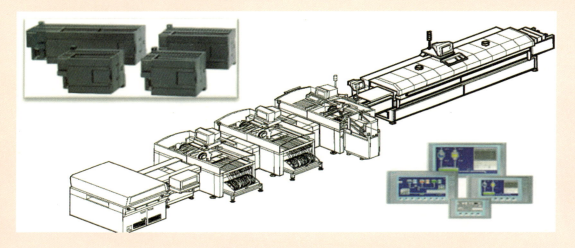

图 4.3.6 西门子成都数字化工厂生产管理图示

4）生产执行设备

西门子生产车间采用一楼顶部布置电源管线方式，管线出现问题最短时间即可修复，生产车间各执行设备可根据布局需要快速切换。成都数字化工厂二楼生产执行设备主要有元器件检测设备、丝网印刷设备、贴牌设备、焊接设备、电路测试设备、光学检测设备、组装设备、包装设备等，如图 4.3.7 所示。

5）仓储物流

仓储物流是众多生产执行设备的一种，西门子成都工厂一层是布局紧凑的存放原材料的高位货架立体仓库，完成生产包装的产品刷新产品仓储数据，通过集成轨道到达指定的仓库位置，这一过程是不需要人工干预的。西门子成都工厂的仓库有 2.8 万个物料存放货格（立式自动物料中心）、240 个栈板（纸箱货架）、1200 个货格（移动式立体仓库），其中立式自动物料中心高 18m，传输机速度 0.5m/s，存取通过"堆取料机"用数字定位的模式抓取，每小时可取放 120 个箱体，节约了时间和空间，如图 4.3.8 所示。发出物料需求

30min 内物料就能从仓库传送到机器旁，物料传输过程安全、可靠、准确。在这个区域，进料检验人员采用 Teamcenter 中的同步数据进行检验，由物流管理系统将物料送入仓库，并进行归位，准确地将原材料放入自动化高位货架。仓库中有近 3 万个物料存放盒，物料的存取通过"堆取料机"用数字定位的模式进行自动抓取。

图 4.3.7 西门子成都数字化工厂生产执行设备

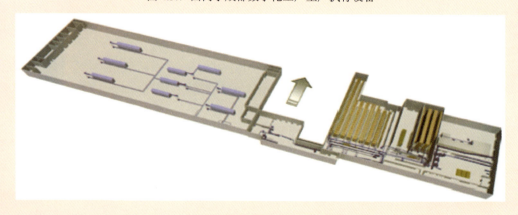

图 4.3.8 西门子成都数字化工厂自动化物流

4. 西门子成都数字化工厂特点

西门子成都数字化工厂以突出的数字化、自动化、绿色化、虚拟化等特征定义了现代工业生产的可持续发展，是全球领先的数字化工厂样板工程。在工业自动化产品的制造研发方面，成都数字化工厂遵循全球统一的研发、生产和质量标准，对订单、财务、产品设计、生产规划、生产实施、物流和质量进行全数字化管理。它采用 Siemens PLM（产品生命周期管理）软件，通过虚拟化的产品设计和规划，实现了信息的无缝互联，使工厂全面透明化。利用制造执行系统 SIMATIC IT 和全集成自动化解决方案（TIA），将产品及生产全生命周期进行集成，缩短高达 50% 的产品上市时间。同时，成都数字化工厂极高的柔性可满足不同产品的混合生产，并为将来的产能调整做出合理规划。提高生产力、缩短产品上市时间、采取更灵活的生产模式，以及提高资源和能源利用效率，是全球工业面临的挑战，也是中国制造转向中国创造的关键。

西门子成都数字化工厂是西门子在中国的一个全集成数字化工厂样板，为中国企业认识数字化工厂、购买数字化工厂产品和服务提供了重要的展示窗口。

1）数字化工厂全系统集成

成都数字化工厂作为西门子在中国的一个全集成数字化工厂的样板，为企业提供从产品设计（designing）、生产规划（planning）、生产工程（engineering）、生产实施（execution）、服务（service）的全集成系统，涵盖了产品开发和生产全过程，如图 4.3.9 所示。

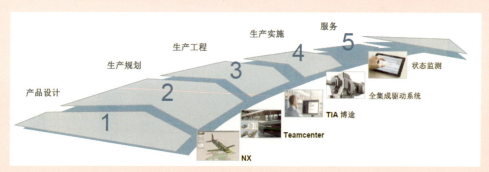

图 4.3.9　数字化工厂全系统集成理念

（1）产品设计。产品设计主要目标在于为客户节省研发预算、应对产品生命周期越来越短，实现贯穿整个产品生命周期的价值增值，西门子通过产品生命周期管理（PLM）战略，来全面优化整个公司的创新及产品研发流程。可以通过计算机辅助设计和制造系统（NX 软件）和数字化制造系统（Tecnomatix）从产品设计到工程和制造的各个方面进行数字化模拟设计，还可以在设计过程中进行模拟组装，大大缩短产品从设计到分析的迭代周期，减少编程时间。NX 软件在完成产品设计的同时，数据一方面通过 CAM（计算机辅助制造系统）向生产线上传递，另一方面也通过 Teamcenter 软件同时"写进"工厂的数据中心，可实现在产品整个生命周期内管理所有产品相关数据，包括从概念设计到产品的回收利用。

（2）生产规划。生产规划主要目标在于通过虚拟仿真技术，提升生产力。由于产品及生产流程越来越复杂，这在成本、质量和实际生产方面为工业行业提出了挑战。通过利用智能化策略，采用经反复测试验证的技术知识和 3D 模型，提前对各个生产流程进行模拟检查和优化，通过数字化制造系统 Tecnomatix 的虚拟调试功能，可保证虚拟生产模型和实际生产设备之间的无缝互动，实现在实际生产开始之前，事先对生产过程进行规划、优化和验证。

（3）生产工程。生产工程主要目标在于提升工作组态的效率。通过全集成自动化解决方案（TIA）这一高效、直观、久经验证的工程组态框架，优化所有规划和生产流程，涵盖整个价值链，进一步缩短工程组态时间，减少工程组态成本。在其新版 V12 版本中，集成了控制器的全面的工程组态解决方案（Simatic STEP 7）、过程监控系统（SimaticWinCC）、编程调试软件（SinamicsStartdrive）和可选软件包（Simatic STEP 7 Safety），可应用到控制器（Simatic S7-1500）、输入/输出接口 I/O（Simatic ET200 SP/MP）、人机交互界面 HMI（Simatic 精智面板），以及驱动设备（变频器系列 Sinamics G120），能与驱动技术无缝集成，提供更多功能特性，包括集成系统诊断、全面安全性，以及高性能自动化总线（PROFINET）通信与安全，打造了一个标准化的工程组态环境。

（4）生产实施。生产实施主要目标在于通过全集成驱动系统提高效率、可靠性和生产力。通过全集成驱动系统（IDS），将电机、齿轮箱、联轴器、变频器甚至控制器集成为一个解决方案，其标准解决方案涵盖各种功率等级和性能等级，并可根据具体需求进行定制，进而实现系统整体大于它的各个组成部分的机械相加，为客户实现了增加可靠性、提高效率、降低生命周期成本、提高生产力和投资安全性，缩短上市和获得利润的时间。

（5）服务。服务的主要目标在于机器和车间的停工时间必须缩到最短，使整个价值链的效率和生产力达到最大化。西门子正在拓展服务领域的产品线，尤其是远程维护解决方案和基于云技术的服务，以应对持续增加的围绕数据分析的服务需求。例如，西门子工业领域提供与产品、系统及应用有关的全面定制化服务组合，可在产品的整个生命周期内为客户提供支持，可确保西门子机器设备性能。西门子的"驱动链状态监测"服务包括对个别部件的运动分析和对整个驱动链的在线连续监测。西门子"数据驱动的服务"可以即时连续采集并分析过程数据和生产数据，对数据进行"能源分析"，保护机器设备的可用性，令客户得以提前做好预防性维护。此外，工业信息安全服务领域的全集成解决方案可保护工业设备的整体信息和技术，防止内部故障和来自外部的网络攻击。

2）数字化产品规划与实际生产融合

西门子成都工厂采用产品生命周期管理软件，通过虚拟化的产品设计和规划，实现了信息的无缝互联，使工厂全面透明化。整个流程通过采用 Siemens PLM Software 系统，能够将产品及生产全生命周期进行集成。每生产一件新产品，都会产生自己的数据信息，这些数据信息在研发、生产、物流的各个环节中被不断积累，实时保存在一个数据平台中，而整个工厂的运行也都是基于此数据系统，如图 4.3.10 所示。

数字化产品规划与实际生产融合简化了传统的复杂生产线，实现了产品的高效、快速、柔性输出，产品的一次通过率可达到 99% 以上，与西门子在中国的其他工厂相比，西门子成都工厂产品交货时间缩短 50%，减少产品上市时间至少 30%。

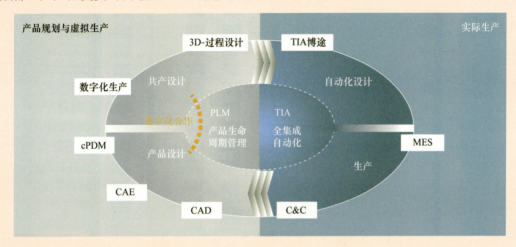

图 4.3.10　数字化产品规划与实际生产融合

5. 西门子智能制造的探索思考

西门子是全球领先的制造业企业，在保持其核心竞争力上不断做出领先的探索，有一些好的做法可供借鉴。

1）西门子正从硬件制造商到以工业软件为引领的持续创新型企业战略转型

从 20 世纪 80 年代开始，西门子从电子元器件生产厂商成功转向电子元器件全集成系统，十几年时间使得西门子业务翻了上百倍。随后用了将近 30 年时间，不断开发电子、通信、网络自动系统。从 2010 年开始，西门子在全球推广工业软件的思想，并帮助德国筹划"工业 4.0"国家整体科学发展方案，不断进行智能化、网络化、绿色化等技术方向的定义，西门子正在进行战略转型，争取在未来 15 年（2010—2025 年）成为掌握数字制造、工艺管理关键技术的工业软件为核心竞争力的企业。

2）实现数字化表达产品全生命周期形成过程是关键

为加速现有产品的认识，加速产品研发速度，提高生产制造管理的质量水平，对西门子而言，数字化制造是重要方法。首先要实现的是将"二维拼凑型制造"转向"三维数字化制造"，通过 CAM 及数控仿真、装配过程仿真、数字化工厂设计仿真、物流设计仿真等方法更加直观（现实）的实现三维数字化表达产品全生命周期形成过程，改变了传统的研发和制造模式。

其主要演变历程：NO CAD—2D 设计—3D 设计—数字模型—数字化设计—数字化工厂。

3）搭建数字化工厂底层的共性关键技术（IT 技术、网络、硬件、软件、有线、无线、智能）是根基

西门子成都数字化工厂看起来很平静，其实不然，工厂通过智能制造平台实现产品管理、制造过程、生产管理的持续优化，做到 250 人的工厂，可以有 100 多人做研发，年产值达到 110 亿。实现其智能制造平台的关键不容忽视的是数字制造的基础搭建，这包括信息、网络、硬件、软件、有线通信、无线通信、智能技术等共性关键技术，在德国已经完成数字制造基础的搭建，但我国大部分企业缺乏强有力的数字化工厂底层的共性关键技术作为其走向数字化制造的基础支撑，通过高度的硬件全集成、软件的全集成、统一的数据库、整个产品过程的无纸化设计和仿真来实现设备的自动化、生产区域的自动化、数据采集的自动化、物流的自动化、常规生产管理的自动化，保证生产"流通"起来。核心在于"数字化"应用于工程及产品设计，并应用仿真技术对设计的结构进行分析并做出决策，在生产过程中统一、集成信息平台对生产的效率、物流、设备、产品质量进行优化，以保证所设计的产品的实现。

4）持续完善成都数字化工厂并做样板展示，为用户提供数字化工厂解决方案

西门子通过 Siemens PLM Software 建设的数字化工厂为客户做出一个样板来，将在数字化的设计与虚拟制造、数字化的生产制造、数字化供应链生产物流、数字化的商务流程等方面积累的经验和专业知识在西门子建设的数字化工厂率先实施，作为一个代表性的案例，进而将该工厂的数字化生产模式输出，帮助制造厂商构建适合自己的数字化工厂，实现从设计创新到制造创新，生产出附加值更高的产品，提升制造的效益和产品的质量。也就是说，西门子通过在德国、中国成都建设数字化工厂提高效率、降低消耗、缩短交货期，同时以这些工厂作为样板和案例，为用户提供数字化工厂解决方案。

5）西门子实施"工业 4.0"包含三大关键因素

西门子实施的"工业 4.0"包含了三大关键因素：一是涵盖产品全生命周期的融合的生产网络，帮助价值链上下游便捷获取实时的产品、生产信息；二是依托数字企业平台，实现产品设计与生产的数字化网络化无缝集成；三是生产的运行全部基于 CPS，为真实的物理世界包括物料、产品、工厂等建立起一个高度仿真的数字"双胞胎"。在当前阶段，通过 CPS 的搭建来优化生产提高效率是"工业 4.0"的近期目标。

6）"工业 4.0"是制造业的未来

　　制造业呈现出前所未有的发展变化，德国推出"工业 4.0"战略有助于帮助企业实现智能化互联和采用高效先进的技术，西门子集成产品规划与生产过程，从资源能源利用效率、产品上市周期、生产组织灵活性三大方面提高企业竞争力。"工业 4.0"是制造业的未来，西门子要实现"工业 4.0"仍然需要 10～15 年时间，工业 4.0 特征表现为本地控制动态网络、扩展的复杂通信系统、涵盖整个生产工艺和生产设备的数字化模型、通过动态网络实现过程优化、根据临时要求自行配置安全解决方案、由"人"定义决策规定和框架。目前处在"工业 3.8"，其特征表现为本地控制、实时通信、数字化"复制"产品和生产工艺、制造执行系统、工业安全解决方案、实施与决策主要由"人"来完成。并指出实现过程的 10～15 年的中间过程和状态，如图 4.3.11 所示，中间状态特征表现为动态网络规则框架、额外的通信"词汇"、涵盖产品设计和生产的集成制造工艺仿真、面向解决方案的动态架构、安全动态数据传输规则与机制、通过培训不断强化过程与模型的仿真，西门子正逐步根据离散制造业和流程制造业的不同需求，在五大制造环节逐步推出迈向"工业 4.0"的产品与服务包组合。

图 4.3.11　实现"工业 4.0"的愿景示意

案例四：西开电气发展 智能制造实践经验

（执笔组：张　慧　邓　伟　周安亮　董景辰）

导读：西开电气通过企业级数字化设计制造平台的搭建，打破"制造孤岛"，对关键制造工艺进行智能化改造，应用智能焊接系统、工业机器人、自动化物流系统、自动立体仓库、柔性生产线等技术与设备，实现协同制造与产品质量的可追溯，大幅提升产品生产制造过程的工作效率和质量一致性，降低企业人工成本，全面提升企业的新产品创新开发能力和高端产品制造过程控制能力，成为具有国际竞争优势的开关制造企业。

1. 西开电气简介

西安西电开关电气有限公司（以下简称西开电气）是国资委监管的我国输配电行业中的大型企业——中国西电集团公司的核心子企业。

西开电气作为我国高压开关行业的领军企业，承担着促进我国输配电装备技术进步和为国家重点工程项目提供关键设备的重任。50 多年来，公司的发展与国家的能源、装备战略密不可分，公司参与了新中国成立以来国内输配电领域几乎所有的重大工程，从我国第一条 330kV、550kV、750kV、1000kV 超（特）高压交流输电线路，到"三峡工程"、"西电东送"等国家重点工程，西开产品无处不在，为国家电力建设做出了积极的贡献。目前，公司生产的气体绝缘金属封闭开关设备（GIS）和 SF6 断路器（GCB）均获得了中国名牌产品称号，公司的产品和技术已出口 20 多个国家和地区，"XD"已成为行业中的国际知名品牌。

2. 西开电气为什么建设数字化车间

超高压开关设备作为输变电装备中的高端电力设备，2000 年以来，为适应电力工业超常规发展，已进入以自行研制为主和与引进技术再创新相结合的交、直流，高压、超、特高压技术全面、快速发展的腾飞阶段。高压开关是输变电设备中唯一以机械运动实现电气功能的电器设备，高压开关高精度、高可靠性的功能要求其产品制造是一个高质量的机械制造过程，目前制约超高压开关产品竞争力的瓶颈问题，不是电气设计问题，而是一个高质量、高精度的制造问题。制造效率、成本和制造质量已成为提升超高压开关核心竞争力的关键环节。

制造效率与制造精度的提高，不仅依赖于自动化、高效率的数控设备，更大程度还依赖于以这些数控设备为基础构成的数字化制造系统。车间级数字化制造系统，将实现产品设计与产品制造之间"鸿沟"的跨越，实现产品制造、质量控制和数字化检测等各环节的集成，实现数控机床装备的高效利用。解决工厂、车间和生产线从产品设计到制造过程的转化，降低设计与生产制造之间的不确定性，实现制造过程各环节的数字化传递，在数字空间中将生产制造过程压缩和提前，提高制造过程的效率和质量，降低制造成本。

综上所述，以超、特高压开关产品制造过程为对象，建立一个高效的车间级数字化制造系统，提高产品质量，已成为企业必须。

3．西开电气数字化车间介绍

"十一五"期间，西开公司对基础设施投入大笔资金进行了更新改造，建立了国内领先、国际一流的基础设施，配置了国际先进的 1100kV 以下产品设计、开发软件，126～1100kV 高压开关产品的试验设施，126～1100kV 高压开关产品核心元件的生产设备。逐步形成了大中型壳体制造、绝缘件环氧浇注、高强度铝合金铸造、大型导电元件表面处理、数字化机械加工、大功率操动机构和产品装配及检测七大核心技术及核心制造能力，锁定在同行业中的领先实力，成为拥有国际一流设计技术、生产和检测设备、规模最大的 GIS 设备制造基地。

西开电气在机械加工方面重点推进数字化车间建设，并逐步向装配车间推广应用。机加车间形成以高速、高精度、高生产率、高生态环境下的易于网络化管理的数控设备为主体的，以卧加柔性线、九轴 5 联动、5 轴 5 联动的世界先进复合加工机床为代表的，能适应多种复杂制造过程要求、满足高端电力设备要求的车间数字化制造系统。保证产品关键典型零部件加工质量的一致性、稳定性、互换性和专业化批量定制生产要求。

1）车间 DNC/MDC 数控设备实时监测系统

通过实施车间控制系统 DNC/MDC，实现了对开关平台内机加、铸造、壳体、金工、西电操动机构 115 台数控设备的实时在线监测，实时提取设备加工过程的数据，以数据库表的形式充实 MIS 系统的加工基础数据。从而使车间基础数据更加科学合理，加工资源得到最有效地使用。

以西开电气机加车间为典型应用，实现数字化制造系统状态在线监测，根据机加车间生产线中八大类型机床（卧式加工中心、复合车削中心、立卧转换加工中心、车削中心、加工中心、数车、数铣、数钻）的加工特点，实现制造系统中的状态信息监测、制造状态评估与预测。包括：①制造设备状态及加工信息监测；②车间刀具信息监测；③数字化车间分布式质量信息采集。

2）能源设备监控系统

综合运用智能采集技术和信息系统集成技术等，实现能源监控和数控设备的在线监测。通过对各种能源消耗的统计、计量、考核管理，降低产品能源成本，可实现：

（1）精确记录各个分厂及能耗点的能耗状况。

（2）能耗费用的分解和关键考核指标的建立。

（3）发现能耗的过度消耗点。

（4）实现管理者及时掌握工业生产各个环节的能耗总体情况。

（5）减少能源管理环节，优化能源管理流程，满足不同角色定位需求。

3）车间 CAM 系统

充分的利用已有的三维 CAD 设计软件资源与先进数控设备，从而实现从设计建模到车间 CAM 使用，从产品开发和生产现场的 CAD/CAM 一体化。

4）分布式制造现场状态管理及质量控制系统

车间制造过程是产品质量管理的重要环节，是产品质量问题的主要来源之一。车间制造过程质量管理的任务是建立一个控制状态下的制造系统，稳定、持续地生产出符合设计质量的产品，减少产品生产过程中的"质量变异"。包括以下几个方面：①制造系统状态评估与预测；②分布式制造过程质量控制；③数字化车间设备群运行可靠性及维护管理。

5）刀具在线管理

在刀具信息检测的监测/传感网络基础上，以提高刀具管理效率、节约刀具成本、刀具的精细化管理为目标，实现刀具的智能选配、动态调度、寿命预测、库存预警，为刀具管理增效提供强有力的支持。主要包括以下几个方面：①刀具使用参数配置和动态调度；②车间刀具使用寿命动态预测；③刀具库的维护管理与库存预警。

6）数字化装配

252kVGIS DS/ES 自动化装配线如图 4.4.1 所示。西开电器建设了国际开关行业第一条252kVGIS DS/ES 自动化装配线，把装配设备、检测设备、高效工装和自动传输技术应用在隔离开关、分装、总装工序，实现年 6000 多台装配自动化能力。

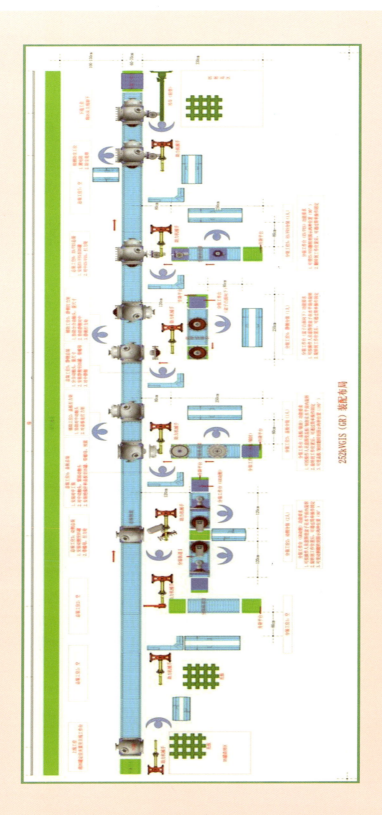

图 4.4.1 252kVGIS DS/ES 自动化装配线

7）自动化立体仓库

建设自动化立体仓库及物料配送体系，实现仓储、物流作业的自动化、信息化、高效化。其特点如下：

（1）库存管理智能化。库房账务清晰准确；平库、提升库、立库统一管理；与 MES/ERP 无缝对接，实时管控，减少滞库数量。

（2）设备实时监控。实时对库内自动化设备进行实时监控；通过监控可以有效地处理设备异常。

（3）作业自动化。减少人工操作；实现出入库组盘，出库配餐剩余工作的自动化管理。

（4）自动化配送。实现配餐后由立库向生产线输送的自动配送。

（5）最大化空间利用。最大化利用现有空间，库内空间布局合理作业区域分工明确。

8）车间数字化制造执行系统（MES）

在西开电气机加车间和装配车间实施车间数字化制造执行系统，建设集制造、仓储于一体的大型现代化、数字化车间；通过数控化生产、智能设备及信息化生产管理系统的建设，实现设备的互联与集中监控，实现制造过程的数字化，力争达到智能化、绿色化的生产要求；以信息化手段规范并改进各个环节的业务模式，使整个流程信息流畅、执行高效、快速响应、管理透明，降低各个环节的人耗、物耗、能耗，充分挖掘企业潜力，推动企业的整体发展。该系统具有以下特点：

（1）系统平台一体化。支持多公司、多车间的统一 MES 平台。

（2）制造过程数字化。条形码、RFID、无纸化操作、智能设备、自动数据采集等技术手段的应用。

（3）物流配送准时化。需求拉动的按节拍准时配送，结合配餐制，AGV 配送。

（4）问题处理快速化。结合广播、电子看板、手机等工具进行现场问题的快速传递、发布。

（5）现场监控实时化。数控机床、重点设备、现场状况实时监控，分析预警。

4. 西开电气数字化车间的特点

西开数字化车间的特点主要体现在如下几方面。

1）可视化设计技术的应用

可视化设计是以快速灵活地响应不断变化的客户需求和实现高端制造为目的。它不仅是缩短研发设计周期、降低设计成本、提高设计质量，而且可与客户进行可视、立体、感性交流，是异地协同设计与异地制造的必备手段。

西开的可视化设计（图 4.4.2）包括以下几个方面：

（1）建立 3 维 CAD 模型，该模型将被下游工作 CAE、CAPP、CAM、三维可视化等工作所利用共享。

（2）计算机辅助测试 CAE，实现产品电场仿真、强度仿真、运动仿真、电磁兼容及液压仿真分析，在产品研制和产品改进过程中，使设计方案对比更直观、设计结果更可信。

（3）建立从零件到基本间隔模块三级数据库，大幅度减少设计工作量，提高设计质量，提高原有设计成果的复用率。

图 4.4.2　三维 CAD 设计应用于产品研发和工程项目

2）可视化工艺技术的应用

可视化工艺使产品设计、工艺与制造的过程控制实现一体化。CAD/CAE/CAPP/CAM 与 PDM 无缝集成，使设计与工艺业务顺畅衔接、同步工作，具备计划输入、任务分配、数控程序管理、工艺信息文件处理等任务的集成控制与管理功能，大大缩短了产品制造技术准备时间。

（1）建立与设计数据库对应的工艺数据库，当选用设计库中的零部件时，自动生成工艺。

（2）充分利用已有的三维 CAD 设计软件资源与先进数控设备，实现从设计建模到车间 CAM 使用，从产品开发和生产现场的 CAD/CAM 一体化，零件图纸和加工代码实时在线传送到数控设备。

3）可视化装配技术的应用

实现三维可视化装配工艺的编制，使装配过程的指导更加形象直观，可操作性更强，可视化加工工序卡直观地指导工艺过程。

（1）虚拟装配动态仿真。运用三维 CAD 设计和 3DVIA 两种软件的装配仿真动画的制作技术，完成拆卸动画、装配动画。

（2）安装路径规划、操作过程验证、工区规划和详细工艺规划。

（3）指导现场安装，在现场的装配工艺中进一步加入人物、厂房、吊车等人机工程界面，使现场装配作业指导文件具有更强的指导作用，提高产品现场装配质量。

4）数字化制造

公司数字化制造具有对数字化制造系统各单元及整体运行状态进行实时监测与状态分析评估的功能，具有车间刀具实时监测与在线管理功能，以 AGV 智能配送系统仓库和设备调度控制系统 WCS 为核心的自动化物流仓储，支持多公司、多车间的统一 MES 平台，是国际开关行业第一条 252kVGIS DS/ES 自动化装配线。数字化制造车间的基本结构如图 4.4.3 所示。

（1）车间 DNC/MDC 系统。车间搭建了一个兼容五个不同数控系统的 DNC/MDC 系统，即加工代码的上传、下传及管理。实时提取设备加工过程的数据，以数据库表的形式充实 MES 系统的加工基础数据。从而使车间基础数据更加科学合理，加工资源得到最有效的使用。

（2）车间 MES 系统（图 4.4.4）。从计划到来料、从来料到派工、生产、完工、转出形成一个车间全生产过程的闭环管理。将完工汇报质检延伸到生产现场，实现了物流、资金流、信息流的统一。

（3）刀具信息监测系统。将传感器网络技术、嵌入式智能技术综合应用于车间刀具实时监测，在数控刀具的刀柄上安装了 RFID 可读写的芯片，建立集无线感知、测量、分析、决策于一体的刀具状态监测平台，实现对刀具的配置、调度、位置跟踪、状态监测、寿命管理和库存管理。

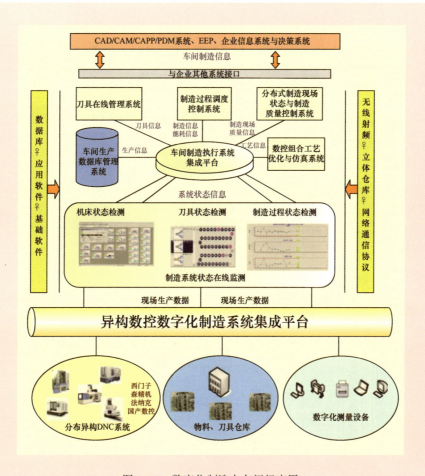

图 4.4.3　数字化制造在车间级应用

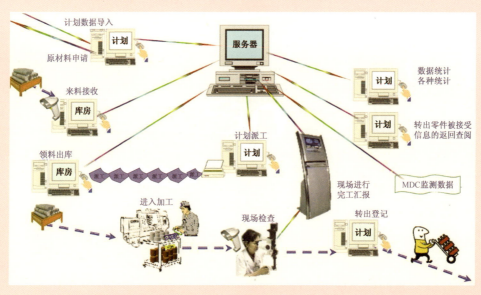

图 4.4.4　车间 MES 系统

（4）分布式质量信息采集。利用已有的通信接口，GP_IB、RS232、USB、LocalNet等，对现有的各种计量仪器、检测设备与仪器，加工中心等设备组网；按统一的数据结构，通过网络与质量控制服务器的数据库交互。为统一测量程序、数据处理与评价、数据管理、质量控制提供基本的数据。

（5）智能物流系统。包括智能立体仓库，可实现库存管理、仓库设备状态管理、出入库操作自动化和配送自动化；AGV 配送系统，实现激光导向和无人驾驶，自动将立库里配好盘的物料送到相应的工位。

（6）能源控制系统。综合运用智能采集技术和信息系统集成技术等，实现能源监控和数控设备的在线监测。通过对各种能源消耗的统计、计量、考核管理，降低产品能源成本。

（7）专家在线诊断系统。实现对运行中产品健康状况的识别，有效利用设备制造厂对产品设计制造和维护的丰富经验，让设备制造厂随时掌握产品的运行健康状况，将用户现场产品运行的数据接入制造厂的客服系统，并通过专家诊断系统进行数据分析。

5．西开电气如何从数字化车间转变到数字化工厂

从 20 世纪 90 年代引入 CAD，西开电气二十多年的信息化建设过程，采取了"三步走"战略，稳步推进信息化，取得了瞩目的成绩。

第一步，20 世纪 80 年代末至 90 年代，信息化的自发开始阶段。西开电气从设计方面引入设计软件，实现计算机辅助设计。

第二步，21 世纪前十年，信息化稳步推进阶段，设计、工艺、生产采购等各个部门开始搭建信息化框架。

第三步，信息化的集成、深化完善，数字化制造、智能化技术应用、推进阶段（正在进行中），将独立和分散的信息化模块，进行全流程信息化集成，大力推进智能化技术、数字化制造的应用。

西开通过企业级数字化设计制造平台的搭建，完善开关制造企业数字化设计能力，打破"制造孤岛"；通过对关键制造工艺的智能化改造，应用智能焊接系统、工业机器人、智能物流系统、自动立体仓库、柔性生产线等数字化技术与设备，大幅提升产品生产制造过程的工作效率和质量一致性，降低企业人工成本；应用 ERP、MES、PLM 建立产品全生命周期管理系统，实现协同制造与产品质量的可追溯；全面提升企业的新产品创新开发能力和高端产品制造过程控制能力，打造具有国际化竞争优势的开关制造企业。

1）数字化设计平台

数字化设计是以快速灵活地响应不断变化的客户需求和实现高端制造为目的。它不仅是缩短研发设计周期、降低设计成本、提高设计质量和加快市场响应速度的重要手段，而且可与客户进行可视、立体、感性交流。另外，是异地协同设计与异地制造的必备手段。

通过企业级数字化设计制造平台的搭建，完善开关制造企业数字化设计能力，打破

"制造孤岛"，解决数字化设计制造与 ERP 等其他企业信息系统的整合应用，实现以下主要目标：

（1）形成一整套完整的企业数字化设计制造平台，建立涵盖产品设计、分析、仿真、装配、制造、工艺、试验等全过程的设计与制造计算机辅助系统，使西开电气的数字化设计与制造达到国际先进水平。

（2）实现数字化设计制造平台与企业 ERP 系统的应用集成，实现双向自动数据共享，实现西开电气管理信息系统与数字化设计制造系统的整合应用。

（3）建立支持异地、多企业的协同产品全生命周期管理（PLM）平台，强化平台各企业间的协同设计与制造能力。

在已有三维可视立体设计的基础上，建立了以 PDM 系统为核心的 CAD/CAE/CAPP/CAM 一体化集成应用系统，实现了多企业主体数字化设计平台建设及应用。通过 PDM 系统，随之建立了涵盖各类产品的完整数据模型，并在此基础上建立起企业级的数据共享、协同工作平台，大大提高了设计效率和质量。

设计的三维 CAD 模型被下游 CAE、CAPP、CAM、三维可视化装配共享，实现产品电场仿真、强度仿真、运动仿真、电磁兼容及液压仿真分析。在产品研制和产品改进过程中，使设计方案对比更直观、设计结果更可信。

在产品研发和工程项目设计中全面普及使用三维全形态 CAD 设计。自动生成数据，实现图样与数据高度的一致性和准确性；空间干涉检查直观便易——确保空间设计合理正确；接口直观便易——确保对接接口的完全匹配；装备对中与定位高度准确，良好匹配；工程总体布置设计与建筑的合理融合。

基于三维标注的装配公差分析和公差优化，通过三维标注，取消二维图纸，为数字化制造提供数据支撑。

通过三维软件对工程全形态装配进行自动干涉检查，对产品的各种元件、组件和典型的布置结构及其外装附件进行数字化样机验证，提升产品的外观设计水平，减少设计差错。

2）数字化工艺平台

（1）数字化工艺软件平台。

产品设计、工艺与制造的过程控制实现一体化，CAD/CAE/CAPP/CAM 与 PDM 无缝集成，使得设计与工艺业务顺畅衔接、同步工作，大大缩短了产品制造的技术准备时间。

实现三维可视化装配工艺的编制，利用可视化加工工序卡直观地指导工艺过程，使装配过程的指导更加形象直观，可操作性更强，降低了对装配操作工人的技能要求；实现安装现场的可视化指导，在现场的装配工艺中进一步加入人物、厂房、吊车等人机工程界面，使现场装配作业指导文件具有更强的指导作用，也提高了产品现场装配质量；建立安装所用器械的三维模型，使用三维设计软件将产品装配过程所使用到的工位器具、设备、实验仪器、厂房行吊等建立起三维模型，并进一步运用装配仿真动画制作技术，完成了机构拆卸动画、套管装配动画。

数字化工艺软件平台的应用内容包括以下几项：

① 装配工艺平台建设。建立装配工艺设计、工艺标准、工装夹具、质量改善为目的一体装配工艺管理体系，管理和积累制造经验，快速工艺设计，以提高装配制造能力。

② 三维可视化装配工艺。充分利用产品的 3D 设计模型数据，完成产品可视化装配工艺设计，提高装配工艺设计水平和可视化水平，使装配操作指导文件更加直观、明了、易于理解，描述更加规范，条理清晰，提高装配效率。

③ 建立虚拟制造评估体系。通过将工厂、设备、人和工具等纳入虚拟的环境，建立数字化的虚拟工厂，在装配工艺开发过程中，对产品的可装配性进行验证，提高产品样机试制的合格率。

④ 车间在线装配作业指导。充分利用三维可视化数字装配技术，通过建立在线电子作业指导书，直接指导车间工人作业，提升现场作业水平，保证工艺数据的准确性和及时性。

⑤ 工程现场可视化安装作业指导。利用工程 3D 模型，建立可视化现场电子安装的作业指导书，提高工程项目安装质量。

⑥ 系统集成。通过集成 MES、ERP 和计划管理系统，改善设计和生产信息数据流，准确传递工程项目 BOM 和工艺信息到车间，确保车间能及时获取产品物料清单（BOM）数据和装配作业指导书，生产部门能按工程装配 BOM 制定合理的投料计划，减少车间在制品库存。

（2）关键制造工艺装备的智能化。

通过对关键制造工艺的智能化改造，应用智能焊接系统、工业机器人、智能物流系统、自动立体仓库等数字化技术与设备，大幅提升产品生产制造过程的工作效率和质量一致性，降低企业人工成本。

① 机加车间。以高速、高精度、高生产率、高生态环境下的易于网络化管理的数控设备为主体，通过车间数字化制造执行系统，实现设备网络化智能监控，消除设备孤岛，实时收集加工过程中的各项数据，机械加工程序、刀具需求、夹具装夹、零件图纸伴随作业计划直接下载至机床主控系统，实现全数字化生产操作流程。

② 壳体车间。以成形、翻边、焊接为主要工艺，通过应用智能焊接系统与大规模配备高端焊接机器人，形成焊接自动线，实现焊缝实时跟踪，焊材自动管理，提升焊接质量和效率。

③ 铸造车间。针对清洁、打磨工序工作环境恶劣，人员流动大、劳动强度较大的问题，开发和应用打磨机器人、打磨机械及传送系统，建成铸件机械清理打磨线，实现关键工序的智能化，提高清理打磨效率和质量。

④ 装配车间。针对订单批量小、产品种类多的情况，设计和安装隔离开关、断路器柔性装配生产线，利用可视化 3D 智能装配工艺集成提升工作效率，降低工人劳动强度，

建造智能化立体仓库，实现原材料和成品部件的储量管理和有效利用。

⑤ 重组表面处理车间。借鉴汽车涂装生产线模式，开发和建设刷镀的自动化生产线、导体涂装自动化生产线、新建涂装自动化线。

⑥ 导体涂装自动化生产线。采用全封闭设计、实现机械手自动喷涂作业方式，能有效提高导体表面的光洁度，降低产品导体放电的风险。同时该生产线的喷漆、流平、烘干工序采用自动化和集放设计，不但能提高生产效率，还能节约能耗。

⑦ 绝缘件生产自动化设备和自动线。实现从浇注、固化、装脱模、后固化工序的流水线转运。

⑧ 建设"超特高压开关设备可靠性与全寿命周期研究中心"。建成十个实验室，通过细化实验方案，配全配齐实验装备。

3）产品全生命周期管理

（1）开关平台全面推进 ERP 系统实施。

搭建起财务业务一体化的信息管理平台，能够支撑开关平台产品线，贯穿销售、设计、采购、生产、售后服务全过程，优化业务流程，提高管理效率和效益。

将西开电气 SAP 实施模型复制到开关平台 ERP 项目业务中，并在此基础上进行系统的完善和提升，引进先进条码技术，搭建起开关平台协同管理系统。

建立统一、集成、共享的企业资源计划管理平台，推动企业基础管理，实现数据及业务运作的标准化；通过项目管理实现全业务过程的管控，涵盖设计、研发、生产，包括客户、供应商、内部处理和操作在内的全项目的可视能力；建设一套合规的、实时的、集成的、全程透析的管理流程；规范、提高、强化内部管理，建设一套财务与供应链实时无缝集成的 ERP 系统，提高财务核算质量，真正带动财务从"核算型会计"到全面的"管理型会计"的转变。

推动开关平台的管理创新和板块化布局，同时对产品创新提供有力支撑。

规范业务运营体系、业务支持体系和督查监控体系，实现体系间的资源整合。

加强项目成本管理，完善会计核算与管理体系，提供决策支持。

建立智能分析平台，为管理层的高效决策和分析提供保障。

（2）产品在线智能监测及远程诊断系统。

① 智能高压开关。实现产品智能化是实现产品全生命周期精细化管理的前提和保证。在产品设计中综合运用微电子技术、网络技术、软件技术、检测技术、控制技术，将传统的产品同传感器、智能组件一体化，设计具有测量数字化、控制网络化、状态可视化、信息互动化的智能高压开关。把传统的电力设备改造成为智能化的电力设备，提高我国电力装备制造业的国际竞争力。

② 产品在线智能监测及远程诊断。高压开关在线监测及远程诊断系统实现对一次开关设备的智能控制、在线状态监测和评估，具有测量数字化、控制网络化、状态可视化、

功能一体化和信息互动化功能的高压开关设备。采用计算机网络、通信技术，远程监控智能化 GIS 运行状态，快速处理设备运行所遇到问题，实现对智能化 GIS 的远程诊断。通过虚拟专用（VPN）网络，将数据传入开关平台客服中心，并通过专家系统的集中监测与远程诊断，实现开关设备的全寿命管理。

③ 开关平台客户服务系统。统一客户服务系统是以信息为纽带，将每一次客户服务的全过程，都进行数字化、可视化记录，统一可视化服务界面和服务标准，通过 4008 呼叫中心、GPS 车辆管理、专家视频系统、档案标准化管理和产品远程诊断系统，实现产品全生命周期管理。

西开电气正在探索由产品的设计、制造、安装，到后期的运营、维修、报废一体的电站代管工作。目前，西开电气已经与三峡电站签订协议，打通了三峡向家坝产品远程诊断服务。这为西开电气由传统制造业走向制造服务型迈出了最重要的一步。

西开电气通过数字化技术在车间的应用，提高了生产效率的同时，保证了产品品质的提升，使得产品的运行能力更加稳定，并通过开展数字化设计、数字化工艺，以及智能化技术研究，实现了产品的升级。

通过产品全生命周期管理，企业不仅能够及时完成对客户的售后服务，同时还能够作为第三方技术服务商开展经营活动，极大地带动了企业的影响力和竞争力，实现了服务升级。

服务效率的提升，给西开电气在研发、市场方面提供了更大的空间，使得企业在产品技术创新上保持在行业前端，企业市场能够不断得到扩大，实现竞争力升级。

6. 西开电气发展智能制造的经验和体会

西开电气以超、特高压开关产品制造过程为对象，建立高效的车间级数字化制造系统，在实践中有一些好的做法可供借鉴。

（1）跨越产品设计与产品制造之间的"鸿沟"，实现产品的数字化制造。高压开关是以机械运动实现电气功能的电器设备，制约产品竞争力的不是电气设计，而是高质量的机械制造过程，通过产品设计与产品制造各环节之间的信息互通，实现产品制造、质量控制和数字化检测等各环节的集成，解决了工厂、车间和生产线从产品设计到制造过程的转化，降低了设计与生产制造之间的不确定性，提高了制造过程的效率和质量。

（2）先行在机械加工环节重点推进数字化智能化制造，再逐步向装配车间推广应用。充分考虑数字化车间建设的持续性、系统性，西开先行选择关系到零部件质量的一致性、稳定性、互换性的加工环节重点推进数字化智能化制造，形成能适应多种复杂制造过程、满足高端电力设备要求、专业化批量定制生产能力的车间数字化制造系统，再逐步向装配车间推广应用，充分体现了企业内部总体布局、分阶段持续实施智能制造的发展思路。

（3）可视化、模拟仿真技术应用于产品设计、工艺与制造全过程，提升研发和生产效率。通过三维 CAD 模型共享和计算机辅助测试 CAE 实现可视化和模拟仿真，建立与设计数据库对应的工艺数据库，虚拟装配动态仿真、详细工区规划和工艺规划，缩短了产品研发周期，大幅减少设计工作量，提高产品现场装配质量，而且可以与客户进行可视、立体、感性交流，快速灵活响应客户需求。

（4）建设产品设计、工艺、刀具和加工、产品健康管理等数据库系统，形成经验积累。建立从零件到基本间隔模块三级数据库，以及与设计数据库对应的工艺数据库，提高原有设计成果的复用率；建立制造装备的刀具和加工过程的数据库，实现刀具配置、调度、跟踪、检测的数字化，加工资源得到最有效的使用；建立产品健康数据库，有效积累对产品设计制造和维护的丰富经验。

（5）将用户现场产品的运行数据接入制造厂的专家诊断系统，实现产品服务的数字化。实现对运行中产品健康状况的识别，有效利用设备制造厂对产品设计制造和维护的丰富经验，让设备制造厂随时掌握产品的运行健康状况，将用户现场产品运行的数据接入制造厂的客服系统，并通过专家诊断系统进行数据分析，实现开关设备的全寿命管理。

案例五：潍柴汽车发动机数字化生产车间建设实践经验介绍

(执笔组：王玉春　朱晓民　杨晓峰　杜春刚)

导读：潍柴动力股份有限公司汽车发动机数字化生产车间项目是"国家智能制造装备专项"支持的试点示范项目，实现了 WP10/12 系列二气门和四气门柴油发动机混合生产，生产效率比传统车间提升了 35%，WP10/12 系列发动机年产能达到了 40 万台。

1．潍柴动力股份有限公司简介

潍柴动力股份有限公司（以下简称潍柴）成立于 2002 年，公司资产总额 785 亿元，全球拥有员工 4.4 万人。2013 年，企业实现销售收入 583 亿元，利润总额 46.1 亿元，名列 2014 年中国企业 500 强第 151 位，中国制造业 500 强第 63 位。公司不断提升企业核心竞争力，成功构筑起了以动力总成（发动机、变速箱、车桥）、整车整机、液压控制和汽车零部件四大产业板块协同发展的新格局。

潍柴于 2012 年中标"国家智能制造装备专项"项目"WP5/7 系列发动机柔性自动化装配生产线"，解决了生产线工艺规划、集成化生产管控、装配线控制和信息管理、物料智能配送、质量控制和防错、自动上下料、工件自动输送翻转、多轴自动拧紧、回转力矩和轴向间隙自动检测、油封自动压装及泄漏量检测、锁片全自动装配及漏装检测等关键技术。配备了多台全自动设备，包括汽缸体上料自动移载机械手、主轴承螺栓自动拧紧及回转力矩和轴向间隙检测专机、连杆螺栓拧紧及回转力矩检测专机、前油封自动压装机及泄漏检测专机、汽缸盖螺栓自动拧紧专机等，实现了 WP5/7 系列发动机任意顺序混流柔性生产，在主要性能参数和技术上达到国际先进水平。劳动生产率和产品质量显著提高，成果已经得到进一步推广应用，对促进汽车发动机行业提质增效起到了良好的示范作用。

2. 建设汽车发动机数字化生产车间的必要性

近年来，汽车发动机市场需求变化非常大，对产品品种、生产效率和产品质量的要求越来越高。建设汽车发动机数字化生产车间，采用以自动化、智能化、信息化为基础的数字化生产方式，便于多品种变批量生产，可以明显提高生产效率，保证产品质量，有效地适应市场需求的变化。

潍柴作为国内发动机行业的领头企业非常重视其自身的发展，近年来先后投资 30 多亿建设了先进的柴油机制造基地。伴随着制造业数字化、智能化时代的到来，潍柴同步进行了信息化支撑平台建设，于 2008 年初步在发动机板块建成了六大信息化支撑平台，覆盖了企业管理、技术和生产运营的大部分业务，并开始应用于各大主机生产车间。从 2012年开始又进行了升级改造，与北京机械工业自动化研究所等单位签订了相关协议和订货合同，将传统的汽车发动机生产车间逐渐向数字化生产车间转型。

通过汽车发动机数字化生产车间的建设，能够实现潍柴动力股份有限公司企业内部整个制造过程信息数据的采集和协同应用，满足产品全生命周期过程对设计、加工、配送、服务和再制造等多个环节的数据协同性要求。在集成框架下，通过数字化车间的建设能使制造的视角由生产现场扩展到从设计到服务的整个产品制造和使用过程，制造资源和产品信息通过信息化平台提供给供应链各个环节使用，同时采集各环节的产品信息、用户信息、订单信息等数据资源，实现对制造过程的快速协调和优化配置，使得整个制造链更为高效和流畅，为敏捷制造和大规模定制提供了技术支撑。同时，该项目还可以对提高国产装备制造商的设计和制造水平，对促进我国相关领域的技术进步和发展起到积极的促进作用。

3. 潍柴汽车发动机数字化生产车间基本情况

潍柴动力股份有限公司汽车发动机数字化生产车间包括机械加工车间和装配车间两大部分，配备了集成化生产管控系统。主要用于潍柴 WP10 和 WP12 两种系列发动机的机械加工、装配、试车、喷漆和包装。智能化装备、先进的生产线、优化的物流和集成化生产管控系统组成了该数字化生产车间的主体。

1）汽车发动机数字化加工车间

汽车发动机数字化加工车间主要是由加工一车间、加工二车间、加工三车间、加工四车间组成，总计 6 条缸盖生产线、6 条机体生产线，年生产纲领 40 万台套。加工一车间、加工二车间建于 2004 年，加工三、加工四车间建于 2010 年。其中，加工一、加工三车间为刚性加工车间（图 4.5.1），用于生产 WP10 缸体及缸盖，生产线由多段二汽、大连机床厂设计制造的自动线及部分国产、进口专机组成，设备之间采用自动辊道连接；加工二、加工四车间为柔性加工车间（图 4.5.2），用于生产 WP10、WP12 缸体及缸盖，生产线由 HELLER 加工中心、韩国斗山（DOOSAN）加工中心及部分国产、进口专机组成，设备之间采用机械手、自动辊道及小行车连接。大多数设备采用发那科（FANUC）及西门子（SIEMENS）数控系统，能够根据加工情况，实时实现加工参数优化。生产线配备先进的雷尼绍（Renishaw）测头及马波斯（MARPOSS）在线量仪等智能化在线检测装置，能够实现在线精度检测。所有生产线均配备集成化的生产管控系统，能够实现生产过程实时监控。

图 4.5.1　刚性加工生产线

图 4.5.2　柔性加工生产线

2）汽车发动机数字化装配车间

汽车发动机数字化装配车间主要由总装一线及二气门缸盖部装线、四气门缸盖部件线、活塞连杆部装线、AGV 装配二线、试验预装线、AGV 输送系统、出厂试验线及试验台架、集中供油系统、集中供漆系统及喷漆涂装线以及集成化的生产管控系统等组成。

发动机的绝大部分装配工作都在总装一线进行，该装配线呈矩形环线布置，配备的设备主要包括输送线及线上配备的各种工艺装备（图 4.5.3）。输送线采用非摩擦积放式机动辊道，采用变频控制的 SEW 减速电机驱动。机动转台共配备 19 台，用于转角输送及返修的出入，转台回转直径 1.7m，采用变频控制的减速电机驱动输送及回转，输送速度与输送线一致，回转速度为 2r/min。线上配备工业机器人、自动移载机、机体打字机、自动翻转机、多轴拧紧机、回转力矩及间隙测量机等设备，并配备各类工装、工具及吊装设备，以完成发动机装配的各种工艺要求。另外，配备了钢结构及压缩空气管路、照明光带、工具轨悬挂系统，用于实现工位的工具悬挂、吊装设备悬挂、局部照明和动力提供。

图 4.5.3　总装一线

四气门缸盖部件线上配备的设备主要有输送线设备（包括非摩擦积存辊道、转台、定位装置等）、部装线工艺设备（包括翻转机、全自动锁片装配及漏装检测设备等），另配有装配所需的辅助设施及工装等。

活塞连杆部件线上配备的设备主要有输送线设备，包括水平回转矩形输送辊道线、4个回转转台及线外的装配设备活塞环装配机、活塞加热设备、活塞销装配工作台等。活塞环装配机采用气动控制，活塞环人工集中上料，压装，活塞环送料、涨开、入槽采用气动方式操作，电控系统采用 PLC 控制。活塞加热设备采用工频感应加热装置，配备 3 组加热头，可同时加热 3 个活塞。活塞连杆部件线末端，设置缸套装配台及重力辊道，用于将活塞连杆部件装配到缸套中，然后人工将活塞连杆及缸套总成放在缸套预压装机中进行自动压装。

总装二线（图 4.5.4）是地面磁导航的 AGV 小车形式的装配线，主要用于发动机外部附件的装配，总装一线与总装二线之间采用自行葫芦输送柴油机工件。AGV 小车在地面输送，地面无轨道，导航用的磁线预埋于地面下，使得人员的接近性、通过性非常好，AGV 车体可以任意升降，实现了人体工程学设计的要求。AGV 小车可以实现自动对柴油机盘车，降低了气门间隙调整工序的工人劳动强度。AGV 装配小车可以实现每个工位自动积放停止，柴油机需返修时，装配小车可以脱离运行轨迹自由返修。AGV 小车驱动采用车载电池及电机，车载蓄电池为快速充电电池，在线充电，在操作工位处停止时自动充电，不单独占用工序节拍。电气控制系统均采用西门子系列 PLC 控制，半自动和自动设备工位设置独立电器控制系统，PLC 通过现场总线 profibus 实现装配线上各自动和半自动工位电气控制和通信。装配线配备了拧紧机、电动工具等，以满足发动机装配需求。

图 4.5.4 总装二线

试验预装线（图 4.5.5）用于将试验快装托盘和试验柴油机从装配区输送到试验车间并完成试验前的装配任务，将试验完毕的柴油机及托盘送往喷漆区，将柴油机吊到喷漆线，空托盘送往装配区，重新装配待试发动机；将试验不合格的发动机送往返修区，返修后送回复试。

出厂试验线及试验台架由门前电动交换滑台、室内升降滚道、试车中间底座、精定位导轨及压紧机构、托盘接送装置、水、油、电、气管道快接模板、挠性传动轴及对接机构、快装托盘、液压系统、测量控制系统、台架电气控制柜等组成。通过激光导航 AGV 输送小车将待测试发动机送到试验台的移行机上。试验台架完成发动机出厂前的各项试验任务，试验数据和结果可以实时监测、存储和上传。试验控制间现场如图 4.5.6 所示。

图 4.5.5 试验预装线

图 4.5.6　试验控制间

3）集成化生产管控系统

潍柴 WP10/12 系列发动机数字化生产车间配置了一套完善的适合企业发展特点的集成化生产管控系统（数字化生产管理系统），并以此作为企业车间建设的标杆，为今后同类生产车间的建设提供了参考。

生产车间集成化生产管控系统，是以智能化生产线为核心，集成任务管理、零件自动生产、整机机型自动识别、零部件信息自动集成、自动转运、自动装配拧紧、自动测量判断、智能故障诊断及报警等功能，实现二气门和四气门 WP10/12 机型顺序混流生产，少人或无人操作的智能化生产系统。

车间生产集成的生产管控系统包括 PDM（Product Data Management，产品数据管理）系统、CAPP（Computer Aided Process Planning，计算机辅助工艺过程设计）系统、ERP（Enterprise Resource Planning，企业资源计划）系统、MES（Manufacturing Execution System，制造执行系统）、精益拉动、WMS（Warehouse Management System，仓库管理）系统等，整个系统负责装配生产信息的采样、处理、传输，完成通信、规划、决策等，组成了汽车发动机生产车间上层管控部分。

（1）PDM 系统。PDM 系统是潍柴协同开发平台的核心，是在已有的 CAM、CAE、Pro/E 的基础上实施的，主要包括产品 BOM 与配置管理、工程变更管理、技术业务流程规范、协同产品开发管理、图文管理、CAD 模型数据管理及可视化、零部件分类管理和制造发布自动化等模块。PDM 整体流程如图 4.5.7 所示。

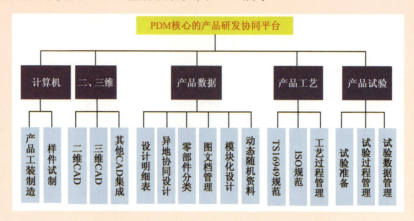

图 4.5.7　PDM 系统总体框图

（2）CAPP 系统。通过 CAPP 工艺设计管理协同工作平台，规范了企业的工艺数据、建立起符合 TS16949 管理规范的工艺管理体系，与 PDM 实现了较紧密的集成，实现了企业数出一处、全局共享的目标。辅助工艺系统 CAPP 业务平台框图如图 4.5.8 所示，其整体应用平台如图 4.5.9 所示。

图 4.5.8　CAPP 业务平台框图

（3）ERP 系统。在 ERP 系统实施过程中，以管理提升为出发点，引进了以 ASCP（高级供应链计划）、FLOW（流式制造）、配置 BOM、IR/ISO（内部采购/内部销售）、寄销、ISP（供应商门户）等先进系统功能模块以支撑企业生产运营，搭建起了覆盖销售、计划、采购、生产、仓储、财务等主要业务的集成系统，将包括财务会计、生产计划及管理、物料管理、销售与采购、质量管理、成本等生产经营活动操作集成到了一个平台之上，实现了企业内部主要经营活动的有效整合和集成，建立起了全新的业务运行管理机制。ERP系统总体框图如图4.5.10所示。

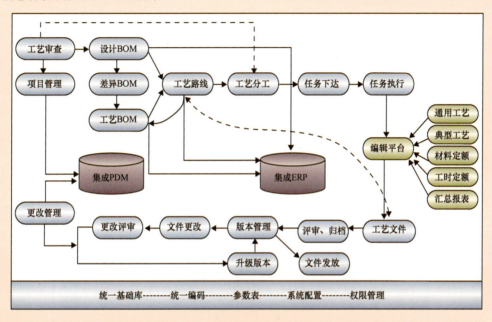

图 4.5.9　CAPP 整体应用流程

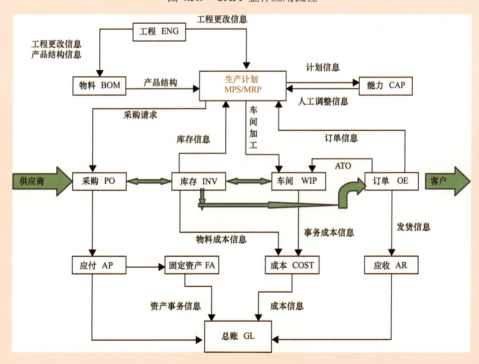

图 4.5.10　ERP 系统总体框图

（4）MES 系统。MES 制造系统整体流程如图 4.5.11 所示，包括如下三层。

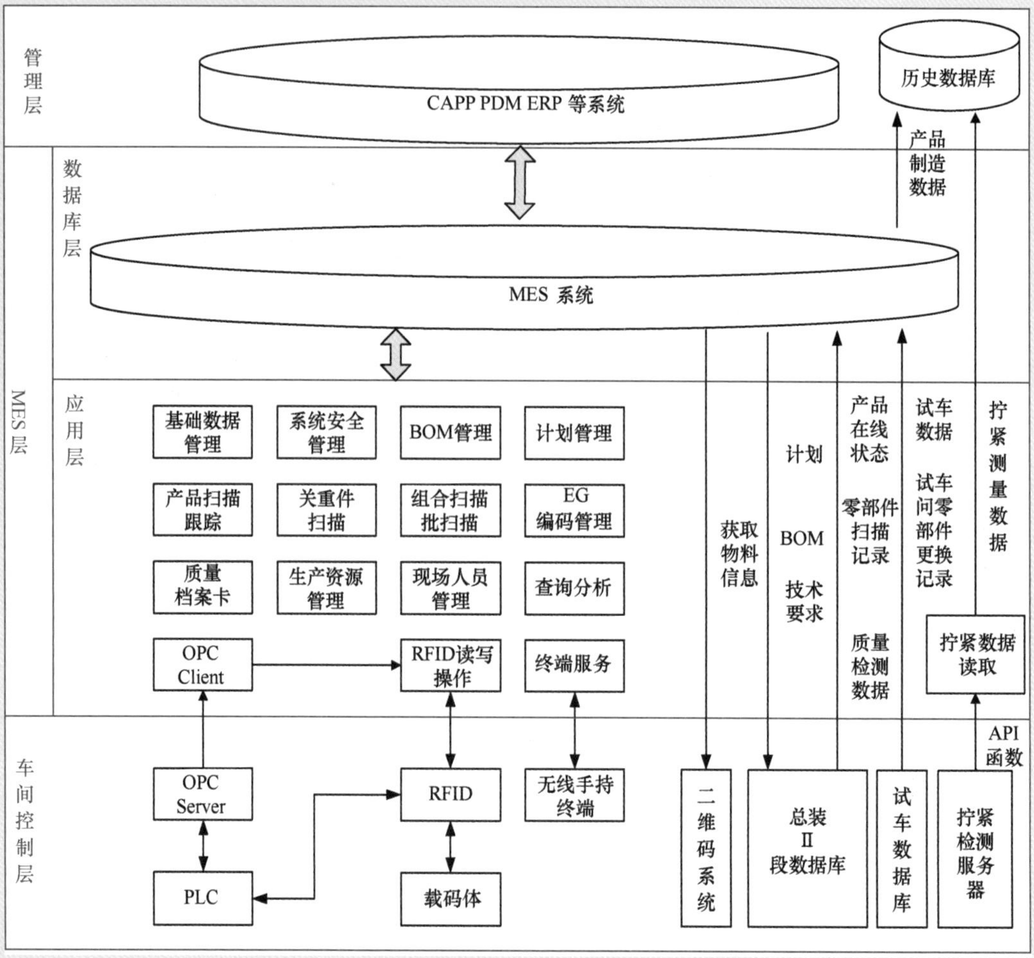

图 4.5.11　MES 系统整体流程图

① 管理层：包括各企业级的管理信息系统，包括辅助工艺系统（CAPP）、协同研发系统（PDM）、企业管理系统（ERP）和历史数据库。该部分主要完成基础数据同步到 MES 制造系统、日生产计划及其物料清单 BOM 下传 MES 和产品工艺文件共享到 MES 制造系统，为 MES 在生产现场执行生产计划提供数据来源；同时，ERP 接收 MES 上传的计划执行状态数据，自动完成生产计划相应的物料发放、产品入库和成本归集等事务处理；MES 也将生产现场采集的装机零部件和作业员工信息上传到历史数据库中长期保存和作为客户关系系统（CRM）售后查询的数据源。

② MES 层：包括应用层和数据库层两层。应用层实现与生产计划在生产现场执行所需的数据维护管理和现场数据采集所需的功能，其中，数据采集部分包含与现场总线控制系统（FCS）通过 OPC 工业标准进行集成，实现生产计划写入 FCS；数据库主要实现应

用层实时数据的存储和与企业内部软件系统的通过数据库集成方式完成数据共享。

③ 车间控制层：包括现场总线控制系统（FCS）和部分专用的软件系统。现场总线控制系统（FCS）通过 OPC 协议实现与 MES 现场数据采集的应用程序进行集成，实现计划上线时生产计划信息通过 PLC→PLC→RFID 读写头，完成生产计划写入生产线信息载体，供后续生产线记录产品制造数据和产品到达各工位时，通过 RFID 读写头→PLC→PLC→MES 应用程序，由 MES 显示当前计划信息、该工位的 BOM 和作业指导信息和装机零部件数据信息的采集；部分专用系统将记录的制造信息存储到数据库中，再通过数据库集成方式共享给 MES 数据库。

5）精益拉动及 WMS 系统

潍柴精益拉动系统是根据生产线上实际的物料消耗，基于定点、定时、定量的原则，针对零部件物流属性的不同，设定不同的拉动方式。通过精益物流拉动系统的建设，固化精益生产理念，缩短知识积累时间，提高专业厂的生产效率和能力，使自动化仓库作业效率最大化，降低库存量，提高物料周转率。提升集约物流与生产车间的物料交接及时率和准确率，消除由于物料交接不透明造成的浪费，推进精益化生产水平。潍柴一体化智能物流系统如图 4.5.12 所示。

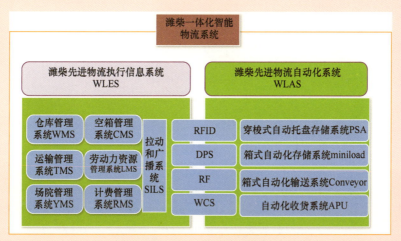

图 4.5.12　一体化智能物流系统

4. 项目实施后取得的效果

潍柴动力股份有限公司通过智能化和数字化改造，建设数字化生产车间，实现了WP10/12 系列二气门和四气门柴油发动机混合生产，生产效率比传统车间提升了 35%，WP10/12 系列发动机年产能达到了 40 万台。

汽车发动机数字化生产车间建成后，装配生产线与加工生产线实现了信息流对接，可以自动传输生产计划及上线计划，通过人工按拉动式计划投料生产，直至最终完成柴油机的包装入库。整个生产过程通过信息化手段进行记录追溯，实现产品整个生命周期中的机械加工、装配、检测试验等各个阶段质量控制和信息追溯功能。借助 ERP、MES 等信息辅助平台，实现了从产品设计到制造、从市场需求到生产工序执行的有序管理，使从设计到制造、物流、在制、财务等环节的不确定性偏差降低，从而提高了系统运作的成功率和可靠性。

生产线 PLC 控制与信息化支撑平台有效兼容实现了柔性自动化生产，在柔性自动加工、柔性自动装配、数字化、信息化和智能化技术上有重大突破，生产线主要技术参数指标达到国内领先水平。

5. 建设数字化生产车间的经验和体会

在通过升级改造建设数字化生产车间时，要制定一个系统性的目标，而这个目标既不是对原有各目标的否定，也不是简单的叠加，而是一种整合和优化，更是一种提升。

在建设数字化生产车间过程中：第一，要做到统一规划和统一管理，要实现资源共享，避免重复建设造成的浪费；第二，在数字化生产车间的建设中离不开各种先进技术，要合理选择应用各种技术，不能片面追求技术的高精尖，而忽视了其实用性和适用性；第三，数字化生产车间的建设需要一个较长的周期，尤其初期阶段的准备时间会很长，而且很多准备不仅仅是技术上的还包括管理上的，需要耐心细致和层层推进；第四，要做到以应用促建设，做到以用户为中心，消除各类孤岛，将各个系统有效整合到一起。

案例六：天水长城开关厂有限公司发展智能制造实践经验

（执笔组：杨　林　徐赞京　张希泰　陈康龙）

导读：天水长开建设的开关设备制造数字化车间是委托北京自动化研究所作为总包实施单位共同建设，车间集产品设计的数字化、钣金加工的自动化、仓储系统的智能化、车间调度管理的信息化、断路器视觉检测的智能化于一体，实现了天水长开的产品升级、产能升级、管理升级。

1. 天水长城开关厂有限公司简介

天水长城开关厂有限公司（以下简称天水长开）始建于 1969 年，是国内输配电开关行业的大型专业化国有企业，是兰州长城电工股份有限公司的龙头子公司。公司主要从事中高压开关设备技术研究、产品开发、制造、销售、服务等。

天水长开在国内中高压开关设备研发、制造及销售领域处于领先地位，各项技术经济指标在国内高压开关行业名列前茅，10kV 开关柜在全国同行业的产量第一、国内重点火电建设项目选用天水长开产品的比例第一、国内重点石化建设项目选用公司产品的比例第一。在国内火电、石化、冶金等大中型重点工程领域的市场占有率保持 30% 以上，部分领域达到 70% 以上。

2. 为什么要建设数字化车间

天水长开原有的生产模式和技术装备已无法满足新一代换代产品的生产要求，使天水长开的生产组织、管理等无法得到进一步的提升与放大，无法实现产品的升级换代，很难发挥规模优势，带动产业链相关企业共同发展。通过建设中压开关设备制造数字化车间，实现公司生产由传统模式向现代数字化生产模式的转变，在提升公司产能的同时，带动区域电工电器产业实现集群化发展，释放出规模效应。通过数字化车间技术运用，提升开关设备制造的技术水平、产品实物质量和劳动生产率，大幅降低工人劳动强度和能源消耗，实现清洁生产和低碳生产。

通过建设数字化车间，实现天水长开的"三个升级"，即产品升级、产能升级、管理升级，实现精益化生产，并继续引领行业的发展。

（1）产品升级。通过数字化车间项目的实施，建设先进的开关元件、设备装配生产线及配套系统，为实现近年来开发的具有自主知识产权、技术性能达到国内乃至国际领先水平的新一代产品的产业化生产，为天水长开"十二五"转型跨越式发展奠定坚实的基础。

（2）产能升级。天水长开是甘肃省装备制造业重点企业之一，通过本项目的实施，建设开关设备制造数字化车间，能够实现天水长开生产由传统模式向现代数字化生产模式的转变，使天水长开的年生产能力从年产成套开关设备 8000 面、开关元件 8000 台提升至年产开关设备 15000 面、开关元件 18000 台。

（3）管理升级。本项目通过数字化车间的建设，从车间的总体角度出发，对生产设备、物流设备、在线自动检测设备等引入数字化和智能化技术，并引入 MES 系统等先进的管控方法，有效提高天水长开生产管理水平，降低生产人员劳动强度，实现人性化管理，并同时降低生产对工人技能的依赖程度，有利于人力资源管理。同时，项目设计中充分考虑环境保护和节能措施，有利于清洁生产和低碳生产管理。

经过多方考察，天水长开选择北京机械工业自动化研究所（以下简称北自所）作为数字化车间建设的总包实施单位。北自所成立于 1954 年，是中央直属大型综合性科研机构，长期致力于制造业领域自动化、信息化、集成化技术的创新、研究、开发和应用。在装配和检测生产线、自动化立体仓库、车间制造执行系统（MES）、制造过程及装备自动化信息化集成化、数字化车间领域有雄厚的技术实力和多年的工程经验。

3. 天水长开数字化车间介绍

天水长开投建的中压空气绝缘开关设备数字化车间主要包含智能化设计、开关元件的生产制造，开关设备的生产制造，以及主回路制造、二次线束制造、钣金加工、箱壳制造、母线制造等分系统，可完成中压开关装置由基础核心元件到整台设备的完整生产过程。厂房的外景图如图 4.6.1 所示。

数字化车间占地面积 2.3 万平方米，可达到年产 6 万只灌封极柱、1.8 万台真空断路器、1.5 万面成套铠装柜的生产能力。

各系统在数字化车间中发挥不同的作用，相互协同构成完整的智能化制造系统，系统流程图如图 4.6.2 所示。数字化车间的运行包含车间运行管控系统以及底层的数字化设备，车间运行管控系统是实现智能化制造的核心，它包括制造执行系统（R-MES）、目视化管理（Andon）、仓储管理（WMS）、设备监控等生产现场运行管控系统。运行管控系统从企业资源计划系统（CTCS-ERP）接收命令，下达到各个分系统生产单元或设备，并监控分系统和设备的运行状态，处理生产现场的各种问题，根据实际生产状态进行调度。

图 4.6.1　厂房外景

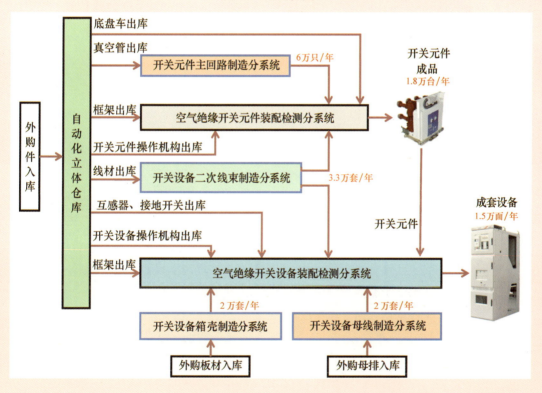

图 4.6.2　系统流程

底层的数字化设备包括智能化输送设备、在线检测设备、现场控制计算机、自动化仓储和运输设备等。通过设备配置的数字化接口和工业以太网，实现生产过程的智能化监控和调度。

数字化车间的分布系统布局如图 4.6.3 所示。

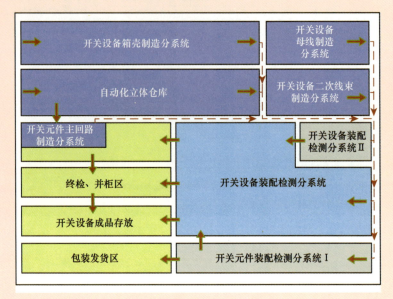

图 4.6.3 分系统布局

1）智能化设计分系统

智能化设计分系统包括三维数字化仿真与优化设计平台、产品全生命周期数据管理平台。

（1）三维数字化仿真与优化设计平台。

三维数字化仿真与优化设计技术是计算机技术和工程分析技术相结合形成的新兴技术，是由计算力学、计算数学、结构动力学、数字仿真技术、工程管理学与计算机技术相结合，而形成一种综合性、知识密集型信息产品。三维数字化仿真与优化设计的核心技术是有限元理论和数字计算方法。两个平台的建设极大地提高了设计开发的效率，减少设计的失误，对于复杂电气产品尤为适用。

（2）产品全生命周期数据管理平台。

PDM 系统是面向三维产品设计的数据管理系统，它以三维设计工具产生的数据为管理对象，建立对模型文件、工程图纸、模型属性数据等静态数据和工作流程、历史印迹等动态数据的管理，实现基于订货参数、设计配置环境等之间的集合关系，为数字化车间实现从订货合同开始到生产计划过程中的产品参数自动配置搭建高效的管理平台。

产品设计管理体系的方案设计考虑到了如下几点。

① Pro/E 的集成管理。对已有的利用 Pro/E 软件设计产品的管理，这些产品的文档已经设计好，存放在本地资源管理器上或者集中存放在网络服务器上，需要把文档集中管理起来，提取文档中的数据供后续系统使用（如输出 BOM 表、做工艺设计、下生产计划或者采购单等），并且在权限许可范围内实现文档和数据的共享。

② 产品设计过程管理。PDM 的设计过程管理模块采用项目管理、并行设计的思想，把与设计过程相关的任务、文档、产品结构、参考资源、人员、资源、时间等，采用统一的结构树进行组织管理，提供了任务级、文档级的工作流程管理，可以满足企业设计过程管理的需求。

③ 设计更改管理。PDM 系统设计变更管理能够满足快速和复杂两种更改过程的管理和控制。通过设计变更管理可以在 PDM 系统中建立有效的变更业务控制手段，帮助实现对变更信息和变更过程的有效管理；通过基于问题报告、变更请求、变更通知单等变更对象实现对变更业务的管理。规范产品变更及数据发放流程，使其符合 CMII 标准；提高数据发布的准确性、有效性和及时性，从而提高产品质量、可靠性，减少返工。

④ 工程设计管理体系的方案设计。工程设计的主要工作是如何重新构造一次方案库和工程选项件的管理问题。本系统方案是对一次方案和工程选项件设定参数，通过参数化的方式来管理一次方案信息和结构件的工程选项。PDM 系统构建用户可以自定义的参数格式，并定义参数间的约束关系，在工程设计过程中尽可能通过参数关系自动寻找与合同相匹配的一次方案信息和工程选项件，以提高设计效率、降低人为选配错误的可能，最终达到快速为生产提供准确 BOM 的目的。

本系统的三维基准产品数据正式发布后自动向 ERP 传递产品数据，发布后的数据传递只是对 ERP 数据的初始化，工程设计在利用基准产品数据时，PDM 系统要做严格控制，工程设计只能利用已发布的基准产品数据；工程设计在明细配置与工程选项配置结束进行三次发布时，向 ERP 传递完整的、最新版本的产品数据结构与物料。工艺设计 CAPP 系统在利用基准产品数据时，PDM 系统要做严格控制，工艺设计只能利用经授权的基准产品数据，工艺路线在编制过程中同时向 ERP 传递完整的工艺路线信息。最终，完成全系统的闭环反馈。

2）开关设备制造分系统

该分系统用于中压开关设备的组装生产，包括两条 12~24kV 及一条 40.5kV 空气绝缘开关设备（铠装柜）自动化生产线，生产线可完成开关设备（铠装柜）的拼柜、机构装配、一次元件安装、二次元件安装、仪表箱安装、耐压试验、终检测试等工序。实现开关设备由零部件到成品的全程流水线方式批量生产。开关设备分系统制造现场如图 4.6.4 所示。

3）开关元件制造分系统

空气绝缘开关元件制造分系统用于中压开关元件（主要是真空断路器）的组装生产与检测。根据产品的电压等级与结构特点设置两条 12~24kV 及一条 40.5kV 空气绝缘开关元件（真空断路器）自动化生产线，生产线可完成断路器的操作机构装配、一次主回路装配、机械磨合、机械特性测试、耐压测试、开关元件尺寸检测、终检测试等工序，实现开关元件由基础零件到完整成品的自动化生产。开关元件制造分系统的现场如图 4.6.5 所示。

图 4.6.4　开关设备分系统制造现场

图 4.6.5　开关元件制造分系统现场

4）开关设备箱壳制造分系统

开关设备箱壳制造分系统包括全自动钣金立体仓库、数控转塔冲剪复合单元、数控转塔冲床、数控折弯机、液压摆式剪板机、基于机器人的全自动折弯工作站，如图 4.6.6 所示。可实现钣金材料集中化管理和钣金零部件自动化加工，具备为年产量 20000 面开关设备提供配套钣金件的生产能力。开关设备箱壳制造分系统的现场如图 4.6.7 所示。

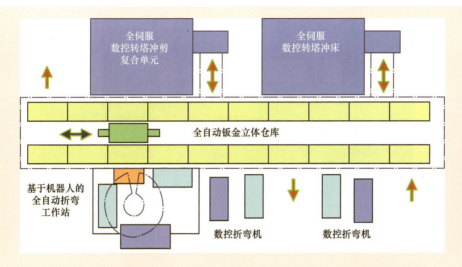

图 4.6.6　开关设备箱壳制造分系统布局

图 4.6.7　开关设备箱壳制造分系统现场

5）开关设备母线制造分系统

开关设备母线制造分系统包括母线立体料库、数控母线冲剪一体设备及折弯机、三工位母线加工设备、数控母线圆弧加工中心及母线打磨台、超声波清洗、喷漆设备、搪锡、热缩套管加工等辅助设备和配套的排风、污水处理设备，具备年产 20000 面开关设备配套母线的生产能力。开关设备母线制造分系统的现场如图 4.6.8 所示。

图 4.6.8　开关设备母线制造分系统现场

6）开关设备二次线束制造分系统

二次线束制造分系统主要由库迈思（Komax）的 Gamma 333 PC 全自动电线束加工系统、利驰（SuperWorks）的工程软件，以及计算机剥线机、全自动端子压接机、强力粗线型计算机剥线机、自动尼龙扎带机、端子号打印机等二次线制作设备和配线台案等工位器具组成。可将由导线 CAE 系统自动生成的开关设备内二次线束相关信息自动输入线号打印机、下线机，完成从切线、剥线、线号打印、到端头压接等工艺环节的全过程自动化加工，实现二次导线的全自动批量生产，满足年产 20000 面开关设备及 20000 台开关元件配套所需二次线束的生产能力。开关设备二次线束制造分系统的现场如图 4.6.9 所示。

图 4.6.9　开关设备二次线束制造分系统现场

7）开关元件主回路制造分系统

开关元件主回路制造分系统包括极柱装配台、极柱灌封单元，以及用于局放试验的多通道数字式局部放电综合分析仪、校准脉冲发生器及其附件、试验自动控制系统软件、高压试验系统、局放试验屏蔽室等。主要用于固封主回路灌封以及局部放电检测等。

8）仓储及物流分系统

自动化仓储及物流分系统包括一座四巷道 3876 货位的自动化立体仓库、四台巷道堆垛机、配套托盘、库端自动输送设备、电器控制单元以及仓储管理系统（WMS），可实现自动化进出物料及管理。仓储及物流分系统的平面布置如图 4.6.10 所示，共现场如图 4.6.11 所示。

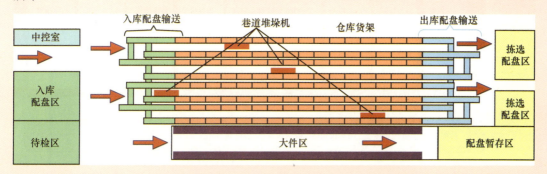

图 4.6.10　仓储及物流分系统平面布置

图 4.6.11　仓储及物流分系统现场

9）制造执行分系统

制造执行分系统用于将车间生产现场的诸多生产设备、检测设备、物流输送设备的控制系统通过必要的软硬件接口与企业资源计划联系起来，能够实时收集生产过程中数据信息，并作出相应的分析和处理，实现数字化车间信息全集成。制造执行分系统结构如

图 4.6.12 所示。

图 4.6.12 制造执行分系统结构

4. 数字化车间特点

本数字化车间通过检验工序化、加工设备数控化、关键设备智能化、仓储物流自动化、车间管理信息化，达到了加工、装配、检测一体化，实现了开关设备制造的自动化、信息化和智能化。

1）产品设计的数字化

在产品设计中将虚拟仿真技术真正融入产品研发全过程中，使仿真分析工程师与设计、工艺和制造工程师协同工作，实现从事多个学科虚拟仿真的工程师之间的协作，并以产品数据管理系统为集成平台，真正实现仿真驱动产品设计，产品设计引领工程设计和工艺设计，实现产品建模、虚拟装配、干涉分析的产品设计智能化的硬软件环境。

2）钣金加工的全自动化

钣金制造系统由自动上下料系统、自动化冲压单元、小料分选出料系统、自动化冲剪复合加工单元、机器人自动折弯单元、自动化大型钣金立体仓库单元。

制造系统各子单元均采用工业以太网线与现场总线互联，实现加工信息按需上传和下达，通过向仓库发出所需板材的规格、数量等信息的请求信号，以及完成批量加工后的出料或入库的请求信号，仓库按照请求信号的紧急系数等级，自动排序响应各加工单元的请求并完成相应进出料任务及计划核销工作。钣金加工智能化示意图如图 4.6.13 所示。

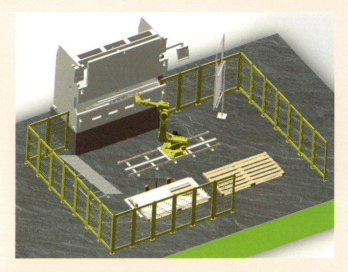

图 4.6.13　钣金加工智能化示意

3）仓库系统的智能化

本系统中针对立体仓库的库存智能优化管理，遵循以下七大原则：

（1）就近入库原则。当立体仓库离出入库链式机较近的位置有空货位，不论堆垛机从哪个货位取出的托盘，在执行入库作业的时候，堆垛机都将该入库托盘放入就近的空货位，节省入库作业时间。

（2）按入库时间优先出库原则。在车间智能 MES 设置好需要的出库的产品批号、等级，数量后，将信息传给立体仓库调度及监控系统，按照产品的入库时间顺序生成出库队列。

（3）层优先原则。当立体仓库中空货位较多，需要保持立体仓库重心偏低，在执行入库作业时，堆垛机执行层优先原则，先将立体仓库的下层货位入库，逐层向上入库作业，防止立体仓库货架的重心偏高而导致货架变形。

（4）路径优化原则。当堆垛机执行完成一次入库或出库任务后，立体仓库调度及监控系统，会对堆垛机当前位置和下一个执行的目标货位的位置进行计算。

（5）空托盘出库优先原则。一般情况下，在产品需要大批量入库或者堆垛机当前无法满足大批量入库要求时，入库系统 PLC 给立体仓库调度及监控系统需要空托盘信号和放货允许信号，立体仓库执行空托盘出库优先原则，保证有足够的空托盘用来完成入库任务。

（6）满托盘出库优先原则。在有出库队列的情况下，入库系统 PLC 只给立体仓库调度及监控系统放货允许信号，立体仓库执行满托盘出库优先原则，快速完成大批标准产品的出库任务。

（7）库存报警信息。产品存放时间过长报警、空托盘过少报警、库存上限报警、库存下限报警。

4）车间调度管理的信息化

MES 系统作为企业信息化系统的中间层，专注于制造执行过程的管控一体化，在企业总体信息流中起着承上启下的关键作用。通过上接 ERP、PDM 等管理系统，下连生产线、专机设备等底层控制系统，实现上层指令的下达执行，以及底层数据的实时采集、反馈，综合管理制造过程计划、装配、物料、质量、设备运行监控等业务流程，实现制造过程物流、信息流的统一管理，如图 4.6.14 所示。

ERP 系统与 MES 系统无缝集成，主要实现以下功能：计划下达、工作单下达、限额领料（物料调达反馈）、完工入库、质量信息收集或即时评判、设备运行情况记录等。

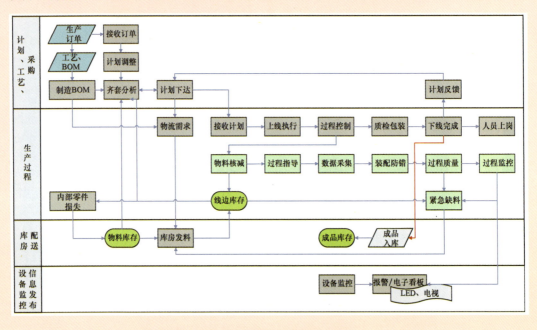

图 4.6.14　长开 MES 系统总体业务流程

5）断路器视觉检测的智能化

基于机器视觉的开关元件智能检测技术可替代国内外一直使用的模拟配柜检测方法，实现定性测试到定量测试的进步，适应检验工艺化及精益生产的要求。

该检测单元通过检测元件提取产品特征形状，并根据形状特征判别所装配零件的类别及产品型号，数字控制系统根据产品型号调用相应的处理程序对检测元件所测得的数据进行智能处理，并可进行开关元件外形尺寸及开关元件与开关成套设备配合尺寸的检查，检测项目包括相间距离、含触点的触臂长度及提门弯板高度与位置等内容，对检测数据与产品数据库的内容进行比对，并可根据预设的规则进行产品质量的判断分析。机器视觉检测的具体流程如图 4.6.15 所示。

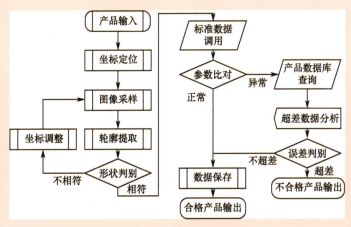

图 4.6.15　机器视觉检测流程

5. 实施后的效果

开关设备制造数字化车间集产品设计的智能化、钣金加工的智能化、仓储系统的智能化、车间调度管理的智能化、断路器视觉检测的智能化于一体，这种先进生产模式有利于行业技术水平的整体提升。

（1）通过该数字化车间建设，将多项研究成果进行了应用转化，如机器视觉技术应用于断路器非接触测量，将高压隔离防护领域相关技术运用在断路器产品耐压测试过程的无人化自动操作，自动化物流技术应用在全自动磨合，特种电源技术应用在开关检测专用设备中。这些研究成果于数字化车间中的应用，在实现其自身潜在价值的同时，提升了数字化车间的整体技术水平，其中多项技术的应用在国内外开关设备生产行业属于首创，促进了行业技术水平的提升。

（2）中压开关设备制造数字化车间由多个分系统组成，各分系统涉及物流仓储、机器人控制、钣金自动加工、自动化装配、自动检测、车间生产管理、能源管理、ERP 管理等多项专业领域，有机整合形成数字化车间这一完整的中压开关设备生产系统。提供从零部件自动化生产、车间自动化仓储与物流管理到整机装配、自动化检测的整体解决方案，这种整合不是有关设备简单的组合和成套，而是相关技术的深度集成与融合，产生了 1+1 > 2 的效果。

（3）数字化车间使天水长开在未增加人员的情况下，成套开关设备年生产能力从 8000 面提高到 15000 面、开关元件年生产能力从 8000 台提高到 18000 台（一班工作制）。实现了产品升级、产能升级和管理升级，开关设备年销售收入可达到 14.2 亿元，如果根据市场需要执行二班或三班工作制，生产能力还有进一步提升的余地，天水长开的经济效益得到了大幅提升。

6. 天水长开建设数字化工厂的思考

1）数字化车间的建设应以满足企业生产需要为最终目的

数字化车间是为企业生产服务的，因此应立足企业实际，结合企业自身的技术水平，在实事求是、因地制宜的基础上，以改善工艺流程、提高产品质量、提高生产效率为目标，以信息技术和工业技术的应用为手段，建设既切合实际，又能充分提高企业生产效率、提升管理水平的数字化车间。

2）数字化车间的建设是一项复杂的系统工程

数字化车间涵盖了加工制造、物流仓储、生产管理等多个环节，需要提供整体的解决方案，必须熟悉车间生产的方方面面，统筹考虑，将车间的各个层次与环节均纳入管理范围。并兼顾各个环节的协调联动，平衡生产与管理技术的整体水平。否则，任何一个短板都会影响系统的顺畅运行。

3）数字化车间应是信息技术和工业技术的深度融合

数字化车间的建设，应当充分发挥信息技术、工业控制技术的优势，以建设高度自动化和智能化、尽可能降低人工参与的自动运转式制造车间为目标。通过数控设备、智能设备、自动化技术、自动识别技术、AGV等技术的应用，达到实体设备的自动控制和运转，通过信息技术的数据采集、智能分析、信息传递、指令下达、监控和广播等技术的应用，实现对实体设备的控制管理及各个业务环节的联动，进而实现"结构合理、协调统一、动力充沛、自动运转"的数字化车间建设目标。

案例七：伊利集团液态奶数字化工厂实践经验

（执笔组：周安亮　侯润峰　屈贤明）

导读："民以食为天"，伊利作为亚洲第一、全球十强的中国乳业集团，2013 年为近 11 亿中国消费者提供全类产品超过 350 亿份，平均每天有将近 1 亿份产品交付到消费者手中。"食以安为先"，伊利在发展壮大的过程中，探索建立了高水平的液态奶全过程质量控制与生产数字化车间，实现了液态奶从原奶到成品的自动化加工。其生产全过程在中央控制室进行管控、过程控制数据均实现自动化采集，并且控制系统具有智能化的自动防错功能。数字化、智能化工厂的建设，降低了生产过程中的人工参与程度，保障了伊利每一份产品的安全、优质、高效生产。

1. 伊利集团介绍

1）集团概述

内蒙古伊利实业集团股份有限公司一直为消费者提供健康、营养的乳制品，2014 年营业收入超过 500 亿元，是目前中国规模最大、产品线最全的乳制品企业，也是国内唯一一家同时符合奥运及世博会标准、先后为奥运会及世博会提供乳制品的企业。截至目前，伊利集团落户新西兰，牵手美国最大的牛奶公司 DFA 集团（Dairy Farmers of America Inc），结盟意大利乳业巨头斯嘉达（Sterilgarda Alimenti S.p.A），在荷兰成立目前规格最高的海外研发中心。在荷兰合作银行发布的全球乳业排名中，伊利集团位列全球乳业前 10 名，持续位列中国排名第一。

伊利集团下设原奶事业部、酸奶事业部、奶粉事业部、冷饮事业部及液态奶事业部，而内蒙古金川伊利乳业有限责任公司（以下简称"金川乳业"），是内蒙古伊利实业集团股份有限公司液态奶事业部下的分子公司之一。液态奶事业部主要负责战略制定、市场开发、产品研发、销售、生产计划的下达、供应商的选择等工作；金川乳业主要依据液态奶事业部下达的生产计划生产产品并将产品交付于事业部。金川乳业是亚洲地区产能最大、自动化程度最高的液态奶生产车间之一，主要生产纯牛奶和乳饮料系列产品，日处理鲜牛奶1500吨。金川乳业从2005年7月正式投产以来，已经连续10年为广大消费者提供安全、放心、健康、营养的产品，是集团探索、建设数字化工厂的重要示范工厂。

2）伊利集团发展的若干阶段

伊利集团从1956年创业时期起，经历了三个发展阶段：

（1）手工作坊阶段（1956—1996年）。

伊利集团的前身是"呼市回民区合作奶牛场"，是1956年由回民合作奶牛场自筹资金1万元、市财政拨款4万元成立，1992年12月份进行股份制改革，1993年6月成立伊利集团。当时主要以手工作坊生产为主，如图4.7.1所示。

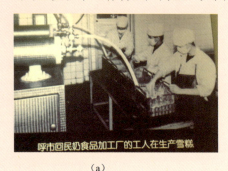

（a）　　　　　　　　　　　　　（b）

图4.7.1　伊利手工作坊阶段

（2）规模化生产阶段（1996—2005年）。

1996年3月，伊利股票在上交所挂牌上市，伊利进入快速发展的阶段。1999年伊利集团成立中国乳业第一个液态奶事业部，带领中国乳业全面进入"液态奶时代"。该阶段大量采用机器设备，进行规模化生产，如图4.7.2所示。

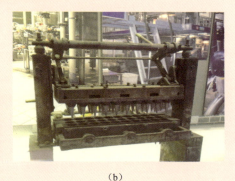

（a）　　　　　　　　　　　　　（b）

图4.7.2　伊利规模化生产阶段

（3）自动化数字化生产阶段（2005—2015 年）。

2005 年伊利集团主营业务收入突破 100 亿元大关，成为首家突破百亿元的乳制品企业，伊利集团全面启动"织网计划"、"纵贯南北、辐射东西"的布局。为了提高生产效率、延长奶制品保质时间、增强产品质量管控，伊利逐步采用自动化数字化设备进行生产，在 2005 年建设了亚洲最大的液态奶生产数字化车间——金川乳业数字化车间，如图 4.7.3 所示。

 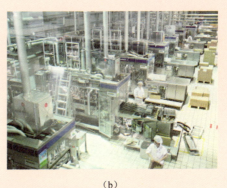

（a）　　　　　　　　　　　　　（b）

图 4.7.3　伊利自动化、数字化生产阶段

3）伊利集团建设数字化工厂的原因

（1）满足乳业巨大需求。

近年来我国乳业发展明显加快，国民饮奶量逐年上升，从 2010 年人均饮奶量 10.9 升/年增长到 2014 年的 14.3 升/年，饮奶习惯逐步养成。但同发达国家相比，仍有巨大的提升空间，2014 年人均饮奶量仅为美国的人均饮奶量的 1/5，仅为日本人均饮奶量的 1/2，如图 4.7.4 所示。高质量高水平的数字化工厂是扩大生产、满足国民饮奶需求的重要保障。

图 4.7.4　2004—2014 年中日美三国人均饮奶量对比（单位:升/人/年）

另外，我国老年人口快速增长、支付能力不断提高、健康意识增强，以及第四次婴儿

潮即将来临、单独二胎政策实施、母乳喂养率呈下降趋势，居民收入不断提升，消费升级趋势明显，品质和享受成为消费者更加注重的要素。伊利老年乳品及保健功能食品、婴幼儿奶粉、高品质高附加值乳品等更加多元化产品迎来了难得的发展新机遇，同时也对研发和生产提出了更高的要求。因此，试点乳业数字化工厂、探索乳业智能制造是伊利集团作为乳业领头羊进一步扩大其竞争优势的关键突破口。

（2）公司快速发展需要。

伊利每天有将近 1 亿份产品交付到消费者手中，2013 年实现销售收入 477 亿元，复合增长率达到 22.4%，远远超过行业年复合增长率 10.4%，公司处于快速增长阶段。通过自动化、数字化探索和建设将不断提高生产效率、减轻劳动强度，实现优质装备和优化工艺在全球范围内快速复制推广，保障公司的快速发展，2020 年进入全球乳业 5 强，实现从百亿级企业向千亿级企业的跨越。

（3）对消费者重要承诺。

伊利品牌价值超 51 亿美元，销售网络覆盖了全国 460 万个网点，品牌渗透率 88.8%，产品质量安全关系到公司的生存和发展。乳制品安全是全社会关注焦点，消费者对乳制品生产质量的要求越来越高，政府对乳制品安全监管越来越严厉。实施更加安全、健康、美味的产品生产和质量安全可靠的数字化工厂建设，探索新一代信息技术对产品生产和营销的影响，建设更加"透明、高效、敏捷"的智能工厂和产品服务体系是伊利品牌价值的重要保障和对消费者的重要承诺。

（4）解决"用工难"问题。

伊利有将近 6 万员工，公司每年新招聘上千名工人，工人工资不断上涨、从事体力劳动的工人越来越难招。通过自动化实现替代简单重复的体力劳动，可以解放现有从事体力劳动的工作人员，促使其向更高工作技能要求的岗位发展。这些工作人员往往在伊利工作时间较长，能够更深入地理解伊利企业文化，能够更快速地实现转型，缓解当前阶段"用工难"的问题。未来两年内公司计划年投入 6 亿元，重点在包装环节实现超过 3000 名人员的岗位机器换人，每年可释放超 1500 位工人从事更加有知识含量、技术水平的工作。

因此，伊利集团将信息化、数字化、智能化推进工作放在重要位置，在全集团范围进行整体规划。从原奶管控、产品研发、生产制造、产品物流、销售运营、质量反馈等方面全方位试点示范信息化和数字化建设，并不断总结推广成功经验，稳步推进数字化智能化的建设。

2. 伊利集团全流程信息化、数字化

1）奶源

原奶产业的发展从 2003 年至今共计经历四个阶段：

（1）第一阶段为 2003 年以前的"散养、集中榨乳阶段"。

（2）第二阶段为 2003—2008 年的"奶站模式阶段"。

（3）第三阶段为 2008—2012 年的"基地转型阶段"。

（4）第四阶段为 2012 年至今的"牧场发展阶段"。

在第四阶段中，液态奶事业部奶源基地由原奶事业部规划建设与管理，实施了系统划分、统一管理、监督改善、信息共享等管理方式。牧场到工厂全程应用了信息化管理，从繁育、体检、挤奶、运输、检测、接收等环节全部纳入了系统管理。各工厂的原奶管理实现了全过程数据化的信息收集和监督管理方式，如图 4.7.5 所示。

（a）奶牛饲养车间　　　　　　　　　　（b）转盘式收乳系统

图 4.7.5　奶牛饲养车间及转盘式收乳系统

原奶运输过程中，伊利集团将分散模式转变为规模化和集约化的专业模式。事业部在集团的统一规划下，对原奶运输车进行了全程 GPS 管理，所有奶车从出牧场到工厂的过程由 GPS 全程监控。在 GPS 的控制下，完成检测、定位、异常处理等关键工作，任何一丝异常都逃不过 GPS 的"鹰眼"。

2）研发

（1）研发资源概述。

液态奶研发部是液态奶事业部的技术研究机构，负责液态奶新产品研发及相关工作；同时也是内蒙古乳业技术研究院主要项目承担单位。伊利集团的销售收入 70% 来自液态奶事业部，新产品占收比达 30%。金川乳业的所有产品研发均由液态奶研发部承担。

伊利集团非常重视在科技创新方面的投入力度，完善了技术开发体系并在行业内首先建立了三级研发体系：产学研合作平台、集团层面的创新组织、事业部层面的技术研发部门。目前，拥有产学研合作平台 13 个，例如伊利荷兰研发中心、内蒙古乳业技术研究院、伊利集团母婴营养研究中心等，其中自建 7 个，共建 6 个。

（2）数字化能力展现。

① 拥有全面的信息化平台。

集团一向重视全球范围内新产品动向、知识产权管理方面的管理工作，也着重基础研究数据的收集整理工作，集团内部陆续建立了：全球新产品数据库（GNPD）、研发全周期管理系统（PLM）、知识产权信息管理电子系统、科技文献数据库、婴幼儿营养研究中心数据库等信息化系统。如婴幼儿营养研究中心从 2004 年开始，在全国选择了代表东、中和西部的 7 个城市作为母乳采样城市，历经 10 年的母乳收集、检测、分析，建立了一套体现中国母乳成分特点的数据库，为研制新婴幼儿奶提供依据。

同时，伊利引入流变仪、激光粒度分析仪、ZETA 电位分析仪、全功能稳定性分析仪等仪器，通过高科技设备仪器的数据检测，并结合计算机数据分析仿真系统，模拟产品的特性，使产品研发效率大幅提升，提高了产品及技术创新速度。

② 设立技术查新机构，及时获知行业前沿数据。

集团建立了国际、国家、地方科技部门的信息、情报数据收集中心，能够对行业动态灵敏地进行获知。数据中心的建立，使数据收集更为迅速、准确，内部信息共享更为及时，极大地服务了集团新产品的开发决策。在技术研发过程，研发部与国家食品安全风险评估中心、北京市营养源研究所、江南大学、内蒙古农大等高校及科研院所开展项目合作，并与康美、利乐、帝斯曼（DSM）、丹尼斯克、奇华顿、敏特（Mintel）等国际知名原料、设备供应商合作，引进、开发、消化及吸收国际先进技术。

③ 拥有世界一流的技术研发队伍，成立了集团创新中心。

伊利集团拥有自己的博士后科研工作站，并与专业机构联合创建了国内第一个"乳业研究院"，建立了自己的创新中心。无论从人才还是硬件都极大地为集团研发领域的信息化、数字化建设提供了必要的支持条件。

(a)   (b)

图 4.7.6 伊利集团创新中心及研发团队

3）管理

（1）精益管理模式。

液态奶事业部在整体生产运行管理中推行精益管理模式，重点夯实五项基础工作，完善十个支柱系统工作，达成关键绩效（KPI）指标，支撑组织愿景的实现。

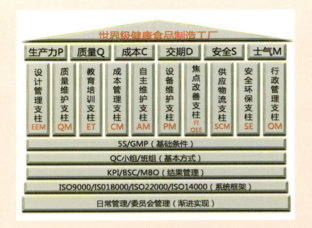

图 4.7.7　生产运行管理中推行精益管理模式

（2）信息化创新。

液态奶事业部在信息化创新活动中，正确灵活地使用适宜液态奶生产系统的数据管理系统和数据分析方法。事业部各工厂在日常生产中及时对管理者及技术人员进行质量改进工具和统计方法的培训，随着全员生产维修（TPM）管理模式的导入，各类统计工具和质量管理统计（Mini-tab）等专业软件的应用已经覆盖到各个领域。

① 信息化数据的日常监测、运作和组织绩效。

事业部运用战略地图和平衡计分卡，将战略目标展开为关键绩效指标，为各工厂制定了一级关键业绩指标，各工厂自行分解二级指标，明确收集方式、周期以及责任部门，形成了组织绩效指标体系。在此基础上，选择、收集和整理数据信息，对绩效数据信息进行监测，支持公司运作改进和创新，提升组织绩效。

② 信息化数据对组织决策的支持。

液态奶事业部各工厂从外部、内部和员工三个方面开展数据对标活动。外部对标是每月将本公司绩效结果与行业绩效数据进行横向比较，从而发现差距并制定改进措施；内部对标在集团所属各工厂之间开展，主要是相互之间对标学习亮点；员工对标，也是岗位之间的对标，即运用"质量大比拼"、"成本大比拼"等相关评比活动筛选出标杆员工，树立岗位典范。三个方面的标杆学习和管理结果，共同支撑起公司在竞争战略中的改进决策。

③ 数据测量系统的评价。

为确保绩效测量系统的有效性，液态奶事业部定期结合各工厂月度绩效分析改进结果，对绩效测量系统进行综合评价与管理评审；结合事业部未来的战略发展方向，明确新一年的绩效测量系统的评价方法，确保测量系统的敏感性。

4）制造

液态奶事业部工厂在产品制造过程中，实现从收奶到产品入/出库全部由中央控制系统预设程序控制。从原辅料采购、原奶接收、标准化、配料、超高温（UHT）灭菌、灌装、贴管、装箱、码垛、入/出库等各工序使用多种先进的工艺和技术。先进的信息技术保证了产品生产，确保了产品质量合格，提高了工作效率。液态奶各工序使用先进的信息系统及先进技术水平统计如表 4.7.1 所示。

表 4.7.1　液态奶制造各工序使用先进的信息系统及先进技术水平统计

工序	采用的信息技术	技术水平
原奶接收	原奶检验及过磅系统	国内领先
辅料接收	采购 ERP 系统	国内领先
	电子订单 EOS 系统	国内领先
生产过程	质量电子信息记录系统	国内领先
	CCS(前处理中央控制系统) 应用技术	国际领先
	产品自动装箱技术	国际领先
	产品自动码垛技术	国际领先
	ERP（企业资源管理系统生产模块）	国内领先
	生产过程操作"抓屏"监控系统	国内领先
风险管理	风险监测信息系统	国内领先
入/出库	WMS-仓储管理系统	国内领先
日常管理	OA、RTX 办公系统	国内领先

5）销售

销售环节是制造企业最终盈利与否的关键控制点，销售环节信息化程度的高低，一定程度上反映着企业的经营状况。伊利集团作为亚洲乳业领军品牌，信息化在销售环节发挥的作用主要体现与运用在以下方面。

（1）利用信息化手段关注竞品，把握市场。

伊利集团每年借助咨询机构或各大网站进行品牌资产评估、消费者调查工作。例如对以纯牛奶为主要贡献的伊利母品牌、优酸乳、谷粒多及各自主竞品的品牌表现与品牌资产进行数据收集，及时调整市场定位或更新产品设计。

利用"大数据"开展产品销售跟踪，例如通过尼尔森零售研究数据，及时掌握产品的市场动态，跟进和调整营销策略。

建立了市场信息反馈系统：从管理层到一线员工，均保持对竞品营销动作的高度关注，形成多渠道、多维度的营销信息反馈体系。

（2）利用信息化手段分析挖掘潜在市场和潜在顾客。

完善的市场研究体系覆盖乳业产品生命周期各个环节，包括对潜在市场与潜在顾客的发现、消费者趋势研究（牛奶消费者最新关注点）、用户态度研究（产品有哪些升级方向）、消费细分研究（产品如何定位以更好满足消费需求）、产品上市前系列调研（口味、包装、价格）、广告开发系列调研等。

（3）利用信息化手段进行消费者细分调研和品牌定位。

按照顾客需求和偏好，定期开展消费者细分调研。调研工作主要是基于与顾客沟通的不同渠道，对与顾客建立关系的关键接触点进行了强化管理。总结归纳顾客的各种接触方式并提出相关的标准规定，通过多种方式定期总结顾客需求，把顾客的需求和期望及时有效地传达给决策层，及时调整品牌定位，不断提升市场竞争力。

（4）利用信息化手段了解消费者产品接触方式、交易方式。

定期开展产品消费渠道与消费者交易方式调研。调研工作主要是基于顾客对产品主动接触或被动接触并进行消费的方式统计分析，得出与顾客建立关系成本最低、效率最高、效果最强的方式进行强化管理。

（5）利用信息化完善投诉方式及售后服务。

利用信息化系统，建立了与消费者最亲近的服务模式，最便捷的服务通道，第一时间服务消费者，为企业赢得了良好口碑。这一系统的建立，拉近了消费者与企业的距离，形成了消费与制造的有效互动。消费者可以通过网络、电话等多种便捷方式，表达对产品意见与建议；企业通过总结分析顾客需求，及时调整产品不足与缺陷，不断提升产品服务能力。

6）质量追溯

质量安全追溯在企业内部是通过相关环节物料的信息化记录来溯源产品的整个生产加工过程，并延伸至供应管理与销售终端客户。该体系可清晰记录整个供应链中涉及的物料品质信息、流向信息、工艺信息等，一旦发现问题可以快速召回和追溯。

产品信息追溯系统整体架构涉及生产链条的各个环节，如图 4.7.8 所示。

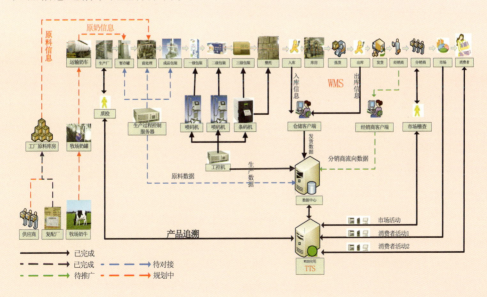

图 4.7.8　产品信息追溯系统整体架构

伊利产品信息追溯系统主要涉及奶源、原材料（原料/配方小料）、生产加工、产品流通、市场销售等环节，追溯链条将涉及企业资源计划（ERP）、仓库管理系统（WMS）、制造执行系统（MES）、客户管理系统（CRM）以及双向安全追溯系统（TTS），如图4.7.9所示。

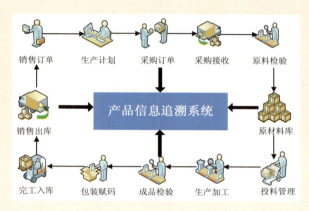

图 4.7.9 产品信息追溯系统

（1）物料在采购环节开始实施信息化管控，即对每批原材料采购后，对其实施信息赋码，做到精确的记录，并通过实时数据采集，进入公司客户管理系统（SCM），并将数据上传至总部服务器。

（2）前处理加工过程中，将附有条码信息的物料，根据生产计划系统指令，在不同工艺环节中实时扫描投入使用，被扫描的物料信息进入公司的制造执行系统（MES），并将数据上传至总部服务器。

（3）无菌包装过程中，将对每个最小包装单元实施了赋码管理。赋码信息包括生产批次和公司内部物流信息，该信息以二维码或者数码的形式详细记录参与本批次产品生产的人员、流水线号、班组、工厂等。所赋的码，通过在线实时采集，进入公司双向安全追溯系统（TTS），并将数据上传至总部服务器。

（4）仓储环节，物流人员（包括下一个经销商环节）对入库、出库的产品实施整托扫描，数据进入公司仓库管理系统（WMS）（经销商环节扫描后信息进入客户管理 CRM 系统），并将数据上传至总部服务器。此环节将每个(或每批)产品何时入库、何时出库、货位管理、库存盘点、管理责任人等信息进行记录，并在后期均可查询和追溯。还可以实现对产品新鲜度、库存预警等环节进行精细化管理。

在上述环节中，对原材料、巴氏、储料、混料、小料添加、半成品、超高温、灌注、入库、出库等环节所有信息形成详细记录。各个单元环节的子系统，通过企业内部通信关联汇集到公司总部的管理系统，为企业内部绩效、趋势分析、行动决策提供依据。同时，也形成了企业"端到端"的产品质量追溯系统，为企业品质管理提供强有力的保障。

3. 液态奶数字化工厂介绍

1）伊利制造4个发展阶段

伊利制造经历了"伊利制造1.0"（手工作坊阶段）、"伊利制造2.0"（规模化生产阶段）、"伊利制造3.0"（自动化数字化生产阶段）三个发展阶段。目前，伊利制造当前主要以"3.0阶段"为主，正准备向智能化的"4.0阶段"推进，下文重点介绍伊利集团"3.0阶段"的液态奶数字化工厂。

2）3.0阶段工厂的介绍

伊利液态奶数字化工厂，实现了从收奶到产品入/出库所有环节由中央控制系统控制。具体的生产工艺流程如下：收奶系统（原奶过磅→原奶检验→过滤→储存）→标准化系统（净乳→标准化→巴氏杀菌→储存）→超高温（UHT）灭菌工艺段（脱气→均质→预保温→超高温UHT灭菌）→无菌输送→无菌灌装→喷码→全自动二次包装（贴管→装箱）→码垛→检测合格→出厂"，如图4.7.10和图4.7.11所示。

（1）收奶系统。

在乳制品生产过程中，未经任何处理加工的生鲜乳称为原料乳。优质的乳制品需要优质的原料，伊利在全国自建合作及在建牧场达2400多座，规模化、集中化的养殖在奶源供应比例中达95%以上，挖掘牧场的先进管理经验，并在行业内推而广之，成功树立了中国奶源建设的样本。通过系列标准化的检验流程，如通过肉眼异物和异常气味的感官检验、脂肪和蛋白质等理化指标检验、细菌指标检验等系列质量标准和验收过程，严格监测原辅料和奶牛健康状况，确保乳制品原料达到最佳效果。

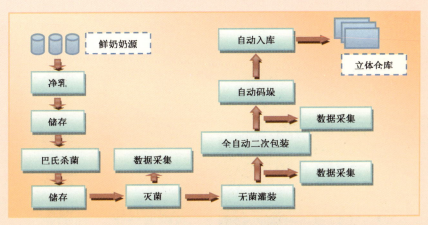

图4.7.10　液态奶数字化工厂生产工艺流程

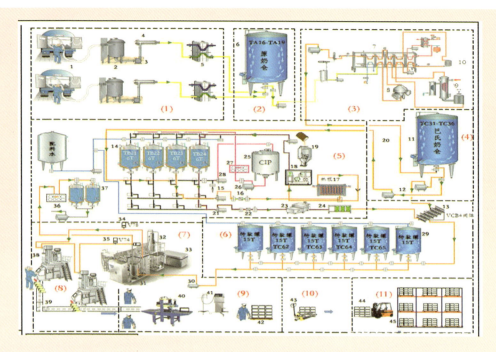

图 4.7.11　数字化工厂示意

① 原奶检验：依据生鲜牛乳企业标准规定，主要针对感官、酸度、脂肪、全乳固体、掺假（水、碱、淀粉、盐、亚硝酸盐）、酒精实验、煮沸实验、蛋白质等多项指标进行检测。

② 原奶储存：原奶实施低温储存。

（2）标准化系统。

① 净乳：用净乳机对原奶进行杂质分离，将原奶中杂质分离出去，达到净乳的目的。

② 标准化：对全乳固体进行标准化，使产品全乳固体符合《伊利纯牛奶半成品质量标准》的规定。

③ 巴氏杀菌：杀灭牛奶中绝大部分微生物，延长储存时间。同时激活牛乳中的酶类，便于在超高温（UHT）灭菌中全部杀灭细菌。

图 4.7.12　乳品标准化系统

（3）超高温灭菌。

超高温灭菌工艺指利用瞬间高温方式杀死牛奶中细菌。经过高温灭菌的牛乳通过无菌输送进入无菌罐进行缓存或直接进行灌装。

① 脱气：通过脱气罐除去牛奶中不良气味，提高牛奶风味，并降低气体对牛奶灌注的影响。

② 均质：通过均质机，将牛奶中脂肪团打碎且均匀分布在牛奶中，降低产品脂肪上浮现象，同时提高口感。

③ 保温：通过保温提高牛奶中蛋白稳定性，降低蛋白沉淀的风险。

④ 超高温（UHT）灭菌：利用瞬间高温方式杀死牛奶中的细菌，延长保质期，并确保产品颜色、风味及营养等品质没有受到损害。

图 4.7.13　超高温灭菌及无菌存储系统

（4）无菌灌装。

无菌灌装设备采用世界先进的进口设备，目前单台灌装设备每小时处理能力可达到24000包。产品灌注成形后，经过输送链条输送到自动粘贴吸管、缩膜、装箱等多种二次包装形式处理工段。

图 4.7.14　全自动无菌灌装设备

（5）全自动二次包装。

二次包装是对灌装好产品进行贴管、装箱、码垛的后续处理工序。车间二次包装控制系统，主要通过高清视觉识别系统完成产品外漏、缺失和生产损伤在线监测，通过自动采集系统采集生产批次、品种、数量和日期等参数，最后将以上信息自动上传到控制中心，控制二次包装设备的运行。

图 4.7.15　全自动二次包装车间和机械手码垛系统

二次包装结束后，成箱牛奶通过提升机和运输带送到码垛区域，通过机械手码垛系统堆放整齐后转入立体仓库存储。

（6）立体仓库。

金川乳业的立体仓储系统有 21024 个货位，可以容纳 2 万多吨产品，存储规模居亚洲第一。自动仓储管理系统（WMS）货物能够按照发货需求灵活出入，并形成网络数据记录，方便了储运管理，杜绝了产品漏发和误发现象。

图 4.7.16　WMS 自动仓储系统货位和自动化运输小车

（7）检测。

通过气相色谱仪、高效液相色谱仪、石墨炉-原子吸收、火焰-原子吸收、原子荧光、乳品快速检测仪等系列检测设备，快速精准检测农药残留、抗生素、防腐剂、重金属、微量元素等理化指标，保障产品质量安全可靠。

图 4.7.17　中心化验室

（8）产品质量追溯系统。

产品质量追溯系统通过将原料信息、配料投料过程信息，以及现场工作点相关信息采集、分析，实现了产品质量过程控制纠偏及事故追溯分析，保障了产品的安全。

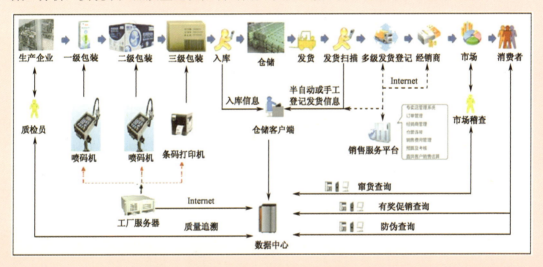

图 4.7.18　产品质量追溯体系

3）数字化工厂的质量控制和管理

（1）自动化保障质量控制。

① 精准数据采集：自动化设备与软件系统的结合，可以实现自动采集整个生产过程的状态数据，并能够实时记录和分析设备自身的运行数据。整个过程实现了人工不参与数据采集，系统自动编制输出温度、采集时间、浓度等数据的报表。为生产人员提供现场实时数据和计划数据，及时发现生产异常并做出相应的排除提示，为生产追踪和性能分析等模块提供生产过程的历史数据，能够再现整个生产过程，支持质量事故后追踪和生产过程分析。

② 多重防错管理：乳品的种类繁多，导致配方及相关参数的管理难度较大。通过全

过程操作流程固化，制造过程错误行动报警等手段，确保操作错误不执行，产品质量得以有效控制。

③ 精益生产排产：系统能够结合生产计划、物料储备、设备情况等因素制定最优的生产方案，实现生产调度与分析、生产过程危机预警、物料管理与控制、成本核算与控制等功能，实现低成本、高效率运行的目的。

（2）数字化生产管理。

① 关键设备的停线、报警的收集与管理：通过有效的整合设备静态信息（如设备规格、数量、生产日期、购买日期、折旧信息、供应商等）和动态信息（设备运行状态、故障处理记录等），并依据生产过程的重要程度对设备进行分类管理。实现对设备进行动态预警、动态故障分析、动态维修及备件管理，达到对生产设备动态化、主动性的全面信息掌控。

② 关键绩效指标绩效（KPI）分析与管理：通过现场生产数据的采集对组织内部流程的输入端、输出端的关键参数进行设置、取样、计算、分析，衡量人工或设备的流程绩效并对数据进行统计分析，建立产线的关键绩效指标数据库，便于生产的调整和生产效率的管控和提升。

3）建设数字化工厂后取得的效果

数字化工厂投入使用后取得了显著的效果，主要表现在以下几个方面。

（1）保障品质：通过中央控制系统使处理过程工艺参数自动控制，并辅以配料防差错技术，利用全自动无菌灌装设备、机器人自动包装和码垛等硬件设施，实现了所有生产环节自动化运行、操作人员全生产过程不接触牛奶，使得产品质量在生产全过程中都处于受控状态。对比人工手动模式与目前的自动化模式，相同品项及相同产量下自动化模式比手动模式市场投诉率同比下降8%。

（2）提升效率：通过中央控制系统及自动化设备，实现了设备运行实时监控的生产模式，从生产过程的方方面面显著提升了生产效率。例如：某工序出现故障时，数据系统立即将设备故障信息传递至操作人员与维修人员，维修人员第一时间响应，使设备的维修时间大幅度缩短。实时联网报修系统的使用，据统计使设备利用率提高了3%以上。

（3）减少人工：工厂内部引进多项自动化作业设备，极大地地减少了人工使用量，提高了人均劳动效率。例如：为保证生产过程中在线产品定时定量采样100%准确，公司引进了自动采样机。此举不但实现了样品采样准确率100%，而且减少采样人员6名；在包装环节工厂采用了机器人二次包装技术，从入箱、封箱等环节全部实现自动化，每台包装机至少减少人员3名，全厂在液态奶包装环节总共减少操作人员54人。

4. 未来发展方向

伊利集团高度重视奶制品全流程的数字化、网络化、智能化，正在精心策划向更高目标迈进。

1）从数字化制造工厂向智能化制造工厂迈进

持续探索并完善智能制造并逐步在全集团推广使用。乳制品产业的发展趋势，促使产业集中度越来越高，单个工厂的规模越来越大。集团将进一步完善工厂的智能制造技术（例如机器人装车，金典奶的质量追溯系统的推广等），并在整个集团内推广使用，使集团乳品加工能力整体达到国际先进水平。

乳品产业是一个消费受众群十分庞大的产业，集团将充分运用大数据、云计算等先进的信息技术，对市场的销售信息、不同地域用户的饮奶习惯数据等进行收集和分析，并反馈到产品研发和经营等环节，积极满足用户的个性化需求。

2）从数字制造工厂向数字化企业再向全球性的智能化企业迈进

目前，牧场与产品加工工厂均实现了较高程度的数字化，但牧场和制造工厂之间、工厂和工厂之间、工厂和产品之间仍有信息孤岛的存在。集团已经开始走向国际化，因此必须在集团的层次搭建一个国际化的信息平台，这是集团下一步的重要任务。其中包括产品的协同研发，资源的统筹利用，市场信息的及时交互等功能。伊利集团将加大力度、从更宽更广的维度去拥抱以互联网为代表的新一代信息技术，全面构架公司产品质量追溯体系、产品业务创新体系，探索试点"伊利制造 4.0"的关键要素，将集团的数字化智能化发展延伸到研发、制造、销售、服务全流程环节，要在全球范围的不同区域的工厂之间进行应用，甚至实现让用户参与到研发、制造、服务等环节中，打造全集团在乳制品全产业链条的智能化，实现"伊利制造 4.0"。

图 4.7.19 澳昆液态奶二次包装机器人系统

3）积极与国内的设备制造商合作，加速装备和仪器仪表的国产化

集团已开始同国内的设备制造商澳昆、万世德、中亚等合作，加速装备和仪器仪表的国产化，逐步摆脱对进口设备的依赖。液态奶事业部的袋装奶二次包装机器人系统就是由国内澳昆公司提供，该系统能够全自动化地实现包装盒开启、袋装奶的置入、称重检验、

包装盒封口等工作，大大提高了工作效率，减少了人工投入。伊利集团为国内厂商搭建了设备测试和试用的舞台，促进了乳品行业自动化装备和仪器仪表的国产化进程。目前，测试成功的部分设备已经推广应用于完达山乳业、北京三元食品等国内知名乳企，为国内乳品设备自动化推进做出了突出贡献。

5. 经验借鉴

伊利集团建设数字化乳制品工厂的实践中，有一些好的做法很值得借鉴：

（1）推行乳制品数字化工厂建设并向消费者开放参观，是伊利对消费者的重要承诺。

伊利已在集团内试点示范了液态奶数字化工厂，实现了全自动化、少人化生产，并且拥有了持续 10 年为消费者提供稳定放心奶的经验积累。建设更加"透明、高效、敏捷"的数字化工厂和产品服务体系是伊利品牌价值的重要保障和对消费者的重要承诺。

（2）利用新一代信息技术和制造技术融合，建立从奶源、辅料配料、制造、销售全流程的质量追溯系统，确保奶制品质量和饮用安全性是建设数字化智能化工厂/企业的最重要的目标。

① 推进质量溯源：从记录奶牛出生到第一次挤奶的数据开始，通过原奶运输车辆的 GPS 跟踪，原奶入厂信息赋码、生产和检测过程的信息跟踪、关键环节的电子信息记录系统、质量管理信息的综合集成系统和覆盖全国的 ERP 网络系统，实现了产品信息可追溯的全面化、及时化和信息化。

② 从根本上提升产品设计：伊利从 2004 年开始选择了东、中、西部地区 7 个城市为作为母乳采样城市，用了 11 年时间建立包括母乳收集、检测、分析，形成了体现中国母乳成分特点的宝贵数据库，将中国母婴营养研究进入到更为科学、系统化的新阶段，实现了基于消费者大数据的产品分析和研发，从根本上提升了产品设计水平。

（3）建设智能工厂采取"整体规划-逐步实施-全面推广"的稳步推进策略。

随着公司向全球化布局、向世界一流企业的迈进，集团整体规划公司产品研发和智能工厂建设思路：先行推进完善的质量追溯系统、智能装备和工厂的试点示范；先行推进用新一代信息技术优化产品生产和营销的试点示范；然后将建设智能工厂的成功经验在全集团范围快速复制推广。

（4）积极使用国产设备，促进国产装备制造。

伊利集团采取开放、积极的心态选用国内设备制造商澳昆、万世德、中亚等公司制造的国产设备，为其提供测试和试用的机会，促进了液态奶二次包装、全自动码垛等环节设备国产化进程。